Joseph P. Forgas

Soziale Interaktion und Kommunikation

Joseph P. Forgas

Soziale Interaktion und Kommunikation

Eine Einführung in die Sozialpsychologie

Mit einem Geleitwort von
Professor Dr. Dieter Frey

4. Auflage

BELTZ

PsychologieVerlagsUnion

Anschrift des Autors:

Prof. Dr. Joseph P. Forgas, School of Psychology, University of New South Wales
P.O. Box 1, Kensington 2033, N.S.W., Australia

Autorisierte Übersetzung aus dem Englischen:
Titel der Originalausgabe: Interpersonal Behavior. The Psychology of Social Interaction.
© Pergamon Press (Australia) Pty Ltd., 19a Boundary Street, Rushcutters Bay,
N.S.W. 2011, Australia 1985 (ISBN 0 08 029868 0)
Illustrationen von Richard Jones

Besuchen Sie uns im Internet:
http://www.beltz.de

1. Auflage 1987, Psychologie Verlags Union, München – Weinheim
2. Auflage 1994, Psychologie Verlags Union, Weinheim
3. Auflage 1995, Psychologie Verlags Union, Weinheim
4. Auflage 1999, Psychologie Verlags Union, Weinheim

Frühere Ausgabe u.d.T.: Forgas, Joseph P.:
Sozialpsychologie. Eine Einführung in die Psychologie der sozialen Interaktionen.

Umschlaggestaltung: Dieter Vollendorf, München
Druck und Bindung: Druckhaus »Thomas Müntzer«, Bad Langensalza
Printed in Germany
Gedruckt auf säurefreiem Papier

ISBN 3-621-27145-7

Geleitwort zur deutschen Ausgabe

Bei dem vorliegenden Buch handelt es sich um eine Übersetzung eines englischen Lehrbuches der Sozialpsychologie. In seiner Einleitung macht Joseph P. Forgas deutlich, daß er Sozialpsychologie in einem Sinne versteht, der sonst leider weder im deutschen noch im internationalen Bereich betont wird, nämlich als Psychologie sozialer Interaktionen. Sowohl die deutsche als auch die internationale Sozialpsychologie krankt ja daran, daß sie in den letzten Jahren sehr „asozial" geworden ist, d. h. sich zu sehr auf Verhalten bzw. kognitive und motivationale Prozesse des einzelnen Menschen konzentriert hat (und damit z. T. auf kognitive Psychologie reduziert wurde). Der traditionelle Gegenstandsbereich der Sozialpsychologie, nämlich der Austausch sozialer Interaktionen, wurde dagegen vernachlässigt. Das vorliegende Buch stellt somit mit seiner Betonung gerade des sozialen Aspektes der Sozialpsychologie eine sinnvolle Ergänzung sowohl zu deutschen als auch zu amerikanischen bzw. englischsprachigen Lehrbüchern dar.

Durch seine Forschungsarbeiten und seinen persönlichen Werdegang (Forgas ist ausgewanderter Ungar; er ging zunächst nach Australien, von dort zurück nach Deutschland, England und wieder zurück nach Australien) zeichnet sich Forgas als typischer Weltbürger innerhalb der Scientific Community aus: Er ist augenblicklich Professor in Australien, ist aber ebenso bekannt in Großbritannien, wo er an der Universität Oxford promovierte, in Deutschland, wo er an der Universität Gießen als Professor arbeitete, und in den USA, wo er mehrere längere Forschungsaufenthalte an der Stanford-University verbrachte. So ist Forgas sowohl mit der europäischen (d. h. der deutschen, französischen sowie englischen) als auch mit der australischen und der amerikanischen Sozialpsychologie vertraut. Es gibt kaum Kollegen, die in so vielen Ländern geforscht und auch publiziert haben. Insofern vereinigt Forgas in seinen Arbeiten mehrere Denktraditionen, und das spiegelt sich auch in diesem Buch wieder.

Das Buch ist m. E. ausgezeichnet geeignet sowohl für Studenten, die mit dem Studium der Sozialpsychologie beginnen wollen, als auch für Praktiker und interessierte Laien, die an der Sozialpsychologie und an zwischenmenschlichen Beziehungen interessiert sind.

Ich bin der Überzeugung, daß das vorliegende Buch zu einer Ergänzung der starken Betonung des kognitiven Aspektes (der insgesamt für die Sozialpsychologie durchaus fruchtbringend war) durch eine Rückbesinnung auf eine alte Perspektive, nämlich die der sozialen Beziehungen zwischen Menschen, beiträgt. Auch bin ich mir sicher, daß es den Lesern viel Spaß machen wird, dieses Buch zu lesen, daß es zu weiterer Forschung anregen und damit für unsere Wissenschaft sehr stimulierend wirken wird.

Dieter Frey

Geleitwort zur englischen Originalausgabe

Um mit dem Stand der sozialpsychologischen Forschung und dem Aufkommen immer wieder neuer theoretischer Sichtweisen Schritt zu halten, brauchen wir ständig neue sozialpsychologische Lehrbücher. Hier können uns Lehrbuchautoren, die den Gegenstand mit ihrem besonderen Wissen und ihrer Forschungserfahrung aus neuer Perspektive darstellen, einen großen Dienst erweisen.

Dieses Lehrbuch bietet in mehr als einer Hinsicht eine neue Perspektive. Es spiegelt den großen Sachverstand des Autors und seine eigene umfangreiche Forschung auf dem Gebiet der kognitiven Sozialpsychologie wider; es berücksichtigt australische, britische und europäische Forschungsarbeiten ebenso wie amerikanische und schließt „neue" Themenbereiche ein, die in den vorliegenden sozialpsychologischen Lehrbüchern im allgemeinen unberücksichtigt blieben. Der Autor hat mit den dargestellten Forschungsarbeiten eine gute Wahl getroffen, klassische Studien sind ebenso darunter wie allerneueste Untersuchungen, einige davon vom Autor selbst. Sie alle werden sinnvoll mit einigen der wichtigsten theoretischen Modelle in Zusammenhang gesetzt. Theorien und Experimente werden so klar dargestellt, daß das Verständnis keine Mühe macht. Das Buch ist gut geschrieben und die Lektüre macht großen Spaß. Der Leser hat Gelegenheit zu interessanten „Aktivitäten", die sein Verständnis weiter vertiefen. Mehrfach wird vorhandene Literatur in neuem und sehr interessantem Zusammenhang dargelegt. Das Kapitel 6 zur Selbstattribution stellt unter anderem Themenbereiche zusammen wie z.B. Erlernte Hilflosigkeit, den Einsatz selbst-behindernder Strategien und Forschungsarbeiten zur Frage, wie Menschen Emotionen erleben.

Joseph Forgas hat auf dem Gebiet der sozialpsychologischen Forschung Beeindruckendes geleistet und ist nunmehr einer der bekanntesten Psychologen Australiens. Er hat eine große Anzahl wissenschaftlicher Aufsätze verfaßt und ist Autor bzw. Herausgeber von vier weiteren Büchern. Er ist ein begeisterter Forscher, und seine Arbeit als Forscher und Autor macht ihm ganz offensichtlich Spaß. Er ist Experte für verschiedene Formen der höheren Statistik und ist einer der Wegbereiter für den Einsatz der Multidimensionalen Skalierung in der Sozialpsychologie. Wohl bekannt ist er nicht nur bei australischen Sozialpsychologen, man kennt ihn auch in England (wo er an der Universität von Oxford seinen Doktorgrad erwarb), in Deutschland (wo er an der Universität Gießen als Professor arbeitete) und in den USA (wo er während mehrerer Studienaufenthalte längere Zeit an der Stanford University tätig war).

Die Sozialpsychologie befindet sich in einem interessanten Stadium ihrer Entwicklung. Während der zahlreichen „Krisen" in den 70er Jahren wurde die anfängliche Phase der künstlichen Laborexperimente zum Gegenstand harter Kritik. Als wichtigstes Ergebnis dieser Kritik war zu verzeichnen, daß sich die Sozialpsychologie vermehrt der Feldforschung zuwandte, kognitive Prozesse stärker in den

Mittelpunkt stellte und mit neuen, sinnvolleren Forschungsplänen und statistischen Techniken arbeitete. Sie erschloß sich ständig neue Interessensbereiche, die sich in diesem Buch ebenfalls angemessen repräsentiert finden. Zu diesen wichtigen, hier angesprochenen neuen Bereichen gehören unter anderem die Erforschung von Attributionsprozessen und ihrer Erklärung durch Laien, die Forschung zur nonverbalen Kommunikation und die Erforschung sozialer Beziehungen. Inzwischen gibt es auch wichtige praktische Anwendungsmöglichkeiten sozialpsychologischer Erkenntnisse, wie z. B. das in Kapitel 16 dargestellte Soziale Training, das Menschen hilft, mangelnde interpersonale Kompetenzen zu verbessern. Dieses ausgezeichnete Buch soll Studierenden unterschiedlichster Fachrichtungen den Weg in die Sozialpsychologie öffnen und verspricht auch jenen Lesern praktischen Nutzen, die ganz allgemein an der Sozialpsychologie interpersonalen Verhaltens interessiert sind.

Michael Argyle

Vorwort des Autors

Wirksam mit anderen interagieren zu können, ist im Privatleben wie im Arbeitsleben von entscheidender Bedeutung. Dieses Buch handelt von der Sozialpsychologie jener Kompetenzen, über die Menschen in ihren alltäglichen Interaktionen verfügen müssen. Obwohl die meisten zwischenmenschlichen Verhaltensweisen ganz automatisch und ohne bewußte Reflexion vollzogen werden, können die daran beteiligten psychischen Prozesse äußerst komplex sein. Wir werden uns in diesem Buch damit auseinandersetzen, wie wir das Verhalten anderer wahrnehmen und interpretieren, wie wir uns einen Eindruck von unseren jeweiligen Partnern bilden, wie wir verbale und nonverbale Kommunikationskompetenzen und Strategien der Eindruckssteuerung einsetzen, wie sich lohnende persönliche Beziehungen entwickeln und wie wir damit umgehen, wie Prozesse sozialer Einflußnahme ablaufen und wie wir uns in Gruppen verhalten.

Das allgemeine Interesse an diesen Fragen war in jüngster Zeit sehr groß. Was macht zwischenmenschliches oder interpersonales Verhalten für immer mehr Menschen so faszinierend? Die beispiellosen sozialen, wirtschaftlichen und politischen Veränderungen der letzten zwei oder drei Jahrhunderte haben zweifellos ihren Teil dazu beigetragen, daß soziale Interaktion für viele Menschen in industrialisierten Massengesellschaften zunehmend problematischer wird. Unsere Beziehungen zu anderen sind sehr viel komplexer, diffuser und spezialisierter geworden, als das in früheren Zeiten der Fall war. Immer mehr Menschen leiden unter Isolation und Einsamkeit und haben zunehmend Probleme mit bestätigender Interaktion und dem Aufbau unterstützender persönlicher Beziehungen. Das unverhältnismäßig starke Wachstum tertiärer ,,Dienstleistungsindustrien'' bedeutet zugleich, daß ,,zwischenmenschliche Kompetenzen'' verglichen mit anderen Kompetenzen innerhalb unseres Arbeitslebens an Bedeutung gewonnen haben. Für sehr viele Menschen sind Interaktionskompetenzen zu einem wesentlichen Teil ihres Berufes geworden.

Diese Tendenz wird sich in naher Zukunft vermutlich noch verstärken, da der technische Fortschritt immer mehr Menschen aus der Produktion entbindet, und sie somit frei werden für Dienstleistungsberufe, in denen die ,,face-to-face''-Interaktion zu den wichtigsten Kompetenzen zählt.

Obwohl unübersehbar ist, wie wichtig Interaktionskompetenzen in unserem modernen Leben geworden sind, wissen wir über die Feinheiten sozialer Interaktionsprozesse noch wenig Verläßliches zu sagen. Inzwischen haben viele berufliche Fortbildungskurse in Bereichen wie Management, Rechtspflege, Krankenpflege, Medizin, Sozialarbeit, Verkauf und Erziehung unter anderem ebenfalls die Psychologie der sozialen Interaktion zum Thema. Dieses Buch soll einen lesbaren und prägnanten (wenn auch selektiven) Überblick darüber geben, was die Sozialpsychologie gegenwärtig über interpersonales Verhalten weiß. Es ist für Studierende und Berufstätige gedacht, die in Bereichen arbeiten, in denen ein Verständnis von interpersonalem Verhalten besonders wichtig ist. Doch es soll nicht nur ein Lehrbuch sein, sondern auch Laien ansprechen, die sich für soziale Interaktion interessieren. Psychologische Vorkenntnisse sind nicht erforderlich. Die zahlreichen Übungen, Aktivitäten, Abbildungen und Illustrationen sollen das Material für Leser unterschiedlichster Fachrichtungen und Vorkenntnisse verständlich machen. Immer wieder wird die Bedeutung für alltägliche Probleme des sozialen Lebens hervorgehoben.

Die Reihenfolge der Darstellung folgt einer einfachen Logik. Nach einer kurzen historischen Einführung (Kapitel 1) beschäftigen wir uns in der ersten Hälfte des Buches mit den beiden Grundkomponenten des Interaktionsprozesses, der Personenwahrnehmung (Kapitel 2–6) und der interpersonalen Kommunikation (Kapitel 7–10). In der zweiten Hälfte des Buches wenden wir uns komplexeren Fragen zu: dem Wesen und der Entwicklung persönlicher Beziehungen (Kapitel 11–13), den Prozessen sozialer Beeinflussung (Kapitel 14) und der Interaktion in Gruppen (Kapitel 15). Das letzte Kapitel knüpft diese verschiedenen Fäden zusammen, indem es die ökologischen, methodologischen und klinischen Aspekte interpersonalen Verhaltens erörtert. Soziale Interaktion schließt häufig komplizierte Strategien der Eindruckssteuerung, Attribution und Kommunikation ein, und diesen ihrem Wesen nach kognitiven Kompetenzen gilt immer wieder unsere besondere Aufmerksamkeit.

Besonders betont wird auch die wichtige Rolle, die die umgebende Kultur bei der Regelung von Interaktionsprozessen spielt. Wenn wir andere wahrnehmen, bewerten und uns einen Eindruck von ihnen bilden, geschieht das auf der Grundlage gemeinsamer kultureller Stereotypen und Personenprototypen. Auch die Bedeutung unserer verbalen und nonverbalen Botschaften wird in den meisten Fällen von den Konventionen der für uns relevanten Kultur bestimmt, ebenso wie enge Beziehungen in Übereinstimmung mit kulturellen Erfordernissen aufgenommen, aufrechterhalten und beendet werden. Wir Menschen besitzen die einmalige Fähigkeit, unsere Erfahrungen zu abstrahieren und zu symbolisieren, und so schaffen wir uns im Verlauf unserer alltäglichen Interaktionen ein Bewußtsein und Verständnis von sozialer Wirklichkeit, das uns allen gemeinsam ist. Solche gemeinsamen Repräsentationen von Interaktionsepisoden wiederum bestimmen unser Verhalten in ähnlichen Situationen. Sogar so tiefverwurzelte persönliche Eigenschaften wie unser Selbstkonzept und unser Selbstwertgefühl sind sozialen Ursprungs, eine Widerspiegelung dessen, wie andere Menschen uns wahrnehmen und in unseren täglichen Interaktionen auf uns reagieren.

Natürlich sind die meisten Menschen per definitionem bereits so etwas wie Fachleute in sozialpsychologischen Dingen. Um Alltagssituationen erfolgreich bewältigen zu können, müssen wir alle über ein reiches Repertoire sozialen Wissens verfügen. Allerdings ist dieses Wissen zum großen Teil unsystematisch und überwiegend implizit. Die hier beschriebene psychologische Forschung ist unter anderem darum so faszinierend, weil sie etwas, mit dem wir ständig zu tun haben und das wir ständig erleben, in neuem Licht erscheinen läßt: die Art und Weise, wie Menschen im täglichen Leben miteinander umgehen.

Ich habe vielen Menschen und Organisationen zu danken, die mir bei der Vorbereitung dieses Buches geholfen haben. Viele Kapitel habe ich während meiner Zeit in Westdeutschland geschrieben, wo ich an der Universität Gießen den Lehrstuhl für Sozialpsychologie innehatte, und während eines Besuchs an der Standford University im Jahr 1984. Ich danke für die Arbeitsmöglichkeiten und die Hilfe, die mir beide Institutionen gewährt haben. Klaus Fiedler, Renate Münzig, Stephanie Moylan und Gill Hewitt haben mich bei der Vorbereitung des Manuskriptes auf vielerlei Weise unterstützt, und viele andere haben Abschnitte des Buches gelesen und kommentiert. Einige der hier vorgestellten Forschungsarbeiten wurden finanziell von der Australian Research Grants Commission und der Deutschen Forschungsgemeinschaft (DFG) unterstützt. Am meisten Dank schulde ich jedoch meiner Frau Letitia, die neben all ihren Verpflichtungen die Zeit fand, jedes Kapitel mehrfach zu lesen und zu korrigieren. Und schließlich danke ich auch meinem vierjährigen Sohn Paul, der mir mit seiner kindlichen Komik viele köstliche Augenblicke der Entlastung und Zerstreuung bereitete und so die langen Stunden des Schreibens immer wieder unterbrach. Selbstverständlich ist keine der erwähnten Personen oder Organisationen für das, was aus diesem Buch geworden ist, in irgendeiner Weise verantwortlich – Paul vielleicht ausgenommen.

Joseph P. Forgas

Inhalt

Kapitel 1

Einführung: Die Psychologie der zwischenmenschlichen Interaktion

In diesem Buch geht es darum, wie Menschen im täglichen Leben miteinander interagieren, etwas, das für die meisten von uns von ganz zentralem Interesse ist. Den größten Teil des Tages verbringen wir in Gesellschaft anderer, und es ist wichtig für uns alle, daß unsere Interaktionen und zwischenmenschlichen Beziehungen gewinnbringend und erfolgreich sind. Zwischenmenschliches Verhalten ist aber nicht auf das Privatleben beschränkt. Immer mehr Menschen arbeiten in Bereichen, wo Geschick im Umgang mit anderen zur vielleicht wichtigsten beruflichen Kompetenz geworden ist. Mit der wachsenden Bedeutung der verschiedenen Dienstleistungsindustrien verlangt gerade das Berufsleben von immer mehr Menschen „soziale Kompetenzen", die Fähigkeit also, mit anderen erfolgreich zu interagieren.

Wie bewältigen wir nun die außerordentlich schwierige Aufgabe, unser soziales Leben miteinander zu teilen? Das zu erforschen, ist Thema der Sozialpsychologie. Wir wollen in diesem Buch einiges von dem Wissen vorstellen, das Sozialpsychologen über die Prozesse und Kompetenzen gesammelt haben, die soziale Interaktion möglich machen. Wir werden uns dabei mit Fragen der Personenwahrnehmung und Attribution beschäftigen, mit verbaler und nonverbaler Kommunikation, mit Strategien der Eindruckssteuerung, damit, wie sich soziale Beziehungen zwischen Menschen entwickeln und welche besonderen Merkmale sie haben, sowie mit gegenseitiger Beeinflussung und mit Verhalten in Gruppen. Beginnen wollen wir mit einem kurzen Blick auf die Sozialpsychologie, jener Disziplin also, die mit der Erforschung des zwischenmenschlichen Verhaltens am unmittelbarsten befaßt ist.

Was ist Sozialpsychologie?

Menschliches Sozialverhalten beschäftigt Philosophen, Künstler und Laien seit undenklichen Zeiten. Bereits in der Antike fragten sich Denker wie Platon und Aristoteles: Wie ist soziales Leben möglich? Wie schaffen es die Menschen, jeder einzig in seiner Art und verschieden von allen anderen, erfolgreich in einer Gesellschaft zusammenzuleben? Wie muß eine ideale Regierung aussehen, die der „wahren Natur" des Menschen am besten gerecht wird und die besten Voraussetzungen für ein harmonisches soziales Miteinander bietet? Fragen wie diese beschäftigen uns auch heute noch. Allerdings suchen wir die Antwort nicht mehr in der Philosophie, und den Glauben an eine einzige menschliche Natur, die der Schlüssel zum Verständnis allen sozialen Lebens ist, teilen wohl nur noch wenige.

Heute versuchen wir, solchen Fragen mit wissenschaftlichen Methoden zu Leibe zu rücken. Ein ganzer Zweig der Psychologie – eben die Sozialpsychologie – ist der Erforschung des Sozialverhaltens vorbehalten. Die Sozialpsychologie, so können wir definieren, untersucht, wie Menschen miteinander interagieren und wie ihre Gedanken, Gefühle, Verhaltensweisen oder Intentionen durch die tatsächliche oder unterstellte Anwesenheit anderer beeinflußt werden (vgl. Allport 1924). In diesem Buch werden uns in erster Linie solche sozialpsychologischen Forschungsergebnisse interessieren, die erklären helfen, wie Menschen miteinander interagieren.

Die Sozialpsychologie ist nicht die einzige Wissenschaft, die sich mit Interaktionen zwischen Menschen beschäftigt. Seit vielen Jahrzehnten stellen sich Soziologen bei dem Versuch, das Funktionieren großer sozialer Systeme zu verstehen, ähnliche Fragen. Andere, wie z. B. die Sozialanthropologen, setzen sich mit Sozialstruktur, Brauchtum und Kultur kleiner Gesellschaften auseinander. Von ihnen gibt es viel Interessantes über den Zusammenhang von Kultur und Interaktionsprozessen zu erfahren – etwas, wofür sich auch kulturvergleichende Psychologen interessieren (vgl. Bochner 1981). Doch von diesen Nachbardisziplinen unterscheidet sich die Sozialpsychologie in mindestens zweierlei Hinsicht.

Was wollen Sie damit erreichen, Humphrey?

Soziale Kompetenzen in zuweilen schwierigen Situationen gehören für immer mehr Menschen zum Beruf, man denke nur an Manager, Verkaufspersonal, Ärzte und andere helfende Berufe.

Erstens nehmen quantifizierende Beschreibung und Experimentieren unter kontrollierten Bedingungen in der Sozialpsychologie weit mehr Raum ein als in Soziologie und Sozialanthropologie. Zweitens ist die sozialpsychologische Interaktionsforschung psychologisch, und nicht sozial oder kulturell orientiert. Uns interessiert, welche Rolle psychologische Prozesse und Variablen spielen, wenn Menschen auf bestimmte Weise miteinander interagieren, während es den beiden anderen Disziplinen darum geht, die umfassenderen kulturellen Zusammenhänge, in denen Menschen leben, zu erklären und zu verstehen. Doch vermutlich ist es gar nicht möglich, die Sozialpsychologie eindeutig und mit wenigen Worten von ihren Nachbardisziplinen abzugrenzen. Die Berührungspunkte sind so zahlreich wie die Unterschiede, und viele Vertreter unserer Disziplin würden es begrüßen, wenn Sozialpsychologen in ihre Forschung noch wesentlich mehr aus Erkenntnissen der Soziologie und Anthropologie einbeziehen würden, als das gemeinhin geschieht. Wir werden in diesem Buch die Frage, wie kulturelle und gesellschaftliche Faktoren das zwischenmenschliche Miteinander beeinflussen, mit besonderer Aufmerksamkeit verfolgen.

Sozialpsychologie und gesunder Menschenverstand

Was, so mögen Sie fragen, kann uns die Sozialpsychologie noch Neues erzählen, wo unsere Interaktion mit anderen in den meisten Fällen doch eigentlich ganz gut klappt? Zur erfolgreichen Teilnahme an sozialer Interaktion gehört die Fähigkeit, das Verhalten anderer genau wahrzunehmen, zu interpretieren und vorherzusagen, und diesen anderen unsere Gedanken, Gefühle und Absichten mitzuteilen. Wenn wir unsere Funktion als Mitglied einer Gesellschaft angemessen erfüllen wollen, müssen wir sehr viel über die Gesetzmäßigkeiten sozialen Lebens wissen. Damit sind wir beim ersten wichtigen Charakteristikum der Sozialpsychologie als einer Wissenschaft. Die Sozialpsychologie beschäftigt sich – vielleicht mehr als jede andere Wissenschaft – mit allgemeinem, alltäglich beobachtbarem Verhalten, für das wir alle ,,Experten'' sind (vgl. Aktivität 1.1).

Wir alle haben unsere Theorien, vielleicht auch einiges Wissen darüber, warum Menschen sich verlieben, unter welchen Umständen sie bereit sind, einander zu helfen, welche Wirkung bestimmte nonverbale Botschaften haben, unter welchen Bedingungen sie anderen gehorchen, zustimmen oder sich anderen widersetzen, und wie sich ihre Beziehungen zueinander entwickeln und verändern. Das interessiert nicht nur Sozialpsychologen, damit haben wir alle tagtäglich zu tun. Da die Sozialpsychologie so eng und unmittelbar mit alltäglichen Problemen sozialen Lebens verknüpft ist, wirft man ihr zuweilen vor, sie gelange mit ihren Erkenntnissen über das Offensichtliche nicht hinaus, oder umgekehrt, ihre Erkenntnisse stünden gelegentlich in offenem Widerspruch zum Alltagswissen. Welcherart ist aber nun die Beziehung zwischen Alltagswissen, naiver Psychologie und wissenschaftlich betriebener Sozialpsychologie?

Vor allem müssen wir uns klarmachen, daß Alltagswissen und Wissenschaft einander als Wege zum Verständnis keineswegs ausschließen oder widersprechen. Ganz im Gegenteil: Wissenschaftliche Hypothesen haben oft ihre Wurzeln im Alltagswissen, und das Alltagswissen seinerseits wird von wissenschaftlichen Erkenntnissen mitgeformt und verändert. Beispiele für solche Gegenseitigkeit finden wir in der Sozialpsychologie zuhauf. Die meisten von uns wissen und verstehen implizit, wie Menschen sich in alltäglichen Interaktionen der nonverbalen Kommunikation bedienen. Signale wie Blicke, Gesten, Gesichtsausdruck oder Tonfall wissen wir auch zu deuten, ohne umfangreiche wissenschaftliche Handbücher zurate zu ziehen. Wir „lesen" und verstehen ihre Botschaft – ohne groß nachzudenken und fast automatisch – als Ausdruck von Kommunikationsbereitschaft, Angst oder Freude.

Aber wir wissen nicht alles über solche nonverbalen Botschaften, und nicht alles, was wir zu wissen glauben, entspricht den Tatsachen. Aufgabe der Sozialpsychologie ist es nun, solcherart „implizites" Wissen „explizit" zu machen, d. h. unter kontrollierten Bedingungen genau zu beschreiben, welches nonverbale Signal unter welchen Umständen was kommuniziert. Wann signalisiert ein langer Blick Intimität, wann Rivalität und Aggression? Unterscheiden sich kulturelle Gruppen darin, wie sie den Gesichtsausdruck zur Kommunikation von Emotionen einsetzen? Was genau zeichnet jene Stimmqualität aus, die uns mitteilt, daß jemand ängstlich oder aufgeregt ist?

Solche Fragen gehen über das hinaus, was wir wissen müssen, um an alltäglicher Interaktion teilnehmen zu können. Zu ihrer Beantwortung bedarf es ausgeklügelter Methoden: systematischer Beobachtung, Interviews, Fragebogen, Feldstudien, des Laborexperiments und anderer spezifischer Techniken (vgl. Kapitel 16 über psychologische Methoden). Die Ergebnisse solcher wissenschaftlicher Untersuchungen finden dann wieder Eingang in unser Alltagswissen. Nach der Lektüre von Kapitel 8 und 9 über die Erforschung der nonverbalen Kommunikation werden Sie solche Signale vermutlich mit anderen Augen sehen als vorher, d. h. Ihr Alltagsverständnis dieser Phänomene wird sich geändert haben. Zwischen wissenschaftlicher Forschung und Alltagswissen besteht also eine Interdependenzbeziehung.

Aktivität 1.1: Alltagswissen und Wissenschaft:
Soziales Verhalten mit „neuen Augen" sehen

Bei dieser Aktivität sollen Sie etwas sehr Einfaches tun. Versuchen Sie, irgendwo in der „Öffentlichkeit" – auf der Straße, in einem Geschäft oder einem Lokal – fünf Minuten lang eine soziale Interaktion zwischen zwei Menschen zu beobachten. Tun Sie das, als sähen Sie dergleichen zum erstenmal und bemühen Sie sich, (a) jede noch so geringfügige Bewegung zu registrieren, und fragen Sie sich (b) nach dem Grund jeder Bewegung – mit anderen Worten, versuchen Sie, etwas ganz Alltägliches mit „neuen Augen" zu betrachten. Bei dieser scheinbar so leichten Aufgabe werden Sie den grundlegenden Unterschied zwischen Alltagswissen und wissenschaftlichem Wissen am eigenen Leib erfahren. Die beiden von Ihnen beobachteten Menschen bedienen sich ihres Alltagswissens, um an einer Interaktion teilzunehmen. Minute um Minute senden und empfangen sie verbale und nonverbale Botschaften, oft ohne darüber nachzudenken oder sich auch nur bewußt zu sein, was sie tun. Ihr Wissen ist implizit und automatisch. Ihre eigene Perspektive als Beobachter ist eine ganz andere. Für Sie ist die Interaktion ein Studienobjekt. Indem Sie selbst außerhalb stehen und sich der empirischen Methode der systematischen Beobachtung bedienen, müßten Sie Nuancen und Regelmäßigkeiten entdecken, die den Beobachteten selbst verborgen bleiben. Vielleicht enthüllt sich Ihnen, wie Ihre Probanden Distanz, Orientierung, Körperhaltung oder Blicke – nonverbale Verhaltensweisen also – einsetzen, um dem Partner Status, Interesse oder Einstellungen zu kommunizieren. Oder Sie beobachten, wie automatisch beide die Übernahme und Übergabe des Rederechts (das sogenannte „turn-taking") regeln und wie sie es dabei mit Blickrichtung und Körperhaltung halten. Jede noch so banale Interaktion zwischen Menschen ist voll von solchen Gesetzmäßigkeiten. Sie werden einem aber erst dann bewußt, wenn man die Perspektive des Interaktionsteilnehmers, der sein Alltagswissen einsetzt, aufgibt und in die Rolle des wissenschaftlichen Beobachters schlüpft!

Wie eng die Verbindung zwischen Sozialpsychologie und Alltagswissen ist, wird zum Beispiel in der Erforschung der Konformität deutlich. Konfrontiert mit mehreren kann man die meisten Menschen dazu bringen, ganz offensichtlich unsinnige Ansichten oder Urteile zu äußern (mehr darüber ist in Kapitel 14 zu erfahren). Einer berühmten Studie von Solomon Asch ist zu entnehmen, daß viele Menschen sogar bereit sind, unverkennbar falsche Urteile über so etwas Simples wie die Länge von Strichen abzugeben, wenn nur vor ihnen andere (in Wirklichkeit Komplizen des Versuchsleiters) im Brustton der Überzeugung dieselben eindeutig unrichtigen Behauptungen aufgestellt haben. Diese Art der Forschung und ihre Ergebnisse sind inzwischen so bekannt, daß sie schon fast Teil unseres Alltagsdenkens geworden sind. Sie haben unsere Alltagstheorien über Gruppendruck und Konformität zutiefst beeinflußt. Heutzutage kann man diese frühen Studien kaum mehr zum Gegenstand des psychologischen Grundstudiums machen, ohne die Studenten zu langweilen. Ihr Alltagsverständnis von Konformität stammt also aus dem Labor des Sozialpsychologen.

Obwohl Wissenschaft und Alltagswissen einander ergänzen, wird an der Sozialpsychologie häufig kritisiert, sie finde nur das auf der Hand Liegende, leiste mithin nicht mehr als der gesunde Menschenverstand. Wie kommt es zu solcher Kritik? Das Problem liegt, so glaube ich, in erster Linie darin, daß unser Alltagswissen ebenso reich wie unsystematisch ist. Wir haben Erklärungen für alles und jedes, und also auch Erklärungen für das Gegenteil von allem und jedem. In diesem Sinne wird uns das, was es von Sozialpsychologen im sozialen Leben zu entdecken und zu beschreiben gibt, in den meisten Fällen nicht ganz unvorbereitet treffen. Werden jedoch weniger offensichtliche Phänomene einer wissenschaftlichen Untersuchung unterzogen, reagiert unser Alltagsverstand zumeist mit Unglauben. Sobald es darum geht, Aussagen über Sozialverhalten zu verallgemeinern, haben wir guten Grund, unserem Alltagswissen zu mißtrauen. Es sagt uns selten etwas über die besonderen Bedingungen, unter denen es zu bestimmten Verhaltensweisen kommt. Und wenn es das tut, irrt es nur allzu häufig. Vielleicht verhilft Ihnen die Aktivität 1.2 zu einem gewissen Gespür für diesen Konflikt.

Aktivität 1.2: Sagt einem das wirklich der gesunde Menschenverstand?

Wir alle wissen eine ganze Menge über unser alltägliches soziales Leben. Mit dieser Übung können Sie Ihr Alltagswissen auf seine Tatsachentreue hin überprüfen. Beantworten Sie zu diesem Zweck die folgenden Fragen zu verschiedenen Aspekten sozialer Interaktion so gewissenhaft wie möglich.

1. Erstgeborene neigen *mehr/weniger* dazu, die Gesellschaft anderer Menschen zu suchen als nachgeborene Geschwister.
2. Menschen, die vor irgendetwas Angst haben, sind lieber *allein/in Gesellschaft anderer.*
3. Europäer kommunizieren Emotionen mit *ähnlichen/anderen* Gesichtsausdrücken wie/als die Eingeborenen Neu-Guineas.
4. Einstellungen gegenüber anderen lassen sich durch verbale Botschaften *besser/schlechter* übermitteln als durch nonverbale Signale.
5. Andere Menschen treffend zu beurteilen, ist *eine/keine* ganz persönliche Fähigkeit bestimmter Menschen.
6. Das Aussehen eines Menschen hat *einen/keinen* Einfluß darauf, ob man ihn eines Verbrechens für schuldig befindet.
7. Wenn einem sehr kompetenten Menschen ein Fehler unterläuft, nimmt seine Attraktivität in den Augen anderer *zu/ab.*
8. Wenn ein Mensch recht ungewöhnliche Meinungen vertritt, ist die Wahrscheinlichkeit *groß/gering,* daß er auch wirklich davon überzeugt ist.
9. Wenn Sie jemanden für etwas, das er sehr gerne tut, entlohnen, wird er sich dieser Tätigkeit in Zukunft *häufiger/weniger häufig* widmen.
10. Wenn ein Versuchsleiter von Probanden verlangen würde, einem anderen gefährliche Elektroschocks zu verabreichen, würden sie sich *weigern/nicht weigern.*
11. Gruppenentscheidungen fallen tendenziell *extremer/vorsichtiger* aus als die Entscheidungen von Einzelpersonen.
12. Will man in Erfahrung bringen, ob jemand gerade lügt oder einen Betrug begeht, so achtet man am besten auf *sein Gesicht/seine Arme und Beine.*

Diese „Items" sind nur eine kleine Auswahl von Themen, mit denen es beide – Sozialpsychologie und Alltagswissen – zu tun haben. Wenn Ihnen Ihr gesunder Menschenverstand ein guter Führer war, müssen Sie auf die meisten Fragen die richtige Antwort gefunden haben. Nach heutigem sozialpsychologischen Kenntnisstand hätten Sie folgendermaßen entscheiden müssen: *1 = mehr; 2 = in Gesellschaft anderer; 3 = ähnlichen; 4 = schlechter; 5 = keine; 6 = einen; 7 = zu; 8 = groß; 9 = weniger häufig; 10 = nicht weigern; 11 = extremer; 12 = seine Arme und Beine.* Dem gesunden Menschenverstand – und das macht solche Entscheidungen so schwierig – erscheint die eine Alternative immer genauso plausibel wie ihr Gegenteil: je nach Umstand könnte sich jede der beiden Antworten anbieten. Schon diese wenigen Beispiele zeigen, daß mit dem Argument der „Selbstverständlichkeit" und dem „Auf der Hand liegen" in der Tat etwas nicht stimmt. Auslösbar ist jede Reaktion. Um so wichtiger ist es, in Erfahrung zu bringen, welche Reaktion unter welchen Bedingungen die häufigste ist. Und genau das versucht im Unterschied zum Alltagsverständnis die Sozialpsychologie.

Wie wir gesehen haben, regen unsere ,,naiven" Theorien über soziales Verhalten wissenschaftliche Forschung an, werden aber ihrerseits auch von ihr geformt. Denken Sie bei der weiteren Lektüre des Buches gelegentlich an diese Beispiele zurück. Sie werden häufig über Phänomene lesen, die auch Teil Ihrer eigenen unmittelbaren Interaktionserfahrung sind. Aber die Theorien und Erklärungen, zu denen die Forscher gelangt sind, gehen über unsere Alltagstheorien hinaus, denn der Wissenschaftler ist bemüht, allgemeinere und gültigere Erklärungen zu finden.

Soziale Interaktion einst und jetzt: ein historischer Exkurs

Man mag es zu den Seltsamkeiten der Geschichte rechnen, daß die wissenschaftliche Erforschung der sozialen Interaktion als solcher ein noch sehr junges Phänomen ist. Natürlich haben Philosophen, Schriftsteller, Dichter und Maler seit altersher einen großen Teil ihrer Schaffenskraft den Gedanken und Gefühlen von Menschen gewidmet, die miteinander interagieren. Aber das ,,Wie" solcher Interaktionen, den eigentlichen Interaktionsprozeß, systematisch zu untersuchen, hielt man sehr lange Zeit für der Mühe nicht wert. Vielleicht sollte es unserem Zeitalter vorbehalten bleiben, aus einem einstmals natürlichen Vorgang – der zwischenmenschlichen Interaktion – ein Problem, ein Forschungsobjekt, zu machen. Woher dieses wachsende Interesse am ,,Wie" zwischenmenschlicher Interaktion? Sind die Interaktionsmöglichkeiten, die uns unser Zeitalter beschert hat, andere als die früherer Epochen? Blicken wir zurück und vergleichen wir unsere heutige soziale Umwelt mit der unserer Vorfahren.

Den größten Teil ihrer Geschichte haben die Menschen in sozialen Umwelten – sei es Familie, Sippe, Stamm, Dorf oder auch Kleinstadt – gelebt, wo fast jeder jeden kannte. In solchen überschaubaren Gemeinschaften war soziale Interaktion der eigentliche Kern, der Mittelpunkt des täglichen Lebens. Vergegenwärtigen wir uns für einen Moment jene Lebensform, die in damaligen Zeiten die natürliche war. Das Leben der Menschen spielte sich von der Wiege bis zum Grabe nahezu ausschließlich innerhalb ein und derselben kleinen, vertrauten Gruppe ab, in einer Umwelt also, in der es nur Familie, Freunde, Bekannte gab. Wann immer man im Verlauf seiner täglichen Verrichtungen auf einen Menschen traf, war er vertraut und bekannt, einem ,,neuen Gesicht", einem Fremden, begegnete man so gut wie nie.

Vergleichen wir nun dieses Interaktionsmilieu mit dem sozialen Leben in unseren großen westlichen Industriegesellschaften. Wir sind umgeben von Fremden, und begegnen wir in der Öffentlichkeit einem bekannten Gesicht, ist das eher die Ausnahme, nicht die Regel. Soziologen haben viel darüber nachgedacht, welche Folgen diese drastische Transformation von kleinen, überschaubaren Gemeinschaften in Massengesellschaften für unsere Interaktionsgewohnheiten hatte. In einer kleinen Gemeinschaft oder einer ,,Primärgruppe" (vgl. Kapitel 15), wo jeder jeden kennt, und wo der normale Tagesablauf die Menschen immer wieder zusammenführt, sind Gemeinschaftsleben und Leben des Einzelnen praktisch nicht voneinander zu trennen. Soziale Interaktion ist der eigentliche Mittelpunkt des Lebens und jedem Mitglied der Gemeinschaft bieten sich zahllose Gelegenheiten, zu jedem anderen Mitglied eine Beziehung aufzubauen. Niemand kann anonym bleiben oder sich dauerhaft von den anderen absondern. Unter solchen Bedingungen ist Interaktion mit anderen wahrscheinlich so natürlich wie essen und atmen – und vermutlich kaum je Quelle von Problemen.

Das Leben in einer Primärgruppe und die ständige Interaktion mit nur wenigen anderen war sicher nicht so idyllisch, wie es uns heute erscheinen mag. Sozialer Zusammenhalt und soziale Ordnung waren auch damals nur um den Preis von Zwang zur Gemeinschaft und Verzicht auf individuelle Freiheit möglich. Heute gilt die nostalgische Sehnsucht vieler Menschen dem Leben in Kommunen und kleinen Gemeinschaften. Aber diejenigen, die es tatsächlich versucht haben, können ein Lied davon singen, daß solche kleinen Primärgruppen unter Umständen tyrannischer sind als alles, was uns unsere Gesellschaft von einander Fremden zu bieten hat. Bis zum 18. Jahrhundert war die Kleingruppe – die Familie, die Sippe oder die Dorfgemeinschaft – als primäre soziale Einheit vorherrschend. Die Französische Revolution und die Philosophie der Aufklärung bereiteten den Boden für einen dramatischen Wandel. Der Rationalismus der Aufklärung behauptete, das Individuum könne sich, sei es erst einmal befreit von den Zwängen kommunalen Lebens, auch ohne die Unterstützung (und die Einengung) durch ,,Primärgruppen" unabhängig, rational und glücklich entfalten.

Angesichts der Jahrzehntausende, die es vermutlich dauerte, bis sich die Menschen an die Erfordernisse eines Lebens in Kleingruppen angepaßt hatten, hatten wir vielleicht einfach noch nicht genug Zeit, um uns an die neuerliche gewaltige Veränderung unserer sozialen Beziehungen anzupassen. Es wäre müßig, an dieser Stelle darüber zu streiten, ob für das Verschwinden der einfachen ,,face-to-face"-Gemeinschaften nun die Philosophie des Rationalismus, die bürgerlichen politischen Ideale der Französischen Revolution oder die Erfordernisse der Industriellen Revolution verantwortlich zu machen sind. Was zählt, ist einzig, daß diese uralte Form sozialen Lebens während der letzten zweihundert Jahre aus unseren Industriegesellschaften verschwunden ist. Wir alle stehen nun vor der Aufgabe, unser soziales Leben unter völlig neuen Bedingungen zu führen, auf die uns vorzubereiten oder an die uns anzupassen wir als Spezies nur sehr wenig Zeit hatten.

Was hat es nun mit dem sozialen Leben in den neu entstandenen Großgesellschaften auf sich? Unsere Welt ist bevölkert von Fremden, von unbekannten Gesichtern, die uns zu Tausenden auf den Straßen begegnen, die wir, kaum daß wir sie sehen, wieder vergessen und mit denen wir wohl niemals wieder Worte oder Gesten austauschen werden. Die Menschen, die wir kennen – unsere Freunde, Verwandten, Bekannten – leben geographisch wie sozial von uns entfernt, wir sehen sie nur von Zeit zu Zeit und unsere Lebensbereiche überschneiden einander nur wenig. Wir teilen Arbeit, Vergnügen, Leben und Hobbys mit anderen Menschen, aber nur selten sind es immer dieselben. Wir führen ein hoch spezialisiertes und differenziertes Sozialleben, treffen mit einigen Menschen nur bei der Arbeit, mit anderen nur in der Freizeit zusammen und gründen mit wieder anderen Familie und Heim.

Die meisten Menschen, mit denen wir zusammenkommen, wie z. B. Verkäufer, Busfahrer, Krankenschwestern, Angestellte oder Polizisten, sind uns völlig fremd. Wir haben gelegentlich mit ihnen zu tun, lernen sie aber nur selten wirklich kennen. Sind wir Ärzte, Psychologen, Krankenschwestern, Vertreter, Lehrer, Hotelangestellte oder Rechtsanwälte, besteht auch unser Arbeitsleben überwiegend aus Interaktionen mit anderen. Fast kann man vom neuen Berufsstand der ,,professionellen Interakteure" sprechen, dessen Aufgabe es ist, die zwischenmenschlichen Bedürfnisse einer zunehmend mobilen und unpersönlichen Gesellschaft zu befriedigen.

Soziale Kompetenzen und Schüchternheit

Unter solchen Umständen ist soziale Interaktion in der Tat eine verwirrende Angelegenheit, die beträchtliche Kompetenzen abverlangt. Macht man sich einmal bewußt, wie subtil und komplex es ist, sich angemessen zu verhalten, wenn man mit einem Freund spricht, mit einer Verkäuferin plaudert, mit einem Liebespartner streitet oder ein Auto kauft, wird einem klar, zu was für einer gewaltigen Aufgabe und zuweilen sogar Last soziale Interaktion geworden ist. Wenn Sie davon nicht so ganz überzeugt sind, mag Sie das folgende kleine Experiment vielleicht eines besseren belehren.

Aktivität 1.3: Interaktionsregeln

Versuchen Sie zunächst, sich selbst genauso objektiv zu beobachten, wie Sie das in Aktivität 1.1 mit Fremden getan haben, während Sie (a) mit Ihrem Liebespartner oder Ihrer Liebespartnerin, (b) Ihrem besten Freund oder Ihrer besten Freundin, (c) einer Verkäuferin und (d) einem Mitglied Ihrer Familie interagieren. Registrieren Sie alle wichtigen Merkmale Ihres Verhaltens (z. B. ein tiefer Blick in die Augen Ihres Liebespartners, freundliches Desinteresse der Verkäuferin gegenüber, häufiges Nicken, während Sie Ihrem Freund zuhören, etc.). Versuchen Sie dann, diese Verhaltensregeln in ähnlichen Situationen willkürlich zu vertauschen (etwa der Verkäuferin tief in die Augen zu schauen, dem Freund gegenüber freundliches Desinteresse an den Tag zu legen, usw.).

Das Unbehagen, das Sie (und Ihre Partner) bei solchen Interaktionen empfinden, sagt Ihnen, daß Sie einige sehr wichtige Regeln und Konventionen des sozialen Umgangs verletzt haben. Der springende Punkt dabei ist, daß diese rigiden Interaktionsregeln schon immer Teil Ihrer Umwelt waren, und daß Sie, irgendwann und ohne es zu merken, gelernt haben müssen, sich ihrer angemessen zu bedienen. Erst wenn Sie der üblichen Routine solcher Begegnungen absichtlich zuwiderhandeln, wird Ihnen wahrscheinlich bewußt, wie subtil und komplex Sie sich verhalten müssen, um den zahlreichen Regeln und Konventionen des sozialen Lebens gerecht zu werden.

Die Regeln, mit denen wir vertraut sein müssen, um mit anderen angemessen zu interagieren, sind ebenso zahlreich wie komplex; und wenn wir eine soziale Interaktion erfolgreich meistern wollen, müssen wir uns ihrer unverzüglich und korrekt zu bedienen wissen. Die gewaltige Vielfalt und Spezialisierung unserer sozialen Beziehungen verlangt interaktive Kompetenzen, die um vieles komplexer sind, als das für die Interaktion in einer Primärgruppe notwendig war. So besehen ist es vielleicht doch gar nicht so erstaunlich, daß sich soziale Interaktion erst so spät als „Problem", und das heißt auch als Forschungsgegenstand, etabliert hat. Daß Interaktion mit anderen zunehmend problematisch wird, spiegelt sich auch darin, daß immer mehr Menschen Schwierigkeiten damit haben, sich vor sozialen Begegnungen fürchten und unter Schüchternheit leiden.

Jeder von uns kennt Momente, in denen die Interaktion mit anderen zur schwierigen Aufgabe wird. Ein Bewerbungsgespräch, eine Auseinandersetzung mit dem Chef oder die ersten Minuten mit einem unbekannten Menschen erleben wir wohl alle als belastend, d. h. nicht als „normale" Interaktion. Für viele Menschen sind aber bereits einfache und ganz alltägliche Begegnungen nicht ohne Streß zu bestehen. Solche Reaktionen haben wir mit dem Etikett „Schüchternheit" versehen, die Zimbardo (1982) definiert als „Codewort für diejenigen Kräfte in jedem von uns und für diejenigen gesellschaftlichen Zwänge, die uns – in engem Zusammenwirken – voneinander isolieren. In diesem Sinne schließt Schüchternheit die Furcht vor (und Vorurteile gegenüber) Menschen, die anders sind, und vor sozialen Situationen, die neu sind, ein" (S. 466). Nun ist die Erfahrung der Schüchternheit als solche kein neues Phänomen. „Schüchternheit scheint davon abzuhängen, wie empfindlich jemand auf die – gute oder schlechte – Meinung anderer reagiert. . . . Manche Menschen sind so empfindlich, daß es schon an ihr Selbstbewußtsein rührt, wenn sie nur mit jemandem sprechen. . . . Fast jeder, der zum erstenmal zu einem größeren Publikum sprechen muß, ist äußerst nervös, und die meisten Menschen verlieren diese Nervosität ihr Leben lang nicht," schrieb Darwin (1890, S. 330–332) bereits vor fast hundert Jahren.

In einem großangelegten Forschungsprojekt zur Schüchternheit fand Zimbardo (1982) heraus, daß sich fast 40% der erwachsenen Amerikaner als schüchtern bezeichnen. Am höchsten war der Anteil schüchterner Menschen in Japan (60%), am niedrigsten in Israel (30%). Für diejenigen, die darunter leiden, ist Schüchternheit eine negative Erfahrung, mögen sie auch nicht davon Betroffene – insbesondere bei Frauen – anziehend finden. Zu den Situationen, in denen sich am häufigsten ein Gefühl der Schüchternheit einstellt, gehören Interaktionen mit Fremden oder mit Angehörigen des anderen Geschlechts, neue oder hoch strukturierte Situationen und Interaktionen mit Menschen von höherem Status. Und das sind, wie könnte es anders sein, überwiegend Situationen, die für die sozialen Routinen unserer unpersönlichen Massengesellschaften typisch sind.

Einem schüchternen Menschen, so könnte man auch sagen, fehlen bestimmte interaktive Kompetenzen, über die andere Menschen verfügen. Das können perzeptuelle Kompetenzen sein (die korrekte Wahrnehmung von Menschen und Situationen), kognitive (die Fähigkeit zu richtigem und einfühlsamem Urteil), verhaltensmäßige (zu wissen, was man in einer Situation zu tun und zu sagen hat) oder schließlich auch affektive (die Fähigkeit, mit den der jeweiligen Situation angemessenen Gefühlen zu reagicrcn). Niemand komml schüchtern oder ausgestattet mit sozialen Kompetenzen auf die Welt. Wir erwerben das notwendige soziale Rüstzeug in unserer Kindheit und vervollkommnen unsere Interaktionsstrategien als Erwachsene. Den sozialpsychologischen Forschungsarbeiten, die uns in diesem Buch interessieren, geht es vornehmlich um die Strategien sozialen Austauschs. Indem sie diese gewöhnlich impliziten Kompetenzen explizit machen (vgl. Aktivität 1.1) geben uns die Forscher eine willkommene Gelegenheit, auch unsere eigenen interaktiven Kompetenzen einmal unter die Lupe zu nehmen.

Ansätze zur Erforschung sozialer Interaktion

Was geschieht wirklich, wenn zwei oder mehr Menschen miteinander interagieren? Welche Wege sind einzuschlagen, möchte man Interaktionsprozesse erforschen und erklären? Erklärungen für zwischenmenschliche Interaktionen können wir auf mindestens drei Ebenen suchen.

1. Wir können uns die größeren, umfassenden sozialen, ökonomischen und politischen Systeme anschauen, die unsere Einstellungen und persönlichen Verhaltensweisen in erheblichem Umfang mitbestimmen. Wir wollen das den makrosoziologischen Ansatz nennen. Ihm liegt die Idee eines sozialen Determinismus zugrunde, d. h. die Überzeugung, daß soziale Systeme und ihre Normen die kausalen Determinanten individuellen Verhaltens sind. Faktoren wie soziale Klasse, Rasse, Einkommen oder herrschendes politisches System sind alle mitverantwortlich für unsere interaktiven Verhaltensweisen. Angehörige der Mittelschicht interagieren anders als Arbeiter, und viele Formen spontaner Interaktion, die in westlichen Gesellschaften üblich sind, fehlen im Interaktionsrepertoire von Menschen aus traditionellen Gesellschaften oder totalitären Staaten.

2. Wir können uns den sozialen Interaktionsprozessen auch aus der Perspektive des Individuums nähern. Das wäre der psychologische Ansatz. Faktoren wie Erziehung, Intelligenz, äußere Erscheinung, individuelle Einstellungen oder kommunikative Fähigkeiten spielen für das „Wie" der zwischenmenschlichen Interaktion eine wesentliche Rolle. Auf gutaussehende Menschen reagieren wir

anders als auf unansehnliche (vgl. Kapitel 12), und die meisten von uns haben ihre eigenen Theorien über Menschen, ihre Eigenschaften und Motivationen (im dritten Kapitel werden wir solche impliziten Persönlichkeitstheorien kennenlernen), von denen wir dann unser Verhalten diesen Menschen gegenüber leiten lassen.

3. Drittens kann man sich in der Überzeugung, Interaktionsprozesse seien weder auf soziale noch auf individuelle Erklärungen reduzierbar, auf die Ebene der Interaktionsprozesse selbst begeben. In diesem Ansatz gelten zwischenmenschliche Interaktionen nicht als das *Produkt* sozialer (Ansatz 1) oder individueller (Ansatz 2) Variablen, man geht vielmehr umgekehrt davon aus, daß umfassendere soziale Systeme und individuelle Persönlichkeiten im Laufe der sozialen Interaktion erst *geschaffen* werden. Wir sollten die Originalität dieses Gedankens – am klarsten dargestellt in den Werken von Symbolischen Interaktionisten wie George Herbert Mead (1934), Cooley (1902) und anderen (Stone und Farbermann 1970, etc.) – nicht geringschätzen. Wenn Menschen miteinander interagieren, so besagt dieser Ansatz, geschehen mehrere Dinge gleichzeitig. Weil wir intelligente Wesen sind, über die Fähigkeit verfügen, unsere Erfahrungen zu symbolisieren und zu abstrahieren, beziehen wir aus jeder neuen Interaktion ein allgemeines Wissen und allgemeine Erwartungen über angemessene Verhaltensmöglichkeiten in eben jener Situation ein.

Denken Sie nur an Ihre erste Universitätsvorlesung, Ihr erstes Seminar, Ihren ersten Tag am neuen Arbeitsplatz: Nach Interaktionen wie diesen haben wir bestimmte Vorstellungen von regelgeleiteten, vorhersagbaren Interaktionsroutinen. Ordnung, Regelhaftigkeit und Vorhersagbarkeit aller großen sozialen Systeme hängen letztlich von solchen gemeinsamen Erwartungen ihrer Mitglieder ab. Nirgends sonst als in täglichen Interaktionen werden soziale Systeme etabliert, bestätigt oder verändert. Aber unsere Interaktionen mit anderen sind auch eine wichtige Quelle unserer Selbsteinschätzung, unserer Persönlichkeit. In Interaktionen mit anderen baut sich unser Selbstbegriff auf, Interaktionen veranlassen uns, diesen Selbstbegriff zu verteidigen oder notfalls auch zu revidieren (vgl. Kapitel 10). In diesem doppelten Sinne hielten die Theoretiker des Symbolischen Interaktionismus Interaktion für den Ursprung sowohl sozialer als auch persönlicher Realitäten.

Wir werden uns in diesem Buch noch ausführlich damit beschäftigen, wie Menschen – sei es zu zweit, sei es in größeren Gruppen – miteinander interagieren. Die Forschung, die wir dabei vorstellen, entstammt zumeist der psychologischen Tradition, oben beschrieben als Ansatz 2. Wenn wir heute etwas mehr darüber wissen, wie individuelle Merkmale Interaktionen zwischen Menschen beeinflussen, haben Sozialpsychologen dazu den vielleicht größten Beitrag geleistet. Aber der Leser wird in diesem Buch auch zahlreichen Beispielen aus der Soziologie und dem Symbolischen Interaktionismus begegnen. Eine soziologische Erklärung ist zum Beispiel in Kapitel 12 zu finden, wo es um die Rolle von Status, Klasse und demographischen Variablen bei der Entwicklung von Freundschaften geht. Als theoretischer Ansatz ist allerdings unsere dritte Alternative, der Symbolische Interaktionismus, am vielversprechendsten. Es ist die einzige theoretische Konzeption, die zwischenmenschliche Interaktionen nicht auf andere Prozesse reduziert. Wie die jüngere Entwicklung in der Sozialpsychologie zeigt, bewegt man sich inzwischen auch hier überwiegend in diese Richtung (vgl. Farr 1981). Neuere Forschungsarbeiten über die Fähigkeit von Menschen, die sie umgebende soziale Welt wahrzunehmen, zu repräsentieren und gedanklich zu verarbeiten, ebnen den Weg zu einem besseren Verständnis dessen, wie wir solches Wissen im Verlauf unserer Interaktionen mit anderen erwerben (Forgas 1981).

Modelle menschlicher Natur und sozialer Interaktion

Die systematische Erforschung der zwischenmenschlichen Interaktion ist, wie wir gesehen haben, eine noch recht junge Disziplin. Aber was menschliches Sozialverhalten seinem Wesen nach ausmacht, fragen sich die Menschen natürlich schon sehr viel länger. Seit der Antike versuchen sie, dem Rätsel der menschlichen Soziabilität mit allgemeinen Theorien über die Natur des Menschen auf die Spur zu kommen. Am naheliegendsten (und vielleicht am wenigsten hilfreich) ist es, menschliches Verhalten einfach als Ausdruck eines tief verwurzelten Bedürfnisses oder Triebes zu erklären, oder – besser noch – als Widerspiegelung einer universalen ,,menschlichen Natur". Allport (1968) nennt solche Theorien in seinem Überblick über die Geschichte der Sozialpsychologie ,,einfach und souverän", da sie alles menschliche Verhalten auf ein einziges Prinzip zurückzuführen trachten. Viele dieser Theorien bestehen heute noch – sogar in der Psychologie –, und so ist es vielleicht ganz aufschlußreich, einige von ihnen kurz vorzustellen (vgl. Aktivität 1.4).

Ist das Leben wirklich ein Jammertal, Herr Pfarrer?

Die Suche nach einfachen und souveränen Theorien, die alles menschliche Verhalten erklären, ist so alt wie die Menschheit – Hedonismus, Egoismus, Altruismus und Rationalismus in ihren verschiedenen Spielarten haben ihre Anziehungskraft bis heute nicht verloren und sind sogar impliziert in so mancher psychologischer Theorie enthalten.

13

Aktivität 1.4: Einfache und souveräne Theorien

Lesen Sie die beiden folgenden kurzen Geschichten und überlegen Sie, welche der unten angeführten Gründe für das Verhalten der handelnden Personen ausschlaggebend waren.

1. Beim Mittagessen war Johann bestrebt, mit Leuten an einem Tisch zu sitzen, die er nicht sehr gut kannte.
2. Am nächsten Tag knüpfte Anne im Supermarkt ein Gespräch mit einer Frau an, die ein kleines Kind im Kinderwagen vor sich herschob.

Kreuzen Sie die Erklärungen an, die für das Verhalten von Johann und Anne Ihrer Meinung nach am zutreffendsten sind.

Warum hat er/sie sich so verhalten?	Johann	Anne
Um Spaß zu haben	☐	☐
Um sich unabhängig und stark zu fühlen	☐	☐
Um sich anderen gegenüber freundlich zu zeigen	☐	☐
Weil er/sie es für vernünftig hielt	☐	☐

Erklärungen wie diese veranschaulichen, wie man sich mit Hilfe einfacher und souveräner Theorien unverständliches oder nicht eindeutiges Sozialverhalten erklären kann. Die obige Liste offeriert Ihnen als Erklärungsmöglichkeiten von an sich ganz bedeutungslosen Handlungen die einfachen und souveränen Theorien von Hedonismus, Macht, Altruismus und Rationalität. Wenn wir davon ausgehen, daß Menschen für das, was sie tun, entweder eine rein „hedonistische", „egoistische", „altruistische" oder „rationale" Motivation haben oder ihr Handeln von einer Kombination dieser Motivationen leiten lassen, können wir im Rahmen dieser allgemeinen Theorien über die menschliche Natur auch soziale Verhaltensweisen erklären. Genauso wie es Ihnen wahrscheinlich recht leicht gefallen ist, dem Verhalten von Johann und Anne einen „einfachen und souveränen" Sinn zu geben, haben sich auch Sozialpsychologen bis in die zwanziger Jahre unseres Jahrhunderts häufig solcher Erklärungen bedient.

Hedonismus, die Tendenz des Menschen, Lust zu suchen und Unlust zu meiden, ist seit Epikur bis hin zu modernen Lerntheorien ein sehr einflußreicher Erklärungsversuch für menschliches Sozialverhalten. Natürlich sind Menschen nicht einfach in jeder beliebigen Situation unmittelbar bestrebt, Angenehmes zu maximieren und Unangenehmes zu minimieren. Wenn das so wäre, würde wohl kaum jemand je zum Zahnarzt gehen oder sich an der Universität langweilige Vorlesungen anhören. Philosophen wie John Stuart Mill, Jeremy Bentham und Herbert Spencer haben diesen Gedanken weitergeführt. Sie glauben, daß Menschen bei ihren Handlungen einem komplexen „Kalkül" von Kosten und Nutzen jeder Handlung in jeder relevanten gegenwärtigen und zukünftigen Situation folgen. So besehen kann auch der Gang zum Zahnarzt ein Akt von Hedonismus sein, da – hat man ihn hinter sich gebracht – die Wahrscheinlichkeit einer langen beschwerdefreien Zeit größer wird.

Diese Idee hielt auch Einzug in psychologisches Denken. Die Behavioristen, die Sozialverhalten mit Begriffen wie Belohnung, Verstärkung und Bestrafung zu erklären suchen, stehen im Grunde in der Nachfolge der einfachen und souveränen Hedonismustheorie. Auch viele Theorien sozialer Interaktionsprozesse schlagen aus diesem Gedanken Kapital. Menschen interagieren diesen Theorien zufolge nur so lange miteinander, wie der momentane und potentielle Nutzen der Interaktion ihre Kosten überwiegt.

Neben der Suche nach Lust dient auch das Verlangen nach *Macht*, Kontrolle und Autorität als einfache und souveräne Erklärung von sozialer Interaktion. Ein wohlbekannter Vertreter dieser Philosophie ist Nietzsche. Der italienische Renaissance-Schriftsteller Machiavelli wurde berühmt für die detaillierte Beschreibung des besten (und zynischsten) Weges zu Machtgewinn und Machterhaltung, die er in seinem Buch „Der Fürst" den Herrschenden dieser Welt mit auf den Weg gab.

In einem dritten Erklärungsversuch für menschliches Verhalten geht man von einer universalen menschlichen Neigung zum *Altruismus* aus: Vielleicht handeln Menschen ja auch in dem Bestreben, Gutes zu tun und einander, so gut es eben geht, zu helfen? Altruismus als einfache und souveräne Theorie menschlichen Sozialverhaltens hat vieles für sich. Zu erklären, warum Menschen kooperieren, einander helfen und sogar Opfer füreinander bringen, kann schwieriger sein, als eine Erklärung für Aggression und Gewalt zu finden. Leider nimmt die Kombination von Altruismus und evolutionärer Denkweise der Vorstellung einer selbstlosen menschlichen Soziabilität viel von ihrem Glanz. Evolutionstheoretikern zufolge sichern wir durch die Hilfe, die wir den uns Nächsten (Familienangehörigen, Freunden, Verwandten) angedeihen lassen, das Überleben genetischer Merkmale, die den unsrigen ähnlich sind. Sogar Selbstaufopferung kann so ihren biologischen Sinn haben, wenn sie letztlich dem Überleben derer dient, die uns ähnlich sind (Dawkins 1976).

Spätestens seit der Französischen Revolution hat mit dem *Rationalismus* eine weitere einfache und souveräne Theorie an Bedeutung gewonnen. Aus dieser Sicht der Dinge ist der Mensch seiner Natur nach intelligent und vernünftig und trifft Entscheidungen, die sein Sozialverhalten regeln, in vernünftiger, die möglichen Alternativen abwägender Manier. Viele einflußreiche Theorien, die mittelbar oder unmittelbar mit Interaktionsprozessen zu tun haben, gründen auf dieser impliziten Annahme. Der Attributionstheorie (Kapitel 4 und 5) zufolge verhalten sich Menschen wie „naive Wissenschaftler", die zu erschließen versuchen, welche vorangegangenen Ereignisse das Verhalten anderer ursächlich bestimmen, um auf diese Weise Ordnung und Vorhersagbarkeit in ihr eigenes soziales Leben zu bringen. Dieses Verhaltensmodell hat auch in der kognitiven Wissenschaft viele Anhänger gefunden: Wenn man, so glaubt man dort, Computer so programmiere, daß ihre Entscheidungsprozesse ähnlich denen von Menschen ablaufen, werde man auch den Grundlagen menschlichen Verhaltens näherkommen.

Vielleicht war es eine Reaktion auf den dominierenden Rationalismus, daß Emotionen und Irrationalität als Erklärung menschlichen Verhaltens in den ersten Dekaden unseres Jahrhunderts eine neue Blütezeit erlebten. Vor allem ist da die *psychoanalytische* Theorie Freuds zu nennen, die alles menschliche Verhalten mit dem unbewußten Auf- und Abebben emotionaler und motivationaler Energien in Zusammenhang zu bringen suchte. Obwohl sich die meisten Behauptungen Freuds als empirischer Evaluation unzugänglich erwiesen haben und also nicht Teil einer wissenschaftlichen Psychologie sind, spielen viele seiner Gedanken und Begriffe immer noch eine bedeutsame Rolle. Seiner Vorstellung von einer Ich-Abwehr, die den Umgang mit bedrohlicher Information zu einem dynamischen, motivierten Prozeß macht, hat man sich bei der Erforschung von Interaktionsprozessen mit Gewinn bedient. Unsere Vorlieben, andere Menschen wahrzunehmen und zu verstehen, könnten durchaus in solchen Verzerrungen im Dienste einer Ich-Abwehr begründet sein (vgl. Kapitel 5).

Wissenschaftliche Theorien über menschliche Interaktion

Mit dem Entstehen einer wissenschaftlichen Psychologie in der zweiten Hälfte des 19. Jahrhunderts war die Vorherrschaft solcher einfacher und souveräner Theorien gebrochen. 1908 erschienen zwei sozialpsychologische Werke, die in vielem die spätere Entwicklung der Disziplin bereits ahnen ließen. William McDougall, der Autor des einen Buches, vertritt eine individualistische, psychologische Position und behauptet, daß dem menschlichen Sozialverhalten eine Vielzahl von Trieben wie Neugier, Selbstbestätigung oder Abneigung zugrunde liege. Das Buch von Ross war soziologischer orientiert: Er vermutete in sozialen Prozessen wie Imitation, Suggestion und Konformität die Kräfte, die unsere interaktiven Verhaltensweisen formen. 1924 gilt als das Geburtsjahr der Sozialpsychologie als experimenteller, wissenschaftlicher Disziplin, die sich dem Sozialverhalten aus der Perspektive des Individuums nähert (Allport 1924). Es ist also nicht weiter erstaunlich, daß die meisten Zeugnisse, die wir über Interaktionsprozesse besitzen, aus dieser psychologischen Tradition stammen.

In den folgenden Jahrzehnten erlebte die sozialpsychologische Forschung eine gewaltige Expansion. Eine sehr dominante theoretische Richtung war bis in jüngste Zeit der *Behaviorismus* mit seiner These, daß Verhalten in erster Linie durch von außen erfolgende Belohnung und Bestrafung kontrolliert werde. Einfache und relativ wenig folgenreiche Verhaltensweisen lassen sich in der Tat ohne weiteres über Belohnungen und Strafen manipulieren. Verplanck (1955) zum Beispiel konnte zeigen, daß „meinungsäußerndes Verhalten" dramatisch an Häufigkeit zunimmt, wenn man dem Gesprächspartner immer dann, wenn er eine Meinung äußert, systematisch Bekräftigungen wie „Da bin ich ganz Ihrer Meinung" oder „Da haben Sie vollkommen recht" zuteil werden läßt. Allerdings neigen Behavioristen dazu, die aktiven und kreativen inneren Prozesse, die Sozialverhalten auch beeinflussen, zu vernachlässigen.

Eine andere Schule, die *Gestaltpsychologie*, sorgte für Ausgleich und beschäftigte sich vornehmlich mit den inneren Prozessen und Repräsentationen, die unsere Wahrnehmungen und Interpretationen von der Welt determinieren. Solomon Asch (vgl. Kapitel 3) übertrug die Grundgedanken der Gestaltpsychologie auf die Personenwahrnehmung und stellte die Hypothese auf, daß sich unsere Eindrücke von anderen automatisch zu bedeutungsvollen, vollständigen Bildern formen. Lewin folgte in seiner *Feldtheorie* ähnlichen Prinzipien. Für ihn wird Sozialverhalten in erster Linie davon determiniert, wie wir unseren „Lebensraum", d.h. unsere Umgebung und unsere Verhaltensmöglichkeiten, zu einem gegebenen Zeitpunkt subjektiv wahrnehmen und erfahren.

In den letzten Jahrzehnten hat die *kognitive* Richtung zunehmend an Bedeutung gewonnen. Um Sozialverhalten zu verstehen, so die Grundannahme dieses Modells, müssen wir in der Lage sein, die Wahrnehmungen, Kognitionen und Informationsverarbeitungsstrategien von Menschen als sozial Handelnden genauestens analysieren. Personenwahrnehmung und Attribution sind gute Beispiele für die gegenwärtige Forschungsarbeit vor diesem theoretischen Hintergrund. Aus dieser Sicht ist Personenwahrnehmung im Grunde ein Prozeß der Informationsintegration, der sich mit einfachen arithmetischen Prinzipien modellhaft darstellen läßt (vgl. Kapitel 4). In den letzten Jahren war hier auch die Gedächtnisforschung von beträchtlichem Einfluß.

Natürlich gäbe es noch zahlreiche andere Theorien und Ansätze darzustellen. Die Sozialpsychologie ist eine multi-theoretische Wissenschaft: Keine Sichtweise besitzt das absolute Monopol. Theorien sollen uns helfen, bereits gesammelte empirische Beobachtungen in bestimmter Weise zu organisieren und beim nächsten Mal die richtigen Fragen zu stellen. Wenn wir uns einige der erwähnten Prozesse im Laufe des Buches genauer ansehen, wird diese organisierende Funktion von Theorien hoffentlich deutlicher. Den Methoden der Sozialpsychologie werden wir uns erst im letzten Kapitel zuwenden, wenn Sie die Relevanz einzelner methodischer Probleme besser abschätzen können.

Einige Vorschläge zum Gebrauch dieses Buches

Es sind viele Bücher auf dem Markt, die für sich in Anspruch nehmen, Ihnen etwas über zwischenmenschliche Interaktion zu erzählen. Die meisten offerieren mit den allgemeingültigen Erkärungen, die sie für zwischenmenschliche Probleme finden, einfache und eingängige Handlungsrezepte. Solche Bücher können durchaus unterhaltsam und voll richtiger Einsichten sein und uns bei der Lektüre mannigfach Gelegenheit geben, die eigenen zwischenmenschlichen Strategien einmal zu hinterfragen. Leider sind jedoch solcherart vereinfachende Analysen menschlichen Verhaltens empirisch meistens recht schlecht abgesichert. Wenn es Ihnen nur um unterhaltsame, aber nicht unbedingt auch um tatsachengetreue Lektüre geht, ist das natürlich nicht weiter wichtig.

Das vorliegende Buch verfolgt ein ganz anderes Ziel. Es versucht, unser gegenwärtiges wissenschaftliches Wissen über menschliche soziale Interaktion, d. h. die Ergebnisse wichtiger empirischer Untersuchungen, zusammenfassend darzustellen und zu diskutieren. Ein umfassendes Modell oder eine umfassende Theorie – ein universales Modell also, das alle Interaktionsphänomene erklären würde – fehlt bislang noch. Die Sozialpsychologie ist eine junge Wissenschaft, die noch keine allgemeinen Theorien entwickelt hat. Was sie aufzuweisen hat, besitzt eher den Charakter einer Sammlung von – untereinander nicht immer stimmigen – Beobachtungen und Gesetzmäßigkeiten.

Darum glaube ich auch, daß die dargestellten Untersuchungen und das, was sie uns über bestimmte Aspekte sozialer Interaktion sagen, keine weniger faszinierende Lektüre sein werden als belletristische Werke. Und sie haben den Vorteil wissenschaftlicher Überprüfbarkeit: Es läßt sich immer feststellen, ob die Vorhersagen solcher Untersuchungen zutreffend sind oder nicht – man braucht sie bloß zu wiederholen. Etliche Ergebnisse werden Sie faszinieren, andere werden Sie sicher weniger überraschen. Nicht alles, was wichtig ist, konnte hier aufgenommen werden, dazu hätte es mehrerer Bände dieses Umfangs bedurft. Daß die getroffene Auswahl subjektiv ist, versteht sich von selbst.

Wenn Sie über eine der vorgestellten Untersuchungen oder über ein bestimmtes Thema Näheres wissen wollen, greifen Sie am besten auf die Originalartikel und -bücher zurück, die Sie jeweils in der Bibliographie dieses Buches finden. In jeder Universitätsbibliothek wird man Ihnen beim Aufstöbern des Quellenmaterials behilflich sein.

Immer wieder werden Sie im Text auf kleine Übungen oder ,,Aktivitäten" stoßen. Diese sind in der Regel leicht zu bewältigen und sollen Ihnen ein wenig eigene Erfahrung im Umgang mit der gerade behandelten Materie vermitteln. Das kann ein kurzer Fragebogen sein oder einige Fragen, die zum Nachdenken anregen sollen, oder eine Instruktion zu einem kleinen Experiment oder Beobachtungsprojekt, das Sie weder viel Zeit noch Energie kostet. Sie brauchen die Aktivitäten nicht unverzüglich in Angriff zu nehmen, aber lesen Sie die Instruktionen und setzen Sie diese bei passender Gelegenheit in die Praxis um.

Der Inhalt des Buches folgt einem klaren logischen Schema. Wir beginnen mit Personenwahrnehmung und Attribution, wenden uns dann verbaler und nonverbaler Kommunikation und den Strategien der Eindruckssteuerung zu und schließen mit sozialen Beziehungen und Interaktionen in Gruppen. In den ersten drei Kapiteln (Kapitel 2,3 und 4) geht es um Prozesse der Personenwahrnehmung, eine Kompetenz, über die man unbedingt verfügen muß, will man an sozialer Interaktion teilnehmen. Die nächsten beiden Kapitel handeln davon, wie wir zu Attributionen über andere (Kapitel 5) und uns selbst (Kapitel 6) gelangen. Dann wenden wir uns dem wichtigsten Teil zwischenmenschlicher Interaktion zu, der Kommunikation, zunächst der verbalen (Kapitel 7) und der nonverbalen (Kapitel 8), dann den Strategien, die solche Kommunikationen regulieren: der Eindruckssteuerung (Kapitel 10).

Die nächsten drei Kapitel sind dem Wesen und der Entwicklung sozialer Beziehungen gewidmet, die ja eine unvermeidliche Folge jeglicher sozialer Interaktion sind (Kapitel 11 und 12). Unser besonderes Augenmerk gilt dabei den Beziehungen intimerer Art (Kapitel 13). Dann folgen zwei Kapitel über Prozesse sozialer Einflußnahme (Kapitel 14) und Verhalten in Gruppen (Kapitel 15). Im letzten Kapitel schließlich geht es gleich um drei sehr wichtige Problembereiche (Kapitel 16): um die Ökologie der sozialen Interaktion, die Methoden sozialpsychologischer Forschung und die Anwendung von Forschungsergebnissen im Rahmen von Trainingsprogrammen und Therapie.

Kapitel 2

Personenwahrnehmung:
Die Schwierigkeit, andere richtig einzuschätzen

Um erfolgreich miteinander interagieren zu können, müssen wir vor allem in der Lage sein, die Menschen, mit denen wir konfrontiert werden, richtig wahrzunehmen. Die Wahrnehmung anderer ist eine der vorrangigsten und zugleich komplexesten Aufgaben, vor die wir tagtäglich gestellt werden. Woher wissen wir, ob jemand ein wirklich freundlicher Mensch ist oder einfach nur ein gefälliges Wesen hat, ob er arrogant ist oder gerade Grund hat, stolz zu sein, ob er ehrlich oder verlogen, verantwortungslos oder mutig ist? Fast alles, was Menschen sagen oder tun, läßt sich auf mehr als eine Weise interpretieren. Doch wenn wir in Interaktionen mit anderen erfolgreich sein wollen, müssen wir ihr Verhalten korrekt interpretieren, verstehen und vorhersagen können.

Was wäre, wenn jemand ständig falsche Urteile über andere fällen würde? Er würde falsche Erwartungen aufbauen und folglich unzutreffende Kommunikationen wählen. Die Interaktion mit so einem Menschen wäre verwirrend oder gar unmöglich, er befände sich mit Sicherheit bald im sozialen Abseits, unfähig zu sinnvollen, persönlichen Kontakten mit anderen. Die Fähigkeit, uns und andere richtig wahrzunehmen, verlangt einige Übung und Kompetenz. Wie werden wir dieser Aufgabe gerecht? Auf diese zentrale Frage sucht die Forschung zur Personenwahrnehmung eine Antwort.

Personenwahrnehmung kann als das erste, entscheidende Stadium jeder zwischenmenschlichen Interaktion betrachtet werden. Bevor wir uns sinnvoll auf andere beziehen können, müssen wir sie wahrnehmen und interpretieren. Im übrigen stellen wir das einschätzende Beobachten unseres Interaktionspartners für die Dauer der Interaktion nicht mehr ein. Dieses einschätzende Beobachten ist ein weiterer wichtiger Aspekt interpersoneller Wahrnehmung. Jede soziale Begegnung hinterläßt bei uns einen bestimmten Eindruck vom anderen, bestimmte Erwartungen und Vorhersagen. Darum spielt Personenwahrnehmung in jeder Phase der sozialen Interaktion eine wichtige Rolle, sei es bei der Kontaktaufnahme, beim Aufrechterhalten oder Beenden. Aus all diesen Gründen sollen mit der Frage der Personenwahrnehmung die in diesem Buch erörterten sozialen Interaktionsprozesse eröffnet werden.

Objektwahrnehmung versus soziale Wahrnehmung

Soziale Wahrnehmung und damit auch die Wahrnehmung von Menschen unterscheidet sich von der Wahrnehmung physikalischer Objekte in entscheidenden Punkten. Während sich die Wahrnehmung von Objekten der physikalischen Welt in erster Linie auf unmittelbar beobachtbare „oberflächliche" Merkmale richtet (auf Größe, Gewicht, Geschmack, etc.), kommt es bei der sozialen Wahrnehmung oft auf Charakteristika an, die der Beobachtung nicht unmittelbar zugänglich sind, sondern erschlossen werden müssen (wenn wir uns etwa ein Bild von Intelligenz, Einstellungen und Charakter unseres Partners machen wollen). Das macht Urteile, die im Laufe eines sozialen Wahrnehmungsprozesses gefällt werden, um etliches komplexer und schwieriger als Urteile über die physikalische Umwelt. So kommt es, daß wir Menschen sehr viel häufiger fehleinschätzen als Objekte.

Das wäre nicht weiter schlimm, könnten wir Urteile, die sich als falsch erweisen, ohne weiteres revidieren. Doch Persönlichkeitsmerkmale sind „verborgene" Merkmale, und so ist hier ein Wahrnehmungsfehler (zum Beispiel jemanden für selbstbewußt halten, der es in Wirklichkeit gar nicht ist) sehr viel schwieriger aufzudecken – und zu berichtigen – als ein Fehler, der uns bei der Wahrnehmung von Objekten unterläuft. Wenn wir uns in der Größe eines Steines oder Möbelstückes verschätzen, wird der Fehler beim zweiten Hinsehen offenbar und läßt sich durch genauere Beobachtung problemlos korrigieren. Bei Urteilen, die man über Menschen gefällt hat, geht das in den meisten Fällen nicht. Soziale Wahrnehmung basiert im Unterschied zur Objektwahrnehmung auf dem Erschließen verborgener Eigenschaften.

Aber abgesehen von der Schwierigkeit, auf innere Eigenschaften schließen zu müssen, stellt uns die Personenwahrnehmung vor ein noch weitaus schwierigeres Problem. Wenn wir Urteile über Menschen zu fällen haben, tun wir das selten als unvoreingenommene Beobachter. Normalerweise bleibt keines unserer Urteile unbeeinflußt von bereits vorhandenen Gefühlen, Einstellungen und Motivationen. Schon die wahrgenommenen Ähnlichkeiten und Unterschiede zwischen uns selbst und den von uns zu beurteilenden Menschen können Quelle folgenreicher Wahrnehmungsverzerrungen sein. Wir neigen dazu, bei Menschen, die uns ähnlich sind, eher Positives und bei Menschen, die anders sind als wir, eher Negatives wahrzunehmen.Oft haben wir ein wohlbegründetes erworbenes Interesse daran, bestimmte Gruppen von Menschen voreingenommen wahrzunehmen. Vorgesetzten, Eltern, Liebespartnern oder auch Untergebenen stehen Menschen wohl in den seltensten Fällen vollkommen objektiv gegenüber. Psychologen nennen das „motivationsbedingte Verzerrungen" (motivational biases), wir werden in den folgenden Kapiteln darauf zurückkommen. Neben der Schwierigkeit, Wahrnehmungsfehler zu entdecken und zu korrigieren, gefährden auch solche persönlichen Voreingenommenheiten die Genauigkeit unserer Urteile. Das kann soweit gehen, daß solcherart verzerrte Wahrnehmungen zur Quelle sich selbst erfüllender Prophezeiungen werden: Wenn wir unseren Chef als autoritären Menschen sehen, verhalten wir uns ihm gegenüber möglicherweise entsprechend und machen so schließlich wirklich einen Despoten aus ihm! Doch all diesen Schwierigkeiten zum Trotz klappt es bei den meisten von uns in den meisten Fällen mit der Personenwahrnehmung recht gut. Wie bringen wir dieses Kunststück fertig? Wir werden die Prozesse, die Urteilen der Personenwahrnehmung zugrunde liegen, in den ersten Kapiteln dieses Buches eingehender betrachten.

Forschungsbereiche der Personenwahrnehmung

Im Laufe der Jahre haben sich Sozialpsychologen mit einer ganzen Reihe von Aspekten der Personenwahrnehmung beschäftigt. Die erste naheliegende Frage war die nach der Genauigkeit unserer Urteile über andere. Aus obengenannten Gründen, aber auch angesichts unserer täglichen Erfahrungen scheinen Urteile der Personenwahrnehmung selten korrekt zu sein. Dabei ist es in vielen Situationen ungeheuer wichtig, daß wir Menschen richtig wahrnehmen. Davon, wie wir andere wahrnehmen, hängen in unserer Gesellschaft – von der Wahl eines politischen Führers bis hin zur Auswahl eines Stellenbewerbers – wichtige Entscheidungen ab. Können wir die Genauigkeit unserer Wahrnehmungsurteile erhöhen? Gibt es Menschen – und wie finden wir sie? –, die andere besonders gut beurteilen können? Und was zeichnet den ,,guten Menschenkenner", sofern es ihn tatsächlich gibt, aus? Das waren unter anderem die Fragen, die Sozialpsychologen veranlaßten, sich eingehender mit der Personenwahrnehmung auseinanderzusetzen.

Doch die Wahrnehmungsgenauigkeit ist nur ein Aspekt der Personenwahrnehmung, etliche weitere werden uns in späteren Kapiteln beschäftigen. So haben wir zum Beispiel alle ganz bestimmte Vorstellungen vom Menschen im allgemeinen, sogenannte *implizite Persönlichkeitstheorien*, die ebenfalls den Prozeß der Personenwahrnehmung beeinflussen. Die Untersuchung solcher impliziten Theorien geben interessante Aufschlüsse über die fixen Kategorien, nach denen Menschen einander beurteilen. Viele Forscher hat auch die Frage beschäftigt, wie wir zu bestimmten *Eindrücken* von anderen kommen. Jede Interaktion versorgt uns mit Informationen unterschiedlichster Art. Welche Techniken stehen uns zur Verfügung, um zu einem kohärenten Gesamteindruck von unserem Partner zu gelangen? Wie kommen wir zu Attributionen und Schlüssen auf Persönlichkeitsmerkmale, die unmittelbarer Beobachtung nicht zugänglich sind? Wie entscheiden wir, warum jemand sich so verhält, wie er sich verhält? Wie beurteilen wir, ob jemand für eine Handlung persönlich verantwortlich ist? Der Frage der Inferenzprozesse galt in den letzten Jahrzehnten das besondere Interesse der Sozialpsychologen. Aber bevor wir uns damit ausführlicher auseinandersetzen, wollen wir einen Blick auf das Problem der Genauigkeit von Wahrnehmungsurteilen werfen.

Urteilsgenauigkeit bei der Personenwahrnehmung

Wir gehen im allgemeinen ganz selbstverständlich davon aus, daß unsere Einschätzungen anderer Menschen im großen und ganzen zutreffend und genau sind. Tun wir recht daran? Ist unsere Wahrnehmung anderer wirklich in den meisten Fällen angemessen? Gibt es Menschen, die andere besonders treffsicher einzuschätzen wissen? Kann man diese Urteilsfähigkeit schulen? Aus einsehbaren Gründen standen Fragen wie diese im Problemkatalog der Forschung zur Personenwahrnehmung obenan. Die Beurteilung von Menschen spielt im täglichen Leben eine so wichtige Rolle, daß die Frage der Genauigkeit solcher Urteile von erheblicher praktischer Bedeutung ist. In unseren modernen Gesellschaften werden auf der Basis von Wahrnehmungsurteilen viele folgenschwere Entscheidungen getroffen. Man denke nur an das Vertrauen, das wir Augenzeugenberichten entgegenbringen, oder an die Urteile, die Geschworene, Polizisten, Personalberater, usw. über andere abgeben. Wie verläßlich sind solche Wahrnehmungen? Wenn Sie sich mit einigen dieser Fragen unmittelbarer konfrontieren lassen wollen, unterziehen Sie sich der folgenden Aktivität 2.1.

Aktivität 2.1: Wer ist ein guter Menschenkenner?

Bitte beantworten Sie die drei folgenden Fragen und begründen Sie kurz, warum Sie Ihre Antworten für zutreffend halten:

1. Glauben Sie, daß manche Leute Menschen besser beurteilen können als andere?
2. Wenn ja, was zeichnet Ihrer Meinung nach diese „guten Menschenkenner" aus?
3. Wie können wir entscheiden, ob ein Wahrnehmungsurteil wirklich genau ist? Mit anderen Worten, wie können wir feststellen, ob jemand, den wir als „freundlich", „selbstbewußt" und „herzlich" beurteilt haben, diese Eigenschaften auch tatsächlich besitzt?

Lesen Sie nun das Kapitel zu Ende und kontrollieren Sie anhand Ihrer Notizen, ob Ihre Vorstellungen von den Forschungsergebnissen bestätigt werden.

Zur Überprüfung der Genauigkeit von Wahrnehmungsurteilen braucht man drei Dinge: 1. eine Präsentationsform des zu beurteilenden Menschen, gewöhnlich Beurteilungsziel oder Beurteilungsstimulus genannt; 2. eine Menge von Wahrnehmungsreaktionen seitens der Beurteilenden und 3. ein verläßliches Eichmaß, ein „Kriterium", anhand dessen wir die Richtigkeit der abgegebenen Urteile überprüfen können. Diese drei Forderungen lassen sich auf vielfältige Weise erfüllen (vgl. Tabelle 2.1):

Tabelle 2.1: Techniken zur Erforschung der Genauigkeit von Personenwahrnehmungen

1. Techniken zur Präsentation einer Stimulusperson:
   - persönlich (direkte Begegnung oder Interview)
   - persönlich (Beobachtung hinter einem Einwegspiegel)
   - per Videoband
   - per Film
   - per Photographie
   - per Tonband
   - durch Test- oder Einstellungswerte, mittels standardisierter Instrumente erhoben
   - durch persönliche Dokumente (Briefe, Bilder, autobiographische Aufzeichnungen)
   - durch Zurückgreifen auf frühere persönliche Erfahrungen der Beurteiler

2. Techniken zur Erhebung von Wahrnehmungsurteilen:
   - Schätzungen auf bipolaren Skalen
   - Prognosen über das zukünftige Verhalten der Zielperson
   - Vorhersagen über Beurteilungen der Zielperson durch Experten, z. B. durch Psychiater
   - Vorhersagen über das Abschneiden der Zielperson bei standardisierten Tests
   - Einschätzung der Zielperson mittels einer Eigenschaftswortliste
   - Einordnen der Zielperson in eine – hierarchisch geordnete – Reihe anderer Personen
   - freie Beschreibung der Zielperson
   - Entscheidungen, deren Gegenstand die Zielperson war (Beruf, erworbene akademische Grade, etc.)

3. Kriterien zur Evaluierung der Urteilsgenauigkeit:
   - Abschneiden der Zielperson bei objektiven psychologischen Tests
   - Information von der Zielperson selbst (z. B. Selbsteinschätzungen)
   - Beurteilungen von Arbeitskollegen oder Vorgesetzten
   - demographische oder andere Tatsacheninformationen
   - direkt beobachtete Merkmale oder Verhaltensweisen

(Übernommen aus Cline 1964, S.224–225)

Was ist ein „genaues" Urteil?

Wenn wir die Genauigkeit von Wahrnehmungsurteilen untersuchen, ist das schwierigste dabei die Entscheidung, welches denn nun die *wirklichen* Eigenschaften der beurteilten Person sind, denn sie sollen ja Maßstab der Wahrnehmungsgüte sein. Wie sieht, mit anderen Worten, eine wirklich „genaue" Personenbeschreibung aus? Die Antwort auf diese Frage fällt erstaunlich schwer. Die meisten Urteile über Menschen, so hatten wir gesagt, gelten Merkmalen, die nicht unmittelbar beobachtbar sind (z. B. Persönlichkeitszügen wie Freundlichkeit, Ichbezogenheit, Extravertiertheit u. ä.). Wie können wir da mit absoluter Sicherheit die wirklichen Charakteristika eines Menschen herausfinden? Sollen wir objektive psychologische Tests durchführen? Das Urteil der Zielperson selbst einholen? Oder das ihrer besten Freunde? Alle diese Möglichkeiten hat man ausprobiert und alle haben sie gravierende Mängel. Tests sind weder vollkommen reliabel noch vollkommen valide. Selbstbeurteilungen sind nicht objektiv und unvoreingenommen, und Freunde wissen über manche Eigenschaften der Zielperson häufig nicht mehr als Fremde. Wir stehen vor dem Problem, daß es *die* genaue Personenbeschreibung, die uns als reliabler Maßstab dienen könnte, vielleicht gar nicht gibt. Die meisten Persönlichkeitsmerkmale lassen sich nur annähernd beschreiben. Wollen wir also die Genauigkeit von Personenwahrnehmungen messen, sind wir häufig auf einen Maßstab angewiesen, von dem wir wissen, daß er ungenau ist.

Genaue Wahrnehmung von Emotionen

Menschen bezüglich überdauernder Persönlichkeitszüge zu beurteilen, ist, wie wir gesehen haben, ein schwieriges Unterfangen. Oft genügt es aber bereits, wenn wir die momentanen, kurzzeitigen Gefühlsreaktionen unseres Partners richtig wahrnehmen. In Erfahrung zu bringen, ob der andere gerade interessiert oder gelangweilt, glücklich oder traurig, angespannt oder entspannt ist, kann zuweilen wichtiger sein, als zu wissen, ob wir es mit einem extravertierten, hilfsbereiten, schüchternen oder dominierenden Menschen zu tun haben. Schlüsse auf den momentanen emotionalen Zustand eines Menschen sind also eine besondere Form von Wahrnehmungsurteilen. Wie erfolgreich bewältigen Menschen diese begrenztere Aufgabe der Personenwahrnehmung?

Wenn wir den Gefühlszustand eines Menschen erschließen wollen, ist unsere wohl wichtigste Informationsquelle sein Gesichtsausdruck. Der erste, der den Ausdruck von Emotionen bei Mensch und Tier empirisch untersuchte, war Charles Darwin (vgl. auch Kapitel 8). In seine Fußstapfen traten andere und fragten sich zweierlei: (a) Inwieweit läßt der Gesichtsausdruck eines Menschen genaue Schlüsse auf seinen momentanen Gefühlszustand zu und (b) sind diese Gesichtsreize in allen Kulturen dieselben? Die ersten derartigen Untersuchungen folgten einer sehr einfachen Methode: Versuchspersonen beurteilten den emotionalen Zustand eines Menschen anhand von Photographien, die man zuvor in einer entsprechend gefühlsträchtigen Situation von ihm gemacht hatte. Landis (1924) zum Beispiel legte seinen Zielpersonen pornographische Bilder vor, um bei Ihnen einen entsprechenden Gesichtsausdruck hervorzurufen, verabreichte ihnen Elektroschocks, ließ sie Musik lauschen, in einem Eimer Wasser nach Fröschen tasten oder eine lebende Ratte köpfen (!). Die Probanden, so mußte Landis (1924) feststellen, waren bei der Beurteilung der gezeigten Emotionen nicht sehr erfolgreich, zumal die Zielpersonen ihrerseits auf dieselbe Situation mit einer Vielfalt unterschiedlicher Gesichtsausdrucksformen reagiert hatten.

In einer ähnlichen Studie legte Sherman (1927) seinen Probanden Photos von Babys vor, die man photographiert hatte, als sie hungrig, überrascht oder zornig waren und als sie von Schmerzen geplagt wurden. Wieder gaben die meisten ungenaue Urteile ab. Wir wissen nicht mit Sicherheit – und das ist das Problem beider Studien –, welche *Erfahrung* die Zielperson in der jeweiligen Situation wirklich macht. Wie sollen wir also entscheiden, ob die Beurteiler recht haben mit dem, was sie im Gesichtsausdruck lesen? Schließlich kann ein und dieselbe Situation (Musik hören, einen Elektroschock verabreicht bekommen, hungrig sein oder eine Ratte köpfen) bei verschiedenen Menschen sehr unterschiedliche emotionale Reaktionen (Angst, Depression, Ärger, Zorn, etc.) hervorrufen. Menschen reagieren auf eine komplexe Situation nur höchst selten mit einer einzigen, reinen Emotion, lautet also die erste Lektion. Es können immer mehrere oder sogar gemischte Emotionen erfahren und kommuniziert werden. Daß die Beurteiler solche komplexen emotionalen Botschaften nicht entschlüsseln konnten, ohne Genaueres über deren Entstehungssituation zu wissen, ist also nicht weiter erstaunlich.

In jüngerer Zeit haben Izard (1971) und Ekman, Sorenson und Friesen (1969) zum selben Zweck Gesichtsausdrücke unvermischter Emotionen sehr grundlegender Natur (Freude, Sorge, Furcht, Ekel, Überraschung, etc.) ausgewählt und festgestellt, daß die meisten Beurteiler den zur jeweiligen Emotion gehörenden Gesichtsausdruck mit großer Treffsicherheit identifizierten. Auch Beurteiler aus ganz anderen Kulturen nahmen die von europäischen Gesichtern kommunizierten Emotionen richtig wahr. Alles in allem, so hat sich gezeigt, können wir Menschen recht gut entsprechenden Gesichtsausdrucksreizen grundlegende, reine Emotionen zuordnen. Nur sind unsere mimischen Ausdrucksreaktionen in realistischen Situationen oft viel zu individuell, gemischt und komplex, um einen ähnlich hohen Grad an Urteilsgenauigkeit zu ermöglichen.

Allerdings sind wir in unseren Alltagsinteraktionen so gut wie nie auf den Gesichtsausdruck allein angewiesen. Die ganze Situation, frühere Begegnungen, der bisherige Verlauf der Kommunikation – all das versorgt uns mit zusätzlichen Hinweisen, die uns helfen, auch einen gemischten und flüchtigen Gesichtsausdruck zu interpretieren. So wird unsere alltägliche Trefferquote wahrscheinlich doch um einiges höher sein, als es die Studien von Sherman und Landis vermuten lassen, denn anders als deren Probanden wissen wir normalerweise einiges über Situation und Umgebung. Mit der Frage, wie wir nonverbale Botschaften in sozialen Interaktionen einsetzen, werden wir uns in Kapitel 9 eingehender auseinandersetzen. Vom Gesichtsausdruck auf eine Emotion zu schließen, ist also eine relativ leichte Wahrnehmungsaufgabe. Urteile über Intentionen, Charakterzüge und wahrscheinliches künftiges Verhalten eines Menschen, wie sie uns die alltägliche Interaktion häufig abverlangt, sind da schon sehr viel problematischer.

Genaue Wahrnehmung von Persönlichkeitszügen

Ziel der beurteilenden Personenwahrnehmung ist nicht nur die Identifikation eines flüchtigen Gefühlsausdrucks, sondern auch die Wahrnehmung überdauernder Persönlichkeitszüge von Menschen. Wie wir gesehen haben, tut sich die Forschung sehr schwer mit der Entscheidung, welches denn das „wirkliche" Merkmal ist, an dem es die Genauigkeit von Urteilen zu messen gilt. Zudem – und das ist das noch größere Problem – verhalten Menschen sich von Situation zu Situation keineswegs konsistent. Da ist jemand in manchen Situationen (bei der Arbeit, auf Festen) der umgänglichste Mensch von der Welt, in anderen Situationen indes (bei seinen Schwiegereltern etwa oder im Umgang mit den Nachbarn) ein ausgesprochener Miesepeter. Wer hat nun recht mit seiner Wahrnehmung – die Arbeitskollegen, die ihn für einen freundlichen Zeitgenossen halten, oder die Schwiegereltern mit der leidvollen gegenteiligen Erfahrung?

Psychologen, die sich der Erforschung von Persönlichkeitsmerkmalen verschrieben haben, werden sich zunehmend bewußt, daß unsere „Persönlichkeit" nichts Dauerhaftes oder gar Unveränderliches ist, sondern zu einem guten Teil von unserer jeweiligen Situation mitbestimmt wird. Sogar gute Bekannte können uns – auf einem Fest, in häuslicher Umgebung, auf einem wissenschaftlichen Kolloquium – in sehr unterschiedlichem Licht erscheinen (Forgas, Argyle und Ginsburg 1979). Zudem hängt unsere Wahrnehmung anderer häufig auch noch davon ab, wie ähnlich oder unähnlich sie uns sind. Bei Aktivität 2.2 werden Sie merken, wie Selbstbeurteilung und die Beurteilung anderer zusammenhängen.

Was läßt sich nun angesichts all dieser Schwierigkeiten überhaupt zur Genauigkeit von Wahrnehmungsurteilen sagen? Die Forschung zur Genauigkeit von Personenwahrnehmungen ist ebenso umfangreich wie widersprüchlich. Vernon (1933) zum Beispiel stellte fest, daß manche Menschen die genauesten Urteile über ihre Freunde abgaben, andere am besten Fremde beurteilen konnten und wieder andere die besten Beurteiler ihrer selbst waren. Einige Studien haben auch einen Zusammenhang zwischen Empathiefähigkeit und Wahrnehmungsgenauigkeit entdeckt. Doch für einen allgemeinen Trend oder ein Merkmal, das Wahrnehmungsgenauigkeit ganz allgemein auszeichnet, fand Taft (1955) in seinem Überblick über die wichtigsten Forschungsarbeiten auf diesem Gebiet kaum Anhaltspunkte. In einigen Studien erwiesen sich gute Beurteiler als künstlerischer, intelligenter, akademisch erfolgreicher, emotional besser angepaßt und integrierter als andere, interessierten sich für Theater und bildende Künste und hatten in ihrem Berufsleben nichts mit Verhaltenswissenschaften zu tun (Taft 1955).

Dieses letzte Ergebnis ist nicht so erstaunlich, wie es auf den ersten Blick erscheinen mag. Psychologisch geschulte Menschen beispielsweise neigen oft dazu, den individuellen Unterschieden allzu große Aufmerksamkeit zu widmen. Das führt dann häufig dazu, daß sie überdifferenzieren und die beobachteten Unterschiede übertreiben, was sich dann wiederum in schlechteren Genauigkeitswerten niederschlägt. Der Bekanntheitsgrad zwischen Beurteiler und Zielperson, das

Aktivität 2.2: Eine kleine Übung zur Genauigkeit von Personenwahrnehmungen

Diese Aktivität soll Ihnen ein Gefühl dafür vermitteln, vor welche Probleme die Untersuchung der Genauigkeit von Personenwahrnehmungen den Forscher stellt. Die nachfolgende Tabelle verlangt von Ihnen einige Wahrnehmungsurteile. In der ersten mit „Freund" überschriebenen Spalte ordnen Sie einem Ihrer Freunde oder Bekannten auf jeder der linksseitigen Skalen einen Wert zu. In der nächsten Spalte tun Sie dasselbe mit sich selbst. Anschließend bitten Sie Ihren Freund um eine Selbsteinschätzung. Haben Sie diese Informationen beisammen, können Sie sie nach mehreren Gesichtspunkten analysieren.

				Subtrahieren Sie den jeweils niedrigeren Wert vom höheren Wert:		
	1	2	3	(1)–(3)	(2)–(3)	(1)–(2)
Schätzskalen (1 = trifft weitgehend zu, 5 = trifft nicht zu)	Freund	Selbst	Selbstbewertung des Freundes	Richtigkeit	Tatsächliche Differenz	Wahrgenommene Differenz
1. Liest viel	____	____	____	____	____	____
2. Ist dominant	____	____	____	____	____	____
3. Spricht viel über Politik	____	____	____	____	____	____
4. Ist freundlich	____	____	____	____	____	____
5. Kleidet sich gut	____	____	____	____	____	____
6. Ist ehrlich	____	____	____	____	____	____
7. Tanzt gern	____	____	____	____	____	____
8. Ist kompetent	____	____	____	____	____	____
Gesamtwerte				☐	☐	☐

1. Wenn Sie, wie es in der Forschung zur Personenwahrnehmung häufig geschieht, die Selbsteinschätzung Ihres Freundes als Kriterium nehmen, erhalten Sie den Wert für die *Genauigkeit*, mit der Sie ihn wahrgenommen haben, dadurch, daß Sie die Differenz der Urteile von Spalte eins und drei bilden. (Subtrahieren Sie zu diesem Zweck den niedrigeren vom höheren Wert und addieren Sie die Differenzen.)
2. Sie können auch herausbekommen, wo Sie zutreffender geurteilt haben – bei den Verhaltensmerkmalen (Skala 1,3,5,7) oder bei den Persönlichkeitsmerkmalen (Skala 2,4,6,8). Dazu berechnen Sie für beide Skalengruppen gesonderte Genauigkeitswerte. Die Wahrnehmung beobachtbarer Verhaltensdetails gelingt meistens besser als die von Persönlichkeitsmerkmalen, auf die man erst schließen muß.
3. Als nächstes berechnen Sie die Differenzen zwischen Ihrer Selbsteinschätzung und der Ihres Freundes (Spalte 2 und 3). Dadurch erfahren Sie, wie es um die *tatsächlichen* Unterschiede zwischen Ihnen beiden bestellt ist.

4. Und schließlich können Sie noch den *wahrgenommenen* Unterschied zwischen Ihnen beiden analysieren. Sie brauchen dazu nur die Differenzen zwischen Ihrer Selbsteinschätzung und der Beurteilung, die Sie Ihrem Freund haben angedeihen lassen, zu berechnen.

Wenn Sie das alles erledigt haben, sollten Sie über ein paar Dinge nachdenken. Wie zufrieden sind Sie mit der Selbsteinschätzung Ihres Freundes als Kriterium für die Urteilsgenauigkeit? Können Sie sich für jede Skala auch ein anderes Kriterium vorstellen? Sehen Sie zwischen Ihrer Selbsteinschätzung und der Einschätzung Ihres Freundes einen Zusammenhang? Wo waren Ihre Urteile zutreffender, bei den Verhaltens- oder bei den Persönlichkeitsmerkmalen? Wie Sie sehen, ist die Untersuchung der Genauigkeit von Personenwahrnehmungen eine recht komplizierte Angelegenheit!

Ausmaß an Extrapolation, das für ein bestimmtes Urteil verlangt wird, und die Komplexität des zu beurteilenden Ziels beeinflussen die Wahrnehmungsgenauigkeit ebenfalls (Cline 1964). Die Urteile geraten genauer, wenn wir die zu beurteilende Person gut kennen, die Merkmale unmittelbar beobachtbar sind und nicht erschlossen werden müssen, und das Ziel wenig komplex ist.

Das alles ist nicht weiter überraschend. Die allgemein enttäuschenden Forschungsergebnisse gehen – zumindest teilweise – zu Lasten einer unangemessenen Definition des Problems. Was genau ist notwendig, um ein „genaues" Urteil zu fällen? Folgen wir Cronbach (1955), ist Genauigkeit bei der Beurteilung anderer keine diskrete, einheitliche Eigenschaft bestimmter Menschen, sondern eine Kombination aus etlichen, häufig in keinerlei Zusammenhang stehenden Kompetenzen und Faktoren. Menschen, die sich besonders gut darauf verstehen, allgemeine, ganze Gruppen kennzeichnende Merkmale wahrzunehmen (stereotype Genauigkeit), schneiden oft sehr viel schlechter ab, wenn sie zwischen individuellen Mitgliedern solcher Gruppen unterscheiden sollen (differentielle Genauigkeit). Umgekehrt gilt dasselbe.

Beurteiler unterscheiden sich auch darin, wie sie sich der Schätzskalen bedienen. Die einen bewegen sich mit ihren Urteilen vornehmlich im mittleren Bereich, andere neigen zu Extremen. Natürlich wirken sich solche Unterschiede dann auch auf den im Experiment erzielten Genauigkeitswert aus. Welcher Gruppe würden Sie sich nach Ihrer Erfahrung mit der letzten Aktivität zuordnen? Hätten extremere oder weniger extreme Wertzuordnungen ihre Urteile genauer oder weniger genau gemacht? Wo haben Sie typische Gruppencharakteristika und wo individuelle Merkmale Ihres Freundes beurteilt (d. h. wie steht es mit stereotyper versus differentieller Genauigkeit)? Wie Sie sehen, ist Genauigkeit der Personenwahrnehmung nicht einfach eine bestimmte Kompetenz, sondern ein von komplexen, komponentenreichen Variablen abhängiger Prozeß.

Das ist auch der Grund dafür, daß ein Beobachtungstraining statt des gewünschten oft den gegenteiligen Effekt nach sich zieht. Man lernt dabei, sich auf differentielle Genauigkeit, d. h. auf die individuellen Unterschiede, zu konzentrieren. Als Folge davon neigen die solcherart Geschulten (z. B. Psychologen) dazu, die Unterschiede zwischen Menschen zu übertreiben, weil sie extremer wahrnehmen, als es der Wirklichkeit entspricht. So erklärt es sich auch, wenn einige Untersuchungen zu dem seltsamen Ergebnis kommen, daß spezialisiertes Training und detailliertere Information die Urteilsgenauigkeit bei der Personenwahrnehmung eher mindern als erhöhen. Crow (1957) hat festgestellt, daß die Urteile solcherart geschulter Medizinstudenten weniger zutreffend ausfielen als die ihrer gänzlich untrainierten Kommilitonen. Symptomatisch für die erste Gruppe war die Überbetonung individueller Unterschiede (Überdifferenzierung). Bei Gage (1952) lesen wir, daß Urteile, die ausschließlich auf der Basis sehr allgemeiner Information abgegeben wurden, genauer waren als Urteile nach einer Phase direkten Kontaktes mit der fraglichen Person. Das hatte seinen Grund wiederum darin, daß die Probanden nach der persönlichen Begegnung mit der Zielperson deren individuelle Merkmale zu extrem wahrnahmen.

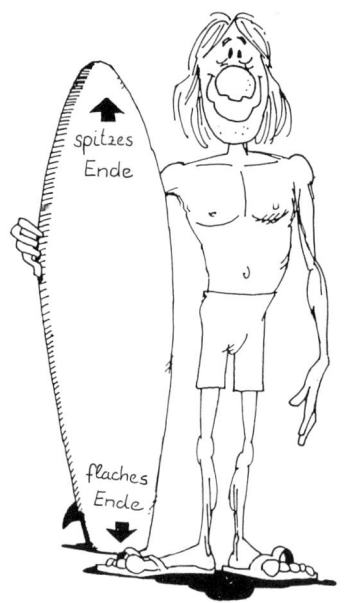

Das ist Bruce, der Surfer

Sehen Sie ihn sich genau an – kennen Sie diesen Typ? Viele unserer Wahrnehmungsurteile fällen wir auf der Grundlage von Stereotypen. Über Bruce persönlich wissen Sie vielleicht nichts, aber Sie wissen einiges über Surfer. Also wird es Ihnen nicht schwerfallen, auch auf andere Eigenschaften von Bruce zu schließen. Solche Stereotype können – je nachdem, wie verzerrt sie sind – der Genauigkeit unserer Urteile förderlich oder abträglich sein.

Cline und Richards (1960) unterzogen alle Genauigkeitskomponenten Richards einer genauen Analyse, und danach sieht es so aus, als ließe sich jegliche Allgemeinheit, diejenigen Komponenten also, von denen Urteilsgenauigkeit in jedem Fall abhängt, einzig auf stereotype Genauigkeit (die Fähigkeit, allgemeine Merkmale von „Menschentypen" zu identifizieren) zurückführen. Das ist zunächst überraschend, denn wir pflegen Wahrnehmungsgenauigkeit gerade mit dem feinsinnigen Verständnis für die einmaligen, ganz individuellen Merkmale eines Menschen in Verbindung zu bringen. Genau das Gegenteil ist offensichtlich der Fall: Unser Urteil, besonders bei Fremden, wird um so genauer geraten, je mehr wir uns darauf konzentrieren, die allgemeinen, typischen Merkmale der Gruppe zu identifizieren, zu der eine Zielperson gehört, ohne uns um ihre besonderen individuellen Merkmale allzuviel zu kümmern. Es gibt noch weitere Faktoren, die die Genauigkeit unserer Wahrnehmungsurteile beeinflussen. Einige davon wollen wir uns in den folgenden Abschnitten ansehen.

Wie die Stimmung Wahrnehmungsurteile beeinflussen kann

Die Genauigkeit, mit der wir Menschen beurteilen, ist auch abhängig von unseren eigenen Reaktionen im Moment der Beurteilung. So erstaunlich es auch ist, aber die Befindlichkeit des Beurteilers hat merklichen Einfluß auf die Genauigkeit seines Urteils. Gutgelaunt scheinen wir eher geneigt, bei anderen positive, wünschenswerte Eigenschaften zu sehen, als mißgelaunt. Menschen in guter Stimmung beurteilten ambige Gesichtsausdrücke tendenziell positiv, während Schlechtgelaunte Ähnliches eher negativ sahen (Schiffenbauer 1974). Clark et al. (1984) haben jüngst festgestellt, daß emotional erregte Menschen dazu neigten, bei anderen ebenfalls einen „erregten" Gefühlszustand zu konstatieren. Wie viele andere ist auch dieser Effekt nicht auf die Beurteilung von Menschen beschränkt. Die gleiche Rolle spielt die Stimmungslage des Beurteilenden, wenn es materielle Besitztümer (Konsumgüter z. B.) oder bildliche Darstellungen stimmungsneutraler Szenen einzuschätzen gilt (Clark und Isen 1981).

Schwarz (1984) hat eine Reihe sehr interessanter Untersuchungen durchgeführt und festgestellt, daß bereits ganz oberflächliche Einflüsse auf die Stimmung – das Wetter ist schön, man hat ein Geldstück gefunden, befindet sich in einem angenehmen Raum, erfährt, daß die Lieblingsmannschaft gesiegt hat – genügen, damit Menschen sich glücklicher fühlen und ihr Urteil über ihre Arbeit, ihre Wohnung, ja sogar über das Leben im allgemeinen zufriedener ausfällt!

Was geschieht, wenn Menschen eine objektive Grundlage für ihr Urteil haben, etwa das Sozialverhalten der Zielperson auf einem Videoschirm verfolgen können? Kommt es auch dann – je nach Stimmungslage – zu Urteilsverzerrungen? Forgas, Bower und Krantz (1984) ließen Versuchspersonenpaare vor einer Videokamera ein leichtes oder schwieriges Interview führen. Anderntags versetzte man dieselben Probanden auf hypnotischem Wege in glücklich-positive oder traurignegative Stimmung, führte ihnen das Videoband vor und bat sie, das eigene Verhalten und das des Partners auf soziale Kompetenz hin zu beurteilen. Gutgelaunte Versuchspersonen fanden bei sich und ihren Partnern mehr Grund zum Lob als zur Klage. Mißgelaunte Probanden beurteilten das eigene Verhalten, nicht aber das des Partners, sehr viel häufiger negativ (vgl. Abbildung 2.1).

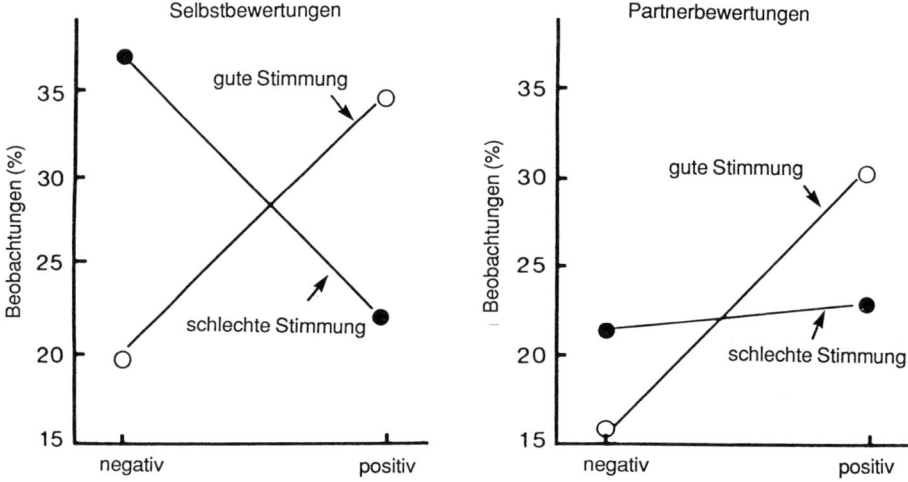

Abb. 2.1: Wie sich die eigene Stimmung auf die Personenwahrnehmung auswirken kann. Gutgelaunte Probanden nahmen in eigenen Interaktionen und denen ihres Partners mehr positive und weniger negative Handlungen wahr als schlechtgelaunte Probanden.

Wie lassen sich solche stimmungsinduzierten Verzerrungen erklären? Soziale Wahrnehmung ist sowohl selektiver als auch inferentieller Natur: Wir können uns immer nur auf einen kleinen Ausschnitt der gebotenen Information konzentrieren, und was wir dann wahrnehmen, ist unter anderem abhängig von den Konzepten, Ideen oder Interpretationskategorien, die uns im Augenblick zur Verfügung stehen (vgl. dazu das folgende Kapitel über implizite Persönlichkeitstheorien und Kelleys Persönlichkeitskonstrukte). Aber auch darauf, so besagt das Netzwerkmodell von Gordon Bower (1983), hat unsere Stimmung Einfluß, da je nach Stimmung immer solche Kategorien aktiviert werden, die bereits früher mit eben dieser Stimmung assoziiert waren.

Fühlen wir uns glücklich, werden eher positive, glückliche Gedanken, Konstrukte und Personeneigenschaften aktiviert, und wir sind deshalb geneigt, nicht ganz eindeutiges oder ambiges – eigenes wie fremdes – Verhalten im Lichte dieser Konstrukte zu interpretieren. Folglich werden wir im eigenen Verhalten oder in dem anderer auch vermehrt glückliche und positive Momente wahrnehmen. Sind wir schlechter Stimmung, geschieht das Gegenteil. Daß die Beurteilung anderer in Abb. 2.1 weniger negativ ausfiel als die eigene, ist vielleicht auf die allgemeine Norm der Höflichkeit zurückzuführen. Bei anderen sieht „man" über schlechtes

Verhalten hinweg, während man bei der Selbstbeurteilung – ist man mißgelaunt – solche Milde nicht walten läßt.

Aus ähnlichen Gründen werden auch ambige oder neutrale nicht-soziale Stimuli wie Bilder oder Szenen stimmungskonsistent wahrgenommen. Clark und Isen (1981) berichten von einem solcherart stimmungsgeleiteten Effekt bei der Beurteilung von Szenen. Je komplexer und ambiger die Personenwahrnehmung, um so größer auch die stimmungsabhängige Verzerrung bei der Beurteilung von Menschen. Die Gefahr ist also groß, daß unsere Wahrnehmungsurteile je nach Stimmung an Genauigkeit einbüßen.

Stereotypisierung als Quelle von Wahrnehmungsungenauigkeit

Die Merkmale der Gruppe zu identifizieren, zu der ein Mensch gehört, kann, wie wir bereits wissen, der Wahrnehmungsgenauigkeit sehr zuträglich sein. Wir alle sind auf solche vereinfachten Bilder von menschlichen Gruppen angewiesen, um der steten Notwendigkeit, unsere Umwelt zu klassifizieren, gerecht werden zu können. Allerdings sind auch unsere Vorstellungen von den typischen Charakteristika einer Gruppe nicht vor Verzerrungen gefeit. Sogar in dem unwahrscheinlichen Fall, daß wir eine sehr präzise Vorstellung davon haben, wie *die* Italiener, Schwarzen, Fußballspieler, Surfer oder Ungarn als Gruppe *wirklich* sind, gelten diese Merkmale nicht unbedingt auch für jeden Angehörigen dieser Gruppen. Stereotypisierung ist also der Genauigkeit unserer Wahrnehmung nicht nur förderlich, sie kann ihr auch schaden.

Einer der ersten, der in diesem Zusammenhang von „Stereotypen" sprach, war der berühmte Kolumnist Walter Lippmann. Die üblichsten und zugleich hinterhältigsten Stereotype betreffen ethnische, rassische und nationale Eigenheiten und sind besonders offensichtlich in ethnisch gemischten Gesellschaften wie z. B. den Vereinigten Staaten. In einer berühmten Untersuchung entlarvten Katz und Braly (1933) die eindeutigen und eindeutig negativen Stereotype der Amerikaner über Türken, Neger und Juden. Stereotypisierung kann auch unsere Fähigkeit beeinflussen, zwischen einzelnen Mitgliedern einer stereotypisierten Gruppe zu unterscheiden. Fällt es Ihnen schwerer, Angehörige einer fremden oder Angehörige der eigenen Rasse auseinanderzuhalten? Je stärker das Gruppenstereotyp, um so schwieriger kann es sein, zwischen Angehörigen der betreffenden Gruppe individuelle Unterschiede wahrzunehmen. Augenzeugen erinnern sich häufig zwar der Rasse oder ethnischen Gruppe eines Menschen, nicht aber seiner individuellen Merkmale (Loftus 1979). Brigham und Barkowitz (1978) berichten, daß weiße Versuchspersonen Angehörige der eigenen Rasse auf Photographien leichter wiedererkannten als Schwarze, während schwarze Probanden das umgekehrte Problem hatten: Für sie sahen alle Weißen gleich aus!

Ethnische und rassische Stereotypisierungen gehen oft einher mit starken Vorurteilen. Es ist überflüssig zu sagen, daß solche Vorurteile eine objektive Wahrnehmung und Beurteilung der betroffenen Menschen außerordentlich erschweren. Wir können vermutlich davon ausgehen, daß sich Kinder in geteilten Gesellschaften – man denke etwa an Nordirland – ihre verzerrenden Stereotype bereits im Elternhaus in sehr jungen Jahren zu eigen machen. Es liegt in der Natur der Stereotypisierung, daß vorurteilsbehaftete Wahrnehmungen extrem schwer zu korrigieren sind. Menschliches Verhalten ist so vielfältig, daß wir immer etwas finden, was uns unsere Stereotype bestätigt, wenn wir nur lange genug suchen. Und so hat denn auch die Personenwahrnehmung fast ebensoviel damit zu tun, was wir im anderen suchen, wie damit, was er wirklich ist (vgl. Kapitel 3).

Einige praktische Schlußfolgerungen

Wieviel Vertrauen können wir – angesichts der doch insgesamt recht enttäuschenden Forschungsergebnisse – noch zu Wahrnehmungsurteilen haben, wie sie im Gerichtssaal, in Verhören, bei Täteridentifikationen, usw. täglich abgegeben werden? Augenzeugenberichte sind ein besonders intensiv erforschtes Beispiel solcher Urteile (Loftus 1979). Bekanntlich fallen Augenzeugenberichte desselben Ereignisses oft sehr verschieden aus, so wie das auch geschehen war bei der Ermordung Robert Kennedys, wo diejenigen, die die Tat mit eigenen Augen gesehen hatten, höchst unterschiedlich darüber berichteten (Langman und Cockburn 1975). In einem Experiment ließen Buckhout, Figueroa und Hoff (1974) einen Professor vor versammelter Studentenschaft beleidigen und baten einige Wochen später die Augenzeugen, den Übeltäter zu identifizieren. Die Mehrzahl – einschließlich des Opfers! – wies auf den Falschen. Allzu häufig lassen sich Beobachter von irrelevanten Fakten ablenken. Kassin (1983) stellte fest, daß Geschworene sich bei der Beurteilung eines abwesenden Zeugen signifikant vom Verhalten desjenigen beeinflussen lassen, der die Zeugenaussage verliest!

Die bisherige Forschung zur Genauigkeit von Personenwahrnehmungen gibt Anlaß zu zwei Schlußfolgerungen. Erstens, so scheint es, hat man sich dem Problem aus etwas verfehlter Perspektive genähert. Wissenschaftler, aber auch die meisten Laien, gingen davon aus, daß die genaue Wahrnehmung von Personen ein diskretes, identifizierbares Merkmal ist. Inzwischen wissen wir, daß die Fähigkeit, andere zutreffend und genau zu beurteilen, keineswegs eine einzelne, universale menschliche Kompetenz ist. Wir alle können – abhängig von der Situation und den zu beurteilenden Anderen – gute Beurteiler sein. So etwas wie *den* genauen (oder weniger genauen) Beurteiler gibt es nicht. Die Urteilsgenauigkeit hängt ab von den Persönlichkeitsmerkmalen des Beurteilenden, seiner Stimmung zur Zeit der Urteilsabgabe, der Zielperson und der Situation. Vielleicht hat sich darum auch das Forschungsinteresse in den letzten Jahren etwas verlagert. Man sucht nicht mehr nach dem „genauen" Beurteiler, sondern wendet sich vermehrt dem Prozeß zu, in dessen Verlauf aus vielen Einzelinformationen Eindrücke und Urteile gebildet werden (vgl. Kapitel 4).

Zweitens gibt die Forschung zur Genauigkeit von Personenwahrnehmung Grund zur Vorsicht. Man halte sich im Privatleben, aber auch da, wo es um öffentliche Entscheidungen geht, stets vor Augen, daß die Beurteilung von Menschen sehr viel schwieriger und problematischer ist, als man gemeinhin annimmt. Wir sollten daher bei eigenen und fremden Urteilen über andere Menschen Vorsicht walten lassen. Das ist der erste und unumgängliche Schritt, wollen wir unsere eigenen Wahrnehmungsfähigkeiten vervollkommnen. Sind wir uns erst einmal bewußt, daß unsere Wahrnehmungen von Menschen häufig fehlerhaft und voreingenommen sind, wird es uns um so leichter fallen, dazu zu lernen. Eine der üblichsten Quellen von Wahrnehmungsverzerrungen sind vorgefaßte Meinungen über bestimmte Menschentypen und die Verbindungen, die wir zwischen einzelnen Persönlichkeitsmerkmalen erwarten. Wir werden uns dieses Problems im folgenden Kapitel näher annehmen.

Kapitel 3

Implizite Persönlichkeitstheorien: Die Rolle von Erwartungen in der Personenwahrnehmung

Im letzten Kapitel haben wir gesehen, daß unsere Urteile über Menschen oft recht fragwürdig ausfallen. Es kann vorkommen, daß verschiedene Beobachter ein und denselben Menschen ganz unterschiedlich sehen, oder daß umgekehrt ein Beobachter viele verschiedene Menschen mit denselben wenigen Charakteristika zu erfassen versucht. Wie kommt das? Vermutlich greifen wir bei der Beurteilung von Menschen alle auf unser ureigenstes Wissensreservoir zurück, d.h. wir verlassen uns einzig auf die Erfahrungen und Vorstellungen, die wir im Laufe der Zeit über die Organisation von Persönlichkeitsmerkmalen gesammelt haben. So ist es denn nicht verwunderlich, daß wir immer wieder – selbst bei der Beurteilung unterschiedlichster Menschen – auf Merkmale zurückgreifen, die für uns selber eine große Bedeutung haben. In diesem Kapitel wollen wir darum der Frage nachgehen, warum persönliches Wissen und individuelle Erwartungen unsere Wahrnehmung anderer beeinflussen.

Implizite Persönlichkeitstheorien

Andere wahrzunehmen ist ein weitgehend aktiver, konstruktiver Prozeß, in dessen Verlauf Wissen und frühere Erfahrung des Wahrnehmenden zuweilen eine größere Rolle spielen als die wirklichen Merkmale der zu beurteilenden Person (der „Zielperson"): „Persönlichkeitsmerkmale existieren eher in den Augen des Betrachters als in der Psyche des Akteurs," beobachteten Jones und Nisbett (1971, S. 11). Unser angesammeltes Wissen über Menschen nimmt schließlich die Gestalt einer „impliziten Persönlichkeitstheorie" an, die wir definieren können als die Summe unserer akkumulierten Erfahrungen und Hypothesen darüber, wie Attribute und Persönlichkeitszüge bei anderen Menschen organisiert sind.

Dieser Gedanke läßt sich ganz leicht veranschaulichen. Erwarten Sie von einem intelligenten Menschen Großzügigkeit? Sind subalterne Menschen Ihrer Meinung nach gewöhnlich höflich? In den Antworten auf diese und ähnliche Fragen spiegelt sich Ihre *implizite Persönlichkeitstheorie* wider, kommen Ihre ganz persönlichen Annahmen über den zu erwartenden Zusammenhang zwischen Persönlichkeitsmerkmalen zum Ausdruck, die auf Ihrer einmaligen Geschichte und Ihren Erfahrungen mit Menschen gründen. Ein vollkommen objektiver Beobachter oder ein neugeborenes (vorausgesetzt, es könnte sprechen) Kind wären außerstande, solche Fragen zu beantworten. Ob zwei Merkmale im Einzelfall *tatsächlich* zusammenhängen, ist auf der Basis von früheren Erfahrungen des Beobachters logischerweise nicht entscheidbar!

Persönliche Konstrukte und der Gridtest

Einer der ersten Psychologen, der solche impliziten Theorien über Menschen untersucht hat, war George Kelly (1955). Wir alle, so vermutete er, verhalten uns bei dem Versuch, die Menschen und Ereignisse um uns herum zu verstehen und vorherzusagen, wie „naive Wissenschaftler". Wir systematisieren unsere Erfahrungen, indem wir uns kognitive „Konstrukte" schaffen, durch die wir die Welt wahrnehmen. „Der Mensch betrachtet seine Welt durch transparente Muster oder Schablonen, die er sich schafft und die er dann auf die Realitäten der Welt zu übertragen versucht" (Kelly 1955, S. 8–9). Konstrukte sind eine höchst persönliche Angelegenheit! Manch einer betrachtet seine Mitmenschen durch die Brille eines persönlichen Konstruktes wie „mag mich – mag mich nicht", andere halten es dabei mit Merkmalen wie „nützlich für meine Karriere – für meine Karriere ohne Bedeutung", „selbstsicher – schüchtern", „zuversichtlich – mutlos", etc.

Haben wir uns so ein System persönlicher Konstrukte einmal aufgebaut (und das tun wir ohne Ausnahme), versuchen wir dieses zu bestätigen und neue Erfahrungen zu integrieren. Wievieler Konstrukte sich jemand bedient, kann Hinweis sein auf ein bestimmtes Maß an kognitiver Komplexität oder auch Zeichen dafür, wie subtil der oder die Betreffende zwischen Menschen differenziert. Um solche Konstruktsysteme zu ermitteln und zu messen, entwickelte Kelly eine empirische Technik, den sogenannten *Gridtest*. Dabei fragt man die Testpersonen, in welcher Hinsicht sich zwei ihnen gut bekannte andere (etwa Vater und Mutter) ähnlich sind und gleichzeitig von einer dritten Person (etwa Bruder oder Schwester) unterscheiden. Mittels einer langen Liste solcher Fragen lassen sich eine Vielzahl von Konstrukten oder Merkmalen erheben, anhand derer jemand zwischen ihm wichtigen Menschen unterscheidet.

Zur Analyse solcher Konstrukt-Matrizen stehen etliche statistische Techniken bereit. Mit ihrer Hilfe kann der Forscher dann Qualität, Komplexität und Elaboriertheit eines Konstruktsystems – einer individuellen Sichtweise anderer Menschen – untersuchen. Kellys Theorie und die Gridtechnik sind nicht nur für die Sozialpsychologie, sondern auch für die klinische Praxis wichtig geworden. Wie ein Klient die Welt sieht und die Menschen, die in seinem Leben eine Rolle spielen, ist für Diagnose und Behandlung einer Vielzahl psychischer Probleme von erheblicher Bedeutung. Einen Eindruck davon, wie nützlich Kellys Gridschema ist, vermittelt Ihnen vielleicht die folgende Aktivität 3.1.

Aktivität 3.1: Die Gridtechnik

Schreiben Sie unter jede Personenkategorie den entsprechenden Namen:

Ich	(Ehe)-Partner (in)	Vater	Mutter	Beste(r) Freund(in)	ein flüchtiger Bekannter	Ein alter Lehrer	Ein Feind aus jüngeren Tagen	Kon-strukte
×		×		×				
	×		×		×			
		×				×	×	
×					×	×		
			×	×			×	
×					×			
×		×	×					

Vervollständigen Sie das Gridschema in folgenden Schritten:

1. Schreiben Sie über jede Spalte den wirklichen Namen des jeweils beschriebenen Menschen und denken Sie an die Betreffenden von jetzt an nicht mehr als abstrakte Kategorien, sondern als einzelne Individuen.
2. In jeder Zeile stehen drei Kreuze. Denken Sie über die drei so markierten Personen gründlich nach und überlegen Sie, in welcher Hinsicht zwei davon einander ähnlich und gleichzeitig von der dritten Person verschieden sind. Tragen Sie das betreffende Merkmal rechts in die „Konstrukt-Spalte" ein.
3. Schätzen Sie alle acht Personen bezüglich dieses Merkmals auf einer Sieben-Punkte-Skala ein, die anzeigt, in welchem Umfang es den einzelnen Personen zu eigen ist: Ist jemand zum Beispiel überhaupt nicht betroffen, geben Sie ihm den Wert „1", ist das Merkmal sehr stark ausgeprägt, den Wert „6" oder „7".

Jetzt ist Ihr Gridschema komplett und Sie können es nach verschiedenen Gesichtspunkten analysieren. Die Konstruktspalte sagt Ihnen etwas über die Merkmale, derer Sie sich bei der Beurteilung von Menschen typischerweise bedienen, auch wenn das Schema sehr „klein" ist und nur einen winzigen Ausschnitt Ihres persönlichen Konstruktsystems widerspiegelt.

Als nächstes möchten Sie vielleicht etwas über Ihre implizite Persönlichkeitstheorie erfahren, d. h. darüber, wie Sie in Ihren Urteilen jeweils zwei Konstrukte zueinander in Beziehung setzen. Für jedes mögliche Paar von Konstrukten können sie einen „Ähnlichkeitswert" berechnen. Alles was Sie dazu brauchen, ist die Summe der Differenzen Ihrer Einschätzungen von jeder Zielperson auf diesen beiden Konstrukten.

Sie können auch analysieren, wie Sie die einzelnen Personen in Relation zueinander wahrnehmen. Dazu berechnen Sie einen Ähnlichkeitswert zwischen allen möglichen Paarungen von Zielpersonen, indem Sie die absoluten Differenzen zwischen Ihren Einschätzungen jeden Paares auf jedem Konstrukt bilden und aufsummieren. So bekommen Sie ein Modell Ihres „Personenraumes", dem Sie entnehmen können, wie Sie die beteiligten Individuen in Relation zueinander wahrnehmen.

Natürlich ließe sich die Analyse mit entsprechenden statistischen Techniken noch sehr viel weiter verfeinern, aber vielleicht vermittelt Ihnen bereits diese kleine Demonstration ein Gespür für die Methode. Die Technik ist zwar recht simpel, gestattet aber oft überraschende Einsichten in die eigenen Persönlichkeitstheorien und die Art und Weise, wie man vertraute Personen wahrnimmt.

Der Arbeit George Kellys folgten zahlreiche Untersuchungen zu impliziten Persönlichkeitstheorien. Wie bedeutsam solche vorgeformten Vorstellungen für Urteile der Personenwahrnehmung sein können, veranschaulicht eine interessante Studie von Dornbusch, Hastorf, Richardson und Muzzy (1965). Die Forscher baten eine Gruppe von Kindern in einem Ferienlager, alle anderen Kinder mit eigenen Worten zu beschreiben. Würden diese Urteile die Merkmale des beschriebenen Kindes wirklich unverfälscht wiedergeben, wäre zu erwarten, daß viele Beobachter dasselbe Zielkind ähnlich beschrieben, und daß die Beschreibungen unterschiedlicher Zielkinder entsprechend unterschiedlich ausfielen. Tatsächlich war genau das Gegenteil der Fall. Die meisten Kinder bedienten sich in fast all ihren Beschreibungen nur einer Handvoll immer wiederkehrender Charakteristika, und zwischen den Beschreibungen derselben Zielperson gab es kaum Übereinstimmungen. Grundlage der Beurteilungen waren offensichtlich nicht die wirklichen Unterschiede, sondern das, was für die Kinder „wichtige Merkmale" zu sein schienen, ihre impliziten Persönlichkeitstheorien also. Wie uns viele Untersuchungen lehren, sieht das bei Erwachsenen kaum anders aus (vgl. Aktivität 3.2).

Aktivität 3.2 Was für ein Mensch ist Josef?

Lesen Sie die folgende kurze Personenbeschreibung von Josef sorgfältig durch und vermerken Sie dann auf der nachfolgenden Skala, was Josef Ihrer Meinung nach für ein Mensch ist.

„Josef öffnete die Tür zum Restaurant, ließ einem Paar den Vortritt und betrat dann das Lokal. Dort fragte er den Kellner höflich nach einem Tisch. Kaum hatte er sich gesetzt, kam seine Partnerin. Er stand sofort auf, half ihr aus dem Mantel und rückte ihr beim Setzen den Stuhl zurecht.“

Was für ein Mensch ist Josef? Bitte schätzen Sie ihn auf jeder der untenstehenden Adjektiv-Skalen ein und bedienen Sie sich dabei folgender 5-Punkte-Bewertung:

1 = trifft auf Josef überhaupt nicht zu
2 = trifft kaum zu
3 = kann ich nicht sagen
4 = trifft ein bißchen zu
5 = trifft in hohem Maße zu

intelligent	____	extravertiert	____
freundlich	____	kompetent	____
warmherzig	____	gutaussehend	____
höflich	____	zuversichtlich	____
dominant	____	impulsiv	____
charmant	____	beliebt	____

Lesen Sie jetzt weiter und unterziehen Sie anschließend Ihre Urteile noch einmal einer kritischen Überprüfung.

Forschung zur impliziten Persönlichkeitstheorie

Wenn wir also Urteile über Personen zu fällen haben, stehen wir fast immer vor dem Problem, uns auf der Basis recht skizzenhafter Information ein vollständiges Bild machen zu müssen. Um zu entscheiden, welche Merkmale wichtig sind, und um abzuschätzen, wie die wenigen beobachtbaren Merkmale mit anderen, nicht beobachtbaren verknüpft sind, greifen wir auf unsere „implizite Persönlichkeitstheorie“ zurück. Zeigt sich jemand so höflich wie Josef, erwarten wir vielleicht, daß er auch freundlich, warmherzig, charmant, beliebt, usw. ist, obwohl wir in Josefs Fall über keinerlei diesbezügliches unmittelbares Wissen verfügen. Abgesehen davon, daß er einmal in der Öffentlichkeit wohlerzogenes Verhalten an den Tag legte, verrät die kurze Beschreibung sonst gar nichts über seinen Charakter. Gleichwohl fühlen sich die meisten Beurteiler berufen, Josef Charaktereigenschaften wie Freundlichkeit, Warmherzigkeit, vielleicht sogar Intelligenz zuzuschreiben. Lassen Sie die Aktivität 3.2 in Ihrem Bekanntenkreis kursieren – Sie werden sehen, kaum einer wird sich weigern, weil ihm die Information nicht reicht!

Wie steht es mit Ihren eigenen Urteilen? Jede Eigenschaft, die Sie Josef außer Höflichkeit zuerkannt haben, geht auf das Konto Ihrer impliziten Persönlichkeitstheorie. Je extremer Ihr Urteil auf einer anderen Merkmalsskala ausgefallen ist, um so enger sind Höflichkeit und das betreffende Merkmal in Ihrer impliziten Persönlichkeitstheorie miteinander verbunden. Vielleicht glauben Sie, daß höfliche Menschen freundlich sind, vielleicht halten Sie sie auch ganz im Gegenteil für eher unfreundliche Zeitgenossen. Ihre Urteile sagen mehr über *Sie* und Ihr Menschenbild aus als über Josef, über den Sie letztlich nicht mehr wissen, als daß er sich wohlerzogen zu betragen weiß!

Zu den ersten, die die Bedeutsamkeit dieses Problems erkannten und solche impliziten Verknüpfungen von bekannten mit unbekannten Persönlichkeitsmerkmalen untersucht haben, gehörten Bruner und Tagiuri (1954). Diese Verknüpfungen sind Widerspiegelungen unserer ganz individuellen impliziten Persönlichkeitstheorien. Wie kommen wir solchen impliziten Theorien auf die Spur? Einer möglichen Methode haben Sie sich bereits bei der kleinen Übung bedient, die Sie soeben absolviert haben. Auch wie Sie einzelne Konstrukte zur Beschreibung unterschiedlicher Menschen einsetzen (vgl. Aktivität 3.1), offenbart, wie nah oder fern diese Konstrukte einander in Ihrem ganz persönlichen Menschenbild sind. Andere Methoden sind komplexer, funktionieren aber nach demselben Prinzip.

Interessant ist eine Untersuchung von Rosenberg und Jones (1972). Die beiden wollten wissen, wie der amerikanische Schriftsteller Theodor Dreiser über Menschen dachte. Dazu pickten sie sich aus seinem Buch ,,A Gallery of Women" alle Personenbeschreibungen heraus und analysierten die ihnen zugrundeliegende Persönlichkeitstheorie. Je häufiger zwei Adjektive in der Beschreibung einer Person zusammentrafen, so die Hypothese von Rosenberg und Jones, um so enger waren beide Merkmale auch im privaten Menschenbild Dreisers miteinander assoziiert. Für jedes mögliche Adjektivpaar des Buches errechneten sie einen Assoziationsindex und analysierten die erhaltenen Daten mit einem Verfahren namens *Multidimensionaler Skalierung (MDS)*. Diese Technik repräsentiert die Adjektive in einem dreidimensionalen Modell, und die Distanz zwischen den einzelnen Adjektiven zeigt die Häufigkeit ihres gemeinsamen Vorkommens – ihre Assoziation – an.

Das Ergebnis war eine psychologische ,,Landkarte" der von Dreiser verwendeten Adjektive, eine Darstellung seiner ,,impliziten Persönlichkeitstheorie". Diese Karte enthüllte, daß Dreiser zwischen Menschen entlang zweier Dimensionen unterschied: ,,männlich (hart) – weiblich (weich)" und ,,paßt sich an – paßt sich nicht an". Angesichts Dreisers Lebensgeschichte sind diese impliziten Persönlichkeitsdimensionen sehr schlüssig. Seine Beziehung zu Frauen und der Kampf gegen Konformität und Konventionalismus bestimmten Leben und Werk des Schriftstellers. So verwundert es denn nicht, daß das, was sein Leben bestimmte, auch Grundlage seiner Menschensicht wurde.

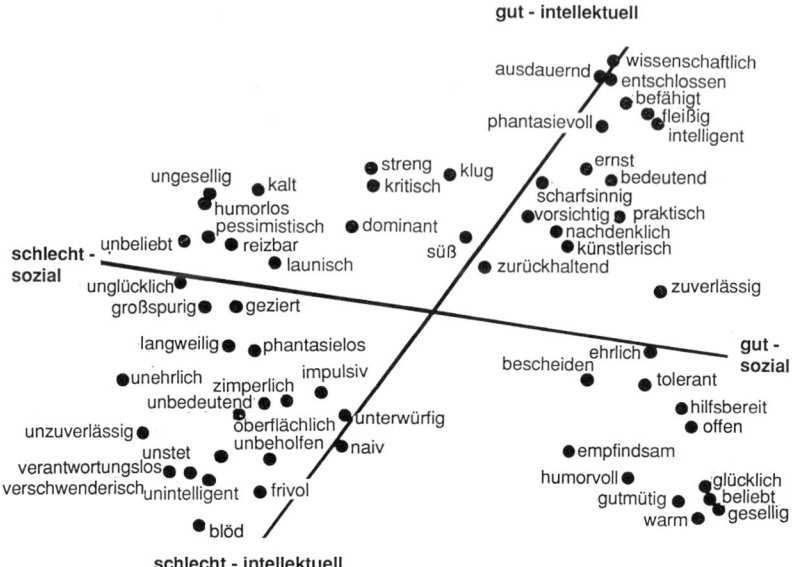

Abb. 3.1: Die implizite Persönlichkeitstheorie von Studenten
Die relativen Positionen von Persönlichkeitsmerkmalen in der impliziten Persönlichkeitstheorie von Studenten. Die Merkmale sind entlang zweier grundlegender Dimensionen organisiert: intellektuell gut-schlecht und sozial gut-schlecht. (Nach Rosenberg, Nelson und
Vivekananthan 1968)

Selbstverständlich lassen sich mit diesen Methoden die impliziten Persönlichkeitstheorien beliebiger Menschen und beliebiger Personengruppen untersuchen. Rosenberg et al. (1968) analysierten die impliziten Persönlichkeitstheorien von Universitätsstudenten und stellten fest, daß diese Gruppe entlang zweier Hauptdi-
mensionen zwischen Menschen differenziert: ,,intellektuell gut/schlecht" – ,,sozial
gut/schlecht" (vgl. Abb. 3.1). Solche Analysen verlangen keineswegs Daten in
Form literarischer Zeugnisse – unsere Urteile und Äußerungen über andere bieten reichlich Information und warten nur darauf, analysiert zu werden!
    Mit ähnlichen Techniken haben Rosenberg und Sedlak (1972) untersucht, wie
einzelne Menschen andere sehen. Für solche Analysen bittet man die Probanden
um Beschreibungen einiger ihnen bekannter Personen. Dann schaut man sich an,
wie häufig welche Adjektive miteinander assoziiert werden und erhält so ein Bild
der jeweiligen individuellen Persönlichkeitstheorie. Beispiele für individuelle Beurteilungen sind Merkmal-Cluster wie ,,gutaussehend, faul, homosexuell" oder
,,rothaarig, wenig intelligent, promiskuitiv". Der springende Punkt ist, daß wir alle
unsere Mitmenschen durch die Brille derartiger Theorien wahrnehmen. Weit
mehr als vom Betrachteten hängt die Qualität von Wahrnehmungsurteilen vom
Betrachter selbst ab, denn wenn wir andere wahrnehmen, tun wir das mit einer

ganzen Menge persönlicher Erwartungen, deren keine der anderen vollkommen gleicht.

jeder Bleistift 20 Pf.

Halten Sie ihn für einen tollen Liebhaber?

Unsere impliziten Persönlichkeitstheorien erlauben es uns, von bekannten auf unbekannte Eigenschaften zu schließen. Kaum jemand wird beim Anblick eines Hausierers auf den Gedanken kommen, einen tollen Liebhaber vor sich zu haben – obwohl er natürlich durchaus einer sein könnte.

Kulturell bedingte Persönlichkeitstheorien

Implizite Persönlichkeitstheorien müssen nicht gänzlich individuell und idiosynkratisch sein. In größerem oder geringerem Ausmaß teilen Menschen nicht nur ihre jeweilige Kultur, sondern auch ihre impliziten Persönlichkeitstheorien (vgl. Abb. 3.1). Wie sähe nun ein Vergleich von Persönlichkeitstheorien vieler einzelner Menschen aus? Norman (1963) ging dieser Frage nach und untersuchte Einschätzungen, die sehr viele – einander sehr gut oder überhaupt nicht bekannte – Versuchspersonen auf 20 Merkmalsskalen voneinander abgegeben hatten. Wie gut die Beurteiler ihre Zielpersonen kannten, schien kaum eine Rolle zu spielen, denn in allen Urteilen tauchten immer wieder und nahezu ausschließlich dieselben Merkmale auf. Zu genau demselben Ergebnis führte eine spätere Untersuchung (Passini und Norman 1966), in der vollkommen Fremde einander beurteilten. Da die Urteile unabhängig waren vom Bekanntheitsgrad, scheinen Normans Beurteilungsdimensionen den Wahrnehmenden inhärent und Teil ihres allgemeinen – und gemeinsamen – Persönlichkeitsbildes gewesen zu sein.

Bei den Dimensionen Normans handelt es sich um Merkmale wie Extraversion, Freundlichkeit, Gewissenhaftigkeit und emotionale Stabilität. Natürlich stellt sich jetzt die Frage, wie universal diese Dimensionen sind. Spätere Untersuchungen gingen einen Schritt weiter als Norman und baten Beurteiler nicht mehr um die

Einschätzung von Personen, sondern fragten ganz allgemein nach der Art der Verbindung zwischen allen mit den 20 Attributen Normans möglichen Paarungen. Wieder tauchten dieselben Dimensionen auf, was vermuten läßt, daß Merkmale wie Extraversion, Freundlichkeit, Gewissenhaftigkeit und emotionale Stabilität in unseren Theorien über Menschen in der Tat eine universale Rolle spielen.

Nun fanden aber all diese Untersuchungen in westlichen Kulturen statt. Wie halten es andere Kulturen mit ihren Persönlichkeitstheorien? Würden die Personenwahrnehmungen von Chinesen auf denselben grundlegenden Dimensionen aufbauen? Wie wir wissen, hält die chinesische Kultur weit mehr auf Gemeinschaftsgeist und Konformität als unsere individuen- und wettbewerbsorientierte Gesellschaft. Müßte sich das nicht auch in den impliziten Persönlichkeitstheorien der Chinesen widerspiegeln? Bond und Forgas (1984) sind dieser Frage nachgegangen und haben die Wahrnehmungsurteile australischer und chinesischer (in Hong Kong lebender) Probanden verglichen. Es zeigte sich, daß es die vermuteten beträchtlichen kulturellen Unterschiede in der Tat gibt. In der chinesischen Gruppe war zum Beispiel Gewissenhaftigkeit das wichtigere Merkmal, während in Australien Extraversion die größere Rolle spielt.

Implizite Persönlichkeitstheorien gehören zu den einflußreichsten Determinanten unserer Urteile über Menschen. Wenn wir uns das bewußt machen, ist es kaum mehr verwunderlich, daß all unsere Merkmalszuschreibungen, mögen sie auch noch so unbekannten Menschen gelten, von unserer akkumulierten Erfahrung und unserem akkumulierten ,,Wissen" über Menschen beeinflußt werden. Nicht immer formulieren wir unsere Erwartungen anderen gegenüber als isolierte, individuelle Persönlichkeitszüge. Manchmal nehmen wir auch ,,Typologien" zu Hilfe, was, wie wir gleich sehen werden, ebenfalls nicht ohne Einfluß auf unsere Wahrnehmungsurteile bleibt (vgl. auch Aktivität 3.3).

Aktivität 3.3: Typologien von Menschen

Stellen Sie eine Liste von verschiedenen Typen von Menschen zusammen, mit denen Sie vertraut sind: Arbeitskollegen, Freunde, Bekannte, etc. Versuchen Sie für jeden ,,Typ" (a) ein Etikett zu finden und vermerken Sie (b) seine hervorstechendsten Merkmale. Ihre Liste sollte mindestens fünf bis acht Typen umfassen. Als nächstes überlegen Sie, ob sich in Ihrem Bekanntenkreis für jeden Typ ein besonders ,,typischer" Vertreter findet. Jetzt lesen Sie weiter im Text, und wenn Sie etwas mehr darüber wissen, was wir (und Sie!) mit solchen Personen-Prototypen machen, schauen Sie sich Ihre Liste im Lichte dieser Erkenntnisse noch einmal an.

Wahrnehmung und Klassifikation

Es gehöre zu den größten Selbstverständlichkeiten, schrieb Bruner (1958) vor vielen Jahren, daß an jeder Wahrnehmung oder jeder Reaktion auf ein Objekt oder ein Ereignis in der Umgebung ein „Akt der Kategorisierung" beteiligt sei (S. 92). Wir sehen unsere Umwelt nicht, wie sie ist, sondern gemäß den Kategorien, über die wir zu ihrer Beschreibung verfügen. Auf demselben Gedanken baute George Kelly seine Konstrukt-Theorie auf. Konstrukte sind nichts anderes als Kategorien zur Klassifizierung der Welt. Bartlett (1932), ein Pionier der Gedächtnisforschung – der kognitiven Psychologie also –, hat gezeigt, daß Menschen ohne Unterlaß und aktiv damit beschäftigt sind, ein System kognitiver Repräsentationen ihrer Umwelt – häufig „Schemata" genannt – aufzubauen und zu modifizieren. Anhand solcher Schemata klassifizieren und interpretieren wir jegliche neue Information. Klassifikation ist also ein integraler Teil der Wahrnehmung.

Personenwahrnehmung und Menschentypen

Unser Wissen über Menschen beschränkt sich nicht auf die Erwartung, daß bestimmte Persönlichkeitsmerkmale immer gemeinsam auftreten. Als weitere Informationsquelle dient uns das, was wir über Menschen*typen* wissen. Wenn wir jemanden als „typischen jungen Dozenten" beschreiben, vermitteln wir mit wenigen Worten ein sehr komplexes Bild. Indem wir Menschen in „Typen" einteilen, systematisieren wir unser Wissen über unsere Mitmenschen und erleichtern uns die Aufgabe der Personenwahrnehmung. Solche „Typologien" fassen bestimmte Persönlichkeitsmerkmale zu allseits bekannten und vertrauten „Typen" zusammen, denen sich dann auch nahezu unbekannte Menschen zuordnen lassen. Besteht so ein Merkmalsbündel überwiegend aus sofort sichtbaren ethnischen oder rassischen Merkmalen und ist es als „Typ" weithin anerkannt, können wir auch von einem Stereotyp sprechen (vgl. Kapitel 2). Bereitet uns die Personenwahrnehmung im Alltag einmal Schwierigkeiten, haben wir es meistens mit einem Klassifikationsproblem zu tun. Die beste Strategie, sich einen schnellen und hinreichend genauen Eindruck von jemandem zu bilden, besteht gewöhnlich darin, die neu aufgetauchte Zielperson einer bekannten Gruppe oder Kategorie zuzuordnen. Menschentypen richtig zu identifizieren, so hatten wir schon in Kapitel 2 gesehen, ist eine wesentliche Voraussetzung genauer Personenwahrnehmung (vgl. Genauigkeit von Stereotypen). Gelingt es uns, einen Menschen treffend als „Extravertierten", „radikalen Studenten", „Feministin", usw. zu klassifizieren, erleichtern wir uns das Beurteilen erheblich. Den Konsequenzen solcher Typisierungen werden wir uns weiter unten zuwenden.

Wie „typisch" ist dieser Mensch?

Auch die Personenwahrnehmung fällt unter das universale Gesetz der Klassifikation. Wir alle erwerben im Laufe unseres Lebens ein umfangreiches Repertoire von „Menschentypen", und diese Typen wiederum dienen uns als Basis, wenn es gilt, uns bis dahin unbekannte Menschen zu klassifizieren. Personenkategorien, die unsere Urteile über Menschen beeinflussen, nennt man auch Personen-Prototypen. Personen-Prototypen sind mentale Schemata von Menschentypen, die uns aus unserer sozialen Umgebung vertraut sind. Ein Prototyp ist die idealisierte Merkmalskombination, *der* Vertreter einer Personengruppe schlechthin. Natürlich sind nicht alle Angehörigen einer solchen Gruppe gleichermaßen Prototypen. Einem Prototyp entspricht man immer nur mehr oder weniger. Manche Menschen sind als „Arbeitssüchtige", „Extravertierte", „Spaßvögel", usw. besonders „gute" Beispiele vertrauter Prototypen, andere weisen – als weniger „gute" Beispiele – nur ein paar der charakteristischen Merkmale auf: Sie sind weniger prototypisch. Wir alle kennen Menschen, von denen es heißt, sie seien für eine bestimmte Personengruppe typisch oder untypisch. (Schauen Sie sich Ihre Prototypen-Liste daraufhin an, wie typisch Ihre Bekannten für die jeweilige Gruppe tatsächlich sind).

Während sich die Forschung zur impliziten Persönlichkeitstheorie dafür interessiert, wie erwartete Zusammenhänge zwischen Merkmalen oder Konstrukten unsere Urteile über andere beeinflussen, folgt die Forschung zu Personen-Prototypen der Hypothese, daß das, was wir über Menschen denken, auch davon abhängt, wie prototypisch die Beurteilten sind. Eindrucksbildung und Erinnerung fällt, so scheint es, bei prototypischen Menschen leichter als bei nicht-prototypischen (Cantor und Mischel 1979). Wenn Ihnen im Supermarkt jemand über den Weg läuft, den alle Merkmale der typischen „Hausfrau" oder des typischen „Punks" auszeichnen, wird er wahrscheinlich einen Eindruck bei ihnen hinterlassen und Sie werden sich seiner mühelos erinnern. Jemand, der Sie nicht an eine bestimmte Gruppe denken läßt oder nicht durch seine prototypische Merkmalsausstattung auffällt, wird bei Ihnen vermutlich nur wenig Eindruck hinterlassen.

Ob jemand also mehr oder weniger „prototypisch" ist, hängt davon ab, über wieviele der den Prototyp definierenden Merkmale er verfügt. Es gibt – mit anderen Worten – unterschiedliche Grade der „Hausfrauenhaftigkeit" oder „Punkhaftigkeit", und manche Menschen vertreten den Prototyp „typische" Hausfrau oder „typischer" Punk besser als andere. Je mehr Prototyphaftes jemand an sich hat, um so leichter fällt es, sich einen Eindruck von ihm zu bilden und sich an ihn zu erinnern. Das läßt sich auch experimentell nachweisen. Cantor und Mischel (1979) verfaßten Personenbeschreibungen, die mit Personen-Prototypen wie dem typischen „Extravertierten" oder dem typischen „Introvertierten" entweder konsistent oder inkonsistent waren. Die Probanden sollten sich von diesen Menschen einen Eindruck bilden und sich später an sie erinnern. Wie erwartet, blieben die prototyp-konsistenten Personenbeschreibungen besser im Gedächtnis als die prototyp-inkonsistenten.

Sind „typische" Menschen immer leichter zu beurteilen?

Ein bißchen komplizierter ist die Sache allerdings doch. Ist es wirklich *immer* leichter, sich an typische Menschen zu erinnern oder sich von ihnen einen Eindruck zu bilden? Denken Sie noch einmal an die typische Hausfrau im Supermarkt. Nach der Begegnung mit ihr gehen Sie weiter zum Regal mit den Frühstücksflocken und treffen dort auf eine weitere, in diesem Fall sehr unprototypische Frau. Tatsächlich scheinen sich in ihr widersprüchliche Prototypen zu vereinen. Sie verhält sich wie eine Hausfrau, ist aber höchst ungewöhnlich gekleidet, rollt auf Rollerskates durch den Laden und trägt wertvollen Schmuck. Ist es wirklich so viel schwieriger, sich von dieser ungewöhnlichen Frau einen Eindruck zu bilden und sich an sie zu erinnern? Natürlich nicht. Wie wir alle wissen, fällt die Beurteilung manchmal um so leichter, je mehr der zu Beurteilende von unseren Erwartungen abweicht.

Der Gedanke vom Prototypen – und das ist das Problem – fußt auf den rationalen, kognitiven Aspekten der Personenwahrnehmung. Dabei wird das Beurteilen und Kategorisieren von Menschen zur Angelegenheit von Informationsverarbeitung und Gedächtnis. Nun spielen aber bei Urteilen der Personenwahrnehmung noch sehr viele andere Faktoren eine Rolle. Wenn wir anderen Menschen begegnen, tun wir das ohne Gefühle, Emotionen, Einstellungen oder Erwartungen, die mit einfacher Informationsverarbeitung interferieren. Das Prototypen-Modell, wie Cantor und Mischel es vorsehen, ignoriert den nicht-kognitiven, zuweilen wertbehafteten und emotionalen Charakter von Urteilen der Personenwahrnehmung (z. B. die Effekte von Stimmungen auf die Genauigkeit, die wir in Kapitel 2 erörtert haben). Den Ergebnissen von Cantor und Mischel (1979) widersprechen denn auch andere, die zeigen, daß Beurteiler sich an inkonsistente, nicht-prototypische Menschen mit ungewöhnlichen, neuen, unseren Erwartungen nicht entsprechenden Merkmalen manchmal besser erinnern als an prototypische Menschen (Hastie und Kumar 1979). In unserem Supermarktbeispiel hätten die meisten von uns wahrscheinlich keine Mühe, sich von der nicht-prototypischen, rollschuhlaufenden Hausfrau ein einprägsames Bild zu machen.

Was für einen Sinn ergeben nun diese widersprüchlichen Ergebnisse? Wann fällt es leichter, prototypische und wann nicht-prototypische Menschen zu beurteilen? Vielleicht ist die Wahl zwischen beiden Strategien der Eindrucksbildung abhängig von den affektiven Reaktionen auf einen bestimmten Prototyp. Mit anderen Worten, es könnte von den Gefühlen abhängen, die ein bestimmter Menschentyp in uns auslöst, ob wir prototypische oder nicht-prototypische Menschen besser wahrnehmen und im Gedächtnis behalten.

Vor einigen Jahren haben wir in einer Untersuchung versucht, diese beiden Faktoren der Eindrucksbildung – die Prototyphaftigkeit einer Zielperson und die Gefühle diesem Prototyp gegenüber – zu trennen (Forgas 1983). Die Wahl der Urteilsstrategie, so erwarteten wir, würde davon abhängen, ob die zu beurteilenden Personentypen starke oder schwache Gefühle auslösten. Zunächst stellten wir eine repräsentative Liste von Personen-Prototypen zusammen, die in einer studentischen Umgebung von Bedeutung sind. In Tabelle 3.1 finden Sie die unter Studenten üblichsten ,,Typen" zusammengefaßt. Wir haben auch analysiert, wie Studenten zwischen diesen Prototypen differenzierten. Die einflußreichsten Determinanten dafür, wie man diese Typen in studentischen Kreisen wahrnahm, waren akademische Leistung, Extraversion, sozialer Status und politischer Radikalismus (vgl. Abb. 3.2).

Tabelle 3.1: Liste und Beschreibung der 16 von einer Gruppe Universitätsstudenten am häufigsten genannten ,,Studententypen":

1. *Radikale:* schmuddeliges Äußeres, protestieren häufig, tragen Overalls oder indische Klamotten, verteilen Flugblätter auf dem Campus, tragen Abzeichen, organisieren Protestmärsche, sind freimütig, laut, meistens links, leben in Wohngemeinschaften, aggressiv.
2. *Christen:* ziemlich harmlos, freundlich, sparsam, studieren eifrig, sauber, anteilnehmend, engstirnig, auf der Aktentasche ,,Jesus loves you"-Aufkleber, auf den Büchern das Fischzeichen, wollen andere bekehren, besuchen Bibellesungen.
3. *Studenten reiferen Alters:* ängstlich, gewissenhaft, die Frauen eher hausbakken, vernünftig angezogen, geregelte Gewohnheiten, sind freundlich, ergreifen in Tutorien oft das Wort, sind stabil, mütterlich, gutsituiert, mittleren Alters, konservativ.
4. *Der eifrige Student:* hart arbeitend, blaß, verbissener Gesichtsausdruck, gewissenhaft, sauber angezogen, arbeitet auch in den Ferien, verbringt viel Zeit in der Bibliothek, gibt seine Seminararbeiten pünktlich ab, liest mehr als die angegebene Literatur, schreibt in den Vorlesungen jedes Wort mit, schwänzt nie, bekommt gute Noten, hat wenig gesellschaftlichen Umgang.
5. *Faule Hänger:* schmuddelig, unordentlich, sitzen nur ihre Zeit ab, gelangweilt, apathisch, liegen in der Sonne, arbeiten so wenig wie möglich, schwänzen Vorlesungen, fallen durch Prüfungen, wissen nicht, warum sie überhaupt an der Uni sind, versuchen, andere für sich arbeiten zu lassen, sind gleichgültig gegenüber anderen.
6. *Collegetypen:* gesundes Aussehen, sauber geschnittenes Haar, sind gutmütig, ein bißchen verwirrt von dem Ganzen, tragen College-Pullover, betrinken sich oft, machen sich eine gute Zeit, verbringen die Ferien auf dem Land, haben College-Freunde.
7. *Medizinstudenten:* konservativ angezogen, stammen aus der Mittelschicht und benehmen sich auch so, treten in Cliquen auf, snobbistisch, elitär, egozentrisch, tragen Laborkittel, geben sich cool, scharen sich um die Cafeteria des Golfclubhauses, reden über Medizin, haben kaum Kontakte außerhalb ihrer Fakultät, sind materialistisch, reich.
8. *Sportliche Typen:* tragen immer kurze Hosen, sagen in Tutorien kein Wort,

tragen Adidas-Schuhe und Trainingsanzüge, treten Clubs bei, nehmen an Wettkämpfen teil, verbringen viel Zeit auf dem Sportplatz, schleppen oft Squash- oder Tennisschläger mit sich herum, gehen während der Mittagspause joggen, sehen gesund aus.

9. *„Gay Libbers":* haben durchstochene Ohrläppchen und tragen Ohrringe, tragen Gay Lib-Abzeichen, haben ihre eigenen Diskos und Partys, nehmen an Protestveranstaltungen und Demonstrationen teil, sprechen gewählt und affektiert, haben ein intensives Gefühlsleben, sind unstabil, gesellig.

10. *Trendy-Typen:* reich, aus der Mittelschicht, sehr modisch gekleidet, kommen aus den Vorstädten des Ostens, gepflegte Sprache, Frauen sind geschminkt, enge Designer-Jeans, fahren Sportwagen, machen Europareisen, besuchen häufig Diskos und Restaurants, fahren Ski, sind ehrgeizig, elitär, gehen in die Cafeteria.

11. *Asiatische Studenten:* zierlich, gewissenhaft, tragen Brillen, sind ehrgeizig, rivalisierend, einsam, arbeiten hart, stecken immer zusammen, unfreundlich, sprechen in Gruppen nie englisch, klug, konservativ.

12. *Techniker:* häufig in Gruppen unter sich, chauvinistisch, tragen karierte Hemden und Jeans, kurzhaarig, Brille, trinken gern Bier, leben bei den Eltern, geringe soziale Kompetenzen, arrogant, wenig kulturelle Interessen, haben Taschenrechner bei sich, ungehobelt, interessieren sich für Football, gehen häufig in Kneipen, spielen Karten.

13. *Radikale Feministinnen:* haben links orientierte Anschauungen, freimütig, häufig lesbisch, unattraktives Äußeres, kein BH, tragen Women's Lib-Abzeichen, verkaufen feministische Literatur, sind aggressiv, herausfordernd, tragen Overalls.

14. *ruhige Alleingänger:* schüchtern, vermeiden den Umgang mit anderen, verbringen die Mittagszeit alleine, tragen in Tutorien wenig bei, unauffällig, schwer, mit ihnen Bekanntschaft zu schließen, gehen nicht auf Partys.

15. *„Surfies":* ausgebleichtes, blondes Haar, tragen Shorts, fahren einen Lieferwagen, verbringen die Ferien am Meer, sind das ganze Jahr braungebrannt, sagen nicht viel, sind körperlich sehr fit, sexistisch, nehmen Drogen.

16. *Intellektuelle:* anständig, introvertiert, akademisch, altmodisch gekleidet, tragen immer Bücher bei sich, sind früh bei der Arbeit, diskutieren obskure Themen mit Gleichgesinnten, engagiert bei der Arbeit, wissen viel über Literatur und Kultur, besuchen Theater und Oper, Brillenträger, sind sauber gekleidet.

(Nach Forgas 1983, S.158–159)

Unsere Erwartungen bestätigten sich: Entscheidend dafür, ob prototypische oder nicht-prototypische Information leichter verarbeitet wurde, waren die Gefühle, die einem Prototypen entgegengebracht wurden. Solche Ergebnisse lassen vermuten, daß Konsistenz mit einem einzigen „Personentyp" für die Eindrucksbildung nur dann von Vorteil ist, wenn mit diesem Typ starke positive oder starke negative

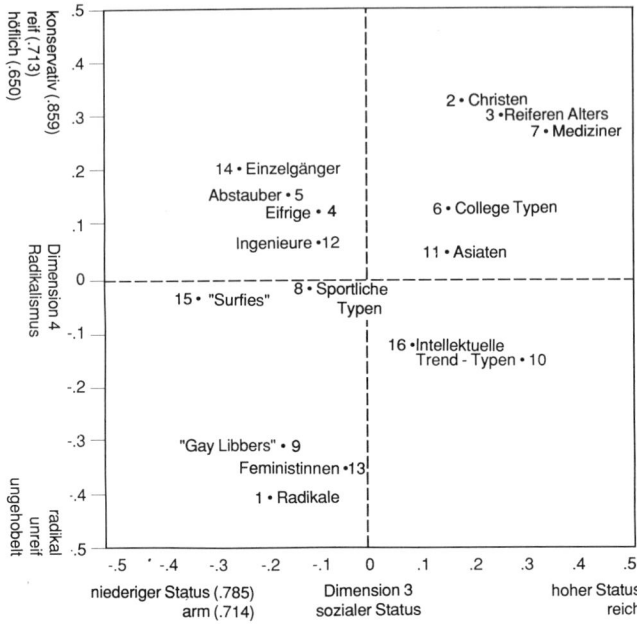

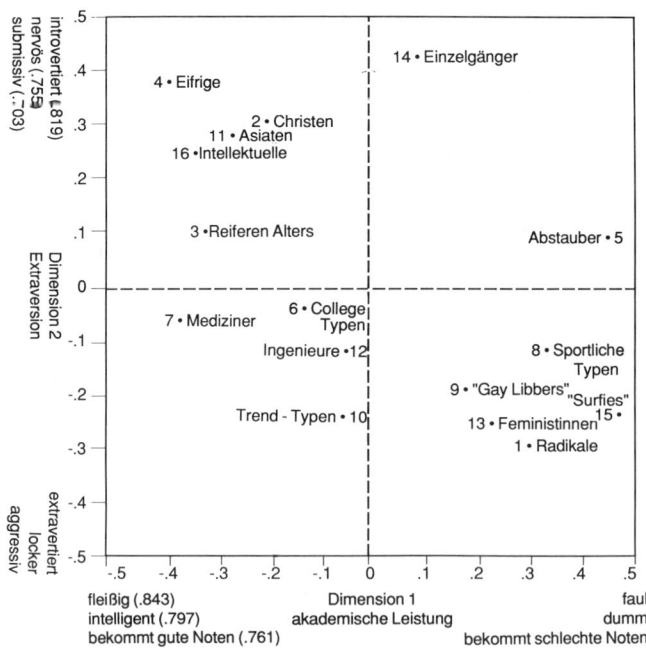

Abb. 3.2: Wahrnehmung von Personen-Prototypen
So differenzierte eine Gruppe australischer Studenten zwischen 16 „prototypischen" Stu-
dentenkategorien. (Nach Forgas, Kategorien von Studenten, 1983, S. 160)

Reaktionen verbunden sind. Andernfalls sind es die komplexeren Menschen, die Merkmale mehrerer ,,Typen" in sich vereinen, an die man sich besser erinnert und die den stärkeren Eindruck hervorrufen.

Einige Konsequenzen der Klassifizierung von Menschen

Die Kategorisierung von Menschen kann auch retrospektive Konsequenzen haben. In einem interessanten Experiment von Snyder und Uranowitz (1978) lasen die Probanden eine ausführliche Personenbeschreibung, die sie sehr genau über Kindheit, Schulzeit, Freundschaften, Berufswahl, usw. einer Frau namens Barbara K. informierte. Nach der Lektüre erfuhren einige Probanden, Barbara K. sei lesbisch, anderen beschrieb man sie als heterosexuell, und eine dritte Gruppe erhielt keinen Aufschluß über Barbaras sexuelle Präferenzen. Die Zusatzinformation wurde so gegeben, daß die Probanden Barbara K. als ,,typische" Heterosexuelle oder ,,typische" Lesbierin klassifizieren konnten. Eine Woche später bat man dann die Probanden, sich so genau wie möglich an Barbara zu erinnern. Diejenigen, für die Barbara lesbisch war, interpretierten deren Leben kurzerhand um und berichteten von mehr auf Homosexualität hindeutenden Ereignissen im Leben der Barbara K. als die beiden anderen Gruppen. Snyder und Uranowitz (1978) vermuten, daß diese Tendenzen Anzeichen dafür sind, daß hier Effekte einflußreicher aktivierter Personenkategorien das Gedächtnis retrospektiv beeinflussen.

Nun kennen wir aber keinen Erinnerungsprozeß, der erklären würde, wie einmal dem Gedächtnis übermittelte Information modifiziert wird (vgl. Bellezza und Bower 1982). Haben wir die Information über Barbara einmal ,,abgespeichert", sollten spätere Informationen mit dieser ,,Gedächtnisspur" eigentlich nicht ernsthaft interferieren. Zutreffender erklärt man das ,,Abrufen" kategorienkonsistenter – in unserem Fall ,,lesbischer" oder ,,heterosexueller" – Merkmale wohl damit, daß die Probanden, geleitet von der nachträglich erfolgten, prototypischen Etikettierung, ihre auf ,,Prototypen-Wissen" basierenden Vermutungen als reale Fakten berichteten. Bemerkenswert ist immerhin, daß Probanden ihre Charakterisierung eines Menschen einem Prototyp anpassen können, ohne zu merken, daß sie keinerlei realistische Grundlage für ihre Urteile haben.

Als Sozialpsychologen interessiert uns weniger die Natur der zugrundeliegenden Gedächtnismechanismen als die Tatsache, daß kategoriale Etikettierungen wie ,,lesbisch", ,,heterosexuell", ,,extravertiert", ,,introvertiert" oder ,,Techniker" sogar dann einen gewaltigen Einfluß auf die Eindrucksbildung haben, wenn sie erst mitgeteilt werden, nachdem die ganze andere relevante Information bereits systematisiert ist. Das Klassifizieren von Menschen kann sogar noch hinterhältigere Folgen nach sich ziehen. Nach erfolgter Kategorienzuweisung neigen wir dazu, selektiv nur noch solche Information aufzunehmen, die unsere Klassifikation bestätigt, und Information zu mißachten, die unserer Klassifikation widerspricht.

Letzteren Effekt haben Snyder und Campbell (1980) und Snyder und White (1981) nachgewiesen. Sie ließen Probanden zwölf Fragen auswählen, die sie gerne einem zukünftigen Partner oder einer zukünftigen Partnerin stellen würden, um herauszufinden, ob er/sie ein extravertierter oder ein introvertierter Mensch ist. Die Probanden zeigten die deutliche Tendenz, Fragen zu wählen, die ihren Erwartungen entgegenkamen, obwohl ihnen verläßliche Information über ihren prospektiven Partner fehlte. Es scheint so, als hätten sie mit der Wahl der Fragen vorsätzlich die Möglichkeit ausgeschlossen, dem Partner erwartungsinkonsistente Information zu entlocken.

Einige praktische Schlußfolgerungen

Forschungsergebnisse wie diese haben bedeutsame Implikationen für unsere täglichen Wahrnehmungssituationen. Besonders für Menschen, die – wie Verkäuferinnen, Krankenschwestern oder Ärzte – täglich mit vielen, ihnen nur oberflächlich bekannten Menschen in Berührung kommen, ist die Kategorisierung nach „Typen" häufig die Strategie der Wahl. Fragen Sie einmal eine Krankenschwester, mit welchen Typen von Menschen sie es im Krankenhaus zu tun hat, sie wird Ihnen mit einer erschöpfenden Klassifikation aufwarten. John Menyhart hat genau das zum Gegenstand einer Untersuchung gemacht und festgestellt, daß sogar Schwesternschülerinnen sehr rasch ein klar umrissenes Klassifikationsschema von den Menschen ihres Arbeitsmilieus entwickelten.

Solche Vereinfachungen sind durchaus notwendig, denn würden wir jeden Menschen, den wir kennenlernen, unabhängig von allen anderen einschätzen, wären unsere Kapazitäten der Informationsverarbeitung bald erschöpft. Kategorisierungen sind zwar eine Hilfe, bergen aber auch das Risiko falscher Eindrucksbildungen. Wenn Sie zu denen gehören, die täglich mit vielen Menschen zu tun haben, sollten Sie sich bewußt sein, daß unverzügliches Kategorisieren nicht ungefährlich ist. Es kann Sie blind machen für Merkmale, die nicht zum Prototyp passen, und so kann es dazu kommen, daß Sie unzulässigerweise am ersten Eindruck festhalten. Kategorisierung von Menschen ist zwar eine unvermeidliche Konsequenz unserer begrenzten Informationsverarbeitungsmöglichkeiten (stellen Sie sich vor, wir müßten jedes bißchen Information über Menschen gesondert verarbeiten, ohne auf vereinfachende Kategorien zurückgreifen zu können!), aber wir müssen lernen, unsere Kategorien im Lichte späterer Erfahrung zu modifizieren.

Sitzen Sie auf der anderen Seite des Tisches, d. h. sind Sie derjenige, der – etwa anläßlich eines Vorstellungsgesprächs oder eines ersten Kennenlernens – eingeschätzt wird, können Sie die universale Tendenz zur Kategorisierung auch zu Ihrem Vorteil nutzen. Gelingt es Ihnen, beim Beobachter gleich zu Beginn die Vorstellung eines positiv bewerteten Prototyps zu aktivieren, haben Sie die Chance, daß dieser Prototyp über spätere Eindrücke die Oberhand behalten wird.

Schlußbemerkung

Das Klassifizieren von Menschen ist offensichtlich ein wesentlicher Teil des Personenwahrnehmungsprozesses, der es uns leichter macht, uns von anderen einen Eindruck zu bilden. Aber Klassifikationen können die Wahrnehmung auch verzerren. Menschen neigen dazu, sich kategorienkonsistenter Information besser zu erinnern und folglich mehr Gebrauch von ihr zu machen, ihre Wahrnehmungen retrospektiv im Sinne einer bestimmten Kategorie zu verfälschen und selektiv nach solcher Information zu suchen, die bereits erfolgte Klassifikationen bestätigt. Da die oben beschriebenen Theorien über Gedächtnisprozesse und Kategorisierung erst vor relativ kurzer Zeit Einzug in die Sozialpsychologie gehalten haben, ist es für endgültige Aussagen noch zu früh. Eines ist allerdings sicher: Prozesse der Personenwahrnehmung lassen sich nicht, wie manche jüngere Theorien behaupten (z.B. Hastie et al. 1980) auf einfache, rationale Informationsverarbeitung reduzieren. Es ist vielmehr der soziale, motivierte und wertbehaftete Charakter solcher Urteile, der ihnen ihre besondere Richtung und Bedeutung gibt (Tajfel und Forgas 1981). Wir haben allen Grund zur Annahme, daß uns zur Informationsverarbeitung mehrere Strategien zur Verfügung stehen, und daß wir je nach Art der Personenkategorie unterschiedlich verfahren.

Wir haben in diesem Kapitel gesehen, wie stark wir unseren Eindruck von anderen von vorgeformten Vorstellungen beeinflussen lassen. Aber unsere Theorien und Erwartungen sind nicht die einzige Grundlage unserer Wahrnehmungsurteile über Menschen. Um zu einem einheitlichen Bild – einem Eindruck – von anderen zu gelangen, schöpfen wir, mal beobachtend, mal folgernd, aus unterschiedlichsten Informationsquellen. Wie wir diese Aufgabe im einzelnen bewältigen, ist Thema des nächsten Kapitels.

Kapitel 4

Eindrucksbildung

In den vorangegangenen Kapiteln haben wir gesehen, daß der Prozeß der Personenwahrnehmung sehr viel problematischer ist, als wir gemeinhin annehmen. Unsere Urteile fallen oft falsch oder ungenau aus und sagen mehr über unsere eigenen Erwartungen und Vorstellungen aus als über die wirklichen Merkmale der Menschen, die wir beurteilen (Kapitel 3). Angesichts all dieser Schwierigkeiten haben sich Sozialpsychologen in den letzten Jahren zunehmend dafür interessiert, *wie* wir zu unseren Eindrücken von anderen kommen. In den letzten Kapiteln hat uns beschäftigt, *was* wir sehen, wenn wir andere beurteilen (der Inhalt von Personenwahrnehmungen), in diesem Kapitel soll es nun darum gehen, *wie* wir uns ein Urteil über andere bilden (der Prozeß der Personenwahrnehmung).

Die Frage, die der gesamten Forschung zur Eindrucksbildung zugrunde liegt, ist einfach: Wie können wir uns einen vollständigen, in sich stimmigen Eindruck von einem anderen Menschen bilden, da doch unsere Informationen über ihn in der Regel bruchstückhaft und unzusammenhängend sind? Welche mentalen Prozesse sind notwendig, um isolierte Wissenseinheiten wie ,,Anne ist hochgewachsen", ,,Sie hat braunes Haar", ,,Sie ist freundlich", ,,Sie hat große braune Augen", ,,Sie hat eine gute Figur", ,,Sie arbeitet viel und hart", ,,Sie ist Empfangsdame" zu dem globalen Eindruck zusammenzufügen, daß Anne eine hübsche, unterhaltsame und angenehme Gefährtin ist? Als Erklärung der Eindrucksbildung bieten sich mehrere alternative Modelle an. Vielleicht stützen wir uns zunächst nur auf einige wenige, wirklich wichtige und informative ,,zentrale" Merkmale, denen wir dann alle anderen wahrgenommenen Eigenschaften anpassen. Möglich aber auch, daß sich so etwas wie ein arithmetischer Prozeß vollzieht, daß wir die bruchstückhaften Informationen, die wir über den anderen erhalten, aufsummieren und eine Art Durchschnitt bilden. Schauen wir uns diese beiden Modelle – und das, was für und was gegen sie spricht – einmal näher an.

Der Gestalt-Ansatz und die Hypothese des zentralen Merkmals

Die Gestalttheorie entstand in der ersten Hälfte unseres Jahrhunderts als Reaktion auf die fragmentierte, atomistische Betrachtungsweise behavioristischer und strukturalistischer Theorien. Die frühen Gestalttheoretiker interessierten sich in erster Linie für die Wahrnehmung. Der Name der Theorie steht für die Überzeugung, daß Menschen eher darauf programmiert sind, ganzheitliche, unteilbare

Formen wahrzunehmen als bruchstückhafte, isolierte Informationseinheiten. Ein zentrales Problem der Wahrnehmungspsychologie jener Tage war das „apparent motion"-Phänomen: Warum nehmen wir Bewegung wahr, wenn man uns (wie es in Filmen geschieht) in schneller Abfolge mehrere stehende Bilder präsentiert? Die Antwort der Gestalttheoretiker war ebenso einfach wie radikal: Da gibt es nichts zu erklären. Es ist ganz einfach ein dem Menschen inhärentes Merkmal, bedeutungsvolle, ganzheitliche Strukturen und Formen – „Gestalten" also, die sich nicht auf konstituierende Elemente reduzieren lassen – wahrzunehmen und als solche auf sie zu reagieren.

Der vielleicht bedeutendste Vertreter der Gestalt-Theorie auf dem Gebiet der Personenwahrnehmung ist Solomon Asch. Seine Frage, die im übrigen auch noch im Zentrum heutiger Forschung zur Eindrucksbildung steht, war die aller Gestalttheoretiker: Wie bilden wir uns aus den Informationsstücken und -stückchen, die wir wahrnehmen, einen ganzheitlichen, umfassenden Eindruck von anderen? Ein Eindruck, so nahm Asch an, entsteht nicht einfach dadurch, daß wir von den Merkmalen unserer Zielperson einen Durchschnitt bilden. Vielmehr ist Eindrucksbildung ein ganzheitlicher Prozeß, in dessen Verlauf bestimmte „zentrale" Merkmale einen unverhältnismäßig großen Einfluß gewinnen und zu Kristallisationspunkten für jegliche weitere Information über den betreffenden Menschen werden. Durch das Merkmal oder die Merkmale hindurch versucht der Wahrnehmende zum Kern der wahrgenommenen Person durchzudringen (Asch 1946).

Um diese Hypothese zu testen, legte Asch seinen Probanden eine Liste von Adjektiven vor, die eine Zielperson beschrieben. Aufgabe der Probanden war es, auf einer zweiten Liste von Persönlichkeitsmerkmalen ihren Eindruck von der Zielperson zu vermerken. Der einen Gruppe wurde die Zielperson als „intelligent, fähig, fleißig, herzlich, entschlossen, praktisch und vorsichtig" geschildert, die zweite Gruppe bekam dieselbe Beschreibung, nur hatte man „herzlich" durch „kühl" ersetzt. Nur eines von insgesamt sieben Adjektiven wurde also ausgetauscht, was – folgt man arithmetischen Theorien der Eindrucksbildung – die Qualität des Eindrucks nur verhältnismäßig wenig hätte beeinflussen dürfen.

Asch indes stellte fest, daß sich der Austausch eines einzigen zentralen Merkmals – in diesem Fall „herzlich" für „kühl" – ganz entscheidend auf die Eindrucksbildung auswirkte. Es war, als beurteilten die „herzlich"- und „kühl"-Gruppe vollkommen verschiedene Zielpersonen (vgl. Tabelle 4.1). In einem Kontrollversuch wählte Asch dasselbe Verfahren, manipulierte aber nicht die zentralen Adjektive „herzlich" und „kühl", sondern zwei periphere Merkmale (höflich – ungehobelt). Das Vertauschen dieser beiden nicht-zentralen Merkmale beeinflußte die jeweiligen Eindrücke nur geringfügig.

Gehörte „herzlich" zur Beschreibung, wurde die Person häufiger als großzügig, weise, glücklich, gutmütig, beliebt, gesellig und humorvoll beschrieben, als das bei „kühl" der Fall war. Die Vertauschung der beiden peripheren Merkmale „höflich" und „ungehobelt" hatte, insgesamt gesehen, einen solchen Effekt nicht. Ob ein Merkmal „zentralen" oder „peripheren" Status erhält, vermutete Asch, hängt auch davon ab, über welche Art von Information wir sonst noch verfügen. Umge-

Tabelle 4.1: Effekte der Veränderung eines zentralen Merkmals (Liste 1 vs. Liste 2) und eines peripheren Merkmals (Liste 3 vs. Liste 4) auf die Eindrucksbildung. Die Zahlen in der unteren Tabelle geben den Anteil der Probanden an, die der in der betreffenden Liste beschriebenen Person das jeweilige Merkmal zuschrieben.

	Zentrale Merkmale		Periphere Merkmale	
	Stimulus-Liste 1	Stimulus-Liste 2	Stimulus-Liste 3	Stimulus-Liste 4
	intelligent	intelligent	intelligent	intelligent
	befähigt	befähigt	befähigt	befähigt
	fleißig	fleißig	fleißig	fleißig
	HERZLICH	KÜHL	HÖFLICH	UNGEHOBELT
	entschlossen	entschlossen	entschlossen	entschlossen
	praktisch	praktisch	praktisch	praktisch
	vorsichtig	vorsichtig	vorsichtig	vorsichtig

Prozentsatz der Probanden, die der Zielperson jedes der aufgeführten Merkmale zuschrieben

großzügig	91	8	56	58
weise	65	25	30	50
glücklich	90	34	75	65
gutmütig	94	17	87	56
humorvoll	77	13	71	48
gesellig	91	38	83	68
beliebt	84	28	94	56
menschlich	86	31	59	77
altruistisch	69	18	29	46
phantasievoll	51	19	33	31

(Nach Asch 1946, S. 263)

ben von anderen Merkmalen wäre der Effekt der herzlich/kühl-Alternative vielleicht weniger ausgeprägt gewesen.

Aschs Ergebnisse weckten Interesse, aber auch Kritik. Inwieweit berechtigen uns Urteile, die einzig auf der Basis von sieben Adjektiven gefällt wurden, zu Aussagen über die Wahrnehmung wirklicher Menschen? Ganz allgemein kritisierte man an Aschs Studie, daß äußerst unrealistische Reize und Urteile herangezogen wurden. Kelley replizierte Aschs Experiment unter realistischeren Bedingungen. Er legte Psychologiestudenten die ,,herzlich"/,,kühl"-Listen von Asch als Beschreibung eines angekündigten Gastdozenten vor. Der Dozent sprach dann auch tatsächlich vor den Studenten, die ihn anschließend auf einer Reihe von Skalen einschätzten. Es zeigte sich, daß auch in dieser sehr realistischen und komplexen Situation der Austausch eines einzigen Adjektivs die Urteile signifikant beeinflußte (vgl. Tabelle 4.2). Studenten, denen die ,,herzlich"-Beschreibung vorgelegen hatte, beurteilten den Gastdozenten nicht nur positiver als die ,,kühl"-Gruppe, sondern interagierten auch bereitwilliger mit ihm.

Tabelle 4.2: Die Effekte der Vertauschung eines Adjektives in einer früheren Voraus-
beschreibung auf die Beurteilung der wirklichen Person*

Reaktionen	,herzlich'-Beschreibung	,kühl'-Beschreibung
egozentrisch	6.3	9.6
ungesellig	5.6	10.4
unbeliebt	4.0	7.4
formell	6.3	9.6
reizbar	9.4	12.0
humorlos	8.3	11.7
skrupellos	8.6	11.0

* Je höher die Zahl, um so eher schrieb man der Person dieses Merkmal zu

(Nach Kelley 1950, S. 434)

Arithmetische Modelle der Eindrucksbildung

Der ganzheitliche Gestalt-Ansatz von Asch ist nur eine Möglichkeit, sich den Prozessen der Eindrucksbildung wissenschaftlich zu nähern. Einen anderen Weg beschreiten Theoretiker, die den Prozeß der Informationsintegration bei der Eindrucksbildung in mathematische Modelle zu fassen versuchen. Ergebnis dieses Ansatzes – oft ,,kognitive Algebra" genannt – sind zwei unterschiedliche Modelle der Eindrucksbildung: das *Summenmodell* und das *Durchschnittsmodell*.

Das Summenmodell geht davon aus, daß unser Gesamteindruck von einem Menschen einfach die Summe der Werte ist, die wir den Einzelmerkmalen zuschreiben (Fishbein und Hunter 1964). Halten wir zum Beispiel Hans – unsere Zielperson – für ehrenwert und hilfsbereit – und haben wir diesen Eigenschaften auf unserer, von -7 bis $+7$ reichenden, subjektiven Gunstskala die Werte 7 und 6 zuerkannt, beträgt der Gunstwert unseres Eindrucks von Hans $7+6=13$. Diesem Modell zufolge geht grundsätzlich jedes Merkmal, und sei es auf unserer Gunst-Skala noch so marginal, in unseren endgültigen Eindruck ein. Sollten wir entdecken, daß Hans die Etiketten von Streichholzschachteln sammelt (ein Merkmal mit dem Gunstwert $+1$), schlagen wir diese Information unserem positiven Eindruck zu (der sich damit auf $+14$ erhöht). Akzeptiert man das Summenmodell, setzt man voraus, daß jede noch so geringfügige Information zählt. Um also bei anderen den bestmöglichen Eindruck zu hinterlassen, rücke man jede ,,gute" Seite, auch die marginalste, ins rechte Licht.

Das Durchschnittsmodell der Eindrucksbildung von Anderson (1965, 1974) hat andere Implikationen. In diesem Modell ist der Gesamteindruck einfach das arithmetische Mittel der wahrgenommenen Merkmale. Die Zielperson Hans würde also den besseren Eindruck auf uns machen, wenn wir nur von den ersten beiden, sehr positiven Merkmalen (ehrenwert und hilfsbereit) wüßten ($7+6/2=6,5$). Mit Kenntnis eines dritten positiven, aber marginalen Merkmals (sammelt Etiketten von Streichholzschachteln) würde er in unserer Gunst wieder sinken ($7+6+1/$

3=4,33). Aus dem Durchschnittsmodell folgt, daß sich Information nur dann positiv im Eindruck niederschlägt, wenn sie günstiger ist als der bereits gebildete Durchschnitt. Für die Praxis empfiehlt uns dieses Modell also, in entscheidenden Begegnungen (z.B. in Einstellungsgesprächen) nur sehr positive Merkmale zu erwähnen und unsere marginal positiven Seiten mit Stillschweigen zu übergehen.

Forschung zur Informationsintegration

In der Praxis schöpft die Forschung zu arithmetischen Modellen der Eindrucksbildung aus einem Pool von Persönlichkeitsadjektiven, die bereits für „Liebenswertheit" skaliert sind. Auf der Grundlage von Probandenurteilen hat Anderson (1968) für 555 Persönlichkeitsadjektive solche Normen konstruiert (einen Ausschnitt davon zeigt Tabelle 4.3).

Tabelle 4.3: Einschätzungen der Liebenswertheit und Bedeutsamkeit von Persönlichkeitsmerkmalen: Einige Beispiele für Merkmale von hoher, mittlerer und geringer Liebenswertheit

	Rangordnung (ausgewählt aus 555 Adjektiven)	Wort	Liebenswertheit (7-Punkte-Skala)	Bedeutsamkeit (7-Punkte-Skala)
hoch positive Wörter	1	offen	5.73	3.70
	2	ehrlich	5.55	3.84
	3	verständnisvoll	5.49	3.68
	4	loyal	5.47	3.66
	7	intelligent	5.37	3.68
	8	verläßlich	5.36	3.86
	12	rücksichtsvoll	5.27	3.72
	16	warm	5.22	3.56
	18	freundlich	5.20	3.68
hoch negative Wörter	531	großsprecherisch	.83	3.76
	532	selbstbezogen	.82	3.64
	538	engstirnig	.80	3.74
	539	unhöflich	.76	3.76
	539	eingebildet	.74	3.78
	540	habgierig	.72	3.38
	543	unaufrichtig	.66	3.64
	544	unfreundlich	.66	3.78
	545	unzuverlässig	.65	3.76
	548	boshaft	.52	3.4
	549	anrüchig	.48	3.7
	552	grausam	.40	3.7
	555	verlogen	.36	3.9

(Nach Anderson 1968)

Im typischen Experiment legt man den Probanden Listen von Wörtern mit bekanntem Wert für Liebenswertheit vor, die angeblich eine bestimmte Person beschreiben. Anhand dieser Liste sollen sie dann einschätzen, wie sympathisch ihnen ein Mensch mit diesen Eigenschaften wäre. Solche Untersuchungen, so hofften die Forscher, würden klären, ob Durchschnitts- oder Summenmodell die größere Vorhersagekraft für den abschließenden Eindruck besäße. Es zeigte sich, daß das Hinzufügen neuer Merkmale (der erweiterte Umfang der Wortreihe) tatsächlich Einfluß auf die Eindrucksbildung hatte (daß also der sogenannte „Reihengrößen-Effekt" eintrat). Das schien für das Summenmodell zu sprechen (Fishbein und Hunter 1964). Dem hielt Anderson (1967) allerdings entgegen, daß derartige Reihengrößen-Effekte auch vom Durchschnittsmodell erklärt werden können, man müsse nur von der durchaus vernünftigen Annahme ausgehen, daß der Eindruck des Beurteilers zunächst neutral sei, was einem Wert „0" auf einer Liebenswertheitsskala von −7 bis +7 entspreche. Also sind beide Modelle gleichermaßen geeignet, Eindrucksmodifikationen bei zunehmender „Reihengröße" zu erklären.

Schließlich kann man noch fragen, wie gut beide Modelle erklären, was mit einem bereits gebildeten Eindruck geschieht, wenn man die Adjektivreihe um marginal positive oder marginal negative Eigenschaftswörter erweitert. In einem Experiment von Anderson (1965) wurden hoch positive (PP) und hoch negative (NN) Ausgangsbeschreibungen um entweder hoch positive oder hoch negative (PPPP oder NNNN) oder um marginal positive oder marginal negative (PPpp oder NNnn) Items ergänzt. Die Ergebnisse dieser Untersuchung faßt Tabelle 4.4 zusammen.

Tabelle 4.4: Summenmodell vs. Durchschnittsmodell: Die Effekte zusätzlicher hoch oder mäßig positiver oder negativer Merkmale auf Beurteilungen einer Zielperson.

| | Ausgangsmenge | Schätzungen der Liebenswertheit* | |
| | | Hinzufügen hoch positiver oder negativer Items | Hinzufügen mäßig positiver oder negativer Items |
	(1)	(2)	(3)
Positive Listen	(PP) 72.85	(PPPP) 79.39	(PPpp) 71.11
Negative Listen	(NN) 23.70	(NNNN) 17.64	(NNnn) 25.67

* Höhere Werte stehen für größere Liebenswertheit

(Nach Anderson 1965, S. 396)

Diese Studie spricht für das Durchschnittsmodell, da nach Hinzufügen marginal positiver Items die positiven Eindrücke Einbußen erlitten und sich nicht, wie das Summenmodell prophezeit, verstärkten (Spalte 1 vs. Spalte 3 in Tabelle 4.4). Später modifizierte Anderson das Durchschnittsmodell, um der Tatsache Rechnung zu tragen, daß nicht alle Merkmale die Eindrucksbildung in gleichem Maße beeinflussen (eine Beobachtung, die bereits Asch in seiner Hypothese vom „zentralen Merkmal" festgehalten hat). Dieses revidierte *gewichtete Durchschnittsmo-*

dell hat sich in weiteren Laboruntersuchungen bewährt. Damit stellt sich die interessante Frage nach den Determinanten von Informationsgewichtungen. Einigen Variablen, die die Gewichtung von Persönlichkeitsmerkmalen beeinflussen, werden wir uns im zweiten Teil dieses Kapitels zuwenden.

Probleme mit arithmetischen Modellen

Wieweit lassen sich Prozesse der Eindrucksbildung, wie wir sie im täglichen Leben vollziehen, auf solcherart einfache und elegante arithmetische Formeln reduzieren? Auf den ersten Blick sind diese Formeln durchaus ansprechend. Bei näherer Betrachtung stoßen wir indes auf Probleme. Die gesamte einschlägige Forschung steht und fällt mit zwei Annahmen: (a) Die Sympathiewerte von Persönlichkeitsmerkmalen sind dauerhaft und unveränderlich und (b) die Eindrucksbildung ist ihrem Wesen nach ein einfacher, rationaler, kognitiver Prozeß. Beide Annahmen können aber auch falsch sein. Merkmale, die in einem Kontext als positiv und liebenswert gelten (etwa „stolz" in Zusammenhang mit einer unabhängigen oder vertrauenswürdigen Person), können in einem anderen Kontext ein negatives Vorzeichen bekommen (z. B. „stolz", wenn die weitere Beschreibung „arrogant" oder „aggressiv" lautet) (vgl. Hamilton und Zanna 1974).

„Sobald zwei oder mehr Merkmale derselben Person zugeschrieben werden, hören sie auf, als isolierte Merkmale zu existieren... Merkmale führen ein intensives soziales Leben und sind bestrebt, sich zu einem dicht organisierten System zu verbinden," mutmaßte Asch (1946, S. 284). Überdies funktionieren wir normalerweise nicht wie eine objektive Rechenmaschine, die auf Knopfdruck aus wahrgenommenen Reizen Mittelwerte bildet. Einige wenige hoch negative Informationen über einen Menschen können genügen, um – arithmetischer Durchschnitt hin oder her – bestehende positive Eindrücke zunichte zu machen (vgl. Riskey und Birnbaum 1974).

Auch die Forschung zur Eindrucksbildung steht vor denselben allgemeinen Problemen, mit denen man sich in allen sozialpsychologischen Laboren herumplagt. Wir alle stehen tagtäglich vor der Aufgabe, uns Eindrücke zu verschaffen und Menschen zu beurteilen, und werden dabei von Tausenden von Faktoren beeinflußt. Das können so „unkontrollierbare" Variablen sein wie das Wetter oder die Qualität unseres Schlafes. In der Wissenschaft ist man im allgemeinen bestrebt, solche Einflüsse auszuschalten, um einige wenige Variablen in reiner, unverfälschter Form untersuchen zu können. Genau das hat man auch in der Forschung zur kognitiven Algebra versucht: Denn läßt man nicht wirkliche Menschen, sondern Wortlisten beurteilen, kann man „Liebenswertheit" exakt und ohne Interferenz seitens anderer Variablen manipulieren. Allerdings stellt man den Beurteiler damit vor eine Aufgabe, die mit der für Urteile der Eindrucksbildung typischen Komplexität so wenig gemein hat, daß Kritiker die Übertragung solcherart ermittelter Ergebnisse auf realistischere Situationen kaum noch für möglich halten.

Vielleicht denkt der Leser bereits an dieser Stelle einmal darüber nach, ob ihm diese Kritik begründet erscheint und ob er sich einen geeigneteren Weg vorstellen kann, um den Prozessen der Eindrucksbildung auf die Spur zu kommen. In Kapitel 16 werden wir uns den Methoden solcher Untersuchungen ausführlicher zuwenden.

Andersons gewichteter Durchschnitt führt uns zur vielleicht bedeutsamsten Frage in Zusammenhang mit der Forschung zur Eindrucksbildung: Was determiniert die Gewichtungen, die wir den unterschiedlichen, über eine Zielperson empfangenen Wahrnehmungsreizen beilegen? Wie kommt es, daß wir ein und denselben Reiz einmal sehr stark gewichten und bei anderer Gelegenheit völlig ignorieren? Nur allzu oft wird die Eindrucksbildung durch irrationale, emotionale Voreingenommenheiten – Sympathien und Antipathien, implizite Persönlichkeitstheorien, persönliche Überzeugungen, usw. – beeinflußt. Diese allgemeinen Voreingenommenheiten und Verzerrungen wollen wir uns im folgenden etwas näher ansehen.

Der Einfluß von Hintergrund und Kontext

Wenn wir Information über andere Menschen interpretieren, geschieht das immer innerhalb spezifischer Kontexte. Die Bedeutung eines wahrgenommenen Persönlichkeitsmerkmals oder Charakterzugs steht nicht ein für allemal fest, sondern hängt unter anderem ab von Hintergrund, Situation, Konstellation und von dem, was wir über den zu beurteilenden Menschen bereits wissen. Sogar scheinbar so irrelevante Information wie die räumliche Umgebung einer Interaktion kann Einfluß darauf haben, wie wir das Verhalten von Menschen interpretieren. Um das zu untersuchen, haben wir (Forgas und Brown 1978) junge Paare photographiert, die in Gespräche unterschiedlichen Intimitätsgrades involviert waren. Bilder von diesen Paaren brachten wir dann in verschiedenen – ebenfalls photographierten – Umgebungen (ein Theaterfoyer, eine belebte Straße, usw.) an und stellten fest, daß genau dieselben Menschen in genau derselben Interaktion abhängig von der äußeren Umgebung der Begegnung unterschiedlich beurteilt wurden. Die Information, die sich das Paar über sich mitteilte, wurde in einer warmen, intimen Umgebung stärker gewichtet als in kalter, wenig intimer Szenerie.

Halo-Effekte

Halo-Effekte sind Sonderfälle von Eindrucksverzerrungen: Wenn Beurteiler einem Menschen einmal gute (oder schlechte) Eigenschaften zuerkannt haben, neigen sie dazu, auch andere – mit den bereits zugewiesenen Eigenschaften in keinem Zusammenhang stehende – Merkmale konsistent als gut oder schlecht zu beurteilen. Wenn Kollege Peter, der Ihnen beim letzten Autokauf so hilfreich zur Seite stand, einen guten Eindruck bei Ihnen hinterlassen hat und jemand Sie fragt, ob er wohl der richtige Organisator für den nächsten Betriebsausflug wäre, würde Ihre Antwort vermutlich positiv ausfallen – und das nicht etwa darum, weil Sie etwas über seine diesbezüglichen Fähigkeiten wüßten, sondern weil Sie ganz allgemein einen positiven Eindruck von ihm haben. Zu interessanten Halo-Effekten kommt es dann, wenn die äußere Erscheinung eines Menschen zur Grundlage von Schlüssen auf innere Persönlichkeitsmerkmale wird (vgl. Aktivität 4.1).

Aktivität 4.1: Was sollen wir nur mit Eva machen?

Bitte lesen Sie die folgende kleine Geschichte und beantworten Sie dann die anschließenden Fragen.

„Eva ist ein niedliches kleines Mädchen von drei Jahren. Sie hat blondes Haar und wunderschöne blaue Augen. Eines Tages wirft sie beim Spielen mit einem Stein nach dem vierjährigen Nachbarsjungen und verletzt ihn so schwer, daß er ins Krankenhaus gebracht werden muß."

Stellen Sie sich vor, Sie seien Zeuge dieses Vorfalls gewesen. Was halten Sie von der Sache?

Hat Eva den kleinen Jungen absichtlich verletzt?	ja 1 – 2 – 3 – 4 – 5 nein
Sollte man sie bestrafen?	ja 1 – 2 – 3 – 4 – 5 nein
Wird sie so etwas noch einmal tun?	ja 1 – 2 – 3 – 4 – 5 nein
Halten Sie sie für ein intelligentes Kind?	ja 1 – 2 – 3 – 4 – 5 nein
Dürfte Ihr Kind mit ihr spielen?	ja 1 – 2 – 3 – 4 – 5 nein

Lesen Sie jetzt weiter im Text, bevor sie Ihre Urteile noch einmal überdenken.

Dion, Berscheid und Walster (1972) baten Probanden, Bilder von körperlich attraktiven, unattraktiven oder durchschnittlich aussehenden Menschen auf Skalen einzuschätzen, die vom Aussehen her völlig unabhängige Attribute maßen (Persönlichkeit, Beruf, Intelligenz usw.). Gutaussehende Menschen wurden positiver beurteilt als Zielpersonen von alltäglichem Äußeren. Die Beurteiler schienen zu erwarten, daß körperlich attraktive Menschen auch „innerlich" anziehender waren als andere. In anderen Untersuchungen zeigte sich, daß gutaussehende Menschen (sogar Kinder) nach Begehen einer Straftat nicht so streng beurteilt werden wie körperlich weniger anziehende Delinquenten.

Wie steht es hier mit Ihrer Meinung über die kleine Eva? Ist sie vielleicht in Ihrem Urteil darum glimpflich davongekommen, weil sie Ihnen als körperlich sehr attraktives kleines Mädchen beschrieben wurde? In vielen Untersuchungen zu Urteilen der Personenwahrnehmung wurde genau diese Tendenz offenbar (Einzelheiten dazu finden Sie in Kapitel 12).

Interessanterweise kann nicht nur körperliche Attraktivität – immerhin ein recht dauerhaftes Merkmal – Halo-Effekte auslösen, zuweilen genügt dazu schon ein so flüchtiger Ausdruck wie ein Lächeln (Mueser et al. 1984). Kürzlich haben Forgas, O'Connor und Morris (1983) ihren Versuchspersonen ähnliche Fragen gestellt, wie Sie sie in Zusammenhang mit Eva zu beantworten hatten. Die Probanden sollten entscheiden, ob sich ein Student im Examen des Betruges schuldig gemacht hatte und wie er dafür zu bestrafen sei. Den Juroren lag nicht nur eine detaillierte Beschreibung des fraglichen Vorfalls vor, sondern auch ein Photo, das den möglichen Sünder lächelnd oder mit neutralem Gesichtsausdruck (nicht lächelnd) zeigte. Den lächelnden Sünder hielten die Probanden für weniger verantwortlich und wollten ihn folglich weniger streng bestraft sehen als den nicht lächelnden!

Noch verblüffender sind die Ergebnisse einer Studie von Harari und McDavid (1973). Sie legten Lehrern angeblich von Viert- und Fünftkläßlern verfaßte Aufsätze vor und baten sie, diese zu zensieren. Von den Kindern wußten die Lehrer nicht mehr als deren Vornamen, die etwa „David" und „Michael" lauteten (im allgemeinen positiv bewertete Namen) oder „Hubert" und „Elmer" (etwas ungewöhnliche Namen, die einen eher negativen Beiklang haben). Obwohl die Aufsätze bis aufs i-Tüpfelchen identisch waren, rangierten die Arbeiten von „Michael" und „David" im Durchschnitt um eine ganze Note höher als die von „Hubert" und „Elmer".

Der Halo-Effekt

Wir neigen dazu, Menschen, an denen wir positive Merkmale, z.B. gutes Aussehen, wahrgenommen haben, auch in ganz anderen Bereichen (etwa Motivation und Kompetenz) positiver zu beurteilen.

Halo-Effekte fand auch Wilson (1968). Er kündigte seinen Probanden – australischen Studenten – einen Gastdozenten als Professor, außerordentlichen Professor, Dozenten, Tutor oder Studenten einer anderen Universität an. Nach der Vorlesung wurden die Studenten unter anderem aufgefordert, die Körpergröße des Gastes zu schätzen. Hielten die Studenten den Besucher für einen Professor, hielten sie ihn um fast sechs Zentimeter größer als Beurteiler, die glaubten, einen Studenten gehört zu haben. Bei der Einschätzung des eigenen Dozenten fehlten solche Verzerrungen. In diesem Fall, so scheint es, zog ein positives Charakteristikum auf einer Statusdimension – die Position innerhalb der akademischen Hierarchie – einen Halo-Effekt auf die Beurteilung eines physischen Merkmals – der Körpergröße – nach sich. Möglicherweise sind solche Halo-Effekte Spiegel einer universalen, uns allen gemeinsamen „impliziten Persönlichkeitstheorie": Gute Eigenschaften, so scheinen wir zu glauben, gehen wahrscheinlich auch mit weiteren guten Eigenschaften einher.

Primacy- und Recency-Effekte

Ist es der erste oder der letzte Eindruck, der unsere Urteile über Personen am meisten beeinflußt? Abgesehen von den Halo-Effekten hat auch die Reihenfolge, in der wir unsere Information über andere erhalten, Einfluß darauf, mit welcher relativen „Gewichtung" sie in unseren Eindruck eingeht. In den meisten Fällen verhalten wir uns so, als sei der erste Eindruck, den wir auf andere machen, entscheidender als alles, was nachher kommt. Folglich geben wir uns bei jedem ersten Zusammentreffen alle Mühe, auf den anderen möglichst attraktiv, freundlich und intelligent zu wirken.

Einer der ersten, der solche Effekte der Reihenfolge untersucht hat, war Solomon Asch. In einer Untersuchung konfrontierte er seine Probanden mit zwei unterschiedlichen Beschreibungen einer Person. „Intelligent, fleißig, impulsiv, kritisch, halsstarrig und neidisch" las die eine Gruppe. Die andere Gruppe bekam dieselbe Liste – aber in umgekehrter Reihenfolge: „Neidisch, halsstarrig, kritisch, impulsiv, fleißig, intelligent". Wie steht es mit Ihnen? Vermitteln Ihnen die beiden Listen einen unterschiedlichen Eindruck von der beschriebenen Person? Bei Aschs Probanden taten sie das. Im ersten Fall (intelligent, etc.) fiel der Eindruck der Person um etliches positiver aus als im Fall „neidisch, . . .". Diese Untersuchung spricht eindeutig dafür, daß die zuerst erhaltene Information die Beurteilung unverhältnismäßig stark beeinflussen kann – wir haben es mit dem sogenannten *Primacy-Effekt* zu tun.

Asch erklärte das Phänomen damit, daß sich die Bedeutung der nachfolgenden Adjektive in Richtung größerer Konsistenz mit den zuerst genannten Merkmalen verschiebe. Diese Hypothese von der *Bedeutungsassimilation* fügt sich zur gestaltpsychologischen Auffassung, daß die Bedeutung von Persönlichkeitszügen nichts Konstantes ist, sondern von allen anderen Merkmalen, die wir an einem Menschen wahrnehmen, mitbestimmt wird.

Die Studie von Asch wurde wiederholt daraufhin kritisiert, daß die Einschätzung anhand einiger weniger Adjektive und die Beurteilung komplexerer Reize zwei ganz verschiedene Dinge seien. Luchins (1957) schuf eine realistischere Reizsituation. Er legte seinen Probanden einen Text vor, der in zwei ausführlichen Abschnitten die Aktivitäten einer Person namens „Andreas" beschrieb. Während Andreas im ersten Abschnitt als freundlicher, extravertierter und geselliger Mensch erschien, sprach sein Verhalten im zweiten Abschnitt eher für einen schüchternen, introvertierten und recht unfreundlichen Zeitgenossen. Die Probanden lasen den Text entweder in der extravertiert-introvertiert-Reihenfolge oder umgekehrt. Einmal mehr waren starke Primacy-Effekte zu verzeichnen: Die Eindrücke wurden weitgehend davon determiniert, welchen Abschnitt die Probanden zuerst gelesen hatten.

Noch realistischer waren die Bedingungen in einer Untersuchung von Jones et al. (1968). Hier beobachteten die Versuchspersonen, wie sich jemand einem Test mit dreißig Items unterzog. Unter der einen Bedingung schlug sich die Testperson zu Beginn sehr gut und beantwortete fast alle Fragen richtig, ließ aber dann im zweiten Teil des Tests stark nach. Die zweite Probandengruppe beobachtete den Vorgang in umgekehrter Reihenfolge: Die Testperson hatte einen sehr schlechten Start, verbesserte sich aber wesentlich im zweiten Teil des Tests. In Wirklichkeit brachten es beide auf 15 richtige Antworten. Indes hielten die Beobachter die Person mit der guten Anfangsleistung für intelligenter als ihr langsamer startendes Pendant und räumten ihr auch die besseren Chancen in einem eventuellen späteren Test ein.

Überraschenderweise lassen sich starke Primacy-Effekte ganz leicht umgehen. Es genügt, wenn man zwischen die Präsentation beider Informationsmengen eine Pause oder eine andere Aktivität einschiebt, oder die Probanden auffordert, ihr Urteil nicht eher zu fällen, bis sie die ganze relevante Information erhalten haben. Unter solcherart veränderten Bedingungen ist mit einem *Recency-Effekt* zu rechnen, d. h. damit, daß die zuletzt präsentierte Information den Eindruck dominiert. Es liegt nahe, den Recency-Effekt mit der Funktionsweise des Gedächtnisses zu erklären. Ist nach den ersten Informationen noch keine Entscheidung gefallen, werden spätere Items einfach darum den größeren Einfluß ausüben, weil sie noch besser im Gedächtnis haften. Recency-Effekte stellen sich dann ein, wenn man die Beurteiler instruiert, allen Einzelinformationen gleiche Aufmerksamkeit zu schenken.

Primacy-Effekte erklärt man unter anderem einfach damit, daß erste Items mehr Aufmerksamkeit erhalten als spätere Information. Unterbricht man die Probanden oder instruiert sie, jede Information mit gleicher Aufmerksamkeit zu behandeln, tritt ein Primacy-Effekt nicht ein. Um letzteres zu erreichen, bedienten sich Hendrick und Costini (1970) eines denkbar einfachen Mittels: Sie forderten ihre Probanden auf, jedes Beschreibungsitem laut zu lesen. Dieser einfache Umstand bewirkt, daß man sich auf das erste wie das letzte Item gleichermaßen konzentriert. Wie vorhergesagt, gab es keinen Primacy-, sondern einen leichten Recency-Effekt. Trotzdem haben wir uns wohl darauf einzustellen, daß in den meisten Alltagssituationen der erste Eindruck sehr wichtig ist. Diese Tendenz verringert sich, wenn man die Präsentation unterbricht oder die Beurteiler veranlaßt, späterer Information mit derselben Aufmerksamkeit zu begegnen. Haben Sie über Ihre Beurteiler keine Kontrolle, tun Sie weiterhin gut daran, in entscheidenden Situationen den bestmöglichen ersten Eindruck zu machen!

Verzerrungen aufgrund von Stereotypisierung und Kategorisierung

Sie erinnern sich sicher an den Einfluß, den Personen-Prototypen und Stereotype auf die Genauigkeit von Urteilen der Personenwahrnehmung haben. Kennt man die typischen Eigenschaften der Gruppe, zu der jemand gehört, kann das den Prozeß der Eindrucksbildung erheblich erleichtern. Tatsächlich ist soziale Wahrnehmung ohne solche Kategorisierungen nicht denkbar. Wenn wir jemanden wahrnehmen, stellt sich oft unvermittelt auch das Bild des typischen Vertreters oder Prototypen der Gruppe ein, zu der unsere Zielperson gehört (vgl. Kapitel 3). Haben wir eine Person erst einmal mit so einem Typ oder so einer Kategorie in Verbindung gebracht, schreiben wir ihr automatisch viele Eigenschaften des typischen Mitglieds dieser Gruppe zu – auch das kann eine Quelle verzerrter Personenwahrnehmung sein.

Ein Beispiel für solche Verzerrungen liefert eine Untersuchung, von der Razran (1950) berichtet. Man zeigte den Probanden 30 Dias von Studentinnen und bat sie um Einschätzungen von deren Liebenswertheit, Intelligenz, Ehrgeiz, Charakter und Schönheit. Zwei Monate später wurden ihnen die Bilder – gemischt mit anderen – noch einmal vorgeführt. Jetzt teilte man den Betrachtern auch die Namen der Mädchen mit, die man allerdings so manipuliert hatte, daß sie in einigen Fällen unüberhörbar irischen, jüdischen, italienischen oder angelsächsischen Ursprungs waren. Der Einfluß der entsprechenden Gruppenstereotype auf die Urteile war verblüffend. Verglichen mit der ersten Beurteilung erschienen dieselben Mädchen – jetzt z. B. als Jüdinnen identifiziert – sehr viel intelligenter und ehrgeiziger, aber weniger liebenswert als zuvor. Ganz eindeutig beeinflußten Merkmale, die seinerzeit als typisch jüdisch galten (die Untersuchung stammt aus den dreißiger Jahren) den Eindruck der Probanden.

Anlaß zu Stereotypisierungen geben gewöhnlich besonders auffälige Merkmale wie Hautfarbe, Äußeres, Akzent oder eben auch Namen. Oft reicht schon die Kleidung, um ein Stereotyp auszulösen. In einer britischen Studie (Sissons 1976) erkundigte sich ein Schauspieler – einmal gekleidet wie ein Angehöriger der Mittelschicht (mit Bowler, etc.) und einmal in Arbeitskleidung – in einem Bahnhof nach Zugverbindungen. Die Reaktionen auf sein Anliegen wiesen drastische Unterschiede auf, wobei dem Angehörigen der Mittelschicht erheblich mehr Hilfe zuteil wurde. Doch auch aus dem Rahmen fallende „Hippie"-Kleidung kann in bestimmten Situationen von Vorteil sein. Bei einer Demonstration konnten die so Gekleideten mehr Unterschriften auf ihrer Liste verbuchen als traditionell gekleidete Sammler (Suedfeld, Bochner und Mats 1971).

Die Kategorisierung von Menschen in „Typen" bedeutet nicht unbedingt, daß sich der Beurteiler von Vorurteilen leiten läßt oder die Gegebenheiten absichtlich verzerrt. Konfrontiert mit einer unermeßlichen Informationsvielfalt bleibt uns gar nichts anderes übrig, als die uns umgebende Welt zu vereinfachen und in vertraute Kategorien zu fassen. Nicht nur George Kelleys Theorie der Persönlichkeitskonstrukte fußt auf diesem Gedanken, sondern auch ein großer Teil der gegenwärtigen Forschung zur Personenwahrnehmung (vgl. Kapitel 3). Solche Kategorisierungen können unsere Wahrnehmung indes auch verzerren. Wenn wir uns bewußt machen, wie das geschieht, ist dies bereits der erste Schritt, solche Verzerrungen unter Kontrolle zu bringen. Wir werden an anderer Stelle darauf zurückkommen.

Weitere erwartungsbedingte Verzerrungen

Um unser Wissen über die Welt zu organisieren, typologisieren wir nicht nur Menschen, sondern auch Ereignisse (Forgas 1979), und solche Repräsentationen von typischen erwarteten Ereignisfolgen oder „Skripten" können unsere Urteile der Personenwahrnehmung ebenfalls beeinflussen. In einem Experiment von Owens, Bower und Black (1979) lasen die Probanden einen einfachen, in fünf Abschnitte gegliederten Text über eine Person namens Renate, der über nichts anderes Aufschluß gab als über so alltägliche Verrichtungen wie Einkaufen, Kaffeekochen, den Besuch einer Vorlesung, einen Gang zum Arzt oder den Besuch einer Party. Für eine Probandengruppe hatte man den Text indes um folgenden Vorspann erweitert: „Nach dem Aufwachen wurde Renate wieder schlecht und sie mußte sich erneut fragen, ob sie denn wohl tatsächlich schwanger sei. Wie sollte sie das ihrem Freund, dem Professor, beibringen? Und mit dem Geld würde es auch ziemlich schwierig werden."

Am folgenden Tag bat man die Probanden, sich so genau wie möglich an Renates Tagesablauf zu erinnern. Hatten Probanden die obige Einleitung gelesen, erinnerten sie sich vermehrt an Details, die zum „typischen" Skript „ungewollte Schwangerschaft" paßten. Ganz offensichtlich hatten Ansichten und Erwartungen über die Situation „ungewollte Schwangerschaft" (ein „Skript" also) Interpretation und Erinnerung beeinflußt. Dieser Effekt erinnert an die Untersuchung von Snyder und Uranowitz (vgl. Kapitel 3), wo die Eindrücke sehr stark davon abhingen, welche Information die Probanden über die sexuellen Präferenzen (homosexuell vs. heterosexuell) eines Mädchens erhalten hatten.

Negativ-Verzerrungen

Behandeln wir positive und negative Information gleich? Wiegt der positive Eindruck genauso schwer wie der negative, wenn wir festzustellen glauben, daß jemand fleißig oder faul, intelligent oder dumm, liebenswürdig oder unliebenswürdig ist? Untersuchungsergebnisse zeigen, daß negative Information unverhältnismäßig stark ins Gewicht fällt, und ein negativer erster Eindruck sehr viel hartnäckiger ist als ein positiver. Diese Tendenz erklärt man am besten mit dem relativen Informationswert positiver und negativer Reize. Positive Handlungen und Eigenschaften entsprechen im allgemeinen den sozialen Erwartungen und sagen daher verhältnismäßig wenig über einen Menschen aus: Er ist eben einfach so, wie man das von ihm erwartet. Wir alle erwarten voneinander, daß wir Positives tun und Positives übereinander sagen.

Negative Handlungen laufen den sozial akzeptierten Normen zuwider und enthüllen wahrscheinlich eher genuine und informative individuelle Eigenschaften. So kommt es, daß wir negative Information über jemanden oft für einen besonders verläßlichen Indikator seines ,,wahren" Charakters halten und ihr bei der Eindrucksbildung einen unverhältnismäßig großen Stellenwert einräumen.

Verzerrungen aus Nachsicht

Liegt uns eindeutig negative Information nicht vor, erwarten wir von unseren Mitmenschen eher Gutes als Schlechtes. Während der unverhältnismäßige Einfluß negativen Verhaltens auf den Eindruck mit dem Befolgen kultureller Konventionen nicht zu erklären ist, neigen wir bei Fehlen negativer Information dazu, eben diesen Konventionen zu folgen und vom anderen nur das Beste anzunehmen. So kommt es, daß Beurteilungen von Personen des öffentlichen Lebens in Gallup-Umfragen zu über 75% positiv geraten, und nicht nur zu etwa 50%, wie es der Zufallserwartung entspräche. Wir ziehen es vor, andere nur dann negativ zu beurteilen, wenn wir uns ihrer negativen Eigenschaften sicher sind.

Diese allgemeine Tendenz zur Nachsicht erklärt zum Beispiel auch, warum Studenten angebotene Unterrichtsveranstaltungen hart kritisieren, aber davor zurückscheuen, in diese Kritik auch die Professoren, die diese Veranstaltungen ja schließlich verantworten, miteinzubeziehen. Haben wir über Dummheit oder Pflichtversäumnis keine unmittelbare Information, unterstellen wir die besten Absichten! Auch Sozialpsychologen sind gegen solche Verzerrungen aus Nachsicht nicht gefeit. In der umfangreichen Forschung zur äußeren Anziehung werden, um nur ein Beispiel zu nennen, unattraktive Zielpersonen niemals als ,,häßlich" beschrieben. In den meisten Fällen – das gilt auch für dieses Buch – wählt man die Worte weniger extrem und spricht von ,,wenig anziehenden" oder ,,einfach aussehenden" Menschen. Haben wir keinerlei Grund zu negativer Bewertung, meiden wir auch besonders abwertende oder problematische Wörter.

Schlußfolgerungen

Unsere Liste der verschiedenen Faktoren, die die Eindrucksbildung beeinflussen, ist bei weitem nicht vollständig. Aber es sollte deutlich geworden sein, daß wir bei der Beurteilung anderer immer vereinfachen und die erhaltenen Informationen so kategorisieren, daß sie unserer „impliziten Persönlichkeitstheorie", unserer Erfahrung und unserem Wissen über Personentypen und Ereignis-Skripte und den Erwartungen und Normen unserer Kultur entsprechen. Wir können jetzt auch unsere Erkenntnisse aus dem vorangegangenen Kapitel mit dem Problem der Eindrucksbildung in Verbindung bringen: Wir gehen davon aus, daß alle Verzerrungen als Gewichtungsfaktoren fungieren, die jeder Einzelinformation über eine Person größeres oder geringeres Gewicht verleihen. Ein solcherart gewichtetes Durchschnittsmodell der Eindrucksbildung ist allgemein genug, um sowohl Aschs Hypothese des zentralen Merkmals als auch Andersons Modell der Informationsintegration zu erklären. Bleibt die wohl wichtigste Frage, was denn diese Gewichtungen im einzelnen determiniert. Hier spielen, wie wir gesehen haben, für den Beurteiler immanente Faktoren wie Erwartungen, Gefühle und Kenntnisse die entscheidende Rolle.

Die Auswirkung solcher Erwartungen auf die Eindrucksbildung kann zuweilen verwirrende Folgen haben. Sie können zu einer sich selbst erfüllenden Prophezeiung führen, wobei sich die Zielperson schließlich tatsächlich erwartungskonform verhält. Rosenthal und Jacobson (1968) teilten Grundschullehrern mit, die Testwerte einiger (zufällig ausgewählter) Schüler ließen für das kommende Jahr erheblich verbesserte Schulleistungen erwarten. Am Ende des Jahres unterzog man die Kinder einem wirklichen IQ-Test. Jene zufällig ausgewählten Kinder hatten gegenüber den anderen Kindern um 10 IQ-Punkte zugelegt. Offensichtlich hatten der gute Eindruck und die Leistungserwartungen der Lehrer – vermutlich, weil diese den Kindern mehr Aufmerksamkeit schenkten – eine tatsächliche Leistungssteigerung bewirkt.

Noch schwerwiegender können die Folgen solcher sich selbst erfüllender Prophezeiungen sein, wenn die fragliche Eigenschaft weniger leicht zu messen ist als etwa Intelligenz. Erwarten wir von jemandem unfreundliches oder aggressives Verhalten, ist die Rechtmäßigkeit dieser Erwartung nur schwer zu validieren. Denn wenn unsere Partner, wie es häufig geschieht, schließlich tatsächlich unseren Erwartungen gemäß reagieren, tun sie das nicht, weil sie wirklich unfreundliche oder aggressive Zeitgenossen sind, sondern weil wir ihnen permanent unfreundlich oder defensiv gegenübertreten. Auch positive Erwartungen werden oft bestätigt, weil unser eigenes Verhalten dem anderen gegenüber positiv war. Vielleicht ist das auch der tiefere Grund unserer Tendenz zur Nachsicht. Daß wir – bis zum Beweis des Gegenteils – in anderen Positives sehen, weil mit dieser Grundhaltung auch unser eigenes Verhalten planbarer und produktiver wird, ist eine durchaus sinnvolle Annahme. Mit den verschiedenen an der Eindrucksbildung beteiligten Prozessen und Verzerrungen sind wir schon fast bei der Frage, wie wir zu Schlüssen und Attributionen über andere kommen. Von den Variablen, die die Eindrucksbildung beeinflussen, spielen viele auch eine Rolle, wenn wir anderen Absichten zuschreiben – ein Problem, das in jüngerer Zeit sehr viel Forschungsinteresse gefunden hat. Dieser Forschung zu Folgerungen oder „Inferenzen" über Menschen – der Kernfrage der Attributionstheorie – wollen wir uns im folgenden Kapitel zuwenden.

Kapitel 5

Attributionstheorie:
Folgerungen über Menschen

Soziale Wahrnehmung, so haben wir gesehen, hat wesentlich damit zu tun, Schlüsse über andere Menschen zu ziehen. Es geht darum, aus unmittelbar beobachtbaren Handlungen und Verhaltensweisen die unsichtbaren Persönlichkeitszüge und Eigenschaften eines Menschen zu rekonstruieren. Die Schlüsse oder Inferenzen, die dem Attributionstheoretiker am Herzen liegen, suchen eine Antwort auf die Frage: ,,*Warum* verhält sich ein Mensch auf ganz bestimmte Art und Weise?" Nun darf man sich unter der *,,Attributionstheorie"*, so gängig diese Bezeichnung inzwischen auch ist, keineswegs eine eindeutig formulierte Theorie vorstellen. Es handelt sich vielmehr um eine Vielzahl von Ideen, Regeln und Hypothesen, die alle zu erklären versuchen, wie wir zu Schlüssen über die Ursachen eigenen und fremden Verhaltens gelangen (vgl. Aktivität 5.1).

Aktivität 5.1 Warum hat er das getan?

Lesen Sie bitte die folgenden Schilderungen kleiner alltäglicher Vorkommnisse und beantworten Sie schriftlich auf einem gesonderten Blatt Papier die zugehörigen Fragen.

1. Ein Polizist beobachtet den Verkehr an einer belebten Kreuzung und bemerkt, wie jemand noch eben bei Gelb über die Kreuzung huscht. Er hält das betreffende Auto an und kassiert vom Fahrer eine Geldstrafe.
   Warum hat er das getan?

2. Dr. Schmidt, Ihr längjähriger Hausarzt, beklagt sich bitter über Neuregelungen im Bereich des Gesundheitswesens. Sie seien, so behauptet er, dem Arzt-Patienten-Verhältnis abträglich und ermöglichten keine angemessene ärztliche Versorgung. Es ist bekannt, daß für Ärzte mit den Neuregelungen Einkommenseinbußen verbunden sind.
   Warum beklagt sich Dr. Schmidt?

3. Ihr Freund Franz ist von seiner Amerikareise zurückgekehrt und hat allen Freunden etwas mitgebracht. Ihr Mitbringsel ist besonders schön ausgefallen. Sie haben überhaupt den Eindruck, daß Franz zu Ihnen sehr viel netter ist als zu den anderen.
   Warum hat er Ihnen so etwas besonders Schönes mitgebracht?

4. Gegen den Widerstand seiner Eltern, die ihn gerne als Buchhalter gesehen hätten, beschließt Robert, auf die Universität zu gehen und Psychologie zu

---

studieren. Dabei weiß er, daß die Berufsaussichten für Psychologen alles andere als rosig sind.

Warum hat er das getan?

Diese Beispiele sollten Ihnen eine Vorstellung davon vermitteln, mit welcher Art von Problemen sich die Attributionstheorie befaßt. Sehen Sie sich Ihre Antworten noch einmal an und überlegen Sie, (a) ob Sie den einzelnen Verhaltensweisen innere oder äußere Ursachen zugeschrieben haben und (b) ob diese Ursachen stabil und dauerhaft oder eher vorübergehender Natur sind. Behalten Sie während der weiteren Lektüre Ihre Antworten im Gedächtnis und überlegen Sie sich, in welches der dargestellten Attributionsmodelle ihre Attributionsstrategien am ehesten einzuordnen sind.

Herauszufinden, warum Menschen sich verhalten, wie sie sich verhalten, ist die vielleicht wichtigste und komplexeste Aufgabe der Personenwahrnehmung. Nahezu jedes menschliche Verhalten läßt sich mehrfach – und immer plausibel – erklären. Ein Kollege kann freundlich zu Ihnen sein, weil er Sie (a) sympathisch findet, oder weil er (b) Geld von Ihnen leihen möchte, oder weil er (c) freundlich zu jederman ist, oder weil (d) der Chef es ihm angeraten hat. . . Woher wissen wir, welche Interpretation zutrifft? Wenn wir zu entscheiden haben, warum Menschen sich so verhalten, müssen wir, so glauben die Attributionsforscher, herausfinden, (a) was ursächlich zu dieser Handlung geführt hat (die kausalen Antezedenzien der Handlung) und (b) was der Handelnde mit seiner Handlung bezweckt (die Intentionalität der Handlung). Die relevanten kausalen Antezedenzien einer Handlung können innerer (,,Er findet mich wirklich nett'') oder äußerer Natur sein (,,Der Chef hat es ihm geraten''). Ist die Verursachung innerer Natur, müssen wir weiter entscheiden, ob die betreffende Handlung intentional war oder nicht. Wie und unter welchen Umständen solche Entscheidungen zustande kommen, ist Thema der Attributionsforschung (vgl. Nesdale 1983).

Heiders Logik von Attribution

Der erste Psychologe, der sich explizit für solche Attributionen interessierte, war wohl Fritz Heider (1958). Um erfolgreich an sozialer Interaktion teilzunehmen, argumentierte er, müssen wir unsere soziale Umwelt auf effektive Weise verstehen, vorhersagen und kontrollieren können. Zu diesem Zweck, so argumentiert Heider weiter, gehen wir davon aus, daß Verhalten verursacht wird, und suchen die Verursachungsquelle entweder in der Person oder in der Umwelt. Wir alle verhalten uns im Alltag wie ,,naive'' Wissenschaftler und bedienen uns, um einander zu verstehen, derselben Prinzipien von Verursachung und Logik, denen auch Wissenschaftler bei der Erforschung unserer Umwelt folgen.

Daß wir davon überzeugt sind, kausale Akteure zu sein, hält Heider für eine fundamentale und universale menschliche Eigenschaft. Da wir von uns selber wissen, daß wir mit unseren eigenen intentionalen Aktionen auf unsere soziale und physikalische Umwelt kausalen Einfluß nehmen können, halten wir, so scheint es, nach ähnlichen kausalen Kräften auch bei anderen Ausschau, wenn wir uns Ereignisse in der uns umgebenden Welt erklären möchten. Ein interessantes Experiment von Heider und Simmel (1944) ergab, daß Beurteiler sogar dem Menschen denkbar unähnliche Objekte wie sich auf einer Leinwand bewegende geometrische Figuren so wahrnahmen, ,,als ob'' sie menschliche Akteure seien, die andere geometrische Figuren dazu brachten, sich gleichfalls wie Menschen zu verhalten (zu kämpfen, zu fliehen, zu verfolgen, etc.).

Wie wir uns bei unseren Alltagsattributionen der Verursachungsprinzipien bedienen, versuchte Heider mit Mitteln der Logik zu beschreiben. Wollen wir das Verhalten anderer vorhersagen, bemühen wir uns zunächst, zwischen äußeren, umgebungsbedingten und inneren, individuellen Einflüssen zu unterscheiden. Auf innere Verursachung kann man nur schließen, wenn sich keinerlei äußerer Druck als plausible Handlungserklärung anbietet. Wenn Sie wissen, daß Ihr Kollege auf Anraten seines Chefs freundlich zu Ihnen ist (äußere Verursachung), ist nicht zu entscheiden, ob er Sie tatsächlich mag oder nicht (innere Verursachung). Ähnlich steht das Handeln des Polizisten in Aktivität 5.1 so vollständig in Einklang mit seiner Rolle, daß uns zur Beurteilung seiner inneren Eigenschaften und Intentionen jegliche Grundlage fehlt. Tut dagegen jemand etwas *gegen* beträchtlichen Widerstand – wie Robert in Aktivität 5.1, der sich elterlichem Druck und schlechten Berufsaussichten zum Trotz für das Psychologiestudium entscheidet –, können wir gewiß sein, daß starke innere Intentionen und Anstrengung sein Handeln am besten erklären.

Auch das, was einen Menschen von innen heraus zum Handeln veranlaßt, hat zwei Komponenten: das Vermögen oder die *Fähigkeit*, über die jemand verfügt, um eine Handlung auszuführen, und die *Anstrengung*, die er dafür auf sich nimmt. Heider nimmt an, daß umweltbedingte und innere (dispositionelle) Kräfte in additiver oder subtraktiver Beziehung zueinander stehen. Die beiden inneren Komponenten persönlicher Verursachung – Fähigkeit und Anstrengung – sind dagegen multiplikativ verbunden, wenn eines fehlt, ist ihr gemeinsamer Effekt gleich Null: Fähigkeit ohne Bemühen oder Bemühen ohne Fähigkeit wird also nicht in eine Handlung resultieren.

Unsere Wahrnehmung von der Beziehung zwischen dem inneren Faktor der Fähigkeit und dem äußeren Faktor der umgebungsbedingten Schwierigkeit nennt Heider die Wahrnehmung des *Könnens*. Wenn die äußere Schwierigkeit die Fähigkeit übersteigt, wird die Handlung unmöglich, und ist die äußere Schwierigkeit minimal, läßt sich die Handlung auch ohne große Fähigkeit in die Praxis umsetzen. Es sind die mäßig schwierigen Situationen, die uns am ehesten nützliche Information über die Fähigkeit eines Akteurs liefern. Zweites Standbein unserer naiven Handlungsanalyse ist die Wahrnehmung des *Versuchens*, das ebenfalls zweifach determiniert ist: von der Intention des Akteurs und von der Anstrengung, die er oder sie aufwendet, um die intendierte Handlung erfolgreich zu vollziehen. Aber immer gilt es zunächst, die beiden grundlegenden Fragen zu beantworten: (a) Ist die Ursache der Handlung innere Disposition oder äußerer Druck? (b) Ist die Handlung – falls innerlich verursacht – intentional oder nicht-intentional?

Solche Urteile werden uns allen im Alltag fortwährend und von einem Augenblick zum anderen abverlangt. Ist die Verkäuferin, die Sie seit fünf Minuten so geflissentlich übersieht, eine unhöfliche, inkompetente Person (innere Attribution) oder steht sie unter großem Druck und muß unbedingt und unverzüglich mit dem Papierkram klarkommen, der sie so intensiv beschäftigt (äußere Attribution)? Hat Ihr Kollege heute morgen ihren Gruß nicht erwidert, weil er etwas gegen Sie hat (Disposition) oder weil ihm der Familienkrach am Frühstückstisch noch nachhing? Ist Ihr Arzt freundlich, weil er Sie mag (Disposition) oder weil es zu seinem Beruf gehört und Sie ihn dafür bezahlen (äußere Attribution)? Die Antwort, die wir uns auf solche Fragen geben, entscheidet über unser Verhalten (darüber, ob wir uns über die Verkäuferin beschweren, ob wir den Kollegen noch einmal grüßen oder ob wir uns einen anderen Arzt suchen); und um uns angemessen zu verhalten, müssen wir die richtige Attribution vornehmen. Die Attributionsforschung möchte herausfinden, wie wir das bewerkstelligen.

Heider, so haben wir gesagt, sah im sozialen Akteur einen ,,naiven" Wissenschaftler, der entlang nüchterner logischer Regeln zu erschließen sucht, ob die Ursache einer Handlung eine innere oder eine äußere war. Wann immer eine Handlung mit äußerem Druck oder äußeren Erwartungen in Einklang steht, haben wir kaum Grund, innere Verursachung zu attribuieren. Ist ein Verhalten nicht von außen erzwungen, müssen wir mit logischen Mitteln entscheiden, ob es intentional war oder nicht. In seinem Versuch, eine Phänomenologie des naiven Akteurs zu geben, bleibt Heiders Modell recht unspezifisch – ein Mangel, dem Attributionstheoretiker nach ihm abzuhelfen versuchten.

Warum übersieht er mich?

Die Attributionstheorie beschäftigt sich mit den Erklärungen, die wir für das Verhalten anderer finden. Wie die übergangene Person in unserer Zeichnung reagiert, wird davon abhängen, ob es dem Verhalten des anderen Absicht unterstellt oder nicht.

Die Inferenztheorie von Jones und Davis

Wie erkennen wir, wenn wir uns für innere Verursachung entschieden haben, die genaue Motivation einer Handlung? Nach Jones und Davis (1965) müssen wir uns rückwärts orientieren und uns fragen, welcher ihrer zahlreichen Effekte der *intendierte* war. Wir können überlegen, ob der Handelnde um die Möglichkeit des betreffenden Effektes wußte und sich auch zutraute, ihn hervorzubringen. Handlungen, die (a) sozial unerwünscht sind und (b) nur wenige Effekte zeitigen, die wiederum (c) einzig auf diese Handlungen zurückgeführt werden können, lassen sich leichter einer Disposition attribuieren als sozial erwünschte Handlungen mit vielen möglichen Ursachen. Der Beobachter nimmt also eine Relevanzminderung vor: „Die Rolle einer gegebenen Ursache bei der Hervorbringung eines gegebenen Effektes wird abgewertet, wenn es noch weitere plausible Ursachen gibt" (Kelley 1971, S. 8).

Etliche Untersuchungen illustrieren dieses Prinzip. Jones, Davis und Gergen (1961) baten Probanden um Urteile über Personen, die sich in Einklang mit oder in Widerspruch zu ihren Rollen verhielten. Die Probanden beobachteten Zielpersonen, die sich während eines Bewerbungsgespräches um eine Stelle, bei der Introversion erwünscht war, entweder introvertiert und selbstgenügsam oder aber introvertiert für einen extravertierten und extravertiert für einen introvertierten Job verhielten. Stand das Verhalten der Bewerber in Einklang mit den Stellenanforderungen, erhielten sie Einschätzungen, die sich um den neutralen Punkt der Skala bewegten, während die Beobachter bei Verhalten, das den Rollenerfordernissen zuwiderlief, auf genuine persönliche Eigenschaften schlossen. In einer anderen Untersuchung sollten amerikanische Studenten den Verfassern von Referaten für und gegen Castro politische Dispositionen attribuieren. Einige Verfasser hatten die gegenüber Castro zum Ausdruck gebrachte Einstellung frei gewählt, anderen war sie vorgegeben worden. Am sichersten waren sich die Beurteiler ihrer Urteile, (a) wenn die Referate freiwillig verfaßt worden waren (keine äußere Ursache) und wenn sie (b) eine nonkonformistische, abweichende Einstellung (pro Castro) verrieten (Jones und Harris 1967).

Setzt sich ein Verhalten über äußeren Druck und gelegentlich auch über die eigenen Interessen hinweg, sind sich Beobachter seiner Intentionalität und Glaubwürdigkeit sicherer. Auch dieser Effekt wurde im Experiment nachgewiesen. Wenn sich ein Kommunikator von geringem sozialen Status – etwa ein verurteilter Verbrecher – dafür ausspricht, den Gerichten mehr Macht zu geben, kann das überzeugender und glaubwürdiger wirken als dasselbe Plädoyer aus dem Munde eines Rechtsanwalts, denn es widerspricht dem, was man von einem Verbrecher erwartet, ebenso wie dessen Eigeninteressen (Walster, Aronson und Abrahams 1966). Und wenn umgekehrt Ärzte ein Gesundheitssystem als unpraktikabel ablehnen, das zu Lasten ihres Geldbeutels geht (vgl. Aktivität 5.1), mindert sich für uns die Wahrscheinlichkeit, daß sie dabei *unsere* Interessen im Auge haben.

Das multidimensionale Attributionsmodell von Kelley

Bisher haben wir einige mehr oder weniger intuitive Prinzipien kennengelernt, die uns helfen, verläßliche innere Attributionen vorzunehmen: geringe soziale Erwünschtheit, Einzigartigkeit der mit der Handlung verbundenen Effekte und systematische Kovariation von Ursache und Effekt. Harold Kelley entwickelte eine verfeinerte Theorie, die drei Mengen von Variablen gleichzeitig berücksichtigt und daher „Würfel-Theorie" oder „dreidimensionale Theorie" genannt wird. Gemeint sind folgende drei Dimensionen: 1) die Situation oder der Kontext, in dem ein Verhalten gezeigt wird, 2) das Ziel oder Objekt der Handlung und 3) der Akteur, der die Handlung ausführt. Jede Handlung läßt sich einer dieser drei Kategorien – dem Akteur, dem Ziel oder der Situation – attribuieren. Der zentrale Punkt von Kelleys System ist der Gedanke der Kovariation: Wir attribuieren Kausalität, wenn Ursachen und Wirkungen gleichzeitig auftreten und auch gemeinsam wieder verschwinden. Nach solcher Kovariation können wir auf allen drei Dimensionen Ausschau halten.

Als erstes möchte ein Beobachter wissen, ob eine beobachtete Handlung über eine gewisse Zeit und verschiedene Situationen hin konsistent ist. Reagiert die beobachtete Person auf vergleichbare Situationen und unter verschiedenen Modalitäten auf die nämliche Weise? Bei geringer Konsistenz wird der Beobachter auf innere oder äußere Attribution verzichten und das Verhalten des Akteurs dem Zufall oder den wechselnden Umständen zuschreiben. Voraussetzung für innere und äußere Attributionen ist hohe Konsistenz. Sie können sich auf die Freundlichkeit Ihres Kollegen in unserem obigen Beispiel nur dann einen Reim machen, wenn Sie in seinem Verhalten über eine gewisse Zeit und etliche Situationen hin ein konsistentes Muster freundlichen Verhaltens entdeckt haben.

Als zweites muß unser Beobachter in Erfahrung bringen, ob die Handlung *distinktiv* ist. Geschieht das beobachtete Verhalten einzig in Reaktion auf diese besondere Person, diesen besonderen Reiz bzw. diese besondere Situation (und ist damit hoch distinktiv) oder reagiert der Akteur mit diesem Verhalten unterschiedslos auf alle Reize, Personen oder Situationen (womit das Verhalten nur wenig distinktiv wäre). Ist Ihr Kollege freundlich zu jedermann oder nur zu Ihnen? Hoch distinktives Verhalten führt zu äußeren, situationsgebundenen Attributionen.

Drittens möchte ein Beobachter wissen, wie andere Menschen auf denselben Reiz reagieren, d. h. er möchte Information darüber, wie hoch der *Konsens* im beobachteten Verhalten ist. Wenn andere auf eine ähnliche Situation auf die gleiche Weise reagieren, können wir von einem hohen Konsens sprechen. Zeigt nur der Akteur das betreffende Verhalten, ist der Konsens gering. Sind alle Ihre Kollegen immer nett und freundlich zu Ihnen (hoher Konsens), sind Sie nicht nur glücklich zu preisen, sondern können das Verhalten Ihrer Kollegen auch verläßlich einer äußeren Ursache attribuieren: sich selbst!

Die Attributionsstrategie richtet sich danach, wie diese drei Modalitäten (Konsistenz, Distinktheit und Konsens) kombiniert sind. Will man Kelleys Theorie überprüfen, muß man alle drei Variablen unabhängig voneinander variieren. Das hat McArthur (1972) getan und Probanden um Attributionen zu einem fiktiven, einfachen Ereignis gebeten. (Warum hat Maria gestern im Nachtclub über den Komiker gelacht?) Manipuliert wurde die Einleitung der Geschichte, die resultierenden Attributionen zeigt die folgende Tabelle:

Tabelle 5.1: Warum hat Maria über den Komiker gelacht? Eine Illustration zu Kelleys dreidimensionalem Modell: Die Effekte von Konsistenz, Distinktheit und Konsens auf Attributioncn.

Information für die Beobachter			typische Attribution
Konsistenz	Distinktheit	Konsens	
1. Hoch – sie lacht immer über ihn	hoch – sie hat über niemand sonst gelacht	hoch – auch alle anderen haben über ihn gelacht	zum Reiz: dem Komiker
2. hoch – sie lacht immer über ihn	gering – sie lacht über jeden Komiker	gering – sonst hat fast niemand gelacht	zur Person: zu Mary
3. gering – sie lacht sonst nie über ihn	hoch – sie hat nur über ihn gelacht	gering – sonst hat fast niemand gelacht	zur Situation/zu den Umständen

(Nach McArthur 1972)

Wir sehen, daß die Ergebnisse von McArthurs Untersuchung Kelleys Erwartungen im großen und ganzen bestätigen: Unter der Bedingung hoher Konsistenz führen hohe Distinktheit und hoher Konsens zu äußeren, geringe Distinktheit und geringer Konsens zu inneren Attributionen. Natürlich sind wir in der Realität kaum je so präzise über alle drei Modalitäten informiert. Oft steht uns (wie etwa in Aktivität 5.1) nur sehr wenig Information für unsere Attributionen zur Verfügung. Kelley nimmt an, daß wir uns in solchen Fällen auf allgemeine Verursachungsmodelle stützen, die wir uns im Laufe der Zeit zur Erklärung von Ereignissen zu eigen gemacht haben. Genau das haben Sie in Aktivität 5.1 getan.

Einige Grundannahmen von Attributionsmodellen

Allen bisher betrachteten Attributionsmodellen gemeinsam sind bestimmte Annahmen darüber, wie Menschen denken und handeln. Immer wird implizit vorausgesetzt, daß (a) Attribution ein *rationaler, logischer* und daher vorhersagbarer Prozeß ist, in dessen Verlauf (b) der Wahrnehmende zur Erklärung einer Handlung zunächst deren *Hauptursachen* identifizieren muß. ,,Heiders Beobachter ist ein Philosoph, der sich einzig auf die Regeln der Logik verläßt ... den idealen

Beobachter von Jones und Davis kann man sich als höchst disziplinierten *Daten-verarbeiter* vorstellen ... während Kelleys idealer Beobachter ein *Sozialwissen-schaftler* ist, der vor der Aufgabe steht, unter Einbeziehung der Urteile anderer den Ursprung eines Ereignisses auszumachen," schreibt Shaver (1975, S. 58–59).

Mit der Vorstellung eines wissenschaftlichen, unbeteiligten Beobachters, wie sie all diesen Theorien eigen ist, sieht man die Dinge wohl ein wenig zu einfach. Oft leiden unsere Attributionen unter unseren irrationalen, motivationsbedingten Verzerrungen oder unter unserer Unfähigkeit, mit der verfügbaren Information effektiv umzugehen. Man ist den Quellen solcher Attributionsverzerrungen experimentell nachgegangen und dabei auf eine interessante Vielfalt von Beurteilungsfehlern gestoßen. Wir werden uns in einem späteren Abschnitt eingehender damit beschäftigen.

Forschung zur Attribution

Für Forscher ist die Attributionstheorie darum so interessant, weil sie sich als Erklärungsmodell für eine Fülle alltäglicher Beurteilungsphänomene anbietet. Welches sind die wirklichen Einstellungen von Menschen, denen wir begegnen? Wie kann man unerwartetes Verhalten erklären? Warum sind manche Menschen erfolgreich und versagen andere? Fragen wie diese illustrieren die Bandbreite der Attributionsforschung, die man nur ermessen kann, wenn man sich die Vielfalt der untersuchten Probleme einmal vor Augen führt.

Die Frage der *Attribution von Einstellungen* haben wir bereits angesprochen. Je weniger sozial erwünscht eine Handlung ist und je geringer der äußere Druck auf den Akteur, um so sicherer sind wir, daß das beobachtete Verhalten dessen wirkliche Einstellungen widerspiegelt. In der Studie von Jones und Harris (1967) führten unter der Bedingung freier Wahl verfaßte Referate zugunsten Castros (unerwünschte Einstellung) zu den stärksten Attributionen über die wirkliche Einstellung der Autoren (vgl. Tabelle 5.2).

Tabelle 5.2: Die Effekte von freier oder nicht freier Wahl und die Erwünschtheit der ausgedrückten Einstellung auf Attributionen zugrundeliegender Einstellungen.

Zum Ausdruck gebrachte Einstellung	Wahl-Bedingung*	
	Freie Wahl	keine freie Wahl
wünschenswerte Einstellung (anti-Castro-Referat)	17.38	22.87
unerwünschte Einstellung	59.62	44.10

* Je höher die Zahl, um so ausgeprägter die attribuierte pro-Castro-Einstellung

(Nach Jones und Harris 1967)

Interessanterweise fühlten sich die Probanden sogar dann zu Attributionen über die wirklichen Einstellungen des Akteurs in der Lage, wenn dieser auf die Wahl des zu vertretenden Standpunktes gar keinen Einfluß hatte. Wir werden auf diese Tendenz an anderer Stelle noch einmal zurückkommen.

Auch der *Status* eines Menschen kann sich auf Attributionen auswirken, da wir von Menschen mit hohem Status entsprechende Macht und Handlungsfreiheit erwarten. In einer Untersuchung von Thibaut und Riecken (1955) hatten Probanden einen Gesprächspartner mit hohem und einen mit niedrigem Status zu überreden, in eine Blutspende einzuwilligen. Es willigten zwar beide ein, doch in den Augen der Probanden war beim Partner mit der höheren Position der eigene Wille ausschlaggebend (innere Attribution), während der rangniedere Partner ihrer Meinung nach gezwungenermaßen zugestimmt hatte (äußere Attribution).

Denselben Prinzipien folgen wir auch dann, wenn wir die Handlungsfreiheit der beurteilten Person selber eingeschränkt haben. Strickland (1958) ließ seine Probanden als „Aufseher" fungieren, die häufig (zehnmal) oder selten (zweimal) einen „Arbeiter" zu kontrollieren hatten, der sich zehnmal an einer besonders langweiligen Aufgabe versuchte. Obwohl beide Arbeiter das gleiche leisteten, trauten die Aufseher dem häufig kontrollierten weniger und attribuierten seine Leistung äußerem Druck (d. h. ihrer Aufsicht). Solche Ergebnisse haben bedeutsame Implikationen für unser Alltagsleben, wo Menschen in Machtpositionen (Gruppenleiter, Lehrer) unter Umständen gerade diejenigen Untergebenen, deren Leistungen sie selber am unmittelbarsten kontrollieren, mit den negativeren Attributionen bedenken.

Erfolgs- und Mißerfolgsattributionen

Warum Menschen Erfolg oder Mißerfolg haben, ist eine Frage, die uns nicht nur im Alltag, sondern auch in der Attributionsforschung ganz besonders interessiert. Ist Ihr Kollege befördert worden, weil er (a) hart dafür gearbeitet hat, (b) Fähigkeit und Intelligenz besitzt, (c) ein Günstling des Chefs ist oder (d) einfach Glück hatte? Die Antworten, die Sie sich auf Fragen wie diese geben, beeinflussen Ihre Einstellung und Ihr Verhalten bei Ihrer Arbeit. Obige vier alternative Erklärungen sind Beispiele eines Systems attribuierter Ursachen von Erfolg und Mißerfolg, das Weiner (1974) konstruiert hat. Bei Erfolgsattributionen, so Weiner, habe man nicht nur zu entscheiden, ob eine Handlung innere oder äußere Ursachen hat, wie Heider und Kelley vermuten, sondern darüber hinaus noch, ob die Ursache über die Zeit hin stabil oder instabil ist. Weiner kombinierte beide Dimensionen (innen-außen, stabil-instabil) und teilte Attributionen für Erfolg und Mißerfolg in vier Kategorien ein (vgl. Tabelle 5.3).

Weiners Attributionskategorien wurden zur Grundlage zahlreicher Forschungsarbeiten. Ein solches Klassifikationssystem attribuierter Ursachen hat zweifellos seinen Wert, dennoch ist keineswegs sicher, daß wir uns seiner im Alltag auch immer bedienen. Analysiert man Erklärungen, die Probanden frei, d.h. ohne irgendwelche Klassifikationsvorlagen geben, sind die Kategorien, auf die man stößt, durchaus nicht immer dieselben (Falbo und Beck 1979).

Tabelle 5.3: Weiners Kategorisierung der attribuierten Ursachen für Erfolg und Mißerfolg.

	Innere Ursachen	Äußere Ursachen
Stabil	z.B. Fähigkeit	z.B. Situation
Instabil	z.B. Anstrengung	z.B. Glück

Erklärungen für Reichtum und Armut

Erklärungen für Erfolg oder Versagen können auch gewichtige soziale und politische Konsequenzen haben. Wie steht es mit Ihnen? Glauben Sie, daß sich die Reichen ihren Status mit harter Arbeit, Fähigkeit und Intelligenz verdient haben, oder verdanken sie ihn in erster Linie einem glücklichen Zufall und den Ungerechtigkeiten unseres Wirtschaftssystems? Tragen arme Menschen für ihr Geschick selbst die Verantwortung oder muß der Vorwurf dem „System" gelten? Sind Arbeitslose mitverantwortlich dafür, daß sie keine Arbeit haben, oder sind sie äußeren Kräften ausgeliefert, gegen die sie machtlos sind? Die Antworten auf solche Fragen haben weitreichende ideologische und politische Folgen. Jüngere Untersuchungen haben zum Beispiel gezeigt, daß sich die Attributionen für Reichtum und Armut der Vierfach-Klassifikation Weiners nicht so ohne weiteres fügen (Furnham 1983).

In einer unserer Untersuchungen (Forgas, Morris und Furnham 1982) wurde Reichtum am häufigsten mit den vier Variablen extern/sozial, intern/individuell, familiärer Hintergrund und Glück/Risikobereitschaft erklärt. Überdies waren solche Alltagsattributionen für Leistung in ganz erheblichem Maß abhängig von Geschlecht, Einkommen und politischer Neigung der Beurteiler und dem ethnischen Hintergrund und der sozialen Herkunft der Zielpersonen. In dieser – australischen – Studie glaubten die Befragten mehrheitlich, daß sich Einwanderer für ihren Reichtum mehr angestrengt hätten als gebürtige Australier, wobei die Einwanderer selbst oder Personen, die aus Einwandererfamilien stammten, dazu neigten, jeglichen Reichtum harter Arbeit zuzuschreiben.

Attributionen sind, auch das zeigte die Studie, beileibe nicht immer eine individuelle Angelegenheit (Semin 1980). Häufig folgen wir in unseren Erklärungen für allgemeine Phänomene bestimmten sozialen und politischen Gruppen. Politische Parteien, Kirchen und andere Institutionen pflegen ihre Mitglieder unter anderem auch mit einem Attributionsschema für allgemeine und in bestimmter Hinsicht problematische Geschehnisse zu versehen. In unserer Studie schrieben Wähler linksgerichteter Parteien Reichtum eher dem familiären Hintergrund oder dem Glück zu, während Einwanderer und konservative Wähler individuelle Fähigkeit und Anstrengung für die vorrangigen Ursachen persönlichen Reichtums hielten.

Auch das Geschlecht der Zielperson kann die Erfolgs- und Mißerfolgsattribution beeinflussen. Frauen attribuiert man häufig weniger Berufserfolg als Männern und lastet ihnen Mißerfolge eher selber an. Schnitten Frauen bei einer Aufgabe erfolgreich ab, wurde das häufiger einem glücklichen Zufall und der Leichtigkeit der Aufgabe zugeschrieben als vergleichbarer männlicher Erfolg (Feather und Simon 1975). Umgekehrt wird weibliches Versagen häufiger mangelnder Fähigkeit attribuiert als männlicher Mißerfolg. In diesem Zusammenhang ist bemerkenswert, daß zwischen Status und Prestige einer beruflichen Position und dem Anteil der Männer, die derartige Positionen innehaben, ein unmittelbarer Zusammenhang besteht (Feather 1975). Vermutlich werden Frauen beim Aufstieg in höhere Positionen benachteiligt oder zu bestimmten prestigeträchtigen Berufen weniger selbstverständlich zugelassen. Umgekehrt kommt es bei hoher Konzentration von Frauen in einem Beruf auch vor, daß man die für diesen Beruf erforderliche Kompetenz zugleich mit dem damit verbundenen Status abwertet. Beispiel hierfür ist etwa die Sowjetunion mit einem sehr hohen Anteil von Frauen unter den praktischen Ärzten. Offensichtlich genießt dieser Beruf dort weniger Prestige als bei uns im Westen.

All diese letztgenannten Untersuchungen lassen vermuten, daß unsere Alltagsattributionen keineswegs immer das Ergebnis unvoreingenommener, von logischen Prinzipien geleiteter Suche nach Ursachen sind, wie Heider und mit ihm die meisten Attributionstheoretiker annehmen. Offensichtlich lassen wir unsere Attributionsstrategien auch von Faktoren wie familiärem Hintergrund, politischen Neigungen, Status, Geschlecht, Einstellungen, Persönlichkeit und Motivationen beeinflussen. Mit einigen dieser nicht-rationalen Einflüsse auf Attributionsurteile werden wir uns an anderer Stelle noch einmal beschäftigen.

Attribution von Verantwortlichkeit

In eine ähnliche Richtung geht die Frage, wie wir es im Alltag mit der Attribuierung von Verantwortlichkeit halten. Wann ist jemand eines Vergehens schuldig, wann unschuldig? Wie kommen wir zu so fundamentalen moralischen Urteilen? Diese Frage ist eng mit unserer Alltagspraxis verwoben, und viele Einzelpersonen und Institutionen (Lehrer, Rechtsanwälte, Richter, Polizisten, Eltern, usw.) sind tagtäglich vor solche Entscheidungen über die Verantwortlichkeit anderer gestellt. Wie die meisten Attributionstheoretiker hielt auch Piaget die Attribution von Verantwortlichkeit für einen seinem Wesen nach rationalen, im Laufe der Entwicklung erlernten Prozeß.

Piaget stellte fest, daß sich Kinder unter sieben Jahren bei Verantwortlichkeitsattributionen zumeist an den objektiven Folgen einer Handlung orientieren. Sie glauben noch, daß ein Kind, das unbeabsichtigt mehrere Tassen zerschlägt, strenger zu bestrafen sei als ein bewußt ungehorsames Kind, dem nur eine Tasse entzweigeht. Doch ab einem Alter von neun Jahren beziehen die meisten Kinder subjektive Intentionen in ihre Urteile mit ein. Für absichtlich begangene Missetaten werden jetzt auch dann die strengeren Strafen vorgesehen, wenn die Folgen weniger schwerwiegend sind als bei einem unbeabsichtigten Mißgeschick.

Als Wissenschaftler müssen wir klären, was wir genau damit meinen, wenn wir sagen, jemand sei verantwortlich. Bedeutet es einfach, daß er der Urheber einer Handlung ist? Muß diese Handlung intentional sein? Spielt es eine Rolle, wie schwerwiegend die Folgen der Handlung sind? Geht es um Verantwortlichkeit im moralischen oder gesetzlichen Sinne? In den geschriebenen und ungeschriebenen Gesetzen der meisten Gesellschaften finden sich solche Überlegungen auf pragmatische Weise kombiniert. Auch wenn wir über geschriebene Gesetze und damit über eine kodifizierte Anleitung für Verantwortlichkeitsattributionen verfügen, sind Entscheidungen über Schuld und Verantwortung – selbst innerhalb eines einzelnen Rechtssystems – selten einfach. Entscheidend ist immer, wie Richter, Geschworene und Rechtsanwälte die geschriebenen Gesetze im Einzelfall auslegen. Wie werden wir als Individuen im Alltag mit dem Problem der Verantwortlichkeitsattribution fertig?

Wie die Attributionsforschung zeigt, werden Verantwortlichkeitszuweisungen im Alltag häufig von offensichtlich irrationalen Erwägungen beeinflußt. Walster (1966) stellte fest, daß jemand für einen unvorhersehbaren Unfall (die Handbremse seines parkenden Autos hatte sich gelöst und der Wagen war einen Hügel hinuntergerollt) bei ernsthaften Folgen eher verantwortlich gemacht wurde als bei glimpflichem Ausgang. Hier scheinen Erwachsene derselben Strategie zu folgen wie Piagets Kinder. Offensichtlich neigen wir auch dazu, unschuldigen Opfern eine Teilschuld an unkontrollierbaren Geschehnissen zu geben (Lerner 1965, vgl. auch im folgenden den Abschnitt über die „gerechte Welt"). Shaver (1970) zeigte, daß wir Menschen, die uns ähnlich sind, für ein und denselben Vorfall weniger verantwortlich machen als Menschen, die keine Ähnlichkeit mit uns haben. Auch attraktiven und gutaussehenden Menschen wird häufig weniger Verantwortlichkeit für ein Vergehen angelastet als nicht so attraktiven und ansehnlichen Zeitgenossen (Sigall und Ostrove 1975, vgl. auch Aktivität 4.1), und wie wir im vorigen Kapitel gesehen haben, kann selbst ein so flüchtiger, nonverbaler Ausdruck wie ein Lächeln die Verantwortlichkeitsattribution beeinflussen (vgl. die in Kapitel 4 dargestellte Untersuchung von Forgas, O'Connor und Morris).

Befaßt man sich eingehender mit den Attributionsproblemen, vor die uns das wirkliche Leben stellt, wird sehr schnell deutlich, daß uns theoretische Attributionsmodelle, in denen unvoreingenommene Datenverarbeiter nach Ursachen suchen, nur einen Teil der Problematik wiedergeben. Sehr häufig wird diese schöne Ordnung durch kognitive und motivationale Verzerrungen gestört. Mit einigen solcher Verzerrungen wollen wir uns im folgenden kurz beschäftigen.

Verzerrung zugunsten von Kausalität

Einer sehr respektablen philosophischen Betrachtungsweise zufolge ist Kausalität kein dem Universum zugrundeliegendes Merkmal, sondern hängt vom Betrachter ab – mit anderen Worten, die Beziehung von Ursache und Wirkung ist eine Erfindung des Menschen. Sicher ist, daß Menschen eine ausgeprägte Tendenz zeigen, in kausalen Zusammenhängen zu denken, und zwar unabhängig davon, ob sie für einen solchen Zusammenhang konkrete Anhaltspunkte haben oder nicht. Wir neigen dazu, Kausalität, Regelhaftigkeit und sogar Intentionalität auch dann wahrzunehmen, wenn schlechterdings nicht die Rede davon sein kann. In der bereits erwähnten Untersuchung von Heider und Simmel (1944) sahen die Versuchspersonen einen Zeichentrickfilm, in dem sich geometrische Figuren auf vielfältige Weise bewegten. Man bat weibliche Probanden, den Film zu interpretieren. Das Ergebnis waren kausale und dispositionale Handlungsbeschreibungen, in denen die geometrischen Formen einander wie Lebewesen verfolgten, bekämpften und voreinander die Flucht ergriffen.

In einer jüngeren Untersuchung produzierte Bassili (1976) mit Hilfe eines Computers Filme von sich bewegenden abstrakten Figuren und manipulierte die räumliche und zeitliche Distanz zwischen deren Aktionen. Am häufigsten schlossen die Probanden auf Kausalität, wenn sich die Figuren unmittelbar hintereinander oder nacheinander bewegten. Wie die Interaktion im einzelnen interpretiert wurde (schlagen, verfolgen, etc.), hing davon ab, wie nahe die Figuren einander kamen. Die Ergebnisse solcher Studien fügen sich in das Gestalt-Modell sozialer Wahrnehmung, wonach wir dazu tendieren, die Welt – selbst dann, wenn wir nur über sehr bruchstückhafte Informationen verfügen – in Form kohärenter und bedeutungsvoller Muster wahrzunehmen.

Da wir es überwiegend mit Information über Menschen zu tun haben, ist die Tendenz, auch Dinge zu betrachten, als seien sie Menschen, eine einfache und gängige Möglichkeit, die Welt zu interpretieren. Da wir wissen, daß unsere eigenen Intentionen und Handlungen eine kausale Wirkung auf unsere Umwelt haben können, ziehen wir es vor, auch das Verhalten unserer Mitmenschen – und sogar das unbelebter Objekte – kausal zu erklären. Diese Tendenz zur Kausalität kann unsere Attributionen erheblich verzerren und uns Ursachen und Intentionen erkennen lassen, wo zwischen einer Aktion und ihren Folgen nur ein zufälliger zeitlich-räumlicher Zusammenhang besteht.

Verzerrung zugunsten innerer Attribution

Attributionsurteile offenbaren auch eine starke Tendenz, innere Verursachung selbst dann anzunehmen, wenn unübersehbar Umweltfaktoren dominieren. Es scheint so, als sei ein Mensch als Verursacher eines Ereignisses ,,die einfachste und befriedigendste mögliche Erklärung. Tatsächlich ist das Verhalten des Akteurs so überwältigend, daß es in den Vordergrund rückt und oft die wahren, umgebungsbedingten Ursachen in den Schatten stellt." (Shaver 1975, S. 38). In der erwähnten Untersuchung von Jones und Harris (1967) wurde einer Zielperson, die einen Aufsatz über Castro geschrieben hatte, auch dann eine eigene Disposition attribuiert, wenn die Beurteiler wußten, daß sie den Aufsatz unter Druck verfaßt hatte.

Andere Studien zeigen die Tendenz zur Dispositionsattribution noch nachdrücklicher. Schneider und Miller (1975) manipulierten den Enthusiasmus, mit dem Redner aufoktroyierte Meinungen vortrugen. Einmal mehr gingen die Beurteilungen dahin, daß auch mit wenig Enthusiasmus und innerer Beteiligung vorgetragene, aufgezwungene Meinungen in gewissem Umfang auf die wahre Einstellung des Redners schließen lasse. In vielen Alltagssituationen scheint das Verhalten des Akteurs das Feld derart zu beherrschen, daß ihm fälschlicherweise innere Ursachen attribuiert werden. Diese Tendenz, Ereignisse durch innere Dispositionen zu erklären, ist so allgegenwärtig, daß einige Psychologen sie den ,,fundamentalen Attributionsirrtum" genannt haben (Ross 1977).

Aktivität 5.2: Uns selbst und andere erklären

Bitte beantworten Sie kurz – auf einem besonderen Blatt Papier – die folgenden Fragen:

1. Überlegen Sie, wann Sie das letzte Mal zu spät zu einer Verabredung gekommen sind. Warum hatten Sie sich verspätet und wie haben sie die Verspätung Ihrem wartenden Partner erklärt?
2. Jetzt denken Sie an das letzte Mal, wo Sie selbst auf jemanden warten mußten. Warum hat sich dieser damals Ihrer Meinung verspätet?
3. Erinnern Sie sich an eine Gelegenheit, wo jemand mit höherem Status Sie für etwas kritisiert oder bestraft hat. Warum hat sich der oder die Betreffende Ihrer Meinung nach so verhalten? Hätte er oder sie auch anders handeln können?

Versuchen Sie jetzt, Ihre Attributionen danach zu klassifizieren, ob sie die Handlungen mit inneren oder äußeren Ursachen erklären. Überdenken Sie Ihre Antworten noch einmal, wenn Sie die folgenden Abschnitte gelesen haben.

Akteur-Beobachter-Verzerrung

Wir neigen nicht nur dazu, den Handlungen eines Menschen, den wir beobachten, innere Ursachen zu attribuieren (die oben besprochene Tendenz zur Dispositionsattribution), sondern komplementär auch dazu, unser eigenes Verhalten mit äußeren, situationalen Faktoren zu erklären (Jones und Nisbett 1971). Als man männliche Studenten bat, in kurzen Worten niederzuschreiben, warum (a) ihr bester Freund ein bestimmtes Fach studiere und (b) für seine Freundin entflammt sei, antworteten sie überwiegend mit Dispositionsattributionen („Weil er glaubt, daß es ihm liegt", „Weil er ein unsicherer Mensch ist"). Wenn sie diese Fragen für sich selbst beantworteten, betrafen die Attributionen in den meisten Fällen die Situation („Weil der Dozent interessant ist"; „Weil sie sehr hübsch ist").

Kurz gesagt: *Wir* tendieren zu der Annahme, daß wir handeln, weil es die Situation so und nicht anders verlangt, während *andere* handeln, weil sie es wollen. In einer anderen Untersuchung traten West, Gunn und Chernicky (1975) an einige Leute heran und fragten sie, ob sie bereit seien, an einem gut geplanten Einbruch im Watergate-Stil mitzuwirken (potentielle Akteure), anderen beschrieben sie die Umstände nur (Beobachter). Die Akteure erklärten ihr Verhalten später mit den äußeren Umständen („Ich fühlte mich unter Druck gesetzt", „Ich dachte, es könnte eine nützliche Erfahrung sein"), die Beobachter sahen im Verhalten der Akteure eine Folge innerer Dispositionen (Vielleicht waren es Menschen ohne Moral). Möglich, daß dieselben Prozesse am Werk waren, als Nixons Männer ihren tatsächlichen Einbruch rechtfertigten: Ihrer Meinung nach hatte eine überwältigende äußere Notwendigkeit für die Tat bestanden (vgl. auch Aktivität 5.2).

Auch unter weniger extremen Umständen erklären Menschen ihr Verhalten selten mit inneren Faktoren. Wenn wir zu spät kommen, werden wir kaum je sagen: „Entschuldigen Sie bitte, aber ich kann einfach meine Zeit nicht einteilen". Wir werden vielmehr äußere Faktoren bemühen, eine nachgehende Uhr etwa, das Verkehrschaos oder einen Anruf in letzter Minute. Ganz das Gegenteil geschieht, wenn es um Attributionen über andere geht. Müssen wir auf jemanden warten, heißt es vorwurfsvoll, er oder sie sei unhöflich, vergeßlich oder könne seine/ihre Zeit schlecht einteilen. Finden Sie diese Strategien auch in Ihren Antworten auf die Fragen in Aktivität 5.2 wieder?

Besonders wichtig können solche Attribuierungstendenzen in hierarchisch unausgeglichenen Beziehungen werden. Rangniedere Personen attribuieren ranghöheren unter Umständen mehr innere Macht und Handlungsfreiheit, als diese sich selbst zugestehen. Auch Vorgesetzte mögen glauben, daß die Leistung ihrer Untergebenen zum großen Teil von inneren Faktoren (Faulheit, Dummheit) bestimmt wird, während die Untergebenen selbst sich von äußeren Variablen abhängig fühlen. Eine solche Situation schufen Gurwitz und Panciera (1975), indem sie zufällig ausgewählten Probanden die Rollen von „Lehrer" und „Schüler" zuwiesen. Die Schüler schrieben den Lehrern durchweg mehr Macht zu, andere belohnen oder bestrafen zu können, als diese sich selbst zuerkannten. Wenn Sie sich hier nicht von der Mehrheit unterscheiden, werden Ihre Antworten auf die Fragen 3 und 4 in Aktivität 5.2 wahrscheinlich dieselbe Tendenz zeigen!

Auffälligkeits-Effekte

Wie lassen sich solche allgegenwärtigen Verzerrungen im Attributionsprozeß erklären? Möglich wäre, daß Akteur und Beobachter dasselbe Ereignis aus unterschiedlicher Perspektive sehen. Während Beobachter sich in erster Linie auf den Akteur konzentrieren, was dann zu den oben beschriebenen Dispositionsverzerrungen führt, sind die Akteure in der Situation befangen, mit der sie fertig werden müssen. Kausalen Status erhält also oft diejenige Information, die im Mittelpunkt der Aufmerksamkeit steht. Spielt man Akteuren ein Videoband vor, das sie aus Beobachterperspektive zeigt, d. h. versorgt man sie mit Information darüber, wie ein Beobachter sie sehen würde, attribuieren sie ihr Verhalten vermehrt inneren Ursachen (Storms 1973).

Wie es scheint, folgen unsere Attributionen unserem Aufmerksamkeitsfokus, d. h. dem, was in einer Situation besonders „auffällig" ist oder besonders ins Auge springt. Taylor und Fiske (1975) haben sich dieser Theorie in einem interessanten Experiment angenommen. Sie prüften die Hypothese, daß Beobachter bei der Beurteilung einer Interaktion demjenigen Teilnehmer den größeren kausalen Einfluß attribuieren würden, der besser zu sehen und also wahrnehmungsmäßig auffälliger ist. Beobachtungsziele waren zwei einander gegenübersitzende Akteure, die ein kurzes Gespräch über so alltägliche Dinge wie Familie, Arbeit und dergleichen führten. Die sechs Beobachter hatte man so um sie herum postiert, daß zwei von ihnen dem Akteur A und zwei dem Akteur B ins Gesicht sehen konnten, während die beiden anderen eine gute Sicht auf beide Akteure hatten (vgl. Abb. 5.1).

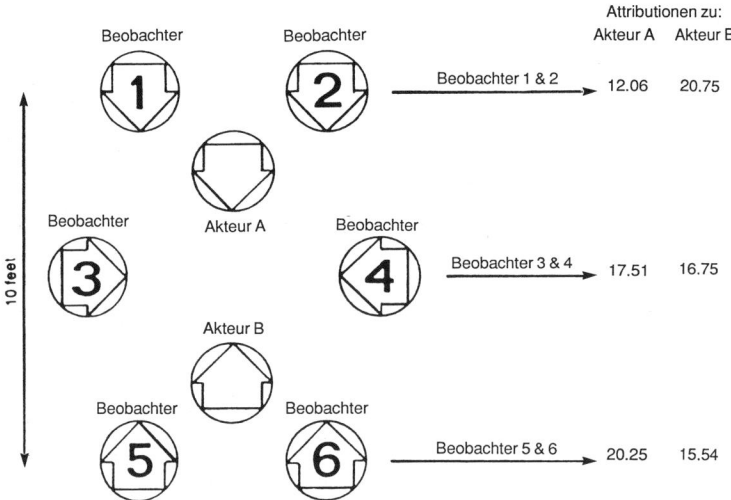

Abb. 5.1: Visuelle Auffälligkeit und Attributionen
Beobachter attribuierten derjenigen Person, die sie am besten sehen konnten, d. h., der sie gegenübersaßen, größere kausale Kontrolle über eine Interaktion. (Nach Taylor und Fiske 1975, S. 441)

Wie aus Abb. 5.1 ersichtlich wird, attribuierten die Beobachter immer dem Akteur den größeren kausalen Einfluß, den sie am besten im Blick hatten. Beurteiler, die beide Gesprächspartner gut sehen konnten, verteilten auch ihre kausalen Attributionen gleichmäßig. In einer ähnlichen Untersuchung von McArthur und Post (1977) beobachteten die Versuchspersonen zwei Männer, die sich beiläufig unterhielten. Eine der beiden Zielpersonen hatte man entweder an eine gut beleuchtete Stelle oder in einen ungewöhnlichen Schaukelstuhl gesetzt und so visuell hervorgehoben. Wieder bekam der ,,auffälligere'' Gesprächspartner mehr innere Attributionen.

In einer Studie von Kessin (vgl. Kapitel 2) zeigte sich, daß Geschworene ihre Wahrnehmung eines abwesenden Zeugen vom Verhalten desjenigen beeinflussen lassen, der die Zeugenaussage verliest. Wir scheinen unsere Aufmerksamkeit nahezu automatisch dem auffälligen Wahrnehmungsziel zuzuwenden und sind uns der Wahrnehmungsverzerrungen, die das zur Folge hat, kaum bewußt. Sogar die Lautstärke, mit der jemand spricht, kann die Attributionen beeinflussen (Robinson und McArthur 1982). Solche Forschungsergebnisse lassen vermuten, daß Menschen, die aus irgendeinem Grund gut sichtbar oder besonders profiliert sind, häufiger als andere für Handlungen Lob oder Tadel ernten – und das heißt, verantwortlich gemacht werden -, über die sie tatsächlich keine Kontrolle hatten.

Verzerrung kontra Konsens-Information

Wie Sie sich vielleicht erinnern werden, war Konsens eine der drei Dimensionen, die nach Kelley die Attribution beeinflussen. Verhalten sich andere Menschen in einer vergleichbaren Situation ähnlich wie die Zielperson? Wenn Attribution ein ausschließlich rationaler Prozeß wäre, müßten wir dieser Dimension genauso viel Gewicht beimessen wie den anderen. Es spricht jedoch vieles dafür, daß wir Information darüber, wie andere sich ,,im allgemeinen'' verhalten, bei unseren Attributionsurteilen häufig ignorieren. Wir scheinen von den konkreten Verhaltensdetails unseres Gegenüber so gefesselt zu sein, daß wir statistische Häufigkeiten darüber vergessen (Kahnemann und Tversky 1973). Wenn Studenten zu entscheiden haben, welche Seminare sie belegen sollen, gibt die Empfehlung von ein oder zwei Kommilitonen oft den Ausschlag gegenüber der weniger interessanten, aber zweifellos verläßlicheren statistischen Informationen über die Beliebtheit von Lehrveranstaltungen in ,,alternativen'' Informationsbroschüren (Borgida und Nisbett 1977).

Aber Konsens-Information wird nur dann ignoriert, wenn lebendigere spezifische Informationsquellen verfügbar sind. Beurteiler, die im Film sahen, wie ein Akteur zwischen verschiedenen Objekten wählte, neigten – ungeachtet dessen, was sie über die Wahl anderer wußten – dazu, die Wahl des Akteurs den Objekten zu attribuieren (sie ignorierten also die Konsens-Information). Fehlten die videographierten Objekte (die ,,fesselnden'' Details), nahm Konsens-Information signifikanten Einfluß auf die Attributionen (Feldman et al. 1976).

Selbstwertdienliche Verzerrungen

Die Verzerrungen, die wir bis jetzt kennengelernt haben, gingen fast alle auf das Konto fehlerhafter Wahrnehmung oder Informationsverarbeitung. Solche Wahrnehmungsfehler haben ihren Grund nicht etwa in spezifischen Motivationen der Beobachter, sondern in deren begrenzter Wahrnehmungs- und Kognitionskapazität. Zur Quelle von Attributionsverzerrungen kann – neben *kognitiver* Unzulänglichkeit – auch die *Motivation* werden, Vorwürfen aus dem Weg zu gehen und Lob zu erhaschen (wenn man so will, eine weitere einfache und souveräne Hedonismustheorie, wie wir sie im ersten Kapitel diskutiert haben). Zu solcherart selbstwertdienlichen Verzerrungen kommt es besonders häufig, wenn es gilt, Erfolg oder Mißerfolg zu erklären. Wir neigen dazu, uns selbst für unsere Erfolge und andere für ihre Mißerfolge verantwortlich zu machen (d.h. innere Ursachen zu finden), unsere Mißerfolge und die Erfolge anderer aber mit Situationsgegebenheiten zu erklären. Man denke nur an die Erklärungen von Politikern nach gewonnenen oder verlorenen Wahlen oder an die von Sportlern nach errungenem Sieg oder erlittener Niederlage. Sieger berufen sich auf harte Arbeit und Leistung, Verlierer auf den Gegner, die äußeren Bedingungen oder den Schiedsrichter.

Selbstwertdienliche Verzerrungen können auch unsere Beziehungen zu anderen beeinflussen. In einem Experiment von Cialdini, Braver und Lewis (1974) hatten die Probanden die einfache Aufgabe, einen Komplizen des Versuchsleiters von etwas zu überzeugen, was ihnen in einigen Fällen auch „gelang". Nach „erfolgreicher" Überzeugungsarbeit schätzten sie die Intelligenz ihres Partners sehr viel höher ein als die seines unbeeinflußbaren Pendants. Wir mögen und wertschätzen Menschen, die das gleiche Ansehen oder die gleichen Ansichten haben wie wir. Selbstwertdienliche Verzerrungen können sich auf Arbeitsbeziehungen auswirken. Lehrer buchen gute Leistungen ihrer Schüler oft auf das eigene Konto und lasten mangelhafte Leistungen den Schülern an. Zweifellos gibt es noch viele andere Situationen, die zu solch selektivem Attribuieren herausfordern.

Verzerrung durch falschen Konsens

Eine andere Variante der selbstwertdienlichen Verzerrung ist der sogenannte Effekt des falschen Konsens. Wir scheinen zu der Annahme zu neigen, daß unsere Einstellungen, Überzeugungen, Werte oder Verhaltensweisen im großen und ganzen von allen anderen geteilt werden (Ross 1977). Wir alle sehen uns gerne als „normale" Menschen, und dazu gehört der Glaube, daß wir uns in wichtigen Dingen nicht allzusehr von den „meisten Menschen" unterscheiden. Menschen, die sich politischen Bewegungen verschrieben haben, sind berüchtigt dafür, daß sie die Unterstützung, die ihr besonderes Anliegen erfährt, überschätzen: Von den Homosexuellen bis hin zu den Esperantisten glauben Minderheiten, daß sehr viel mehr Menschen mit ihren Interessen sympathisieren, als das tatsächlich der Fall ist.

Die Verzerrung durch falschen Konsens hat sich auch in Experimenten nachweisen lassen. So fragte man etwa studentische Probanden, ob sie bereit seien, mit einem großen Plakat über den Campus zu stiefeln, das alle Welt aufforderte: „Eßt bei Joe!" Diejenigen, die in den Reklamemarsch einwilligten, glaubten, daß sich dazu 62% ihrer Kommilitonen ebenfalls bereitfinden würden. Aber auch diejenigen, die ablehnten, sahen sich als Majorität: Ihrer Meinung nach hätten sich 67% der Studenten auf die Befragung hin diesem Ansinnen verweigert. Das zugrundeliegende Prinzip scheint zu sein: Was ich tue, würden die meisten in meiner Lage auch tun – also bin ich „normal"!

Die Hypothese von der „gerechten Welt"

Die Neigung, anderer Leute Mißerfolge und Mißgeschicke deren persönlicher Verantwortung zuzuschreiben, könnte man auch mit der Tendenz zur selbstwertdienlichen Verzerrung erklären. Lerner (1965) vermutet, daß solche Attributionen zumindest zum Teil unseren Wunsch widerspiegeln, uns den Glauben an eine gerechte Welt zu erhalten, in der jeder bekommt, was er verdient. In Lerners Untersuchungen zeigten Beurteiler die Tendenz, sogar völlig unschuldige Opfer, die nach dem Zufallsprinzip Elektroschocks erhielten, für ihr Leiden selbst verantwortlich zu machen. Wir alle haben von Menschen gelesen oder gehört, die Opfer eines Raubüberfalls, eines Unfalls oder eines anderen unkontrollierbaren Ereignisses wurden und die man für ihr Mißgeschick zumindest mitverantwortlich machte.

Die Opfer für schuldig zu erklären, ist der Versuch, unsere eigene Buchführung in Ordnung zu bringen und uns ein ums andere Mal den Glauben an eine gerechte Welt zu bestätigen. Aber gleichzeitig bewahren wir uns auch den Glauben an die Kontrollierbarkeit von Ereignissen. Machen wir Menschen für ihr Mißgeschick verantwortlich, implizieren wir, daß sie es in gewissem Umfang hätten kontrollieren können. Und daraus wiederum folgt, daß wir selbst ähnlichen Schwierigkeiten aus dem Weg gehen können – wir müssen es nur anders machen als die anderen.

Zusammenfassung und Schlußfolgerungen

Wie wir sehen, beschäftigt sich die Attributionsforschung mit einer Vielfalt von Fragen, die alle damit zu tun haben, wie wir im Alltag Verhalten erklären. Das ursprüngliche logische Attributionsmodell von Heider hat dabei vielfache Modifikationen erfahren. Gleichwohl haben die meisten Attributionsmodelle an dem Gedanken festgehalten, daß Menschen nach Ursachen suchen, wenn sie das Verhalten anderer verstehen wollen, und daß sie dabei rationalen, wissenschaftlichen Prinzipien folgen. In Wirklichkeit ist die Aufgabe, vor der wir dabei stehen, sehr viel komplizierter. Unsere Attributionen werden nicht nur beeinflußt von unseren naturgemäß begrenzten Wahrnehmungs- und Kognitionsfähigkeiten, sondern auch von allgegenwärtigen normativen und kulturellen Faktoren. Überdies suchen wir keineswegs jede beliebige beobachtete Handlung zu erklären, es sind vielmehr nur ganz bestimmte Klassen ungewöhnlicher oder unerwarteter Ereignisse, die nach einer Erklärung durch Attribution verlangen (Hastie 1984, Nesdale 1983).

Eine Handlung zu erklären, ist ein wissenschaftlicher, aber auch ein moralischer und ethischer Prozeß (Harré 1981), denn mit den Ursachen, die wir erkennen, sind Maßstäbe dafür verbunden, wie legitim und gerechtfertigt die zu erklärende Handlung ist. Manchmal suchen wir die Ursache auch nicht in der Vergangenheit, sondern attribuieren die Handlung einem zukünftigen Ziel. Daß Sie dieses Buch lesen, hat seine Ursache vielleicht nicht in der Vergangenheit, sondern Sie unterziehen sich der Lektüre, weil Sie ein Ziel für die Zukunft im Auge haben: ihr Psychologie-Examen etwa oder den Wunsch, die Menschen besser zu verstehen. Die Attributionsforschung hat in den letzten Jahren allgemeinere Gestalt angenommen und ist von einer Psychologie der Kausalerklärungen zu einer der Alltagserklärungen geworden (Antaki 1981, Lalljee 1984).

In diesem Zusammenhang werden Attributionsverzerrungen besonders wichtig, für deren Zustandekommen, wie wir gesehen haben, zumeist *kognitive* und *motivationale* Faktoren verantwortlich sind. Kognitive Attributionsverzerrungen gehen auf fehlerhafte oder verzerrte Wahrnehmungen und Interpretationen der verfügbaren Information zurück. Sogar das Phänomen der „Beschuldigung des Opfers" fügt sich kognitiver Erklärung. Es kann sein (und diese Annahme ist durchaus vernünftig), daß uns vergangene Ereignisse, die jetzt im Leben anderer ihre Folgen zeitigen, kontrollierbarer erscheinen als zukünftige, über die wir so gut wie nichts wissen. Qualitativ verschieden von den Verzerrungen kognitiver Art sind die selbstwertdienlichen Verzerrungen, die uns helfen, ein positives und konsistentes Selbstbild aufrechtzuerhalten. Man hat sich in der Attributionsforschung viele Gedanken darüber gemacht, ob man die alltäglichen Verzerrungen im Attributionsprozeß besser kognitiv oder motivational erklärt (Zuckerman 1979), doch für die Praxis gibt diese Frage wenig her und ist im übrigen wohl auch kaum entscheidbar. Nichts spricht dagegen, daß nicht beide – kognitive wie motivationale Faktoren – Einfluß auf unsere Attributionsurteile nehmen.

Wir haben gesehen, daß wir mit den meisten Attributionsstrategien Entscheidungen über uns selbst wie über andere fällen. Im nächsten Kapitel soll es darum um eine der interessantesten Fragen der Attributionsforschung gehen: Wie nutzen wir Attributionsstrategien, um unser eigenes Verhalten zu erklären?

Kapitel 6

Selbstattribution:
Die Erklärung unseres eigenen Verhaltens

Bisher sind wir davon ausgegangen, daß es bei Attributionsurteilen in erster Linie darum geht, die Gründe für das Verhalten *anderer* zu erschließen. Unsere eigenen Handlungen und Verhaltensweisen werden uns sehr viel seltener zum Problem – wir „wissen" einfach, warum wir uns so verhalten, wie wir uns verhalten. Und doch spricht vieles dafür, daß unser Zugang zu den Ursachen unseres eigenen Verhaltens so privilegiert gar nicht ist. Vermutlich erschließen wir unsere eigenen Einstellungen, Annahmen und Intentionen nach denselben Prinzipien, die uns auch bei der Beurteilung anderer hilfreich sind.

Das ist natürlich eine Hypothese, die unserem tiefverwurzelten Glauben an uns selbst widerspricht – unserer Überzeugung nämlich, daß wir das, was in unserem Kopf vorgeht, absolut unter Kontrolle haben. Die Theorien von Selbstwahrnehmung und Selbstattribution zeigen uns unsere sozialen Urteile in neuem Licht. Diesen Theorien zufolge ist Wissen über uns selbst nichts, was von „innen" kommt. Wir verdanken es nicht dem unmittelbaren Zugang zu unseren inneren Prozessen, sondern verschaffen es uns von „außen", durch Beobachtung und Interpretation unseres tatsächlichen Verhaltens. Besonders wichtig werden diese Theorien, wie wir später sehen werden, wenn es darum geht, soziale Interaktionsprozesse zu erklären.

Die Theorie der Selbstwahrnehmung von Bem

Bem interessierte zunächst die Frage, wie Menschen sich ihrer eigenen Einstellungen bewußt werden. Eine bekannte Untersuchung von Festinger und Carlsmith (1959) hatte gezeigt, daß Menschen ihre Einstellungen ihrem Verhalten anpassen, wenn sie feststellen, daß ihr Verhalten im Widerspruch zu ihren früheren Einstellungen steht, und wenn sie keine andere plausible Erklärung für dieses Verhalten finden. Bem seinerseits geht davon aus, daß „Menschen sich ihrer eigenen Einstellungen, Emotionen und inneren Zustände unter anderem dadurch bewußt werden, daß sie sie aus Beobachtungen ihres eigenen offenen Verhaltens und/oder den Umständen, unter denen sie dieses Verhalten zeigen, erschließen" (Bem 1972, S. 2).

Mit anderen Worten, wir folgen bei Schlüssen auf unsere eigenen Einstellungen denselben Prinzipien wie bei Schlüssen auf die Einstellungen anderer. Man kann sich diesen Prozeß etwa so vorstellen: Ich habe gerade einem sehr hartnäckigen

91

Spendensammler fünf Mark für eine Sache gegeben, die ich gewöhnlich nicht unterstütze. Da ich mich eigentlich nicht leicht beeinflussen lasse, muß ich zu dem Schluß kommen, daß ich dieser Sache viel positiver gegenüberstehe, als mir ursprünglich bewußt war. Obwohl sich gezeigt hat, daß sich motivierte Einstellungsänderungen, wie sie die Dissonanzexperimente von Festinger und Carlsmith und anderen (vgl. Wicklund und Frey 1981) untersuchen, durch die Selbstwahrnehmungstheorie nicht angemessen erklären lassen, hat dieser Ansatz in anderen Bereichen Anerkennung gefunden.

Bems Position steht auch in Einklang mit radikal behavioristischen Theorien. Wie Skinner glaubt auch er, daß das Primäre immer das äußere, beobachtbare Verhalten ist, aus dem der innere Zustand sekundär erschlossen werden muß. Ursache unseres Verhaltens sind nicht unsere inneren Zustände, etwa unsere Einstellungen, sondern es verhält sich genau umgekehrt: Unser Verhalten ist Ursache unserer Einstellungen! So formuliert klingt die Theorie natürlich sehr extrem. Wir wissen auch dann einiges über unsere Einstellungen, wenn wir keine Information über unser diesbezügliches Verhalten haben. Schließlich sind etliche unserer Einstellungen ziemlich beständig und nicht ausschließlich von unserem gegenwärtigen Verhalten abhängig. Wahrscheinlich kommt der Selbstwahrnehmungseffekt am ehesten dann ins Spiel, wenn die betroffenen Einstellungen marginal und ohne schwerwiegende Konsequenzen sind.

Eine interessante Studie von Taylor (1975) scheint das zu bestätigen. Taylor bat Probandinnen, eine männliche Zielperson zu beurteilen. Die „Wichtigkeit" der Einstellungen variierte sie dadurch, daß sie die eine Gruppe eine persönliche Begegnung mit dem Beurteilten erwarten ließ, die andere nicht. Während sich die Probandinnen Bilder der Männer ansahen, erhielten sie über Kopfhörer, der ihnen ihre angebliche Herzschlagfrequenz überspielte, falsche Information über ihre Erregungsreaktionen. Frühere Untersuchungen hatten gezeigt, daß Probanden solcherart falsche Information zuweilen zur Interpretation ihrer Reaktionen nutzten. Es war, als überlegten sie „Wenn mein Herz schneller schlägt, muß meine Reaktion positiv sein" oder „Mein Herz schlägt gleichmäßig fort, also berührt mich die Sache nicht". In Taylors Experiment wirkte sich das falsche Feedback nur wenig aus, wenn die Attribution wichtig war, d. h., wenn die Frauen ein Treffen mit dem Mann erwarteten. Bestand dagegen keine Aussicht auf eine Begegnung und waren die Beurteilungen für die Frauen also nicht sehr wichtig, schlug sich die falsche Rückmeldung in den Attraktivitätseinschätzungen nieder.

Selbstattributionsprozesse

Bems Theorie enthält keine spezifischen Aussagen darüber, *wie* wir von Verhalten auf Einstellungen und Annahmen schließen. Wenn uns hier an genaueren Vorhersagen gelegen ist, müssen wir Attributionstheorien, wie etwa das dreidimensionale Modell Kelleys, heranziehen. Kelley behauptet, daß die Suche nach Distinktheit,

Konsens und Konsistenz auch Grundlage unserer Selbstattributionen ist. Wie dieses Modell im Rahmen der Selbstattribution angewendet wird, werden Sie sich vielleicht besser vorstellen können, wenn Sie folgende Aktivität 6.1 ausgeführt haben.

Aktivität 6.1: Warum tue ich das?

Stellen Sie sich vor, Sie sehen im Fernsehen oder ins Kino nochmals einen Monty Python-Film und lachen sich kaputt dabei. Warum lachen Sie? Ist der Film, Sie selbst oder ein anderer Faktor Ursache Ihres Verhaltens? Um darauf im Sinne von Kelleys Modell eine Antwort zu finden, würden Sie folgendermaßen verfahren:

1. Ist mein Verhalten konsistent? Lache ich oft über Monty Python oder ist das heute etwas Besonderes? Nur hoch konsistentes Verhalten kann zu äußeren oder inneren Attributionen führen.
2. Ist mein Verhalten distinktiv? Lache ich immer, wenn ich einen lustigen Film sehe, oder lache ich nur über Monty Python? Ist Ihr Verhalten hoch distinktiv (Sie lachen nur über Monty Python), können Sie eine zuverlässige Attribution zu einem äußeren Faktor – dem Film – vornehmen. Ist Ihr Verhalten nicht distinktiv, hat Ihr schallendes Gelächter vermutlich eine innere Ursache. Vielleicht ist es Ihr ganz allgemein gut ausgeprägter Sinn für Humor?
3. Wie verhalten sich die anderen? Ist der Konsens hoch (alle lachen), wird ihre Attribution eine äußere sein. Lachen nur Sie, ist die Ursache wahrscheinlich eine innere. Vielleicht haben Sie im Film etwas gesehen, was allen anderen entgangen ist.

Vergleichen Sie diesen Prozeß nun mit der Darstellung, die McArthur vom Funktionieren des Kelleyschen Modells für äußere Attributionen gibt. Sehen Sie die Parallelen zwischen Selbst- und Fremdattributionen? Natürlich verfahren Sie im Alltag nicht so genau Schritt für Schritt, aber so ähnlich kann der Prozeß durchaus ablaufen. Wir alle geraten immer wieder in Situationen, wo wir uns fragen „Warum tue ich das?" Kelleys Modell kann uns helfen, darauf eine Antwort zu finden. Probieren Sie es einfach mal aus, wenn Sie etwas getan haben, das Ihnen unerklärlich ist.

Man hat das Prinzip der Selbstattribution in verschiedensten Bereichen menschlichen Sozialverhaltens erprobt, um den oft überraschenden und unerwarteten Interpretationen auf den Grund zu kommen, die Menschen für eigenes Verhalten abgeben. Wie das Prinzip der Selbstattribution in realistischen Situationen funktioniert, wollen wir uns im folgenden an einigen interessanten Beispielen verdeutlichen.

Der Akteur als Beobachter: Objektive Selbstaufmerksamkeit

Sie werden sich erinnern können, daß wir im letzten Kapitel über Unterschiede in den Attributionsstrategien von Akteuren und Beobachtern gesprochen haben. Akteure konzentrieren sich in erster Linie auf die Situation und neigen dazu, die verursachenden Faktoren in der Umgebung zu suchen, wohingegen beim Beobachter der Akteur im Zentrum der Aufmerksamkeit steht und von ihm in der Rolle des verursachenden Agens gesehen wird. Da es uns freisteht, ob wir unsere eigenen Handlungen aus Akteur- oder Beobachterperspektive beurteilen, stellt uns die Selbstattribution vor ein kleines Problem. Duval und Wicklund (1972) haben sich dieses Problems geschickt angenommen und objektive und subjektive Selbstaufmerksamkeit miteinander konfrontiert. Gewöhnlich konzentrieren wir uns auf die Umgebung und nehmen uns selbst nur subjektiv wahr. In manchen Situationen sind wir aber gezwungen, uns so zu betrachten, wie andere das tun. Ist dies der Fall, befinden wir uns in einem Zustand objektiver Selbstaufmerksamkeit.

Diesen Zustand herbeizuführen, ist nicht schwer. Um zum außenstehenden Beobachter unserer selbst zu werden, genügt es gewöhnlich, wenn wir in den Spiegel schauen oder bemerken, daß andere uns beobachten, photographieren oder unser Verhalten sonstwie registrieren. Wir sehen uns dann so, wie es andere tun: objektiv. Haben diese unterschiedlichen Formen der Selbstaufmerksamkeit Einfluß auf unsere Attributionsstrategien?

Objektiv selbstaufmerksame Menschen erklären, so haben Untersuchungen gezeigt, ihr Verhalten ähnlich, wie es außenstehende Beobachter tun. Auch selbstaufmerksame Menschen suchen die Ursachen ihres Verhaltens eher in sich selbst als in der Umgebung. Gewöhnlich reicht schon eine ganz simple Manipulation, etwa ein großer Spiegel, um den Probanden zu drastischen Veränderungen seiner Attributionen zu veranlassen (Duval und Wicklund 1973). Solche Ergebnisse lassen vermuten, daß Attributionen, einschließlich unserer Selbstattributionen, sehr viel mit dem Aufmerksamkeitsfokus der attribuierenden Person zu tun haben. Auch die Untersuchungen von Taylor und Fiske über die Effekte von Auffälligkeit auf Attributionen, die wir im letzten Kapitel kennengelernt haben, gehören hierher: Was sich im Fokus unserer Aufmerksamkeit befindet, und seien es wir selbst, erhält mit großer Wahrscheinlichkeit verursachenden Status.

Die Effekte von Selbstattribution auf Motivation

Die Attributionstheorie gründet auf der Annahme, daß menschliches Handeln entweder innere oder äußere Ursachen hat. Läßt sich ein Verhalten mit Anreiz oder Druck von außen angemessen erklären, brauchen wir, Heider zufolge, nach inneren Ursachen nicht weiter zu suchen. Damit stellt sich eine interessante Frage:

Wenn man Menschen für ein Verhalten belohnt, das sie zuvor gänzlich unbelohnt und aus Spaß an der Sache (aus „intrinsischer Motivation" also) an den Tag gelegt haben, könnten sie die Belohnung als Anzeichen dafür interpretieren, daß es ihnen an intrinsischer Motivation eigentlich fehlt, und folglich das Verhalten von jetzt an nur noch dann zeigen, wenn sie dafür belohnt werden. In der Praxis könnte das bedeuten, daß Extrabezahlung oder Prämien für gute Lern- und Arbeitsleistungen unter Umständen genau den gegenteiligen Effekt haben: Statt die intrinsische Motivation und Arbeitsfreude zu steigern, sind sie möglichweise dazu angetan, beides zu reduzieren.

Genau das haben Lepper, Greene und Nisbett (1973) bei kleinen (drei- bis fünfjährigen) Kindern denn auch nachgewiesen. Alle Kinder malten Bilder, die eine Gruppe mit, die andere ohne Aussicht auf Belohnung. Nach ein oder zwei Wochen stellten die Forscher fest, daß Kinder, die Belohnungen erwartet und erhalten hatten, sehr viel weniger mit den angebotenen Malutensilien spielten als unbelohnte Kinder. Auch Schulkinder, die man zwölf Tage lang dafür belohnt hatte, daß sie sich mit mathematischen Aufgaben beschäftigten, arbeiteten nach Einstellung der Belohnungen weniger als unbelohnte Kinder (Greene, Sternberg und Lepper 1976). Es ist also der intrinsischen Motivaton abträglich, wenn materielle und erwartete Belohnungen zum einzigen Grund werden, etwas zu tun, was man zuvor um seiner selbst willen getan hat, da der Akteur seine Motivation nunmehr vielleicht ausschließlich äußeren Ursachen attribuiert. Aber nicht jede Belohnung führt zu Einbußen an intrinsischer Motivation: Nicht-materielle, soziale Verstärkung, etwa Lob, kann intrinsischer Motivation sehr zuträglich sein (Deci 1975).

Alltagsbeispiele für den gegenteiligen Effekt äußerer Belohnung gibt es viele. Untersuchungen zeigten, daß Menschen bestimmten Lebensmittelmarken, die sie wegen einer in Aussicht gestellten Prämie erwarben, nach Beendigung der Prämienkampagne mit geringerer Wahrscheinlichkeit treu blieben. Damit sich solche Effekte einstellen, muß die äußere Belohnung erwartet werden und auffällig sein. Man bedenke, daß unsere Motivation – aus attributionstheoretischer Sicht – nicht von der Tatsache des Belohntwerdens selbst beeinflußt wird, sondern durch die symbolische Interpretation, die wir dieser Belohnung beilegen. Identifizieren wir die Belohnung als einzige Ursache unseres Verhaltens, kann unsere intrinsische Motivation Schaden nehmen. Dies ist weniger wahrscheinlich, wenn wir die Belohnung nicht für die einzige Ursache unseres Verhaltens halten müssen.

Wenn wir also, so die praktische Schlußfolgerung, Menschen eine Belohnung für etwas anbieten, was sie zuvor auch unbelohnt getan haben, sollten wir sicherstellen, daß die intrinsische Motivation erhalten bleibt. Man betone etwa den Ausnahmecharakter der Belohnung oder den intrinsischen Wert der Aufgabe und den Spaß, den man ihr unabhängig von jeglicher Belohnung verdankt.

Selbstbehindernde Strategien

Zwischen Selbstattributionen und Fremdattributionen gibt es einen bedeutsamen Unterschied: Können wir negativen Schlüssen über uns selbst nicht entgehen, kann das sehr viel bedrohlicher und unangenehmer sein, als ein negatives Urteil über jemand anderen fällen zu müssen. Kein Wunder also, daß wir über ganz spezielle Strategien verfügen, die uns der Notwendigkeit entheben, uns negative Verhaltensfolgen selbst zuzuschreiben. Stellen Sie sich vor, Sie hätten eine wichtige Prüfung zu absolvieren und zugleich Grund zur Befürchtung, daß da einiges schiefgehen könnte. Was würden Sie tun?

In solchen Situationen legen Menschen sich oft selbst Hindernisse in den Weg, konstruieren sich oft künstliche Handikaps, um für einen eventuellen Mißerfolg äußere Mißhelligkeiten verantwortlich machen zu können (Berglas und Jones 1978, Jones und Berglas 1978). Man suggerierte Probanden, sie würden in einem bevorstehenden Test gut bzw. vielleicht schlecht abschneiden. Gleichzeitig ließ man sie zwischen zwei Medikamenten wählen: Eines sei, so hieß es, der Leistung förderlich, das andere eher abträglich. Probanden, die ohnehin mit einem schlechten Abschneiden rechneten, bevorzugten das zweite Medikament (vgl. Abb. 6.1). Mit dem leistungsverzögernden Medikament konnten die Probanden bei Mißerfolg die Droge verantwortlich machen, sich aber bei gutem Abschneiden trotz Droge zweifach rühmen.

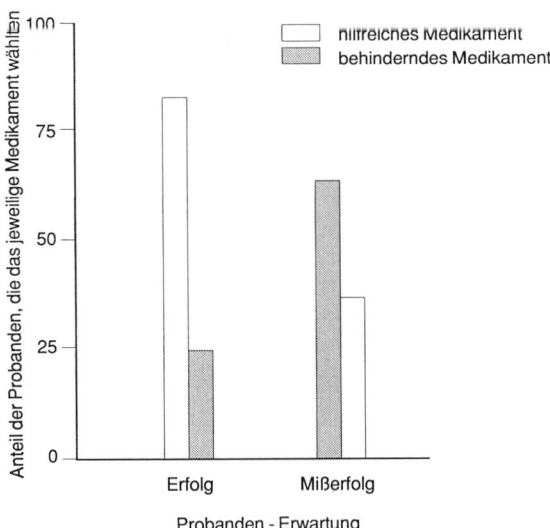

Abb. 6.1: Selbstbehindernde Strategien
Vor die Wahl gestellt, entschieden sich Probanden, die mit Mißerfolg rechneten, für ein leistungsminderndes Medikament, so daß sie späteren Mißerfolg einer äußeren Ursache würden zuschreiben können. Probanden, die Erfolg erwarteten, zogen ein leistungsförderndes Medikament vor. (Nach Berglas und Jones 1978)

Berglas und Jones (1978) nannten das eine *selbstbehindernde* (self-handicapping) *Strategie*. Solche Strategien begegnen uns im täglichen Leben häufig. Es kommt oft vor, daß Leute vor wichtigen Ereignissen wie Prüfungen, Einstellungsgesprächen oder wichtigen Verhandlungen zu viel Alkohol trinken, zu wenig schlafen oder auch Medikamente nehmen. Solcherart scheinbar irrationales Verhalten kann seinen Grund unter anderem darin haben, daß es erlaubt, mögliches Versagen äußeren Ursachen zu attribuieren (dem Alkohol, dem Medikament oder dem Schlafmangel). So bleibt das Selbstbild des Betroffenen als eines verantwortlichen, intelligenten Menschen unangetastet. Die Tendenz, sich so zu verhalten, verstärkt sich noch, wenn andere uns beim Absolvieren der Aufgabe beobachten können (Kolditz und Arkin 1982). Gelegentlich dient Selbstbehinderung auch als Strategie der Eindruckssteuerung. Allgemeiner gesagt vermutet die Theorie der Selbstattribution, daß Menschen nach Kräften bemüht sind, sich die Situationen, an denen sie teilnehmen, so auszusuchen oder so zu gestalten, daß sie der Notwendigkeit negativer Selbstattribution möglichst enthoben sind.

Erlernte Hilflosigkeit

Natürlich gelingt es uns nicht in jedem Fall, unser Verhalten so zu strukturieren, daß negative Selbstattributionen unnötig werden. Immer wieder sehen wir uns gänzlich unkontrollierbaren oder zufälligen Ereignissen gegenüber. Wenn Menschen (und in diesem Fall auch Tiere) längere Zeit unkontrollierbaren, unangenehmen Ereignissen ausgesetzt sind, stellen sie schließlich alle Versuche, der Situation Herr zu werden, ein oder entziehen sich ihr ganz – ein Zustand, den Seligman (1975) *„erlernte Hilflosigkeit"* genannt hat. Oder einfacher gesagt: „Wenn jemand mit einem Ergebnis konfrontiert ist, das von seinen Reaktionen unabhängig ist, lernt er, daß das Ergebnis unabhängig ist von seinen Reaktionen" (S. 46) – und gibt jeglichen Versuch auf, das Ergebnis zu kontrollieren.

Für Verhalten als Folge „erlernter Hilflosigkeit" gibt es dramatische Beispiele. Tiere, die unkontrollierbaren Elektroschocks ausgesetzt sind, verfallen schließlich in völlige Apathie. Nach Naturkatastrophen, langen Zeiten des Hungers oder sonstigen Mangels reagieren auch Menschen oft mit Passivität und Resignation. Wir kennen das aus Fernsehberichten über Erdbeben, Hungersnöte oder Flutkatastrophen. Auch in alltäglichen und weniger dramatischen Kontexten können Menschen, die in irgendeinem Bereich ihres Lebens ständig Niederlagen einstecken müssen (keine Freunde, keine Arbeit, keinen Partner finden), schließlich passiv werden bis hin zur behandlungsbedürftigen Depression.

Ursprünglich galt erlernte Hilflosigkeit als einfacher Lernprozeß. Aber beeinflußt wird dieser Prozeß auch davon, wie der Betroffene die Ursachen der negativen Ereignisse subjektiv erklärt und interpretiert. Die symbolische Interpretation, die wir unseren Erfahrungen angedeihen lassen, kann das Phänomen der erlernten Hilflosigkeit neutralisieren. Wenn man Kindern mit wiederholter Mißerfolgserfahrung beim Lösen mathematischer Aufgaben immer wieder versichert, es habe nicht geklappt, weil sie sich nicht angestrengt hätten, reagieren sie nicht mit ,,erlernter Hilflosigkeit" (Dweck 1975). Zusammen mit erlernter Hilflosigkeit und Attributionstheorie scheinen sich vielversprechende Wege aufzutun, um Verhaltensreaktionen auf so unkontrollierbare Ereignisse wie Arbeitslosigkeit, Scheitern der Ehe und ähnlich Belastendes zu analysieren. Arbeitslose, die sich – so unberechtigt das auch immer sein mag – die Verantwortung für ihre negativen Erfahrungen selber zuschreiben, werden die Suche nach einem Arbeitsplatz mit größerer Wahrscheinlichkeit fortsetzen als Menschen, die ihre diesbezüglichen Schwierigkeiten äußeren, unkontrollierbaren ökonomischen Faktoren attribuieren.

Hilflosigkeit kann man lernen!

Sind Menschen längere Zeit unkontrollierbaren Einflüssen ausgesetzt, werden sie passiv und stellen jeglichen Versuch ein, ihr Geschick in die eigene Hand zu nehmen – ein Zustand, den Psychologen ,,erlernte Hilflosigkeit" nennen.

Psychologische Reaktanz

Werden wir mit unkontrollierbaren Ereignissen konfrontiert, ist unsere erste Reaktion gewöhnlich nicht erlernte Hilflosigkeit, sondern die gesteigerte Motivation, uns verlorene Kontrolle und damit Freiheit zurückzuerobern. Brehm (1972) prägte den Begriff der ,,psychologischen Reaktanz" und meinte damit jenen motivationalen Zustand, in den wir geraten, wenn wir unsere Freiheit auf irgendeine Weise bedroht sehen. Reaktanz kann – abhängig von den Umständen – viele Formen annehmen. Handlungsmöglichkeiten oder Objekte werden für uns in dem Moment besonders wertvoll oder interessant, wo wir ihre Verfügbarkeit für uns gefährdet sehen. Man denke nur daran, wie schnell das Interesse an Büchern und dergleichen steigt, wenn ihnen die Zensur droht!

Zu psychologischer Reaktanz neigen wir auch dann, wenn man uns zu sehr drängt, eine bestimmte Einstellung oder Meinung zu übernehmen. In solchen Situationen versuchen wir, uns unserer Freiheit zu vergewissern und vertreten akkurat die entgegengesetzte Ansicht. Hier liegt zum Beispiel das Risiko von Werbekampagnen, die auf den Konsumenten Druck ausüben. Bei Kindern ist Reaktanz besonders gut zu beobachten. Ihre Faszination gilt immer gerade den Spielsachen oder Aktivitäten, die verboten sind. Teenager handeln elterlichen Geboten oft nur darum zuwider, um symbolisch ihre Freiheit zu behaupten. Die Theorie der psychologischen Reaktanz bietet Erklärungsmöglichkeiten für viele rätselhafte Alltagsreaktionen. Namentlich in „face-to-face"-Interaktionen reagieren wir auf Bedrohungen unserer persönlichen Freiheit häufig mit Reaktanz.

Selbstattribution von Emotion

Die Forschung zur Selbstattribution beschäftigt sich auch mit der interessanten und höchst komplexen Frage, wie wir unsere eigenen Gefühle identifizieren und interpretieren. Was für Prozesse sind beteiligt, wenn wir entscheiden, welche besondere Emotion uns gerade bewegt? Der objektiv meßbare Aspekt einer Emotion ist gewöhnlich die physiologische Erregung, die mit ihr einhergeht und die sich in gesteigerter Herzfrequenz, feuchten Handflächen, schnellerem Atmen, usw. manifestiert. Aber woran erkennen wir die Bedeutung solcher Symptome, d. h., woher wissen wir, ob wir glücklich, traurig, aufgebracht oder ängstlich sind? Die mit den einzelnen Emotionen verbundenen Erregungszustände sind, so zeigt die einschlägige Forschung, praktisch nicht voneinander zu unterscheiden.

Bereits vor hundert Jahren vermutete William James (1884), daß Emotionen von zwei Komponenten getragen werden: der affektiven Erregung und deren nachfolgender kognitiver Etikettierung und Interpretation. Emotionen wären demnach nicht *Ursache*, sondern Folge physiologischer Reaktionen. Dazu ein ganz alltägliches Beispiel: Wenn Sie nachts im Wald ein unerwartetes Geräusch hören, wird Ihre Erregung unverzüglich steigen. Sie werden vielleicht zunächst einmal weglaufen und erst im nachhinein, bei Betrachtung aller relevanten Umstände, ihre physiologische Erregung als „Angst" identifizieren.

Schachter und Singer (1962) haben diesen Prozeß in einem klassischen Experiment veranschaulicht. Sie verabreichten ihren Probanden ein Erregung induzierendes Medikament (Epinephrin) und klärten sie entweder über dessen Wirkung auf (Zittern, beschleunigter Herzschlag, etc.) oder ließen sie glauben, es handle sich um eine harmlose Vitamininjektion. Einige Versuchspersonen waren also über die Gründe ihrer nachfolgenden Erregungssymptome „informiert", andere blieben ahnungslos. Die Probanden trafen dann auf einen Komplizen des Versuchsleiters, aus dessen Verhalten entweder äußerstes Glück und große Euphorie oder aber Gereiztheit und Wut sprachen. Als man die Probanden anschließend nach ihren eigenen Emotionen befragte, wurden in der „ahnungslosen" Gruppe, die ja keine plausible Erklärung für ihre Erregung hatte, mehr Emotionen berichtet, die mit Zorn oder Glück des Komplizen in Einklang standen, als in der „aufgeklärten" Gruppe.

Es schien, als nutzten Probanden, die Erregung weder erwartet hatten noch sich erklären konnten, den augenfälligsten Reiz ihrer Umgebung – das Verhalten des Komplizen – als Anhaltspunkt für ihr eigenes Fühlen. Bei Schachter und Singer sind die einzelnen Emotionen nichts anderes als grundverschiedene kognitive Interpretationen derselben Erregungssymptome. Dieses Modell geht über den Rahmen von Selbstattribution hinaus und nimmt an, daß nicht nur unser eigenes Verhalten, sondern nahezu jedes beliebige Ereignis in der Umgebung Einfluß darauf nehmen kann, wie wir unser emotionales Erleben definieren. Das hat weitreichende Implikationen: Wenn wir tatsächlich keinen unmittelbaren, privilegierten Zugang zu unseren Gefühlen und Emotionen haben, dürfte es nicht schwer sein, Menschen mittels entsprechender äußerer Information so zu manipulieren, daß sie ihre Gefühle im gewünschten Sinne interpretieren. Wir werden auf solche praktischen Möglichkeiten später noch einmal zurückkommen.

Fehlattribution von Erregungseffekten

Die Methoden und Interpretationen von Schachter und Singer haben in jüngerer Zeit zwar einige Kritik erfahren (Maslach 1979, Marshall und Zimbardo 1979), aber es hat sich doch auch etliches angesammelt, was ihnen Recht zu geben scheint. Valin (1966, 1972) ging noch einen Schritt weiter mit seiner Hypothese, daß zum Erleben einer Emotion wirkliche Erregung gar nicht notwendig sei: Es genüge, wenn Probanden glaubten, erregt zu sein. In einem etwas bizarren Experiment sahen seine männlichen Probanden weibliche Aktphotos aus dem *Playboy* und hörten dabei über Kopfhörer Herztöne, die angeblich ihre eigenen waren. In Wirklichkeit wurde dieses Feedback nach einem festen Schema manipuliert: Bei einigen Bildern beschleunigte sich der Herzschlag, bei anderen nicht.

Nach dieser Prozedur zeigten sich die Probanden am meisten angetan von Bildern, bei deren Anblick sich „ihr" Herzschlag beschleunigt hatte. Ihre Vorliebe für diejenigen nackten Damen, bei denen ihr Herz angeblich höher geschlagen hatte, war auch dann noch von Bestand, als man sie über den Schwindel aufklärte. Allerdings sind derartige Präferenzen nur dann besonders leicht zu manipulieren, wenn die Entscheidung für ein Präferenzobjekt keine große Bedeutung hat. Zwischen verschiedenen Aktphotos zu wählen, wird in den meisten Fällen kaum eine sehr ernsthafte Angelegenheit sein. Wird die Entscheidung aber bedeutsamer, etwa weil wir eine persönliche Begegnung mit dem zu beurteilenden Menschen erwarten, ist der Schwindel mit der manipulierten Herzfrequenz sehr viel weniger wirksam, wie die oben vorgestellte Untersuchung von Taylor (1975) zeigt.

Einige praktische Konsequenzen von Selbstattribution

Das Zwei-Faktoren-Modell von Schachter und Singer (1962) und Valins Untersuchung zur Selbstattribution von Emotionen (1972) führen gemeinsam zu dem Schluß, daß wir weder physiologisch erregt sein müssen noch unmittelbaren Zugang zu unseren inneren Reaktionen brauchen, um eine Emotion zu erleben. Damit eröffnen sich interessante praktische Möglichkeiten. Denn wenn emotionales Erleben eine Angelegenheit von Inferenzen ist, müßten sich dann nicht auch negative Emotionen wie Angst durch Manipulation von Attributionen kontrollieren lassen?

Nisbett und Schachter (1966) haben genau das versucht. Sie verabreichten ihren Probanden Placebo-Tabletten (neutrale Substanzen ohne jede chemische Wirkung) und stellten einigen der Versuchspersonen nachfolgende Erregung – Zittern, Herzklopfen, usw. – in Aussicht, während die andere Gruppe keinerlei physiologische Symptome erwartete. Dann erhielten beide Gruppen eine Reihe von Elektroschocks. Probanden, die für ihre Erregung die Tablette mitverantwortlich machen konnten, berichteten von weniger Schmerz und zeigten größere Toleranz gegenüber den Elektroschocks als die andere Gruppe. Das läßt vermuten, daß die Attributionen, die wir inneren Erfahrungen wie Schmerz und Erregung zuschreiben, unsere Reaktion auf eben diese Erfahrungen erheblich beeinflussen können.

Storms und Nisbett (1970) haben versucht, dasselbe Prinzip therapeutisch zu nutzen. Bestimmte Menschen, so vermuteten sie, leiden möglicherweise darum an Schlaflosigkeit, weil sie ihrer physiologischen Erregung nicht Herr werden. Und sie werden Angst und Erregung unter anderem darum nicht los, weil sie die Schlaflosigkeit erwarten und fürchten. Wenn sie nun ihre Erregung einer äußeren Ursache attribuieren könnten, würde sie das weniger belasten und sie könnten leichter einschlafen.

Auch Storms und Nisbett gaben ihren – an Schlaflosigkeit leidenden – Probanden Placebo-Tabletten und ließen die eine Gruppe Erregungssymptome erwarten, die andere dagegen Beruhigung und Entspannung. Probanden, die mit Erregung rechneten, schliefen besser – vermutlich weil sie Erregung erwarteten und das den Tabletten zuschreiben konnten. Wenn auch an der Reliabilität solcher Ergebnisse letzte Zweifel nicht auszuräumen sind, zeigen sich klinische Psychologen zunehmend daran interessiert, ob und wie sich Erwartungen und Inferenzen ihrer Klienten in therapeutischem Sinne beeinflussen lassen.

Das Modell der Selbstattribution legt noch etliche andere Möglichkeiten nahe, Interpretationen, die Menschen für ihr inneres Erleben finden, zu beeinflussen. Möglich sind solche Manipulationen immer da, wo Verhalten von Erregungszuständen beeinflußt wird. Dienstbier und Munster (1971) vermuteten zum Beispiel, daß als unangenehm empfundene Erregung auch eine Folge unehrenhaften Verhaltens, etwa des Schummelns bei Prüfungen, ist. Wenn Menschen, so die Hypothese, ihre Erregung einem äußeren Agens attribuieren können, werden sie unbekümmerter schummeln, da sie ihre Erregung nicht mehr dem Betrug als solchem zuschreiben müssen. Wie üblich, erhielten auch die Probanden von Dienstbier und Munster ein Placebo und die Information, das Medikament werde bzw. werde nicht zu Erregung führen. Dann hatten die solchermaßen Vorbereiteten Gelegenheit zum Schummeln, d.h., sie konnten die Antworten eines schwierigen Tests „heimlich" abschreiben. Geschummelt wurde mehr, wenn die Erregung mit dem Medikament in Verbindung zu bringen war. Der allgemeine Schluß aus solchen Untersuchungen liegt auf der Hand: Wir neigen dazu, Erregungszustände im Lichte vorhandener Umgebungsinformation zu interpretieren, und diese Interpretation bestimmt dann weitgehend unsere Reaktion auf den Erregungszustand. Besonders bedeutsam sind solche Selbstattributionsprozesse in „face-to-face"-Interaktionen, denn hier können derartige äußere Einflüsse für unsere emotionalen Reaktionen auf unseren Partner bestimmend werden.

Erregungstransfer

Sowohl das Experiment von Schachter und Singer (1962) als auch die Forschung zur Fehlattribution von Erregung wurden daraufhin kritisiert (Cotton 1981), daß die den Emotionen zugrundeliegenden Erregungszustände nur indirekt manipuliert wurden. Zillman (1972, 1978) bediente sich zum gleichen Zweck einer anderen sehr sinnvollen Technik. Er verabreichte seinen Probanden keine Adrenalin-Injektion, sondern beeinflußte ihren physiologischen Zustand dadurch, daß er sie eine Erregung verursachende Aufgabe (auf einem Heimtrainer fahren) absolvieren ließ. Anschließend mußten sie sich von einem Komplizen des Versuchsleiters Beleidigungen anhören. Erregte Probanden reagierten aggressiver auf den Beleidiger als nicht erregte.

Auch dieses Ergebnis findet seine Erklärung im Rahmen des Modells der Selbstattribution. Probanden, die zunächst physiologisch erregt und dann beleidigt wurden, konnten ihre Erregung problemlos den Beleidigungen attribuieren und ihre Reaktion als Zorn identifizieren, was dann zu aggressiveren Reaktionen führte. Nicht erregten Probanden fehlte die Basis für eine Ärger-Attribution, und so blieben sie ruhig. Zillmann vermutete in solchen Fällen eine Übertragung der Erregung auf eine plausible äußere Ursache und nannte das von ihm beschriebene Phänomen „Erregungstransfer". Wieder einmal sind die Implikationen offensichtlich. Sind wir physiologisch erregt, attribuieren wir unsere Erregung möglicherweise einem plausiblen äußeren Umstand und reagieren unangemessen: Hatten wir Ärger im Büro oder Streit zu Hause, befinden wir uns in einem Erregungszustand, den wir dann leicht auf einen beliebigen anderen auffälligen „Reiz" in unserer Umgebung übertragen können.

Selbstattribution von Kognition

Die Hypothese, daß wir keinen unmittelbaren Zugang zu unseren eigenen Emotionen haben, sondern sie aus den Umständen erschließen müssen, ist recht umstritten. Aber was wissen wir eigentlich über kognitive Prozesse und Prozesse der Entscheidungsfindung? Können wir uns Fragen nach unseren mentalen Prozessen einzig auf der Basis von Introspektion beantworten? Wenn jemand von uns wissen möchte, warum wir dieses Kleidungsstück und nicht ein anderes gewählt haben, warum wir den einen Menschen mögen und den anderen nicht, was wir erwägen, wenn wir ein Auto kaufen – sind wir uns dann wirklich im klaren darüber, wie wir zu solchen Entscheidungen kommen? Die meisten von uns würden dieses Wissen wohl für sich in Anspruch nehmen. Aber können wir mittels Introspektion das Entstehen solcher Urteile verfolgen? Wissen wir wirklich, was in unserem Kopf vorgeht?

Nisbett und Wilson (1977) prüften die provokative Vermutung, daß wir unsere Urteilsprozesse genausowenig beschreiben können, wie wir in der Lage sind, ohne äußere Reize unsere Gefühle zu identifizieren. In ihrem typischen Experiment manipuliert der Versuchsleiter eine Variable, von der bekannt ist, daß sie die Entscheidung von Probanden mit ziemlicher Sicherheit beeinflussen wird, und fragt letztere dann, warum sie sich für ein bestimmtes Objekt entschieden haben. Typischerweise sind Probanden blind für die Variable, die ihr Verhalten kontrolliert.

Besteht die Aufgabe zum Beispiel darin, aus einer Reihe identischer Strümpfe einen auszuwählen, wird die Wahl der Probanden gewöhnlich auf den zu ihrer Rechten fallen. Um eine Erklärung gebeten, ist dann von – nicht vorhandenen – Qualitätsunterschieden oder persönlichen Vorlieben die Rede, und keiner merkt, daß er seine Wahl einzig von der Position des Strumpfes hat bestimmen lassen. Läßt der Versuchsleiter durchblicken, daß die Position von Wichtigkeit ist, wird durchweg bestritten, daß sie bei der Wahl eine Rolle gespielt habe. Nisbett und Wilson zufolge zeigen solche Ergebnisse, daß uns unsere eigenen kognitiven Prozesse nicht unmittelbar zugänglich sind. Obwohl sich die Wählenden eindeutig durch die Position des Objektes zu ihrer Rechten beeinflussen ließen, entging ihnen die Bedeutung dieser Variablen gänzlich.

In einer anderen Untersuchung hatten die Probanden die äußere Erscheinung eines Menschen zu beurteilen, der sich entweder herzlich und freundlich zeigte oder kühl und feindselig. Der übliche Halo-Effekt (vgl. Kapitel 4) trat ein: Dieselbe Person erschien den Probanden bei feindseligem, negativen Verhalten auch körperlich unattraktiver. Danach befragt, von was sie sich in ihrem Urteil hätten leiten lassen, kam vieles, nicht aber das Verhalten der Zielperson zur Sprache. Wies man die Probanden auf diesen Einfluß hin, bestritten sie ihn. Die Implikationen sind klar: Wir alle können unser Verhalten und unsere Urteile in zwischenmenschlichen Situationen durchaus vernünftig begründen, ohne wirklich zu wissen, warum wir gerade so und nicht anders reagiert haben.

Wenn Probanden ihre eigenen mentalen Prozesse tatsächlich nicht durchschauen, wie beschreiben sie sie dann, wenn man sie danach fragt? Nisbett und Wilson (1977) glauben, daß wir in solchen Fällen zu Erklärungen neigen, die wir den Umständen für angemessen halten. Als „rationaler" Mensch läßt man seine Wahl nicht einfach durch die bloße Position eines Artikels steuern, folglich bestreiten Probanden den Einfluß dieser Variablen. Statt dessen geben sie Erklärungen, die zwar falsch sind, aber soziale Billigung finden (Qualität, Präferenzen). Ähnlich glauben wir uns in der Lage, in unseren Urteilen über Menschen Verhalten und äußere Erscheinung auseinanderzuhalten. Wenn man uns fragt: „Warum hast du so gedacht, gewählt, gehandelt?", neigen wir, so scheint es, dazu, die erwarteten und nicht die wahren Gründe anzuführen.

Doch bei aller experimentellen Evidenz dafür, daß den Probanden die wahren – manipulierten – „Ursachen" ihrer Entscheidungen entgehen, ist das Problem bei weitem noch nicht gelöst. Es ist in der Tat eine interessante philosophische Frage, was mit vollständiger Kenntnis mentaler Prozesse eigentlich genau gemeint ist. Entscheidungen stehen am Ende einer langen Kette einander bedingender mentaler Prozesse. Woher wissen wir also, welches Glied dieser Kausalkette, welche dieser verschiedenen Instanzen die „wahre" Erklärung ist? Sie erinnern sich, wie schwierig es war zu entscheiden, was eine genaue Personenwahrnehmung auszeichnet. Noch viel schwieriger gestaltet sich die Definition dessen, was ein genauer Bericht über die mentalen Prozesse ist, in deren Verlauf wir zu solchen Urteilen kommen (White 1984).

Die Arbeiten von Nisbett und Wilson führen uns jedoch zu wichtigen und heiklen Fragen, die zugleich an unserer Überzeugung rütteln, wir besäßen unbeschränkten und unmittelbaren Zugang zu unseren eigenen kognitiven Prozessen. Zumindest unter bestimmten Bedingungen erweist sich unser geheiligter Glaube, wir könnten ohne weiteres in Worte fassen, wie wir denken, als eindeutig falsch. Weit davon entfernt zu wissen, was in unseren Köpfen vorgeht, geben wir Erklärungen, die uns der Situation angemessen erscheinen. So verfügen wir mit dem Modell der Selbstattribution über eine Reihe interessanter und anregender Erklärungsversuche dafür, wie sich Menschen ihre alltäglichen Entscheidungen erklären (oder warum sie ihnen zuweilen auch unerklärlich bleiben).

Zusammenfassung und Schlußfolgerungen

Inferenzen und Attributionen waren in den letzten Jahrzehnten ein Hauptinteressengebiet der sozialpsychologischen Forschung. Wir wissen jetzt einiges darüber, wie Menschen einander verstehen und vorhersagen, und kennen etliche der Fehler und Irrtümer, die diesen Prozeß in bestimmte Bahnen lenken. Dabei spielt die Untersuchung von Attributionsverzerrungen oder Attributionstendenzen eine besonders wichtige Rolle, denn erst wenn wir uns dieser Tendenzen bewußt werden, können auch unsere Urteile über uns und andere objektiver ausfallen.

Die Attributionstheorie basiert auf zwei Annahmen: daß Menschen rationale Informationsverarbeiter sind und daß sie wie Wissenschaftler danach trachten, die Hauptursachen von Verhalten zu entdecken, um füreinander vorhersagbar zu werden. Wie wir gesehen haben, mußte man die erste Annahme drastisch revidieren. Irrational und motivationsbedingt verzerrte Attributionen können dem Modell des rationalen Informationsverarbeiters, wie es Heider, Kelley und andere vertreten, den Garaus machen.

Auch die zweite Annahme von Attributionstheorien, daß Wahrnehmende immer nach den Hauptursachen von Verhalten suchen, hat jüngst Kritik erfahren. Tatsächlich ist die ganze Vorstellung einer Hauptursache suspekt, denn jede menschliche Handlung ist das Ergebnis einer langen Kette kausaler Ereignisse. Aus so einer Ereigniskette eine einzige ,,Ursache" als die wahre Erklärung herauszugreifen, ist unmöglich und muß reine Willkür bleiben. Die Tatsache, daß ich hier sitze und diesen Absatz in die Schreibmaschine hämmere, hat ihre ,,Ursache" in einer Vielfalt von Ereignissen: meiner Herkunft und Bildung zum Beispiel, meiner Arbeit als Wissenschaftler, innerhalb derer dem Schreiben ein höchst anerkannter Stellenwert zukommt, meinem Vertrag mit meinem Verlag und so weiter. Keine dieser Ursachen besitzt das absolute Monopol an der Erklärung meines Verhaltens – sie alle sind vielmehr Teil einer langen Kausalkette, an deren Ende die Tatsache zu verzeichnen ist, daß ich diese Worte niederschreibe.

Überdies sind in der Vergangenheit liegende Ursachen nicht die einzigen möglichen Erklärungen für menschliches Verhalten. Auch andere Erklärungskategorien, etwa die Gründe für Handlungen, die man um zukünftiger Ziele willen ausführt, können – besonders bei Selbstattributionen – eine wichtige Rolle spielen (Buss 1978). Menschen erklären ihr eigenes Handeln und das anderer gemeinhin mit Zielen, Gründen und moralischen Geboten (,,Ich habe das getan, weil ich es für richtig hielt"). In der Praxis nehmen unsere Erklärungen für eigenes und fremdes Verhalten immer da moralischen Charakter an, wo soziale und kulturelle Normen und Konventionen bestimmen, welche Art der Erklärung unter den gegebenen Umständen ,,akzeptabel" ist (vgl. die im letzten Kapitel vorgestellten Arbeiten von Antaki, Harré und Lalljee).

Selbstattribution ist das vielleicht interessanteste Problem der Attributionsforschung. Wie wir anderen (und uns selbst) unsere eigenen Handlungen, Emotionen und Gedanken erklären, ist eine der Kernfragen in der Psychologie. Die Attributionsforschung hat uns hier zu ernüchternden Einsichten verholfen. Wir mußten Abschied nehmen von der Vorstellung eines rationalen Informationsverarbeiters, der Aussagen macht über unmittelbar zugängliche innere Ereignisse, und mußten uns anfreunden mit der Tatsache, daß Menschen gelegentlich gerade dazu nicht in der Lage sind. Die Forschung zu Fremd- und Selbstattributionen kann uns helfen, in unseren sozialen Urteilen realistischer und rationaler zu werden. Da Attributionen und Inferenzen auch unabdingbarer Teil zwischenmenschlicher Interaktionen sind, ist zu hoffen, daß die hier vorgestellten Arbeiten dazu beitragen, unser Feingefühl im Umgang mit anderen zu verbessern.

Kapitel 7

Interpersonale Kommunikation: Die Rolle der Sprache in der sozialen Interaktion

Unseren Partner wahrzunehmen, zu verstehen und Vorhersagen über ihn zu treffen, sind notwendige erste Schritte im sozialen Interaktionsprozeß. In den bisherigen Kapiteln haben uns Personenwahrnehmung, Eindrucksbildung und Attribution als Aspekte sozialer Interaktion interessiert. Nun ist die Personenwahrnehmung zwar eine notwendige, aber keine hinreichende Bedingung des Interaktionsprozesses, und das gilt für jede soziale Begegnung, sei es eine Diskussion mit einem Freund oder ein Einkauf in einem Geschäft. Den anderen wahrzunehmen, ist eine Voraussetzung für den Interaktionsprozeß, nicht aber die Interaktion selbst. Diese besteht zum großen Teil im geregelten Austausch von Botschaften, der *Kommunikation*. Im folgenden wollen wir uns mit einigen der wichtigsten Merkmale interpersonaler Kommunikation vertraut machen und uns dabei insbesondere mit der Rolle der Sprache in der sozialen Interaktion beschäftigen. Das anschließende Kapitel wird dann einen Überblick über die Verwendung nonverbaler Botschaften in sozialen Interaktionen geben.

Der Kommunikationsprozeß

Im allgemeinsten Sinne können wir Kommunikation als einen Prozeß definieren, in dessen Verlauf Information von einem Sender an einen Empfänger übermittelt wird. Daraus folgt, daß an jeder Kommunikation folgende drei Elemente beteiligt sind: (a) ein Sender oder eine Quelle, der oder die (b) eine Botschaft *kodiert*, die dann (c) über einen speziellen Kanal an einen Sender übermittelt wird, der seinerseits die Botschaft *dekodiert*. Die besonderen Eigenschaften von jeweils Sender, Botschaft, Kanal und Empfänger haben einen bedeutenden Einfluß auf den Kommunikationsprozeß. So hat zum Beispiel ein Telefon als Kommunikationskanal bestimmte physikalische Grenzen (es fehlen zum Beispiel die visuellen Reize), und wenn wir uns dieses Kanals bedienen, müssen wir unsere Kommunikationsstrategien seinen Grenzen anpassen. Ähnlich beeinflussen die Eigenschaften von Sender und Empfänger (Status, Macht, Intelligenz, gemeinsame Interessen, usw.) die Wahl unserer Kommunikationsstrategien, und schließlich kann auch die Natur der Botschaft selbst Anteil daran haben, wie wir kommunizieren. In einem Gespräch über das Wetter bedienen wir uns einer anderen Sprache als in einer Auseinandersetzung über eine längst fällige Gehaltserhöhung.

Allerdings hat auch die obige Definition von Kommunikation ihre Grenzen. Sie legt nahe, daß Kommunikation ein einfacher, eingleisiger Prozeß ist und die Botschaften ohne Bezug zur Umwelt und der Abfolge vergangener und erwarteter zukünftiger Ereignisse gesendet und empfangen werden. Jüngere Kommunikationstheorien betonen denn auch mit Nachdruck, daß Kommunikation gewöhnlich ein dynamischer Prozeß in zwei Richtungen ist, wobei die Beteiligten gleichzeitig Botschaften senden und darauf achten, was der Partner signalisiert. Überdies beruht Kommunikation in gewissem Umfang auf dem *gemeinsamen sozialen Wissen* von Sender und Empfänger. Mit anderen Worten, Botschaften sind gewöhnlich nur in einem gegebenen, wohldefinierten sozialen Rahmen (einer Familie, einer Schulklasse, einer kulturellen Gruppe) bedeutungsvoll. Der Sinn von Sätzen, der – zwischen zwei Gehirnchirurgen, zwei Bridgespielern oder zwei Schulkindern gewechselt – vollkommen eindeutig ist, kann allen anderen außerhalb dieser Gruppe verschlossen bleiben. Im übrigen setzt jeder beliebige Kommunikationsakt eine Menge gemeinsamen Wissens voraus (vgl. Aktivität 7.1).

Wir müssen unsere obige Definition also um die Vorstellung von Kommunikation als einem dynamischen, fortlaufenden Prozeß erweitern, der sich auf gemeinsames Wissen um Vergangenes und die gemeinsame Geschichte der Partner stützt. Trotz dieses Mangels unserer ersten Definition sollte man bei der folgenden Erörterung der besonderen Eigenschaften verbaler und nonverbaler Kommunikationskanäle in sozialen Interaktionen die vier Grundelemente von Kommunikation (Sender, Botschaft, Kanal und Empfänger) im Auge behalten.

Aktivität 7.1: *Was sagen wir, wenn wir einen Satz sagen?*

Vielleicht vermittelt Ihnen die folgende kleine Übung eine bessere Vorstellung davon, was mit „gemeinsamem sozialen Wissen" gemeint ist. Verschaffen Sie sich (aus Radio, Fernsehen, Büchern oder alltäglichen Situationen) Protokolle von drei kurzen Gesprächen zwischen zwei Menschen. Analysieren Sie diese Gespräche, indem Sie sich bei jedem Satz fragen: Was muß der Hörer bereits wissen, damit dieser Satz für ihn sinnvoll wird? Sie werden vermutlich feststellen, daß in jeder Äußerung nur ein sehr kleiner Teil des Wissens explizit enthalten ist, das man braucht, um ihre Botschaft zu verstehen. Das vorhandene gemeinsame Wissen von Sprecher und Hörer, das sie erst zur Kommunikation befähigt, ist so umfangreich, daß man es kaum einzeln würde auflisten können. Je mehr Wissen die Partner teilen, um so leichter fällt es ihnen, miteinander zu kommunizieren, und um so mehr Mühe haben Außenstehende, die Bedeutung ihrer Sätze zu verstehen.

Ist Sprache einmalig?

Unsere Interaktionen mit anderen schließen in den meisten Fällen den Gebrauch von Sprache ein. Keine andere Spezies verfügt über ein Kommunikationssystem, das auch nur annähernd so komplex und subtil ist wie die menschliche Sprache. Vergleichen wir die Charakteristika menschlicher Sprache mit Merkmalen anderer Kommunikationssysteme, stellen wir fest, daß es durchaus Überschneidungen gibt. Laut Hockett (1963) ist Sprache durch eine Anzahl von ,,Konstruktionsmerkmalen" (design features) charakterisiert, zum Beispiel durch (a) *Versetzung* oder die Fähigkeit, sich auf Dinge zu beziehen, die nicht unmittelbar anwesend sind, (b) *Offenheit* oder die Fähigkeit, neue Bedeutungen zu schaffen und zu kommunizieren, (c) *Tradition* oder die Fähigkeit, zu lernen und neue Symbole und Botschaften weiterzugeben und (d) *Dualität der Strukturierung* oder die Fähigkeit, eine endliche Anzahl von Wörtern, Symbolen oder Komponenten zu einer unendlichen Anzahl möglicher Botschaften zu kombinieren.

Es gibt viele Kommunikationssysteme, die einige dieser Merkmale aufweisen, doch nur in der Sprache finden sie sich alle zusammen. Bekanntlich hat man – und offensichtlich auch ganz erfolgreich – versucht, Schimpansen einen Sprachkode beizubringen, der sich sowohl durch Tradition als auch durch Strukturierungsdualität auszeichnete (Gardner und Gardner 1969, Premack 1971), wenngleich Kritiker anmerken, bei derartigen Leistungen handele es sich möglicherweise nur um einfache Imitation. Honigbienen können mittels eines ,,Tanzsignals" Vorhandensein und Ort einer entfernten Nahrungsquelle kommunizieren, verfügen also über einen Kommunikationskode mit dem Merkmal der Versetzung, da über Dinge kommuniziert wird, die nicht unmittelbar anwesend sind. Gleichwohl bleibt die Sprache als Kommunikationssystem, das alle Konstruktionsmerkmale Hocketts in sich vereint, einmalig.

Sprache ist eine unserer wenigen universalen Eigenschaften, d. h., wir finden sie in *allen* bekannten menschlichen Kulturen. Die Einmaligkeit und Einzigartigkeit der menschlichen Sprache hat Theoretiker wie Lenneberg (1967) zu der Behauptung veranlaßt, Sprache sei eine artspezifische Fähigkeit, die sich beim Menschen im Verlauf natürlicher Auslese entwickelt habe. Das würde bedeuten, daß es genetische Determinanten gibt, die den Menschen – und nur den Menschen – befähigen, Sprache zu erwerben und zu gebrauchen. Ein weiterer bekannter Verfechter der sogenannten ,,Nativismusthese" ist Chomsky. Die zweite, alternative Auffassung von Sprache vertreten Lerntheoretiker wie Skinner. Sprache, so behaupten sie, werde erworben wie jedes andere menschliche und tierische Verhalten: durch systematische Verstärkung. Allerdings steht, trotz aller Versuche, Tieren ähnliche Kommunikationskodes beizubringen, der Beweis noch aus, daß sich im Prinzip auch andere Spezies dieses Werkzeug zu eigen machen können. Sprachähnliche Leistungen von Schimpansen lassen sich nach Meinung von Kritikern solcher Versuche ebenso gut als verstärkungskontrollierte, sinnlose Wiederholungen erklären.

Wie lernen wir, uns der Sprache zu bedienen?

Ein drittes Modell von Sprachentwicklung, das mit nativistischen und lerntheoretischen Auffassungen gleichermaßen kritisch ins Gericht geht, stammt von Bruner (1983, Bruner und Sherwood 1981). Bruner arbeitete in Oxford einige Jahre mit kleinen und größeren Kindern und kam zu dem Schluß, daß der Erwerb von Kompetenzen in sozialer Interaktion und der Erwerb einer Sprache untrennbar miteinander verbunden sind. Bruner und seine Mitarbeiter beobachteten, wie kleine Kinder entgegen allgemeiner Ansicht ihre räumliche und soziale Umwelt vom ersten Tag an aktiv erforschen und sehr viel früher auf soziale Botschaften reagieren und soziale Botschaften nachahmen, als man gemeinhin angenommen hatte. Zwischen Babys und ihren Pflegepersonen entwickeln sich gemeinsame und von beiden Partnern verstandene Interaktionsroutinen, in deren Verlauf Kind und Erwachsener auf strukturierte Weise nonverbale Signale – Lächeln, Weinen, Glucksen, Greifen, etc. – austauschen. Mit anderen Worten, Kinder wissen zu interagieren, bevor sie sprechen können (Bruner 1984). Und weil dieses soziale Wissen dem Spracherwerb vorangeht, kann dieser, hat er einmal begonnen, so erstaunlich schnell vonstatten gehen.

Was Kinder beim Erlernen einer Sprache kognitiv leisten, ist in der Tat erstaunlich. In weniger als zwölf Monaten bringen sie es vom sprachlosen Zustand zu nahezu fließendem Sprechen. Wahrscheinlich kommt im ganzen späteren Leben nichts mehr dieser frühen Leistung gleich. Wie schaffen Kinder das? Die Arbeiten Bruners lassen vermuten, daß Kinder weniger eine Sprache erwerben als vielmehr lernen, mit anderen zu interagieren und zu kommunizieren. Kennt ein Kind im vorsprachlichen Alter seine Rolle im Geben-Nehmen-Spiel, weiß es, wie man mit Lächeln, Glucksen und Weinen Emotionen kommuniziert und wie man Blick und Aufmerksamkeit mit der Pflegeperson koordiniert, ist die Aufgabe, solche Botschaften später auch mit Worten zu vermitteln, weniger gewaltig, als man zunächst meint. Kinder kennen also die Interaktionsrahmen und -muster, die Regeln und Verhaltenssequenzen beim Füttern, Spielen, etc. sehr gut, bevor sie anfangen zu sprechen (Bruner 1984). Bruners Beitrag ist darum so wichtig, weil er auf den engen Zusammenhang zwischen Spracherwerb und dem Erlernen sozialer Interaktion aufmerksam gemacht hat. Wir bedienen uns der Sprache nicht nur zeitlebens als Mittel sozialer Interaktion, sondern können Sprache offenbar auch nur lernen, weil wir wissen, wie man interagiert.

Die Erforschung von Sprache

Die Sprachforschung schließt traditionellerweise mehrere in Beziehung stehende Fragen ein. Ordnung und Struktur, die regeln, wie die Wörter kombiniert werden, sind Angelegenheit der *Syntax* oder Grammatik. Die *Phonologie* beschäftigt sich mit den lautlichen Mustern und Gesetzmäßigkeiten der gesprochenen Sprache. Doch die eigentliche Aufgabe von Sprache ist die Übermittlung von Bedeutungen, und die kleinsten bedeutungstragenden Einheiten einer Sprache sind ihre Wörter oder Morpheme. Mit der Bedeutung von Sprache befaßt sich die *Semantik*. Für die sozialpsychologische Betrachtung von Sprache ist die vierte Ebene der Sprachanalyse vielleicht am wichtigsten. Sprache ist ein Kommunikationssystem und als solches von der täglichen Praxis des Sendens und Empfangens von Botschaften nicht zu trennen. Diese vierte Ebene der Sprachforschung hat Charles Morris (1946) *Pragmatik* genannt. Um eine Sprache perfekt zu beherrschen, genügt es nicht, wenn man ihre Wörter, ihre Grammatik und ihre Ausspracheregeln kennt, man muß auch wissen, was man wann, wo, wie und zu wem zu sagen hat. Wie solche sozialen Variablen unsere Verwendung von Sprache im einzelnen beeinflussen, beschäftigt die Soziolinguistik (Forgas 1985).

Sprache, Denken, Kultur

Über ein weiteres wichtiges Kennzeichen von Sprache hat sich Vygotsky (1962) Gedanken gemacht. Sprache ist nicht nur das Medium äußerer Kommunikation zwischen Menschen, sondern auch ein inneres Medium, mit dessen Hilfe wir denken und die uns umgebende Welt repräsentieren, systematisieren und organisieren. Ohne Sprache als Mittler zwischen äußerer und innerer Welt ist weder kulturelle noch individuelle Entwicklung denkbar. Als Individuen versetzt Sprache uns in die Lage, unsere Erfahrung zu symbolisieren, zu akkumulieren und miteinander zu teilen; Gruppen und Gesellschaften befähigt die Sprache, ihr akkumuliertes Wissen an künftige Generationen weiterzugeben. Das Symbolsystem Sprache ist der Kernpunkt menschlichen Soziallebens (Mead 1934) und jeglicher kultureller und sozialer Evolution.

Weiter oben haben wir einige der Merkmale kennengelernt, die menschliche Sprache vor allen anderen Kommunikationssystemen auszeichnen. Doch daß Sprache eine universale menschliche Eigenschaft ist, heißt nicht, daß sich alle Kulturen ihrer auf gleiche Weise bedienen. Sprache und Kultur sind eng miteinander verwoben. In unserer Art, die Dinge zu benennen und zu kategorisieren, spiegelt sich unser Weltbild wider, und umgekehrt vollziehen sich unsere Wahrnehmung und unser Denken im Rahmen unserer sprachlichen Kategorien und Ausdrucksformen. Diese Interdependenz kann noch weiter gehen. Inneres Sprechen (Medium unseres Denkens) und äußeres Sprechen (Medium sozialer Kommunikation) bedingen einander gegenseitig, sagt Vygotsky. Das bedeutet, daß kulturelle Unterschiede nicht nur den Gebrauch von Sprache als Medium sozialer Kommunikation beeinflussen, sondern durch die Sprache auch zu Unterschieden im Denken führen.

Die Theorie der sprachlichen Relativität

Um diese Interdependenz von Sprache und Denken geht es der Theorie der sprachlichen Relativität von Sapir und Whorf. Verschiedene Sprachen, so besagt die These von der sprachlichen Relativität, sind nicht einfach nur alternative Vehikel zur Beschreibung ein und derselben Realität, vielmehr sehen Menschen, die verschiedene Sprachen sprechen, auch die Welt verschieden. In ihrer konsequentesten Form behauptet diese Theorie, daß die Sprache das Denken bestimmt. Da wir das Universum nur im Rahmen unserer Begrifflichkeit verstehen können, und da es die Sprache ist, die uns diese Begrifflichkeit liefert, müssen Menschen, die eine andere Sprache sprechen als wir, auch die Welt anders sehen: Sie müssen in einem anderen „kognitiven Universum" leben. Viel mehr Anerkennung gefunden hat die „schwache" Form dieser Theorie, welche von der Behauptung ausgeht, daß unterschiedliche Sprachen die Menschen dazu disponieren, die Welt unterschiedlich zu sehen. Dabei ist die Beziehung zwischen Sprache und Denken weder unmittelbar noch absolut.

Benjamin L. Whorf, der wohl bekannteste Vertreter der Theorie von der sprachlichen Relativität, begann seine Laufbahn als Inspektor einer Feuerversicherung und entwickelte sich bei dieser Tätigkeit zum überaus findigen und einflußreichen Amateurlinguisten. Es beeindruckte Whorf zutiefst, wie verschieden die Leute sich selbst und ihm die Ursachen der jeweils untersuchten Brände erklärten. Solche Beobachtungen veranlaßten ihn schließlich, auch die Sprachen anderer Kulturen, zum Beispiel die amerikanischer Indianerstämme, zu untersuchen. Dabei kam er zu dem Schluß, daß die verschiedenen kulturellen Gruppen nicht nur verschiedene Sprachen sprachen, sondern auch in verschiedenen kognitiven Welten lebten.

„Die Formulierung von Gedanken ist kein unabhängiger, im überkommenen Sinne streng rationaler Prozeß, sondern Teil einer besonderen Grammatik und – mehr oder weniger – von Grammatik zu Grammatik verschieden. Wir segmentieren die Natur entlang der Grenzen, die uns die Muttersprache setzt... Daß wir die Natur auf bestimmte Art aufteilen, in Begriffe organisieren und bestimmte Bedeutungsschwerpunkte setzen, liegt zum großen Teil daran, daß wir die Übereinkunft getroffen haben, sie genau so und nicht anders zu organisieren – eine Übereinkunft, die für unsere ganze Sprachgemeinschaft verbindlich und in den Mustern unserer Sprache kodiert ist" (Whorf 1956, S. 212–213).

Beispiele solcher Muster gibt es zuhauf. Im Englischen wird zwischen lebenden und nicht-lebenden fliegenden Dingen unterschieden, bei den Hopi-Indianern ist das Wort für Biene und Flugzeug dasselbe. Die Sprache der Eskimos besitzt zahlreiche Ausdrücke zur Beschreibung verschiedener Schneearten. Mit japanischen Personalpronomen lassen sich zwischenmenschliche Beziehungen viel subtiler differenzieren als in europäischen Sprachen. Das Deutsche stellt sehr viel mehr Ausdrücke zur Beschreibung komplexer innerer Zustände bereit als das Englische, dafür hat die englische Sprache anscheinend mehr Raum für Humor.

Denken wir so, wie wir sprechen?

Das tägliche Leben ist voll von Beispielen für die enge Verflechtung von Sprache, Denken und Kultur und die absichtsvolle Manipulation von Kultur und Denken durch Sprache. Man achte nur einmal darauf, wie sich die verschiedenen politischen Bewegungen bestimmter Wörter bedienen. In Orwells ,,1984" entwickeln die Herrscher der utopischen, totalitären Gesellschaft eigens eine neue Sprache, die das Denken der Menschen und ihr Vermögen, die sie umgebende Wirklichkeit zu verstehen und in Worte zu fassen, manipulieren soll. Man eliminiert Ausdrucksformen, die dem Regime gefährlich werden könnten, um so die Menschen unfähig zu machen, auch nur die entsprechenden Gedanken zu denken. Orwells ,,1984" war den kommunistischen, totalitären Gesellschaften seiner Zeit nachempfunden, die im übrigen ihre Sprache seither überraschend wenig geändert haben.

Noch heute bedeuten Wörter wie ,,Wahl", ,,Partei", ,,Kandidat", ,,Verfassung" und ,,wählen" in der Sowjetunion und den übrigen Ostblock-Ländern etwas völlig anderes als in westlichen Gesellschaften. Wenn Prawda-Leser in ihrer Zeitung so universalen Begriffen begegnen wie ,,Demokratie", ,,Freiheit", ,,Frieden" oder ,,Menschenrechte", entnehmen sie ihnen einen anderen Sinn als westliche Zeitungsleser. In spezifisch sowjetischer Leseart haben all diese Begriffe nichts mit individuellen Rechten und Wahlmöglichkeiten zu tun, sondern mit der Legitimierung der Parteihierarchie. Negativ konnotierte Begriffe wie ,,Preisanstieg", ,,Geheimpolizei" oder ,,Propaganda" dienen in der UdSSR nur selten der Beschreibung der Verhältnisse im eigenen Land. Unschuldiger klingt es, wenn der offizielle Jargon von ,,Preisanpassung", ,,Staatsschutz" und ,,Information der Öffentlichkeit" spricht.

Für jemanden, der in einer westlichen Kultur aufgewachsen ist, ist es in der Tat nicht immer einfach, zu verstehen, was ein sowjetischer Sprecher mit solchen Wörtern meint. Wenn Sie tiefer in die – von der unsrigen noch immer sehr verschiedene – Denkwelt der Sowjetbürger eindringen möchten, empfehle ich Ihnen die beiden informativen und gut lesbaren Bücher ,,The Russians" von Hedrick-Smith und ,,Russia: Broken Idols, Solemn Dreams" von Shipler. Beide Autoren sind ehemalige Moskau-Korrespondenten. Beispiele für die sprachliche Manipulation von Kultur und Denken ließen sich noch etliche finden. Man denke nur an den Propaganda-Apparat der Nazis, dem wir klassische Illustrationen derartiger Manipulationen ,,verdanken", sprachliche Neuerungen, die uns – wie die Rhetorik bestehender totalitärer Gesellschaften lehrt – bis auf den heutigen Tag erhalten geblieben sind.

Auch Sprachkampagnen wie das derzeitige Bemühen um eine nicht-sexistische Sprache machen deutlich, wie Denken und Sprechen einander beeinflussen. Wenn wir uns, so die Verfechter(innen) dieser Kampagne, von sprachlichen Kategorien trennen, die etwa zwischen verheirateten und unverheirateten Frauen oder auf spezifische Weise zwischen Frauen und Männern unterscheiden, wird sich schließ-

Aktivität 7.2: Politik der Bedeutung

Spielt es eine Rolle, wenn die Bedeutung von Wörtern eine Sache politischen Beliebens wird? George F. Will, der bekannte amerikanische Kolumnist, war jedenfalls davon überzeugt, als er die Entscheidung der amerikanischen Regierung kommentierte, sich aus der zunehmend politisierten UNESCO zurückzuziehen. Lesen Sie Wills Kommentar und überlegen Sie, ob Sie ihm beipflichten.

„Der Schaden, den die UNESCO angerichtet hat, liegt weniger in den wenig gedeihlichen Regeln, die sie durchzusetzen versucht, als vielmehr darin, daß sie die wenigen Demokratien dieser Welt zu Kollaborateuren eines schrecklichen Etikettenschwindels macht. Die Kategorien westlichen politischen Denkens werden entleert und mit neuen Bedeutungen versehen, wenn etwa westliche Delegierte auf einer Konferenz über die Schulbildung in verschiedenen Ländern höflich dem Delegierten der Ukrainischen Sozialistischen Sowjetrepublik lauschen, der berichtet, in sowjetischen Schulen werde „Respekt vor Menschenrechten und grundlegenden menschlichen Freiheiten" gelehrt. Der Glaube an Kommunikation – an Gespräche und Verhandlungen – gehört zu den tiefverwurzelten Sentimentalitäten liberaler Gesellschaften. Ist nicht der Dialog mit dem Gegner unter allen Umständen die bessere Lösung? Nein, nicht wenn der bloße Akt des Zusammentreffens, um über wichtige Dinge zu reden – über Freiheit, Gerechtigkeit, Bürgerrechte, Gewerkschaften, Journalismus -, fälschlicherweise und zum Vorteil des Gegners zur Annahme verleitet, daß alle Teilnehmer mit denselben Worten auch dieselben Dinge meinen. Oder, schlimmer noch, wenn das bloße Befolgen diplomatischer Etikette – die imposante Abfolge von Konferenzen – die Vorstellung legitimiert, es gebe für derartige Wörter zwar ganz und gar verschiedene, aber gleichermaßen annehmbare Bedeutungen. Die UNESCO ist ein Werkzeug zur geistigen Entwaffnung des Westens." (George F. Will in der Washington Post, auszugsweise auch veröffentlicht in der International Herald Tribune, Paris, 26. Dezember 1983)

Hat Will recht? Spielt es eine Rolle, wenn wichtige Wörter allmählich ihre Bedeutung einbüßen? Würde es für uns wirklich etwas ausmachen, wenn wir nicht mehr genau wüßten, was mit Begriffen wie „Wahl", „Menschenrechte", „Partei" oder „Gewerkschaft" gemeint ist? Erschwert es die soziale Interaktion, wenn dieselben Wörter unterschiedliche Dinge beschreiben? Glauben Sie, daß hier der Grund für die Interaktionsschwierigkeiten zwischen amerikanischen und sowjetischen UNESCO-Delegierten liegen könnte?

lich auch unsere Einstellung zu solchen Unterschieden ändern. (Interessanterweise – und sicher nicht im Sinne ihrer Urheberinnen – können uns solche Kampagnen auch neue Unterscheidungen bescheren. Eine amerikanische oder englische Frau, die sich selbst als „Ms" und nicht als „Mrs" oder „Miss" einführt, wird jetzt möglicherweise der Kategorie „Feministin" zugeordnet – eine kognitive Unterscheidung, die unter Umständen noch diskriminierender ist als die ursprüngliche in verheiratet/unverheiratet, deren Ausmerzung die Kampagne galt.)

Die Theorie der sprachlichen Relativität ist auch am Sprachgebrauch verschiedener Gruppen innerhalb derselben Kultur nachvollziehbar. Wir merken es, sobald wir mit jemandem anderer Herkunft und Lebensart kommunizieren: Obwohl wir beide dieselbe Sprache sprechen, bedienen wir uns ihrer recht unterschiedlich. Wenn bestimmte Muster des Sprachgebrauchs an bestimmte soziale Klassen gebunden sind, kann das einschneidende Folgen haben. Bernstein (1970) hat solche Muster untersucht und festgestellt, daß der Sprachkode (englischer) Arbeiter konkreter und eingeschränkter ist als der von Mittelschichtsangehörigen. So könne es geschehen, meint Bernstein, daß Arbeiterkinder von vorneherein benachteiligt seien in einem Bildungssystem, dessen Lehrer der Mittelschicht entstammen und sich vornehmlich des – auf den Ausdruck abstrakter Gedanken angelegten – Kodes ihrer Klasse bedienen. Mit anderen Worten, Arbeiterkinder sind durch ihre Sprache möglicherweise in einem „kognitiven Universum" gefangen, das ihnen die Kommunikation mit ihren Lehrern erschwert und so zum Handicap für ihren weiteren Werdegang werden kann.

Wie weit geht die sprachliche Relativität?

Doch dieser interessanten Verknüpfungen zwischen Sprache, Denken und Kultur zum Trotz sind die kognitiven Unterschiede zwischen kulturellen Gruppen verschiedener Sprachen nicht immer so extrem, wie Whorf glaubte. Letzterer hielt sogar die großen Verallgemeinerungen der westlichen Welt wie Zeit, Geschwindigkeit und Materie nicht für notwendige Bestandteile eines konsistenten Weltbildes, sondern für kulturspezifische sprachliche Konventionen (1956, S. 216). Daß Sprache uns derart unentrinnbar in ein kognitives Universum einschließt und uns nur eine einzige Möglichkeit läßt, die Welt zu sehen, ist nun doch recht unwahrscheinlich.

Bedeutungen lassen sich ohne weiteres von einer Sprache in die andere übertragen; westliche Politiker und Geschäftsleute können sowjetischen Wortgebrauch verstehen lernen, und auch Whorf scheint es ganz gut gelungen zu sein, Zugang zum Weltbild der Hopi zu finden. Eine unüberwindbare kognitive Barriere ist Sprache also nicht, obwohl es sich vermutlich durchaus so verhält, daß muttersprachliche Begriffe und Strukturen die Aufmerksamkeit in bestimmter Weise fokussieren und so Einfluß darauf nehmen, wie wir die Dinge kategorisieren und im Gedächtnis behalten. Wir bedienen uns der Sprache nicht einfach passiv, sondern aktiv und kreativ, und mit Versuchen, über die Sprache das Denken zu manipulieren, erreicht man zuweilen das Gegenteil von dem, was man beabsichtigt.

Die Theorie der sprachlichen Relativität hat aber nicht nur Implikationen für die Verwendung von Sprache, sondern auch für die kognitive Informationsverarbeitung. Objekte und Konzepte, für die es explizite Kategorien gibt (die einen Namen haben), müßten, folgt man der Theorie von Sapir und Whorf, leichter erinnert, wiedererkannt, kodiert und gespeichert werden als Objekte oder Konzepte ohne eindeutiges semantisches Etikett. Etliche Experimente zeugen davon.

Brown und Lenneberg (1954) haben zum Beispiel gezeigt, daß man sich an Farben, für die es ein eindeutiges semantisches Etikett bzw. einen Namen gab, signifikant besser erinnern konnte als an Farben, für die die Sprache keinen Namen bereithielt (vgl. Aktivität 7.3).

Aktivität 7.3: Benennen und Erinnern

Erinnern wir uns an Dinge, die einen Namen haben, wirklich besser als an ähnliche Objekte ohne Namen? Sie können diese Hypothese in einem einfachen Experiment selbst nachprüfen. Besorgen Sie sich in einem Geschäft für Malereibedarf zwei Farbmusterkarten (mit einer reichen Farbpalette). Etliche dieser Farben haben Namen (blau, rot, gelb, etc.), etliche andere werden Farbmischungen ohne allgemein gebräuchliche Bezeichnungen sein. Schneiden Sie eine der Musterkarten in viele kleine, farbige Rechtecke und machen Sie die Farbnamen unkenntlich. Wählen Sie dann zehn sprachübliche und zehn sprachunübliche Farben aus.

Legen Sie diese Farbenstichprobe jetzt Ihren Probanden kurz vor. Nach ein paar Minuten zeigen Sie ihnen die zweite Farbkarte (ebenfalls mit unkenntlichen Farbbezeichnungen). Bitten Sie die Versuchspersonen, diejenigen Farben herauszupicken, die sie zuvor gesehen haben. Haben die Farbnamen Denken und Gedächtnis beeinflußt? Haben Sapir und Whorf recht, müßten die sprachüblichen Farben besser wiedererkannt worden sein als die Farben ohne sprachübliche Bezeichnung.

Wie soll ich Dich ansprechen? Die Anrede in sozialen Interaktionen

Erster Schritt in jeder sozialen Begegnung und eine der wichtigsten Verwendungsweisen von Sprache in Interaktionen ist die Anrede unseres Partners. Beim Gebrauch von Personalpronomina und Anredeformen folgen wir im allgemeinen kulturellen Konventionen. Auch Anredeformen und Pronomengebrauch unterliegen historischem Wandel (Brown 1965, Brown und Gilman 1960). Wie alle anderen sprachlichen Formen folgen Anredeformen expliziten Regeln, die in einer bestimmten Gesellschaft allgemein anerkannt sind. In vielen europäischen Sprachen hat man die Wahl zwischen einer informellen, familiären Form der Anrede und einer formellen Höflichkeitsform: im Deutschen zwischen ,,du" und ,,Sie", im Französischen zwischen ,,tu" und ,,vous", im Italienischen zwischen ,,tu" und ,,lei", im Ungarischen zwischen ,,te" und ,,Ön", usw. Asiatische Sprachen verfügen häufig über sehr viel differenziertere Anredemöglichkeiten, was zugleich die größere Bedeutung und Differenziertheit von Statusunterschieden in diesen Kulturen widerspiegelt.

Roger Brown glaubte, daß wir bei der Wahl der Anredeform zwei einfachen, universalen Normen folgen können: der *Statusnorm* und der *Solidaritätsnorm*. Die Statusnorm schreibt vor, daß die informelle, familiäre Form immer dann angewendet wird, wenn der Ansprechpartner einer unteren sozialen Schicht angehört, und zwar unabhängig davon, ob der Sprecher derselben oder einer höheren sozialen Schicht entstammt. Die höflich-formelle Form der Anrede gilt – ungeachtet der Schichtzugehörigkeit des Sprechers – allen Angehörigen der Oberschicht. Diese reine Form der Statusnorm war vor der Französischen Revolution in vielen feudalistischen Gesellschaften Europas sogar zwischen nahen Verwandten (auch zwischen Mann und Frau) die Regel, während man sich in den unteren sozialen Schichten auch unter Fremden informell ansprach.

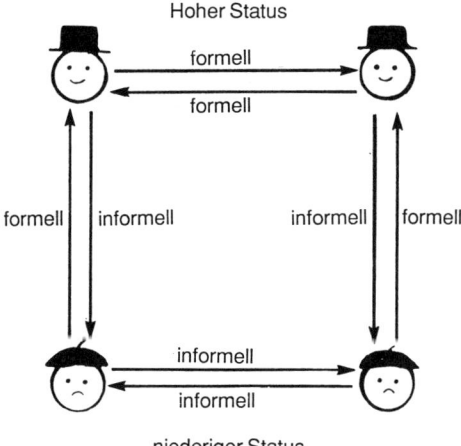

Abb. 7.1: Die Statusnorm bei Anredeformen
Nach traditioneller Statusnorm sprach man Menschen von niedrigem Status informell und Menschen von höherem Status formell an. Wie vertraut oder fremd sich die Partner waren, spielte dabei keine Rolle. (Nach Brown 1965)

Die *Solidaritätsnorm* regelt die Anrede nicht nach Status, sondern nach Vertrautheit. Sie schreibt die Höflichkeitsform, unabhängig von Klassenzugehörigkeiten, dann vor, wenn die Partner auf wenig vertrautem Fuß miteinander stehen, und die informell-familiäre Form, wenn die Beziehung der Partner intimerer und vertrauterer Natur ist. Als sich nach der Französischen Revolution die Solidaritätsnorm immer mehr durchsetzte, kam es zu Erwartungskonflikten. Wie aus Abb. 7.1 ersichtlich ist, gerieten beide Normen dort aneinander, wo zu und zwischen Oberschichtsangehörigen intim-vertraute und zu und zwischen Unterschichtsangehörigen wenig vertraute Beziehungen bestanden.

In Europa löste man diesen Konflikt schließlich dadurch, daß man die Statusnorm im Laufe der Zeit aufgab und die Solidaritätsnorm als verbindlich akzeptierte – ein schönes Beispiel dafür, wie sozialer und kultureller Wandel auch die
Muster angemessenen Sprachgebrauchs determiniert. Die Statusnorm paßte zur
streng hierarchisch gegliederten Gesellschaft des Feudalismus, während die Solidaritätsnorm den Werten und Erwartungen der nachrevolutionären liberalen Kultur besser entspricht.

Wenn man diese Formen der Anrede nicht gewöhnt ist (das Englische kennt
solche Unterscheidungen zum Beispiel überhaupt nicht mehr) und auf deutsch
oder französisch kommunizieren muß, kann die Wahl der richtigen Form sogar
heute noch einige Schwierigkeiten bereiten. An der westdeutschen Universität, an
der ich früher gearbeitet habe, sprechen Professoren einander auch nach vielen
Jahren der Zusammenarbeit immer noch ganz formell mit ,,Sie`` an, während
unter Studenten, auch wenn sie einander fremd sind, das informelle ,,du`` üblich ist
– ein Rest von Statusnorm, wie es scheint. Der Übergang vom formellen ,,Sie``
zum informellen ,,du`` vollzieht sich hierzulande nach genauestens geregeltem
Ritual. Das Vorrecht der Initiative gebührt dem älteren, dienstälteren oder ,,ein-
gesesseneren`` Partner, und der Wechsel der Anredeform wird gewöhnlich mit
einem Glas Alkohol oder einem anderen feierlichen kleinen Akt besiegelt. Auch
die politische Ideologie kann, wie bei Linken und Konservativen zu beobachten ist
(vgl. Brown und Gilman 1960), Einfluß auf die Form der Anrede nehmen. In
Frankreich neigt man unter radikalen Studenten mehr zum informellen ,,tu`` als in
konservativen Kreisen.

Die Sprache sozialer Gruppen

Wie wir gesehen haben, wird Sprache als Kommunikationssystem geformt und
beeinflußt von der Kultur, in der sie gesprochen wird. Sobald Menschen miteinander interagieren, entwickeln sie unweigerlich ihre besonderen Sprachkodes. Ihr
Wissen voneinander wächst und so können sie in ihrer verbalen Kommunikation
immer mehr Einzelheiten aussparen. Mit anderen Worten, ihre Sprache wird zunehmend indexikalisch: Ein großer Teil der Botschaft wird nicht mehr explizit
ausgedrückt, sondern nur angedeutet oder impliziert. (Sie werden das auch in
Aktivität 7.1 festgestellt haben.) So ist die einfache englische Frage ,,Shall we have
a dip?`` für sich genommen ohne Sinn. Um sie richtig zu interpretieren, müssen wir
Dinge wissen, die einzig in diesem Fall impliziert sind: Wir müssen wissen, daß (a)
,,dip`` im Jargon dieser Gruppe ,,schwimmen gehen`` bedeutet, (b) der Fragende
sich auf eine Bademöglichkeit bezieht, die seinem Partner bekannt ist, (c) beide
schwimmen können, (d) beide auch früher schon zusammen schwimmen gegangen
sind, etc.

Um die Kommunikation ökonomischer zu gestalten, stützt sich Sprache also
immer auf das gemeinsame Wissen der miteinander Interagierenden. Je enger die

Beziehung zwischen Sender und Empfänger, um so spezifischer wird ihr Sprachgebrauch. Liebespaare, gute Freunde und Familien können Sprachkodes entwickeln, die für Außenstehende nahezu unverständlich sind. Auch weniger miteinander vertraute Gruppen, etwa Angehörige einer Universität oder Leute, die ein Büro miteinander teilen, können ihren eigenen Jargon entwickeln.

Eine gemeinsame soziale Umgebung fördert also die Herausbildung eines Gruppenjargons. Das geschieht nicht nur, um Kapital aus dem gemeinsamen Wissen zu schlagen und die Kommunikation ökonomischer zu gestalten. Die ,,eigene Sprache" trägt auch dazu bei, eine soziale Gruppe zu definieren. Wer mit der Gruppensprache vertraut ist, ist ,,in", gehört zur Gruppe, während Außenstehende, die der Gruppensprache nicht mächtig sind, Schwierigkeiten haben, in die Gruppe aufgenommen zu werden. So dient ein bestimmter Sprachgebrauch auch dazu, die soziale Identität einer Gruppe zu definieren und zu festigen.

Dieses Zusammenhangs zwischen Sprache und Gruppenidentität haben sich nur wenige Forscher angenommen. Friendly und Glucksberg (1970) untersuchten eine Gruppe von Princeton-Studenten und stellten fest, daß der Erwerb des lokalen Jargons einer der wichtigsten Schritte auf dem Weg zum angemessen sozialisierten Gruppenmitglied war. Die Autoren erstellten eine Liste des für die betreffende Subkultur spezifischen Jargons und analysierten mit Hilfe multidimensionaler Skalierung, wie Studenten diese Ausdrücke verstanden. Ältere Studenten, so stellte sich heraus, wiesen ein komplexeres und elaborierteres Wissen über die möglichen Bedeutungsnuancen und -schattierungen dieser Wörter auf als Neulinge. Einen Ausschnitt aus diesem Subkultur-Lexikon zeigt Tabelle 7.1.

Ist dieser Typ ein ,wonk', ein ,stud', ein ,lunch' oder ein ,gut hopper'?

Nichts von alledem – sondern aller Wahrscheinlichkeit nach ein ,grind', wie er im Lexikon des Princeton-Jargons von Friendly und Glucksberg beschrieben steht (vgl. Tabelle 7.1). Der gruppenspezifische Jargon erleichtert die Kommunikation und trägt zur besonderen Identität einer Gruppe bei.

Tabelle 7.1: Ausschnitt aus dem Lexikon des Princeton-Jargons.

Wort	Bedeutung
wonk	ein introvertierter Student, der immer studiert; gilt allgemein vom Aussehen her als körperlich unattraktiv
stud	gutaussehender Student mit Erfolg bei Frauen; cool und über den Dingen stehend
star	1. steht im Mittelpunkt der Aufmerksamkeit 2. ist eine Sportskanone
lunch	äußerlich reizloser und sozial unattraktiver Student
meatball	dasselbe wie oben, nur körperlich und intellektuell noch unattraktiver
punter	Student, der wenig studiert; verbringt seine Zeit mit unproduktiven Beschäftigungen (z. B. Fernsehen)
grind	Student, der immer mal wieder für längere Zeit emsig studiert; ein periodischer ‚wonk‘
faceman	attraktiver Student, der anfangs einen guten Eindruck macht; ist stets bemüht, sich gut zu verkaufen
Cottage type	Stereotyp eines Menschen, der dem erlesenen und prestigeträchtigen Cottage Club angehört; gilt im allgemeinen als konservativ und oberflächlich
Ivy type	Stereotyp des Ivy Club-Mitglieds, ebenfalls ein erlesener und prestigeträchtiger Club; gilt im allgemeinen als aristokratisch und eingebildet
Cannon type	Stereotyp eines Angehörigen des Cannon Clubs, der bekannt, wenn auch nicht ganz so prestigeträchtig ist; gilt als ungehobelt und wenig intelligent
Colonial type	Stereotyp eines Angehörigen des in Maßen prestigeträchtigen Colonial Clubs; gilt als pseudointellektueller, unsportlicher Kulturbanause
Key and Seal type	Stereotyp eines Angehörigen des sozial wenig angesehenen Key and Seal Clubs, gilt im allgemeinen als ‚lunch‘
Wilcox type	Stereotyp der wenig prestigeträchtigen, für jederman offenen Woodrow Wilson Society; meist bärtig, langhaarig, unsportlich, radikal und mit den Eigenschaften eines ‚wonk‘
ceptsman	jemand, der sich mit wenig, aber wichtigem Wissen und einer guten Schreibe durchs Studium mogelt; ein fauler Student
gut hopper	Student, der nur ‚guts‘, d. h. leichte Kurse belegt
bull thrower	Student, der viel spricht und wenig sagt

(Nach Friendly und Glucksberg 1970, S. 557)

Wir haben in einer ähnlichen Studie (Forgas 1983) die Kategorien untersucht, in denen Studenten einer australischen Universität ihre Kommilitonen beschreiben. Der Vergleich unserer Liste (vgl. Tabelle 3.1) mit der von Friendly und Glucksberg (1970) ist recht aufschlußreich. Trotz einiger Unterschiede sind sich beide überraschend ähnlich. Die studentische Subkultur scheint sich kulturunabhängig und abgesehen von einigen lokalen Besonderheiten eine sehr ähnliche Sprache zu schaffen.

Der eigene Sprachkode dient nicht nur der Kommunikationserleichterung innerhalb der Gruppe, sondern hat, wie wir gesehen haben, noch bedeutsame andere Konsequenzen; so festigt und etabliert er zum Beispiel die soziale Identität einer Gruppe. In Gruppen, die sich ihres Status nicht sicher sind oder ihn besonders unter Beweis stellen wollen, bürgern sich Jargon-Ausdrücke oft nicht aus Kommunikations-, sondern einzig aus Statusgründen ein. Intellektuelle Berufsgruppen und Wissenschaftler sind für solche Praktiken besonders berüchtigt. Das archaische Englisch der Juristen dient eigentlich kaum noch dem präzisen juristischen Ausdruck, sondern kündet von dem besonderen Wissen und dem Status dieser Berufsgruppe als der einzigen, die juristische Texte zu interpretieren versteht. Würden solche Dokumente in normalem Englisch verfaßt (wie viele Experten vorschlagen), wären sie jedermann verständlich, und der Gang zum qualifizierten (und teuren) Fachmann würde sich häufig erübrigen.

In ähnlicher Weise haben auch Ärzte lange Zeit das den meisten Menschen unverständliche Latein vorgezogen, um Krankheiten zu benennen, wo Bezeichnungen in der jeweiligen Muttersprache ihren Zweck genauso gut erfüllt hätten. Wieder einmal ist die Kenntnis des Jargons Symbol für Wissen und Wert einer Berufsgruppe. Leider schwelgen auch Psychologen unnötig oft im Fachjargon. Wie Tabelle 7.2 zeigt, bietet die komplexe und schwierige Materie der Psychologie (und der meisten anderen Sozialwissenschaften) ebenfalls manch gute Gelegenheit zu nahezu bedeutungslosem „Jargonieren".

Sprache und soziale Situation

Wie oben dargelegt wurde, wird unsere Sprache von unserer Kultur und von den Normen, den Regeln und der gemeinsamen Geschichte unserer Gruppe oder Interaktionseinheit determiniert. Doch darüber hinaus, so lehrt die soziolinguistische Forschung, lassen wir uns in unserem Sprachgebrauch noch von einer Vielfalt anderer Faktoren leiten. Das Kommunikationssystem Sprache ist so reich, daß wir für ähnliche Inhalte immer die Wahl zwischen mehreren Ausdrucksmöglichkeiten haben. In dem, was wir sagen und wie wir es sagen, folgen wir immer auch den spezifischen Anforderungen der jeweiligen Situation. Solch situationsbedingte Einflüsse wollen wir im folgenden kurz betrachten.

Tabelle 7.2: Leitfaden des (fast) bedeutungsleeren Jargons.
Zum „kreativen" Sprachgebrauch gehört oft ein unnötiger und unverständlicher Jargon, der weniger der reibungslosen Kommunikation als der Identität einer sozialen Gruppe dient. Hier haben Sie eine kleine Stichprobe aus dem Lexikon des Sozialwissenschaftlers: Sie können nahezu jedes Wort aus Spalte 1 mit nahezu jedem Wort aus Spalte 2 und 3 kombinieren, und das Ergebnis wird jedesmal eine beeindruckend klingende, aber fast bedeutungslose Phrase sein.

1	2	3
fortbestehend	persönlich	Konstrukt
komplementär	kulturell	Kontexte
bestätigend	sozial	Reaktionen
dissonant	individuell	Reiz
künftig	natürlich	Evaluierungen
rational	wissenschaftlich	Repräsentationen
erfolgreich	kognitiv	Urteile
intuitiv	psychologisch	Bewertungen
manipulativ	konzeptuell	Vorhersagen
klassisch	deskriptiv	Struktur
gegenwärtig	funktional	Wahrnehmungen
komplex	mental	Situationen, usw.

So eine Liste haben Sie schneller zusammen, als Sie glauben. Versuchen Sie's mal!

Werden in einer Gemeinschaft mehrere Sprachen oder Dialekte gesprochen, gibt die Wahl des Kodes interessante Aufschlüsse über die sozialen Regeln, denen die verbale Interaktion folgt. Fishman (1971) zeigte, daß sich zweisprachig – in diesem Fall mit Spanisch und Englisch – aufgewachsene Amerikaner beider Sprachen in sehr verschiedenen Situationen bedienten. Das Englische war Beruf und Schule vorbehalten, zu Hause, mit den Nachbarn und in der Kirche sprach man spanisch. Dieses „*code-switching*" konnte innerhalb ein und desselben Satzes erfolgen. Rayfield (1970) beschreibt, wie Mitglieder der jüdischen Gemeinde Santa Monicas in einen englischen Satz jiddische Wörter einstreuten, sobald es um Familienangelegenheiten ging. Im Rathaus einer norwegischen Gemeinde sprachen die Bewohner mit dem Beamten im heimischen Dialekt, wenn sie ihn begrüßten und sich nach seiner Familie erkundigten (Gumperz und Hymes 1972). Kamen sie auf ihr offizielles Anliegen zu sprechen, wechselten sie über zum Standardkode. Menschen sind sich in sozialen Interaktionen den Erfordernissen der Kommunikationssituation offensichtlich sehr genau bewußt und treffen dementsprechend ihre sprachliche Wahl.

Die Situation beeinflußt nicht nur, was wir sagen, sondern auch wie wir Gesagtes interpretieren. In einer Reihe interessanter Experimente von Gallois und Callan (1984) zeigte sich, daß Menschen je nach Situation sogar auf den Akzent eines Sprechers unterschiedlich reagieren. In Australien wird der Akzent eines Griechen oder eines Eingeborenen in informellen, persönlichen Situationen sehr viel eher akzeptiert als in formellen, leistungsorientierten Situationen. Den Zusammenhang von Situation und Sprachgebrauch lernen wir sehr früh: Bereits Kinder verändern – je nachdem, ob ein Spiel von ihnen Kooperation oder Wettstreit verlangt – ihre Sprachmuster (Garton 1983), und Fünf- bis Siebenjährige verstehen es schon recht gut, ihre Kommunikationsstrategien den besonderen Regeln anzupassen, die ihnen vermittelt wurden (Pratt 1983).

Interessant ist auch die Frage, wie wir aus den zahlreichen verfügbaren semantischen Alternativen diejenige auswählen, die der Situation angemessen ist. Ich kann meinem Partner auf vielerlei Weise mitteilen, daß er die Tür schließen soll: ,,Ich glaube, es zieht hier!", ,,Würdest du bitte die Tür zumachen?", ,,Mir ist kalt", ,,Mach die Tür zu!", ,,Ich möchte wissen, wer hier immer die Tür aufläßt", ,,Habt ihr zu Hause Säcke vor den Türen?", usw. Warum wählen wir die eine Alternative und nicht die andere? Soziolinguistische Untersuchungen haben gezeigt, daß Menschen sehr klare und äußerst sensible Vorstellungen davon haben, was unterschiedliche Situationen von ihnen fordern, wie es um Status und Beziehung der Kommunikationspartner bestellt ist und wie sinnvoll und vernünftig ihre Botschaft unter den gegebenen Umständen ist (Herrmann 1983). Je nach Situation könnte jede der obigen Alternativen die ,,konventionelle" Form der Bitte oder Aufforderung sein (Gibbs 1984). Wir wählen jede Äußerung aus einer umfangreichen Liste von Alternativen danach aus, ob sie den sozialen Anforderungen möglichst gerecht wird.

Etwas sagen, ohne etwas zu sagen

Es gehört zu den wichtigsten Kennzeichen sozialer Interaktion, daß die Partner in Übereinstimmung mit bestimmten Regeln handeln müssen. Im verbalen Austausch oder in Gesprächen müssen wir relevante Dinge in angemessener Reihenfolge sagen, müssen höflich und aufmerksam sein, Schweigen zu vermeiden versuchen, usw. Grice (1975) glaubt, daß sogenannte ,,Konversationspostulate" das Herz jeglicher verbaler Interaktion sind. Aber manchmal ist die Situation derart, daß wir am liebsten überhaupt nichts sagen würden. Was machen Sie, wenn Ihr bester Freund ein schlechtes Referat gehalten hat und Sie anschließend fragt, wie es war? Sie können ehrlich sein (und seine Gefühle verletzen), seine Gefühle auch schonen (und lügen), oder Sie können sich mit ,,Du hast getan, was du konntest" oder ,,Viele hätten es schlechter gemacht" aus der Affäre ziehen. Mit solchen Äußerungen kommen Sie der Forderung nach, etwas Relevantes zu sagen, ohne eine Meinung preiszugeben (vgl. Aktivität 7.4).

Solcherart indirekte und uninformative Äußerungen nennt Bavelas (1985) ,,disqualifizierte" Botschaften. Wir produzieren sie nur dann, wenn wir uns in einem Vermeiden-Vermeiden-Konflikt befinden, d. h., wenn wir zwischen zwei unangenehmen Kommunikationsalternativen zu entscheiden haben (z. B. wie Sie in Aktivität 7.4 oder im obigen Beispiel jemanden verletzen oder belügen müßten).

Aktivität 7.4: Kommunikation in Konfliktsituationen

Stellen Sie sich vor, Sie haben etwas so Bizarres und Nutzloses geschenkt bekommen, daß sie nicht wissen, ob das Geschenk ernst oder als Scherz gemeint war. Eines Tages nun fragt Sie die Geberin: „Wie hat dir mein Geschenk gefallen?". Was antworten Sie? Wählen Sie eine der folgenden Alternativen:

1. „Ganz herzlichen Dank, es gefällt mir sehr. Es war wirklich nett von dir, so an mich zu denken."
2. „Danke, aber ich kann damit nicht viel anfangen. Wie bist du bloß auf die Idee gekommen, mir so etwas zu schenken?"
3. „Danke, es ist gut angekommen. Stimmt es wirklich, daß man schenkt, was man sich wünscht? Ich hoffe, ich kann mich eines Tages revanchieren."

Vermutlich haben Sie die dritte Alternative gewählt. Mit dieser Botschaft haben Sie über das Geschenk selbst so gut wie nichts gesagt. Die obige Situation ist eine Konfliktsituation: Wenn Sie ernsthaft ein Geschenk loben, das als Scherz gedacht war, stehen Sie dumm da. Und wenn sie Mißfallen an einem Geschenk zeigen, das Ihnen in bester Absicht verehrt wurde, verletzen Sie die Gefühle der Geberin. Am besten, Sie sagen etwas, das man so oder so verstehen kann, d.h., Sie sagen etwas, ohne etwas zu sagen! Mehr über solche Botschaften erfahren Sie im nächsten Abschnitt.

Disqualifizierte Botschaften sind im Alltag häufig gefordert. Wenn Sie Ihr Auto verkaufen, von dem Sie wissen, daß es nicht mehr viel taugt, oder wenn Sie eine Freundin trösten, die gerade durchs Examen gefallen ist, werden Sie vermutlich Gebrauch von ihnen nehmen.

Bavelas ist in einer Reihe interessanter Experimente den Bedingungen nachgegangen, unter denen Menschen sich der Disqualifikation bedienen. Einmal ließ sie ihre Probanden in die Rolle eines Geschäftsinhabers schlüpfen, der versuchte, nicht mehr ganz einwandfreies Fleisch an den Kunden zu bringen. Die Anfragen kamen telephonisch, und die Antworten der Probanden wurden aufgenommen und später analysiert. Ein paar typische Antworten aus dieser Studie finden Sie in Tabelle 7.3. Die Zahlen stehen für das Ausmaß, in dem jede Kommunikation ambig (disqualifiziert) war. Ist die Zahl positiv, wurde die Botschaft als disqualifiziert beurteilt, im negativen Falle galt sie als direkt und informativ.

Tabelle 7.3: Wie gut ist das Fleisch? Die Effekte von Konflikt auf die Qualität verbaler Botschaften*

	Botschaften	Skalenwerte
Konfliktlose Bedingung	Ja, das Fleisch ist von guter Qualität	− 3.28
(d. h. das Fleisch ist in Ordnung)	Ja, sicher ist es gut, es ist Güteklasse A.	− 2.34
	Ja, es ist von sehr guter Qualität. Wir würden niemals schlechtes Fleisch verkaufen, wenn etwas nicht in Ordnung sein sollte, bringen Sie es zurück.	− 1.74
	Oh ja, es ist ganz frisch, wir verkaufen es eigentlich nur aus Platzgründen heute schon.	− 1.48
	Ehm, ich bin ganz sicher, daß es in Ordnung ist. Mit dem Fleisch von dort hat es noch nie Schwierigkeiten gegeben. Wenn Sie, wenn Sie, ehm, irgendetwas finden, was nicht in Ordnung ist wie bei dem Huhn, also, dann tauschen Sie es um.	− .85
		− .54
Konflikt-Bedingung	Ich denke, es ist recht gut, ja, für den Preis.	.05
(d. h. am Fleisch sind Zweifel angebracht)	Nun ja, wir verkaufen es, weil es schon eine Weile im Geschäft liegt, aber das heißt nicht, daß es nicht in Ordnung ist. Ich, ja also, das Fleisch ist gut, ich, ehm, ich mache Sie nur darauf aufmerksam, daß, ehm das Fleisch mindestens einen Tag alt ist und vielleicht etwas Farbe verloren hat, wenn man es, ehm, neben frisch geschnittenem Fleisch sieht … es ist also nicht allererste Qualität, es ist … Aber es ist nichts dran, es hat vielleicht nur etwas Farbe verloren.	.13 / .91
	Oh, es ist, es ist recht gut, ja	2.6
	Ehm, … wir verkaufen es, weil es, ehm, es ist nicht mehr ganz frisch.	3.52
	Es ist wie gewöhnlich	3.94

* Positive Skalenwerte verweisen auf nicht-kommunikative, ambige, disqualifizierte Botschaften, negative Skalenwerte auf unambige Botschaften

(Nach Bavelas 1984)

Verbale Kommunikation – eine Schlußfolgerung

In diesem kurzen Kapitel konnten wir nur einen allgemeinen Eindruck von der Komplexität der menschlichen Sprache als einem Medium interpersonaler Kommunikation vermitteln. Wie wir gesehen haben, legen die Theoretiker auf diesem Gebiet den Schwerpunkt entweder auf die einmalig-menschlichen, universalen

Merkmale von Sprache (Lenneberg, Hockett, Vygotsky) oder auf die spezifischen, kulturabhängigen Unterschiede des Sprachgebrauchs (Brown, Sapir, Whorf, etc.). Sprache ist zweifellos eines der wenigen Merkmale, das den Menschen eindeutig von allen anderen Arten abgrenzt. Sie ermöglicht es uns, zu abstrahieren, über unsere täglichen Erfahrungen nachzudenken, komplexe symbolische Repräsentationen aufzubauen und auf diese Weise umfassendere kulturelle Systeme zu schaffen. Daß Sprache das entscheidende Medium sozialen und kulturellen Lebens ist, haben insbesondere die Theoretiker des Symbolischen Interaktionismus zu vermitteln versucht.

Besondere Aufmerksamkeit verdient die Rolle der Sprache in unseren ganz alltäglichen sozialen Interaktionen. Soziale Gruppen weisen die Tendenz auf, sich mehr oder weniger spezialisierte Sprachkodes zu schaffen. Veränderungen sozialer und politischer Art hinterlassen ihre Spuren auch in den Mustern des Sprachgebrauchs (vgl. Browns Analyse der Anredeformen). Will man erfolgreich sozial interagieren, muß man mit den spezifischen Sprachkodes vertraut sein. Und schließlich wird die Botschaft, die ein Sprecher aus seinem verbalen Repertoire auswählt, noch von zahlreichen subtilen sozialen und situationsbedingten Faktoren beeinflußt. Doch auch der Sprache sind innerhalb der ,,face-to-face"-Interaktion Grenzen gesetzt. Der Gehörkanal, der – zum Beispiel in einem Gespräch – zur Übermittlung dient, ist in seiner Kapazität sehr beschränkt. In jeder ,,face-to-face"-Interaktion kommuniziert man sehr viel mehr, als man mit Worten sagt, und das geschieht zumeist visuell. Einigen Aspekten solcher nonverbalen Kommunikationskanäle wollen wir uns im folgenden Kapitel zuwenden.

Kapitel 8

Nonverbale Kommunikation

Interpersonale Kommunikation besteht nur zu einem kleinen Teil aus verbalen Botschaften. Gewöhnlich übermitteln wir zusammen mit Worten und Sätzen eine Vielfalt nonverbaler Signale, die der verbalen Botschaft Nachdruck verleihen, sie aber auch modifizieren oder völlig ersetzen können. Es kommt vor, daß in – manchmal sogar recht komplexen – sozialen Begegnungen überhaupt nur nonverbale Botschaften ausgetauscht werden. Ist explizite verbale Kommunikation aus irgendwelchen Gründen schwierig oder unmöglich (ist der Lärm zu groß, sind die Partner zu weit voneinander entfernt oder wollen sich Liebende in Gegenwart anderer verständigen), kann ein komplizierter Austausch nonverbaler Signale – Blicke, Lächeln, Gesten, veränderte Körperhaltung, usw. – an die Stelle der verbalen Kommunikation treten. Kommunikationspartner unterschiedlichen Geschlechts haben sich, oft noch bevor das erste Wort zwischen ihnen gefallen ist, in einem elaborierten Austausch nonverbaler Signale über Interesse und Verfügbarkeit verständigt.

Ohne die Fähigkeit, solche nonverbalen Botschaften zu senden und zu empfangen, ist, wie wir sehen werden, erfolgreiche soziale Interaktion unmöglich. Argyle glaubt, daß diese Fähigkeit – wie jede andere auch – gelernt werden muß, und offensichtlich schaffen manche Menschen das einfach besser als andere. Fehlt die Fertigkeit zu nonverbaler Kommunikation, können ernsthafte Fehlanpassungen die Folge sein, die dann durch Einüben der notwendigen Kommunikationskompetenzen, d. h. durch ein entsprechendes ,,Training'', behoben werden können (vgl. Kapitel 16).

Im folgenden wollen wir uns die wichtigsten Eigenschaften nonverbaler Kommunikation ansehen und uns fragen, wo die Unterschiede zur sprachlichen Kommunikation liegen. Wir werden nonverbale Botschaften bis zu ihren evolutionären Wurzeln zurückverfolgen und schließlich einen Überblick über die Forschung zu bestimmten Formen nonverbaler Botschaften (Blickverhalten, Gesichtsausdruck, Distanzverhalten, Körperhaltung, usw.) geben. Die meisten Arbeiten zu diesem Thema sind relativ jungen Datums. Obwohl Charles Darwin schon vor mehr als hundert Jahren ein Buch über den nonverbalen Ausdruck von Emotionen bei Mensch und Tier geschrieben hat (Darwin 1872), haben Sozialpsychologen dieses Thema erst vor kurzem neu für sich entdeckt. Der Prozeß der nonverbalen Kommunikation ist sehr viel komplexer, als es uns die zahlreichen Bücher über ,,Körpersprache'', ,,stumme Botschaften'' und dergleichen weismachen wollen. Doch hat sich, wie wir sehen werden, unser Wissen um diese Art der Kommunikation dank moderner sozialpsychologischer Methoden gewaltig vergrößert.

Ähnlichkeiten und Unterschiede zwischen verbaler und nonverbaler Kommunikation

Nonverbale Botschaften sind nicht einfach eine Alternative zur Sprache, denn die Unterschiede zwischen beiden Kommunikationssystemen sind beträchtlich. Das Dekodieren von und das Reagieren auf nonverbale Botschaften geht normalerweise sehr viel unvermittelter und automatischer vonstatten, als das bei verbalen Botschaften der Fall ist. Wenn Ihr Interaktionspartner Sie anlächelt, Sie anstarrt oder Ihnen zuwinkt, wird Sie das in den meisten Fällen zu sofortiger Interpretation und Reaktion veranlassen. Solche Botschaften bedürfen weder bewußter Analyse noch bewußter Dekodierung. Im Unterschied dazu müssen verbale Botschaften gewöhnlich sehr viel sorgfältiger enkodiert und dekodiert werden, weshalb wir also erheblich länger brauchen, bis wir eine verbale Äußerung verstanden, interpretiert und uns für eine geeignete Erwiderung entschieden haben.

Wie es scheint, sind nonverbale Botschaften sehr viel seltener der Gegenstand bewußter Interpretation und Aufmerksamkeit als Sprache. So kann es kommen, daß sich ein Sprecher nonverbal bloßstellt und gegen seinen Willen Einstellungen, Gefühle und Emotionen preisgibt. Solcherart nonverbale ,,Durchlässigkeit'' kann auch enthüllen, ob jemand die Wahrheit sagt oder lügt. Ekman und Friesen (1974) sind diesem Phänomen nachgegangen. Ihre Hypothese dabei war, daß periphere Reize – Körperbewegungen zum Beispiel, oder Bewegungen von Armen und Beinen – weniger bewußt gesteuert werden und deshalb einen Lügner wahrscheinlich eher entlarven als so zentrale Reize wie Gesichtsausdruck oder Blickverhalten. Als Material dienten ihnen unter anderem Filmaufnahmen von psychiatrischen Patienten, die zu verbergen suchten, wie ängstlich und aufgeregt sie in Wirklichkeit waren, und statt dessen ,,Optimismus, Affektkontrolle und Wohlbefinden'' simulierten (Ekman und Friesen 1969, S. 100).

Man führte diese Filme, die entweder nur den Kopf oder nur den Körper der Patienten oder Kopf und Körper zusammen zeigten, Beobachtern vor und bat sie, auf einer Liste von Adjektiven diejenigen anzukreuzen, die den Zustand des Patienten ihrer Meinung am besten beschrieben. Die Ergebnisse sind in Tabelle 8.1 zusammengefaßt und zeigen deutlich, daß Körperbotschaften sehr viel mehr über den wahren Zustand des Patienten (Spannung, Erregung, etc.) preisgeben als Kopfbotschaften. Letztere wurden von den Patienten besser kontrolliert und kommunizierten eine trügerisch aufgeschlossene, freundliche und kooperative Haltung. Darüber hinaus wurden einige symptomatische Botschaften auch von Kopf und Körper gleichermaßen signalisiert. Spätere Untersuchungen haben diese Ergebnisse im großen und ganzen bestätigt. Auch hier zeigte sich, daß periphere nonverbale Reize vom Bewußtsein weniger streng gesteuert werden als zentrale nonverbale Reize, die ihrerseits im allgemeinen unkontrollierter bleiben als verbale Botschaften.

Nonverbale Kommunikation unterscheidet sich von Sprache noch auf andere Weise: Information über *Einstellungen und Emotionen* wird nonverbal tendenziell effektiver übermittelt als verbal. Das mag zunächst überraschen, denn gemeinhin glauben wir, daß nonverbale Reize sprachliche Botschaften einfach nur begleiten, ihnen allenfalls Nachdruck verleihen. Um herauszufinden, wie effektiv beide Systeme Information über Einstellungen und Emotionen übermitteln, müssen wir uns ansehen, was geschieht, wenn die verbale Botschaft dem nonverbal Kommunizierten *widerspricht*. Welche der beiden widersprüchlichen Botschaften beeinflußt den Beobachter mehr?

Die beiden einschlägigen Untersuchungen stammen von Argyle et al. (1970) und Argyle, Alkema und Gilmour (1971). In beiden Experimenten sollten Beobachter sich einen Eindruck von Menschen bilden, die verbal und nonverbal konsistente oder widersprüchliche Botschaften kommunizierten. In der ersten Untersuchung sahen die Probanden einen Videofilm, in dem eine Dozentin verbal größte Überlegenheit kommunizierte (,,Ich bezweifle, daß Sie dieses Experiment verstehen"), nonverbal jedoch Botschaften aussandte, die für Unterlegenheitsgefühle sprachen (ehrerbietig, nervöses Lächeln, gesenkter Kopf, nervös, übereifriges Sprechen) (Argyle et al. 1970). In weiteren Versuchsdurchgängen vertauschte man die Botschaften beider Modalitäten oder gestaltete sie in beiden Kanälen konsistent über- bzw. unterlegen. Folgt man den Ergebnissen, sind bei der Kommunikation von Unterlegenheit oder Überlegenheit nonverbale Botschaften um vieles überzeugender als Worte: ,,Es zeigte sich, daß nonverbale Reize auf die Urteilsänderung einen 4,3 mal größeren Effekt hatten als verbale Reize und 10,3 mal soviel Varianz erklärten" (S. 222). In der zweiten Studie ging es um die Kommunikation von Freundlichkeit oder Unfreundlichkeit, und die Ergebnisse waren ähnlich (vgl. Aktivität 8.1.).

Das sind interessante Beobachtungen und man erklärt sie damit, daß die Kultur dem, was man mittels Sprache kommunizieren darf, Grenzen setzt. Interpersonalen Einstellungen und Emotionen direkten Ausdruck zu verleihen, gilt in den meisten westlichen Kulturen gewöhnlich als unangemessen. Also kommunizieren wir solche Information nonverbal. Vielleicht hat unsere Kultur uns darum auch gelehrt, im Falle eines Widerspruchs zwischen beiden Modalitäten nach nonverbalen Reizen als Trägern der wahren Botschaft Ausschau zu halten. Nach Darwin müssen wir möglicherweise den Grund für die Dominanz nonverbaler Signale beim Ausdruck von Emotionen und Einstellungen aber auch woanders suchen: Aus Evolutionsperspektive ist das nonverbale Signalsystem um vieles älter als die Sprache und folglich der Kommunikation grundlegender emotionaler Botschaften besser angepaßt als diese – ein Schluß, zu dem auch Darwin kam.

Bezüglich der Unterschiede zwischen verbaler und nonverbaler Kommunikation läßt sich zusammenfassend sagen, daß nonverbale Botschaften gewöhnlich sehr viel schneller gesendet und empfangen werden, sehr viel weniger unter bewußter Kontrolle stehen und Einstellungen und Emotionen effektiver kommunizieren als Sprache. Das bedeutet unter anderem, daß Sprache ihre Funktion dann am besten erfüllt, wenn es gilt, Informationen über die äußere Welt, Handlungsanweisungen, usw. zu übermitteln, während nonverbale Botschaften im sozialen Miteinander eine besonders wichtige Rolle spielen und Werthaltungen, Einstel-

Tabelle 8.1: Nonverbale Durchlässigkeit: Beobachterwahrnehmungen eines ängstlichen Patienten, der versucht, normale Anpassung und Glück zu simulieren (basierend auf visuellen, nonverbalen, von Kopf oder Körper kommunizierten Reizen).

		% Kopf	% Körper
Vornehmlich durch Kopfreize kommunizierte Merkmale:	aufgeschlossen	83*	36*
	freundlich	50	14
	kooperativ	50	14
	selbstbestrafend	50	02
Vornehmlich durch Körperreize kommunizierte Merkmale	angespannt	44	82
	erregbar	22	79
	nervös	39	75
	furchtsam	33	68
	gehetzt	0	61
	unbeständig	39	61
	verlegen	33	61
	klagend	11	54
	empfindlich	28	54
	unnatürlich	33	54
	ruhelos	06	50
	impulsiv	17	50
	ungeduldig	0	50
	rigide	17	50
Durch Kopf- und Körperreize kommunizierte Information	ängstlich	89	100
	emotional	89	82
	verwirrt	72	82
	defensiv	72	71
	besorgt	50	68
	unzufrieden	56	57
	verzagt	56	50

* Prozentsatz der Beurteilungen, die jede Emotion aufgrund beider Reize identifiziert haben

(Nach Ekman und Friesen 1969, S. 19)

lungen, Sympathien und andere persönliche Reaktionen kommunizieren. Eine wichtige Bedeutung kommt nonverbalen Botschaften bei der Kommunikation emotionaler Botschaften zu.

Aktivität 8.1: Was ist wichtiger: Was wir sagen oder wie wir es sagen?

Sie können sich die Ergebnisse von Argyle und seinen Mitarbeitern selbst bestätigen. Dazu müssen Sie sich nur vor einen Spiegel stellen und üben, verbal und nonverbal widersprüchliche Information zu kommunizieren. Dann können Sie diese widersprüchliche Art der Kommunikation in der Praxis erproben und beobachten, wie ihre Partner reagieren. Sagen Sie zum Beispiel etwas sehr Freundliches und senden Sie gleichzeitig sehr unfreundliche nonverbale Botschaften. Oder sagen Sie etwas, das auf Unterwürfigkeit oder Unterlegenheit schließen läßt, und kommunizieren Sie nonverbal Überlegenheit. Worauf achten Ihre Partner mehr – darauf, was Sie sagen, oder darauf, wie Sie es sagen? Ebenso wie Argyle müßten Sie feststellen, daß die Art, wie man etwas sagt, oft sehr viel wichtiger ist als der Inhalt des Gesagten.

Darwins Erforschung des emotionalen Ausdrucks

Seine ausgedehnten Reisen boten Darwin Gelegenheit, eine Vielzahl von Tierarten zu beobachten, und vor diesem Hintergrund entstand seine Evolutionstheorie. Darwins Interesse galt auch dem Verhaltensvergleich, und sein Buch *The expression of emotions in man and animals* (1872) ist die erste empirische psychologische Arbeit zu diesem Thema. Es beeindruckte ihn, wie sehr sich die Formen emotionalen Ausdrucks selbst bei Menschen unterschiedlichster Kulturen glichen, und wie nahe einige dieser Ausdrucksformen den emotionalen Signalen bestimmter nicht-menschlicher Arten, insbesondere der Primaten, kamen. Darwin argumentierte – sehr vereinfacht – etwa wie folgt: Da der Ausdruck von Emotionen (Lächeln, Lachen, Weinen, Furcht, etc.) in allen menschlichen Gesellschaften sehr ähnlich zu sein scheint, muß dieses Kommunikationssystem eine allen Menschen gemeinsame genetische Grundlage besitzen. Da offensichtlich auch subhumane Arten, etwa die Primaten, über einige den Menschen sehr ähnliche emotionale Ausdrucksformen verfügen, ist die Kommunikation von Emotionen nicht nur genetisch determiniert, sondern verdankt ihr Entstehen vermutlich demselben Evolutionsdruck wie andere körperliche Merkmale.

Das Material, das Darwin zur Unterstützung seiner Theorie zusammentrug, ist beeindruckend. Er stellte systematische Kulturvergleiche bezüglich emotionaler Signale an, sammelte Photographien, anhand dieser er den emotionalen Ausdruck bei Mensch und Tier studierte, und interessierte sich insbesondere für die emotionale Kommunikation von Kindern und Geisteskranken, da er bei ihnen die genetisch determinierten Signale in ihrer reinsten Form und unverfälscht von kulturellen Normen und Erwartungen zu finden hoffte. Abb. 8.1 illustriert, welcher deskriptiver Mittel sich Darwin bediente, um seine Evolutionstheorie der Kommunikation zu belegen.

Abb. 8.1: Wie sich Emotionen im Gesichtsausdruck widerspiegeln.
Mit diesen Bildern veranschaulichte Darwin, wie sich äußerste Furcht (links), Entsetzen und
Todesangst (rechts) im Gesichtsausdruck widerspiegeln können. (Nach Darwin 1872)

Darwins Buch hat in jüngerer Zeit erneut das Interesse an der Kommunikation
von Emotionen geweckt. Ekman und seine Mitarbeiter (Ekman 1973, Ekman und
Friesen 1975, Ekman, Friesen und Ellsworth 1972) trugen weiteres Material zusammen, das relevant für die Theorie Darwins ist. Offensichtlich sind einige emotionale Gesichtsausdrucksformen in der Tat universales Merkmal der menschlichen Spezies. Als man – von der westlichen Zivilisation bis dato nahezu unberühr-
ten – Eingeborenen Neu Guineas Photos von Weißen zeigte, waren sie ohne
weiteres in der Lage, deren emotionalen Ausdruck richtig zu deuten, und umgekehrt entsprach ihr eigener Gesichtsausdruck in Reaktion auf emotionale Reize
dem in unserer Kultur. Experimente in anderen Kulturen führten zu ähnlichen
Ergebnissen. Auf der Basis dieser neuen Erkenntnis können wir davon ausgehen,
daß zumindest einige Formen emotionaler Signale (z. B. der Gesichtsausdruck)
kulturunabhängig und universal sind.

Sehr viel schwieriger ist der Beweis für Darwins zweite Behauptung zu führen,
daß sich diese Gesichtsausdrücke aus primitiveren Gesichtsausdrücken entwickelt
haben. Das Zähneblecken, mit dem Primaten Unterwerfung signalisieren, mag
dem menschlichen Lächeln oberflächlich gleichen – aber die Bedeutung eines
Lächelns ist derart abhängig von komplexen kulturellen Konventionen, daß an
einer evolutionären Kontinuität Zweifel angemeldet werden muß. Wenn zuweilen
der Gesichtsausdruck bei Menschen und Primaten ähnlich ist, liegt das wahrscheinlich eher daran, daß sich Gesichtsknochen und Gesichtsmuskulatur bei beiden Arten ähnlich entwickelt haben. Ekman hat untersucht, welche Muskeln an
welchen Gesichtsausdrücken beteiligt sind und festgestellt, daß die Anzahl mögli-

cher Gesichtsausdrücke recht beschränkt ist. Es ist also kein Wunder, daß wir im Gesichtsausdruck von Mensch und Primat gelegentlich Ähnlichkeiten entdecken. Allerdings folgt daraus keineswegs, daß auch die *Bedeutung* eines Ausdrucks bei beiden Arten eine ähnliche ist.

In letzter Zeit sind Ekman, Levenson und Friesen (1983) noch einen Schritt weiter gegangen. Sie instruierten ihre Probanden, bestimmte Gesichtsmuskeln so zu bewegen, daß bestimmte Gesichtsausdrücke zustande kamen. Und während man auf diese Weise Muskel für Muskel Gesichtsprototypen von Emotionen zusammensetzte, wurde ,,emotionsspezifische Aktivität im autonomen Nervensystem" in Gang gesetzt (S. 221). Das wiederum hieße, daß emotionales Erleben und Gesichtsausdruck unmittelbar neuronal miteinander verbunden sind, was Darwins ursprüngliche Spekulationen bestätigen würde. Von einem Beweis für eine derartige Verbindung kann aber zum gegenwärtigen Zeitpunkt noch keine Rede sein.

Anzumerken ist auch, daß die meisten anderen emotionalen Signale bei weitem nicht so universal sind wie der Gesichtsausdruck. Die meisten nonverbalen Botschaften sind überwiegend kulturspezifisch, und wenn einzelne Signale in mehreren Kulturen beheimatet sind, haben sie eine kulturspezifische Modifikation und Ausgestaltung ihrer Bedeutung erfahren. Darwins Studien und Ekmans jüngere Untersuchungen haben aber aufmerksam gemacht auf einen der grundlegendsten Unterschiede zwischen Sprache und nonverbaler Kommunikation. Nonverbale Signalsysteme – im Gegensatz zur Sprache – findet man auf vielen Entwicklungsstufen von Tieren. Die soziale Organisation, und somit zugleich auch das Überlebenspotential vieler Arten, gründet auf solch effizienten nonverbalen Kommunikationssystemen. Da nonverbale Botschaften ein wesentlich älteres Kommunikationssystem sind als Sprache, ist sehr wohl denkbar, daß die besondere Effektivität mancher nonverbaler Zeichen beim Hervorrufen und Kommunizieren von Emotionen letztlich doch eine evolutionäre Erklärung finden wird.

Die Funktionen nonverbaler Kommunikation

Wie wir gesehen haben, besitzen Sprache und nonverbale Botschaften als Kommunikationssysteme sehr unterschiedliche Eigenschaften, die in gewissem Umfang die jeweils optimale Rolle beider Systeme in der sozialen Interaktion determinieren. In den meisten unserer täglichen Begegnungen senden wir verbale und nonverbale Botschaften simultan, aber zu unterschiedlichen Zwecken. Beide Kommunikationsmodalitäten sind gewöhnlich koordiniert und verstärken und unterstützen einander: Gestik, Blick und Tonfall setzen Akzente und dienen der Verdeutlichung dessen, was wir mit Worten kommunizieren möchten. Im Grunde kann man jemandem erst dann Sprachbeherrschung bescheinigen, wenn er es auch versteht, seine Worte mit den sprachüblichen Gesten zu begleiten.

Es wird unter Sprachwissenschaftlern immer mehr zur Selbstverständlichkeit, daß man Sprache nicht als abstraktes Kommunikationssystem und ohne Rücksicht darauf untersuchen kann, wie sich die Sprachbenutzer ihrer im täglichen Leben tatsächlich bedienen (Forgas 1985). Eine Sprache wird nicht nur mit Wörtern, sondern mit dem ganzen Körper gesprochen. Die nonverbalen Signale, mit denen Franzosen, Italiener, Engländer oder Griechen ihre Worte begleiten, sind sehr unterschiedlich (vgl. Aktivität 8.2).

Aktivität 8.2: Kulturelle Unterschiede in nonverbaler Kommunikation

Daß Menschen verschiedener Nationalitäten ihr Sprechen mit unterschiedlichen nonverbalen Signalen begleiten, können Sie sich und anderen sehr leicht beweisen. Lassen Sie einfach Ihre Freunde raten, welche Sprache Menschen sprechen, deren Stimme sie nicht hören können. Als Material bieten sich etwa Ausschnitte aus ausländischen Filmen an (falls Sie über einen Videorecorder verfügen). Achten Sie aber darauf, daß nicht schon Kleidung, Landschaft, Straßenbild, etc. die Nationalität Ihrer Sprecher verraten! Sprachen, die sich des nonverbalen Kanals (z.B. Gesten und Körperbewegungen) ausgiebig bedienen, werden Ihre Versuchspersonen sehr viel leichter erkennen als Sprachen mit dürftigerer nonverbaler Begleitung.

Gelegentlich können beide Kanäle, der verbale und der nonverbale, auch widersprüchliche Botschaften kommunizieren oder sogar völlig unabhängig voneinander funktionieren. Ein einziges Augenzwinkern kann andeuten, daß alles verbal Kommunizierte nicht ernst zu nehmen ist, und so die elaborierteste Äußerung aufheben. Ein Mann, der auf verbaler Ebene einen ganz seriösen Vortrag hält, kann gleichzeitig nonverbal einer Zuhörerin sein sexuelles Interesse signalisieren. Aber abgesehen von solchen Extremen sind verbale und nonverbale Modalitäten in gewissem Umfang spezialisiert. Nonverbal drücken wir das aus, was sprachlich schwer zu fassen ist. Nonverbale Signale werden dann eingesetzt, wenn es folgende fünf Funktionen zu erfüllen gilt: 1. Steuerung einer sozialen Situation, 2. Selbstdarstellung, 3. Kommunikation emotionaler Zustände, 4. Kommunikation von Einstellungen und 5. Kanalkontrolle (vgl. Argyle 1969, 1972).

Steuerung der sozialen Situation

Wir sind uns dessen zwar gewöhnlich nicht bewußt, aber selbst die einfachste soziale Interaktion verlangt von den Teilnehmern ein sorgfältiges und komplexes „Management". Wir müssen dem Partner kontinuierlich unsere positiven oder negativen Reaktionen auf seine Kommunikationen signalisieren, unser wachsendes, schwindendes oder gleichbleibendes Interesse an der Interaktion, unseren Wunsch, die Begegnung fortzusetzen oder zu beenden und viele andere Botschaften, die für einen reibungslosen Verlauf der Interaktion notwendig sind. Während einer Unterhaltung wird der verbale Austausch ständig auf nonverbale Weise reguliert, unterstützt und überwacht. Solche Reize sind überaus wichtig. Ungeachtet des verbalen Ausdrucks von Interesse ist es fast unmöglich, sich mit jemandem zu unterhalten, der nonverbal Langeweile oder Desinteresse bekundet. Jegliches Gespräch wird schwierig, wenn uns der Partner nicht ansieht, nicht ab und zu mit dem Kopf nickt, wenn wir etwas sagen, zu weit von uns entfernt steht oder eine Körperhaltung einnimmt, mit der er sich offensichtlich von uns weg orientiert – kurz, wenn er uns in unserem kommunikativen Verhalten nicht bestärkt. Worum sich ein Gespräch auch immer dreht, sei es Nachbars Katze, hohe Politik oder Fußball, ohne den kontinuierlichen Fluß nonverbaler Botschaften, die die Begegnung regulieren und unterstützen, ist die Interaktion kaum aufrechtzuerhalten.

Aber nicht nur zur Regulierung bereits etablierter Interaktionen sind nonverbale Botschaften unabdingbar. Noch schwieriger ist das – gewöhnlich ebenfalls nonverbale – Einleiten und Beenden von Begegnungen. Wo auch immer sich Gelegenheit zur Aufnahme von Gesprächen bietet (auf Partys, Tagungen, Seminaren, überall da, wo Fremde ganz legitim aufeinandertreffen), wird der Interaktion normalerweise eine subtile Abfolge nonverbaler Signale vorausgehen. Erstes Signal ist gewöhnlich der Blickkontakt, der – einmal erwidert – zu komplexeren Signalen, etwa Lächeln und Nicken, führt, womit der andere als potentieller Partner akzeptiert ist. Dann wird man sich einander annähern, Kopf und Körper auf den Partner ausrichten und schließlich die ersten Worte wechseln.

Schwieriger wird das nonverbale Ritual, wenn Sie sich auf einem Fest einem bereits etablierten Gesprächskreis hinzugesellen möchten. Sie werden zu diesem Zweck von öffentlicher zu sozialer Distanz wechseln (vgl. den Abschnitt zum Distanzverhalten im nächsten Kapitel) und mit dem Gruppenmitglied, das Ihnen am zugänglichsten erscheint, Blickkontakt aufnehmen. Dann folgt ein „Inkorporationsritual": Das „angesprochene" Gruppenmitglied wird sich Ihnen ein wenig zuwenden, etwas zur Seite rücken, um Ihnen einen Platz im Kreis frei zu machen, und schließlich werden auch andere Gruppenmitglieder Ihre Ankunft mit einem kurzen Blickkontakt und vielleicht auch einem Lächeln billigend zur Kenntnis nehmen.

Eine noch wichtigere nonverbale Fertigkeit ist die Kunst, soziale Begegnungen geschickt zu beenden. Wir alle wissen, wie unangenehm es werden kann, wenn keiner der Partner es versteht, eine Interaktion, die beide schon lange beendet sehen möchten, zu einem guten Ende zu bringen. Der Blick auf die Uhr ist eine plumpe Maßnahme! Die Signalabfolge verläuft umgekehrt zu der des Aufnahmerituals. Meistens gelingt der Rückzug, wenn man zunächst den Augenkontakt reduziert und seine Blicke wandern läßt, allmählich und sofern man steht, die Distanz vergrößert, oder, wenn das Gespräch im Sitzen geführt wird, unübersehbare Vorbereitungen zum Aufstehen trifft. Auch dieses Ritual des Wegsehens und Sich-Entfernens vom Partner ist wohletabliert.

Nonverbale Kompetenzen beim Anschluß an eine Gruppe

Zu den wichtigsten Funktionen nonverbaler Botschaften gehört die Steuerung sozialer Situationen, etwa dann, wenn wir ein Gespräch aufnehmen oder beenden möchten oder wenn wir uns einer Gruppe anschließen bzw. uns aus ihr entfernen wollen. Blicke, Körperorientierung oder Lächeln signalisieren das Interesse, an einer Unterhaltung teilzunehmen – man kann natürlich, wie unser Cartoon zeigt, auch den direkteren Weg wählen!

Selbstdarstellung

In sozialen Situationen steht fast immer auch unser Selbstbewußtsein und unser Selbstbild auf dem Prüfstand. Sind die Interaktionspartner unbekannt, muß beides erfolgreich vermittelt, sind sie bekannt, aufrechterhalten werden. Uns außerhalb unseres gewohnten sozialen Milieus, vor vielen Fremden und ohne Unterstützung von Menschen, die bereits wissen, wer wir sind, präsentieren zu müssen, kann zur außerordentlich peinigenden und bedrohlichen Angelegenheit werden. Ferienuniversitäten und Konferenzen, oder auch der Neueintritt in eine Institution, einen Betrieb oder eine Universität schaffen solche Situationen.

Wenn es um Botschaften der Selbstdarstellung geht, hilft verbale Kommunikation nur wenig. Wir werden kaum je auf Fremde zugehen und ihnen versichern: „Ich bin ein netter, intelligenter, gutaussehender Mensch von unendlich gewinnendem Wesen, die meisten Leute mögen mich und Sie sind gut beraten, das ebenfalls zu tun." Westliche Kulturen im allgemeinen und angelsächsische im besonderen untersagen die explizite verbale Kommunikation solcher Botschaften. Gleichwohl muß es Signale geben, die etwas in diesem Sinne kommunizieren. Wir tun das nonverbal, lächeln etwa, nicken gelegentlich oder legen die Stirn in Falten, um – je nach Situationserfordernis – freundliche Zustimmung, kritischen Scharfsinn oder Intelligenz zu signalisieren. Oberflächlichere Charakteristika wie Status, sexuelle Bereitschaft oder Reichtum lassen sich unmittelbarer, mit entsprechender Kleidung, äußerer Erscheinung oder verschiedenen Insignien (Schmuck, Abzeichen und dergleichen) kundtun.

Marsh, Rosser und Harré (1978) haben sich mit englischen Fußballfans beschäftigt und festgestellt, daß deren eigenartige Kleidung (knöchellange Hosen, karierte Tücher um die Hüfte, etc.) in Wirklichkeit auf subtile Weise Status und Position eines Fans innerhalb dieser Subkultur signalisieren. Auch Fußballfans leben in einer hierarchischen Gesellschaft, und wenn einer von ihnen vom Neuling zum Senior avanciert, kommen ihm auch ein entsprechender Platz auf der Tribüne und entsprechende Kleidung zu. Aber ob Fußballfan oder nicht – uns allen ist sehr daran gelegen, daß andere unseren erworbenen Status und unser Selbstbild akzeptieren und bestätigen. Eingefordert und gegeben wird solche Bestätigung meistens mit nonverbalen Mitteln.

Das Kommunizieren von emotionalen Zuständen

Wie wir gesehen haben, fungieren einige nonverbale Signale, wie etwa der Gesichtsausdruck, als höchst spezialisierte und kulturunspezifische Informationsträger über emotionale Zustände. Verbal geäußert, sind emotionale Botschaften nicht nur langsamer, sondern häufig auch weniger eindeutig. Aber das ist nicht das einzige Problem. Um Emotionen effektiv mit Worten kommunizieren zu können, müssen wir sie zunächst einmal klar identifizieren und benennen. Dieser Prozeß braucht seine Zeit und führt nicht immer zu sehr zuverlässigen Ergebnissen, wie wir im Abschnitt über die Selbstattribution von Emotionen gesehen haben (vgl. Kapitel 6). Übermittelt man emotionale Botschaften via Gesichtsausdruck, hat man solche Schwierigkeiten nicht. Folgt man den jüngsten Ergebnissen von Ekman et al., ist die Verbindung zwischen Emotionen und Gesichtsausdruck so eng, daß Menschen bereits dann eine Emotion zu erfahren scheinen, wenn sie auf Anweisung ihre Gesichtsmuskeln in eine Position bringen, die normalerweise mit dem Senden eines emotionalen Signals assoziiert ist.

Hinzu kommt, daß die kulturellen Normen westlicher Gesellschaften der verbalen Kommunikation von Emotionen enge Grenzen setzen. Wer zu wem unter welchen Umständen über welche Emotion sprechen darf, ist genauestens geregelt. In den meisten Fällen kommt diese wichtige Funktion den nonverbalen Botschaften zu. Emotionen wie Angst, Glück, Freude, Ekel werden nicht nur mit dem Gesicht, sondern auch über eine Vielzahl anderer Kanäle – Körperhaltung, Gestik, Blick, Distanz, etc. – kommuniziert. Nicht alle Menschen sind in gleichem Maße fähig, solche emotionalen Botschaften zu senden und zu interpretieren. Frauen, so scheint es, schneiden hier im allgemeinen besser ab als Männer.

Die Kommunikation von Einstellungen

Überdauernde Einstellungen lassen sich im allgemeinen verbal wie nonverbal ausdrücken. Über Reaktionen auf politische Führer, Waschpulver oder Hundefertigfutter kann man sprechen, aber die nonverbalen Signale, die solche Äußerungen begleiten, gehen gewöhnlich erheblich über den Inhalt des verbal Geäußerten hinaus. Wie Untersuchungen zeigen, verraten sogar die neutralsten Nachrichtensprecher dadurch, *wie* sie die einzelnen politischen Nachrichten verlesen, ohne es zu wollen, eine Menge über ihre eigenen politischen Überzeugungen. Andere Einstellungen, insbesondere wenn sie sehr flüchtiger Natur sind, werden ausschließlich nonverbal kommuniziert. Ihre Einstellung zu den Tischmanieren ihres Partners, seinem Gesprächsthema, der Fliege, die sich immer wieder auf Ihrem Schnitzel niederläßt, oder zur beiläufig erwähnten Schwiegermutter werden Sie nur in seltenen Fällen eines verbalen Kommentars für wert erachten. Solche Einstellungen werden nonverbal kommuniziert, durch ein Lächeln, Kopfnicken, Stirnrunzeln oder einen kurzen Blickkontakt. Botschaften wie diese übermitteln nicht nur Informationen über Einstellungen, sondern sind auch Teil der Situationssteuerung, wie wir oben gesehen haben.

Interessant ist, daß sich nonverbale Kanäle in der Wirksamkeit, mit der sie Einstellungen kommunizieren, unterscheiden. Mehrabian und seine Mitarbeiter haben Stimm-, Wort- und Gesichtsreize zu konsistenten oder inkonsistenten Mustern kombiniert und festgestellt, daß stimmliche Reize fünfmal, und Gesichtsreize fast achtmal so effektiv waren wie verbale Reize. Diese Beziehung läßt sich sogar in folgende Formel fassen (Mehrabrian und Weiner 1967, Mehrabrian und Ferris 1967): WAHRGENOMMENE EINSTELLUNG = .07X VERBALE REIZE + .38X VOKALE REIZE + .55X GESICHTSREIZE.

Die mit so einer Formel nahegelegte Präzision ist natürlich illusorisch. Aber nehmen wir die Ergebnisse von Argyle und seinen Mitarbeitern hinzu, scheint es in der Tat so zu sein, daß die Rolle der nonverbalen Reize die der Sprache bei der Kommunikation interpersonaler Einstellungen bei weitem überwiegt.

Kanalkontrolle

Zu kontrollieren, wer wie lange spricht und wer als nächster das Rederecht für sich behaupten darf, gehört ebenfalls zur Situationskontrolle. In Anbetracht der begrenzten Kapazität des auditiven Kommunikationskanals ist verbale Interaktion gewöhnlich hoch organisiert und strukturiert. Selbst in der größten Gruppe kann, wenn alle ihn verstehen sollen, immer nur einer reden. Um diese knappe Ressource effizient zu verteilen, muß das „turn-taking" – die Übernahme und Übergabe des Rederechts – so koordiniert werden, daß möglichst wenig verschwendet wird.

Kanalkontrolle meint diejenige Funktion, in der nonverbale Kommunikationssignale (z. B. Blicke) die Benutzung des verbalen Kanals kontrollieren.

Besteht eine Gruppe aus mehr als zwei oder drei Leuten, ist die geforderte Koordinationsleistung bereits ziemlich komplex. Und doch bedarf die Koordination gewöhnlich keiner verbalen Botschaften, d. h., der einzelne muß weder explizit das Rederecht einholen, noch muß es ihm explizit erteilt werden. Zu diesem Zweck bedient man sich allseits anerkannter, nonverbaler Signale. Der Sprecher zeigt seine Bereitschaft, das Rederecht freizugeben, etwa dadurch an, daß er die Stimme senkt und die Hörer prüfend daraufhin ansieht, ob irgendjemand Anstalten macht, das Wort zu ergreifen, während er selber Muskeln und Körperhaltung entspannt. Die Koordination einer solch subtilen Abfolge von Redeübergabe- und Redeübernahmesignalen ist, wie Michael Walker (1983) in einigen Experimenten demonstrierte, komplexer, als man gemeinhin annimmt.

Beginn und Ende von Äußerungen sind durch ganz verschiedene Muster des Blickverhaltens markiert (Kendon 1967). Möchte jemand zu Wort kommen, signalisiert er seine Absicht gewöhnlich dadurch, daß er den Blick des Sprechers einfängt, tief (und zuweilen auch hörbar) atmet, sich vorbeugt und gegebenenfalls mit Körperhaltung und Gesten aufmerksamkeitsheischende Signale gibt. Bricht das Ritual aus irgendeinem Grund zusammen und ergreifen mehrere Sprecher gleichzeitig das Wort, entbrennt vielleicht ein kurzer Kampf, bis nach mehreren unisono geäußerten Worten schließlich Lautstärke, Sprechgeschwindigkeit und Hartnäckigkeit von Blick und Gestik den Ausschlag geben. Angesichts der unerwarteten Kompliziertheit dieses nonverbalen Signalflusses (vgl. Walker 1983) ist es bemerkenswert, daß die meisten ,,turn-taking''-Manöver über die Bühne gehen, ohne daß der verbale Austausch ins Stocken gerät oder nennenswert unterbrochen wird.

Zur Klassifikation nonverbaler Botschaften

Nonverbale Botschaften werden niemals isoliert, d. h. in nur einer Modalität gesendet und empfangen. Unsere Kommunikation besteht immer aus Blicken, Gesten, Lauten, usw., das heißt, aus einer Kombination vieler Signale in einer Vielzahl von Modalitäten. Welcherart ist nun aber der Gesamteindruck, der mit einem derart komplexen Arrangement von Botschaften kommuniziert wird? Mehrabian (1969) unterzog etliche nonverbale Verhaltensweisen einer empirischen Analyse und kam zu dem Schluß, daß sich die Bedeutung nonverbaler Botschaften entlang dreier Dimensionen beschreiben läßt: 1. Reize der *Unmittelbarkeit* oder Vertraulichkeit, die Sympathie und Bewertung kommunizieren; 2. *Entspanntheitsreize*, die Statusunterschiede und Unterschiede bezüglich der sozialen Kontrolle kommunizieren und 3. *Aktivitätsreize*, die Aufmerksamkeit und Reaktionsbereitschaft kommunizieren.

In Tabelle 8.2 finden Sie einige Beispiele für typische nonverbale Botschaften dieser drei Dimensionen. Wollen wir zum Beispiel Sympathie signalisieren, können wir das mit Unmittelbarkeitsreizen wie Berührungen, Blickkontakt und geringer Distanz tun. Entspanntheitsreize geben Auskunft über Status und Macht: Je höher der Status eines Gesprächspartners, um so entspannter wird er sich geben, während jemand von niedrigerem Status eher Aufmerksamkeit und Spannung kommunizieren wird. Reaktions- und Aufnahmebereitschaft übermitteln wir mit Aktivitätsreizen: Je höher das Aktivitätsniveau unseres Gesichts und unseres Körpers, um so reaktions- und aufnahmebereiter werden wir unserem Partner erscheinen.

Tabelle 8.2: Typen nonverbaler Botschaften zur Kommunikation von Sympathie, Status oder Kontrolle und Reaktionsbereitschaft

---

1. Unmittelbarkeitsreize (zur Kommunikation von Sympathie und Antipathie)
   Blickkontakt
   Körperorientierung
   Vorwärtsneigung des Körpers
   Interpersonale Distanz
   Berühren

2. Entspanntheitsreize (zur Kommunikation von Status und sozialer Kontrolle)
   Seitwärtsneigung des Körpers
   Arme gekreuzt/nicht gekreuzt
   Entspanntheit des Torso/Neigungswinkel
   Entspanntheit der Hände
   Beine übereinandergeschlagen/nicht übereinandergeschlagen

3. Aktivitätsreize (zur Kommunikation von Reaktionsbereitschaft)
   Ausmaß der Gestik
   Bein- und Fußbewegungen
   Kopfnicken
   Aktivität des Gesichts und Freundlichkeit
   Stimmvolumen, Sprechgeschwindigkeit und Intonation

(Nach Mehrabrian 1969)

Interessanterweise stimmen Mehrabrians Dimensionen recht gut mit einigen älteren Klassifikationsmethoden von Kommunikation überein. Nach Osgood, Suci und Tannenbaum (1957) lassen sich Wörter und andere semantische Einheiten überwiegend entlang der drei Dimensionen von Bewertung, Stärke und Aktivität beschreiben. Schlossberg klassifizierte Ausdrucksformen von Emotionen nach Angenehmheit, Spannung und Aufmerksamkeit. Nun ist es natürlich nicht so, daß sich Botschaften ohne Rest diesen Schemata zuordnen ließen. Gleichwohl verschaffen uns solche Klassifikationen einen Überblick über die ungeheure Vielfalt und zugleich auch über die üblichsten Kombinationen nonverbaler Botschaften. Der Leser sollte sich ihrer erinnern, wenn es im nächsten Kapitel um die einzelnen nonverbalen Kommunikationskanäle geht.

Schlußfolgerungen

Das Thema dieses Kapitels bildeten einige allgemeine Merkmale nonverbaler Kommunikation: Wie unterscheidet sich nonverbale Kommunikation von Sprache? Wie ergänzt oder unterläuft sie das verbal Kommunizierte? Welches sind die wichtigsten Funktionen nonverbaler Botschaften? Wir haben uns mit der höchst wichtigen Rolle beschäftigt, die Gesicht, Augen, Gesten und Körper spielen, wenn wir kommunizieren wollen, wer wir sind, was wir fühlen und wie wir auf die Menschen und Dinge um uns herum reagieren. Wenn derartiges vermittelt werden soll, stößt Sprache an ihre Grenzen. Mit nonverbalen Botschaften steuern wir Interaktionen, drücken Emotionen oder Einstellungen aus und übermitteln Informationen über uns selbst. Nonverbale Botschaften sind also in mancherlei Hinsicht der Sprache überlegen, und vielleicht ist das der Grund dafür, daß sie gelegentlich – etwa dann, wenn es um die Kommunikation von Einstellungen geht – sogar die Oberhand über sprachlich Kommuniziertes behalten. Aber wir haben bisher noch wenig darüber erfahren, wie die verschiedenen Kommunikationskanäle in einer Interaktion wirklich genutzt werden. Dieser Frage ist das nächste Kapitel gewidmet.

Kapitel 9

Ein Überblick über nonverbale Kommunikationskanäle

Wir haben bereits darüber gesprochen, daß nonverbale Botschaften im allgemeinen auf mehreren Kanälen gleichzeitig gesendet und empfangen werden. Wir kommunizieren simultan mit Blick, Gesichtsausdruck, Haltung, Gestik, Stimmqualität, Kleidung und Distanzverhalten, und gewöhnlich sind diese Botschaften untereinander und mit unseren verbalen Botschaften koordiniert. So können wir etwa eine Geste durch das Signal eines anderen Kanals – zum Beispiel durch Blickkontakt, der anzeigt, wem das gestische Signal gilt – qualifizieren. In der Forschungspraxis hat man sich allerdings mit jedem Typ von Botschaft (jedem Kommunikationskanal) einzeln beschäftigt, also werden wir es hier genauso halten und die wichtigsten Ergebnisse kurz zusammenfassen. Man denke aber immer daran, daß es solche isolierte Botschaften so gut wie nicht gibt: Die Gesamtbotschaft ist immer die Summe mehrerer Teile.

Mit den Augen sprechen: Blick und Blickwechsel

Der Blick ist eines der häufigsten und wirksamsten nonverbalen Signale. Die Augen gehören sogar in modernen westlichen Kulturen zu denjenigen Symbolen, denen wir fast automatisch unsere Aufmerksamkeit zuwenden. Wie ein kurzer Blick auf Reklamewände und Zeitungsanzeigen zeigt, weiß sich auch die Werbung dieser Reaktion sehr wohl zu bedienen. Die Augen sind seit altersher Gegenstand von Aberglauben und religiösen Überzeugungen. In weiten Teilen Südeuropas geht die traditionelle Angst vor dem ,,bösen Blick'' immer noch um. Früher als auf die meisten anderen Reize reagieren Säuglinge auf augenähnliche Schemata. Die Augen, so hieß es früher, seien das Fenster zur Seele, und auch heute sind viele Menschen davon überzeugt, daß die Augen Innerstes preisgeben. ,,Sieh mir in die Augen'', fordert der Lehrer, wenn er ein Kind des Mogelns verdächtigt, und glaubt, daß Augen nicht lügen können (Ekman und Friesen würden ihm vermutlich empfehlen, auf periphere Zeichen, etwa Arm- und Beinbewegungen, zu achten!).

Auch Philosophen haben sich ihre Gedanken über die besondere Bedeutung des Blickkontaktes gemacht. Der Existenzialist Jean Paul Sartre beschreibt das Wesen von Intersubjektivität und die Entfremdung von persönlicher Freiheit und illustriert das am Beispiel des Blickkontaktes: Wenn ein anderer mich ansieht, so schreibt er sinngemäß, kann ich nicht umhin, mir bewußt zu werden, daß meine individuelle Subjektivität nicht einmalig ist, daß dieser andere Mensch seine eigene Art hat, die Welt zu sehen, die mir verschlossen ist. Durch seinen Blick werde ich gewahr, daß ich nur Objekt in seinem Universum bin, für ihn sind meine einmalige Individualität und Subjektivität nicht existent. Sein Blick signalisiert die Entfremdung meiner Freiheit. Auch Phänomenologen wie Schutz beschäftigt der Blickkontakt. Die wechselseitige Bewußtheit der Subjektivität, am nachdrücklichsten kommuniziert durch Blickkontakt, steht im Mittelpunkt solcher Analysen.

Solcherart Subjektives über Auge und Blick interessiert den Sozialpsychologen weniger. Er versucht herauszufinden, wie Blickkontakt in Interaktionen eingesetzt wird. Ein langer Blick signalisiert gewöhnlich konzentriertes Interesse, und beim so Angesehenen pflegt die Erregung zu steigen. Vom Kontext hängt ab, was ein Blickkontakt jeweils bedeutet. Er kann Intimität, Engagement und Anziehung, aber auch Dominanz, Aggression und Superiorität signalisieren. Es ist etwas ganz anderes, ob sich zwei Verliebte in die Augen sehen oder zwei Feinde einander mit Blicken messen und versuchen, den anderen zum Abwenden des Blicks zu zwingen. In beiden Fällen steigt die Erregung, aber zwischen den Bedeutungen dieser Erregung liegen Welten. (Eine Erklärung dafür, wie dieselbe Erregungsreaktion abhängig von den situativen Reizen eine ganz unterschiedliche emotionale Interpretation erfahren kann, bietet etwa die Theorie der Selbstattribution von Emotionen, mit der wir uns in Kapitel 6 beschäftigt haben.)

Was uns Pupillen kommunizieren können

Erstaunlicherweise ruft unser Blick nicht nur Erregung beim Betrachteten hervor, sondern kommuniziert auch unseren eigenen Erregungszustand. Welches der beiden Photos in Aktivität 9.1 finden Sie attraktiver? Beide Bilder sind identisch – bis auf einen ganz kleinen Unterschied. Eines von ihnen hat man retuschiert und die Pupillen leicht vergrößert. Wenn Sie wie die meisten reagiert haben, fanden Sie das Bild mit den größeren Pupillen anziehender. Warum? Unsere Pupillen verändern ihre Größe nicht nur mit der Lichtintensität, sondern auch mit dem Grad unserer Erregung. Und unser Erregungsniveau ändert sich unter anderem dann, wenn wir auf Menschen und Objekte in unserer Umgebung mit Wohlgefallen oder Mißfallen reagieren.

Dieses Phänomen hat viele Forscher zu Untersuchungen angeregt, und alles deutet darauf hin, daß wir die Pupillengröße unseres Gegenübers unbewußt zu registrieren lernen und beobachtete Veränderungen als Anzeichen einer positiven oder negativen Einstellung auf seiten unseres Partners interpretieren. Die experimentelle Analyse der Pupillengröße in Abhängigkeit von psychologischen Reaktionen bezeichnete Hess (1965, 1975) *Pupillometrik*. Mit erweiterten Pupillen reagieren Probanden auf Bilder von Objekten oder Menschen, die ihnen sehr zusagen oder die sie stark ablehnen. Auch sexuelle Erregung ist an vergrößerten

Aktivität 9.1: Welches Bild gefällt Ihnen besser?

Werfen Sie einen kurzen Blick auf beide Bilder und entscheiden Sie ganz spontan, welches Sie anziehender finden. Bei der weiteren Lektüre werden Sie erfahren, ob Sie dieselbe Wahl getroffen haben wie die meisten und warum das so ist. Sie können die Photos dann Ihrerseits anderen Leuten vorlegen und schauen, ob Ihre „Probanden" ähnlich reagieren wie Sie.

Nach Hess 1975, S. 96–97

Pupillen ablesbar. Frauen reagieren mit Pupillenvergrößerung, wenn sie das Bild eines Babys oder eines nackten Mannes sehen, Männer reagieren so beim Anblick eines weiblichen Aktphotos. Die Pupillen homosexueller Männer reagieren auf einen unbekleideten Geschlechtsgenossen.

Tabelle 9.1: Veränderung der Pupillengröße bei Männern und Frauen bei der Reaktion auf verschiedene Bilder

Art des Bildes	Veränderung der Pupillengröße in %	
	Männer	Frauen
Baby	+ .2%	+ 17.0%
Mutter und Baby	+ 5.5%	+ 24.5%
nackter Mann	+ 7.0%	+ 20.0%
nackte Frau	+ 18.0%	+ 5.0%
Landschaft	− 7.0%	+ 1.6%

(Nach Hess 1975, S. 15)

Wieviel Blickkontakt? Visuelle Balance in Interaktionen

Wir denken zwar nicht bewußt darüber nach, *wieviel* Blickkontakt wir suchen, aber genaueres Hinsehen zeigt, daß das „wieviel" des Blickkontaktes in den meisten Alltagsinteraktionen sehr subtil geregelt ist. Die visuelle Balance (wer wen wann und wie oft ansieht) wird bestimmt von Geschlecht, Status, Vertrautheit der Partner und Natur der Interaktion. Sogar in einseitigen Interaktionen, etwa während einer Vorlesung oder eines Vortrages, müssen die Blickmuster stimmen, wenn die Interaktion einen reibungslosen Verlauf nehmen soll. Vom Vortragenden wird erwartet, daß er mit seinen Zuhörern Blickkontakt aufnimmt und bei ihnen nach nonverbalen Anzeichen von Interesse, Mißbilligung, Langeweile und dergleichen Ausschau hält. Die Zuhörer ihrerseits haben den Blick überwiegend auf den Sprecher zu richten. Werden diese sehr einfachen Regeln verletzt, bricht die Interaktion möglicherweise zusammen.

Hierzu ein Beispiel: Als ich einmal in England an einer Sommeruniversität unterrichtete, fand folgendes Experiment statt: Man hatte mit Studenten abgesprochen, daß während der ersten Hälfte eines Vortrages (den einer meiner Kollegen hielt) alle, die links von der Mitte saßen, den Vortragenden ansehen, die rechts von der Mitte Plazierten ihn dagegen ausnahmslos ignorieren sollten. Zur „Halbzeit", so lautete die Anweisung weiter, sollten beide Seiten dann die Rollen tauschen. Anfangs irritierte es meinen Kollegen etwas, daß die rechte Seite seinen Ausführungen offensichtlich weder Interesse noch Aufmerksamkeit entgegenbrachte, arrangierte sich aber schnell mit der Situation, postierte sich auf der linken Seite des Publikums und behielt fast ausschließlich den aufmerksamen Teil seiner Zuhörerschaft im Blick. Als dann der Rollenwechsel stattfand, war er ziemlich verwirrt, verlor den Faden und hatte Mühe, sich der veränderten Situation anzupassen. Natürlich war er sehr erleichtert, als man ihn später aufklärte. Das Befolgen dieser einfachen visuellen Kommunikationsregeln gehört für uns zur Interaktion, und schon geringfügige Abweichungen können die Begegnung scheitern lassen.

In intensiveren Interaktionen ist das Maß des Blickkontaktes sehr genau ausbalanciert. Der Hörer hat den Blick etwas häufiger auf den Sprecher gerichtet als umgekehrt, und die Dauer des eigentlichen Blickkontaktes ist auf einen bestimmten Anteil der gesamten Interaktionszeit beschränkt (Exline 1974). In einem typischen Zweiergespräch hat zu etwa 61% der Zeit einer der beiden Partner den Blick auf den anderen gerichtet, ihre Blicke treffen sich aber nur zu 31% der Zeit (Argyle und Ingham 1972). Ein Blickkontakt dauert durchschnittlich eine Sekunde, während jeder Blick, der dem anderen gilt, etwa drei Sekunden währt. In der Rolle des Hörers blickt man den anderen mehr an (75% der Zeit) als in der Rolle des Sprechers (41% der Zeit). Diese Blickmuster sind keineswegs kulturunabhängig. Interessanterweise sind bei Farbigen die Blickrollen vertauscht: Sie behalten den Partner nicht beim Hören ausgiebiger im Blick, sondern beim Sprechen (La-France und Mayo 1976).

Zuviel angeschaut werden kann genauso unangenehm sein wie zuwenig oder überhaupt nicht (vgl. Aktivität 9.2). Das Blickverhalten in Interaktionen hängt noch von etlichen anderen Variablen ab, vom Affiliationsbedürfnis der Partner zum Beispiel, ihrem Geschlecht und der Wettbewerbsträchtigkeit der Situation. Exline (1974) stellte fest, daß Frauen einen Gesprächspartner im allgemeinen mehr anschauen als Männer, und daß dem Partner in kooperativen Situationen mehr Blicke gelten als in Wettbewerbssituationen. In letzteren wird längerer Blickkontakt besonders von Frauen als spannungssteigernd empfunden: „In einer Wettbewerbssituation könnte die Intimität, die dem Blickkontakt eigen ist, als Intimität des Kampfes interpretiert werden" (Exline 1974, S. 75).

Aktivität 9.2: Regeln des Blickkontakts

Probieren Sie das doch selbst einmal in einem kleinen Experiment aus. Ihr Proband sollte ein so guter Freund oder eine so gute Freundin sein, daß er/sie Ihnen Ihr seltsames Verhalten nicht dauerhaft verübelt! Nach einigen Minuten ganz normaler Interaktion mit Ihrem „Opfer" ändern Sie Ihr Verhalten wie folgt: (a) Übertreiben Sie es mit dem Blickkontakt und schauen Sie Ihren Partner unablässig an, oder (b) reduzieren Sie den Blickkontakt und schauen Sie Ihr Gegenüber so gut wie gar nicht an. Achten Sie darauf, daß Ihr sonstiges Verhalten und Ihre verbale Kommunikation ganz normal bleiben. Früher oder später wird Ihr Partner sich vermutlich irritiert zeigen und sich nach den Gründen Ihres seltsamen Verhaltens erkundigen. Solche Reaktionen machen deutlich, wie wichtig so subtile Konventionen für einen reibungslosen Interaktionsverlauf sind.

Der Blick als Signal für Aggression

Blickkontakt signalisiert also keineswegs immer Anziehung und Intimität, sondern kann – im Zusammenhang mit anderen Reizen – auch Aggression kommunizieren. Der lange, unablässige Blick ist ein uraltes Signal der Herausforderung und Dominanz. Kinder spielen zuweilen das Spiel „sich anschauen, bis der andere wegschaut" und verschaffen sich so die Erfahrung des freudigen Schauders und der Erregung, die mit langem Blickkontakt einhergehen. Exline und Yellin (1965) vermuteten, daß der lange Blick als Aggressionssignal evolutionäre Wurzeln hat. Viele Vogelarten, aber auch Hunde und Primaten signalisieren so Dominanz. Längerer Blickkontakt gehört bei diesen Arten zur Kampfvorbereitung oder zur Bestätigung von Statushierarchien. Das funktioniert sogar bei Angehörigen unterschiedlicher Arten. In einem Experiment von Exline und Yellin (1965) gingen menschliche Experimentatoren in den Zoo und fixierten Rhesus-Makaken, die das offensichtlich als Aggression interpretierten und mit Erregung und Drohgebärden reagierten. Bei Ihrem nächsten Zoobesuch können Sie dieses Experiment wiederholen!

Daß unangemessen langes Angeblicktwerden auf Menschen ähnlich wirkt, haben Ellsworth, Carlsmith und Henson (1972) festgestellt. Tiere reagieren auf ein Herausforderungssignal typischerweise mit Angriff oder Flucht. In einem interessanten und wenig aufwendigen Experiment haben Ellsworth und ihre Mitarbeiter bei Menschen ähnliche Reaktionen provoziert. Stand die Ampel an einer Kreuzung auf Rot, waren Komplizen des Versuchsleiters zur Stelle und behielten einige Autofahrer starr im Blick, während sie andere unbeachtet ließen. Abhängige Variable war die Startgeschwindigkeit der Fahrer (Fluchtreaktion), definiert als die Zeit, die jeder Fahrer brauchte, um bei Grün eine bestimmte Distanz über die Kreuzung hinaus zu durchmessen. Bei den Fahrern, die angestarrt wurden, ging

Warum starrt der mich so an?

Richtet man den Blick unangemessen lange auf einen Fremden, wird das häufig als Aggressionssignal verstanden und führt bei der angestarrten Person zu einer Kampf- oder Fluchtreaktion. In einer Untersuchung starteten an einer Ampel wartende Autofahrer, die von einem Unbekannten angestarrt wurden, sehr viel schneller als nicht manipulierte Fahrer.

der Start signifikant schneller vonstatten als bei unbeobachteten, was Ellsworth et al. als eine modifizierte Form der „Fluchtreaktion" interpretierten. Man hat dieses Experiment inzwischen verschiedentlich wiederholt und dabei auch Fußgänger und Radfahrer als ahnungslose Probanden einbezogen. Die Ergebnisse waren im wesentlichen immer die gleichen. Da unangemessen langes Anblicken ganz eindeutig ein Aggressionssignal ist, das der „Feind" unter Umständen mit einer Aggression beantwortet, rate ich Ihnen dringend, sich auf ein solches Experiment nicht ohne entsprechende Vorsichtsmaßnahmen einzulassen!

Die Intimitätsgleichgewichts-Theorie

Ob ein Blick Intimität oder Aggression bedeutet, hängt, wie wir gesehen haben, zum großen Teil vom Kontext und anderen nonverbalen Reizen ab. Von Argyle und Dean (1965) stammt die Hypothese, daß jede Interaktion und jede Beziehung ihr ganz bestimmtes Intimitätsniveau besitzt, das die Partner durch ständiges Steuern ihrer Intimitätssignale (Blicken, Lächeln, Distanz, usw.) aufrechtzuerhalten bestrebt sind. Welches Intimitätsniveau wir kommunizieren und beizubehalten suchen, hängt davon ab, mit wem wir sprechen (ob mit einem Freund, Kollegen, Liebespartner, etc.), über was wir sprechen (ob über das Wetter oder über Geldangelegenheiten) und wo wir sprechen (auf der Straße, in einem Restaurant, in einem Aufzug, etc.).

Diese sogenannte *Intimitätsgleichgewichts-Theorie* besagt, daß wir die Steigerung der Intimitätssignale in einer Modalität (etwa geringe interpersonale Distanz) durch Zurücknahme einer anderen Modalität (z.B. dezenteres Blickverhalten) ausgleichen. Argyle und Dean (1965) ließen in einem Experiment weibliche und männliche Probanden mit Komplizen des Versuchsleiters interagieren, wobei letztere verschiedene interpersonale Distanzen einnahmen. Sobald die Komplizen den Probanden näher kamen und die Gesprächsdistanz geringer wurde, suchten die Probanden automatisch weniger Blickkontakt mit ihrem Gegenüber, um so das vorherige Intimitätsniveau wiederherzustellen (vgl. Abb. 9.1).

Dergleichen ist im Alltag immer da zu beobachten, wo Menschen in kleinen, geschlossenen Räumen, z.B. Aufzügen, zusammen sind. Sobald wir zu ungewöhnlich enger interpersonaler Distanz gezwungen werden, reagieren wir mit Reduktion oder vollständigem Vermeiden von Blickkontakt. In einem Aufzug schaut man nach Möglichkeit aneinander vorbei und wird sich allenfalls gleich nach dem Einsteigen oder kurz vor dem Aussteigen flüchtig mustern (Zuckerman et al. 1983). Muß der Blickkontakt aus Gründen des Intimitätsgleichgewichts reduziert werden, ist ein Gespräch schwierig oder gar unmöglich: Ohne unseren Partner im Blick zu haben, läßt sich schwer eine Unterhaltung mit ihm führen. Daher das häufig zu beobachtende Phänomen, daß Leute ihr Gespräch einstellen, sobald sie einen Aufzug betreten, und es nach Verlassen desselben unverzüglich wieder aufnehmen (vgl. Aktivität 9.3.).

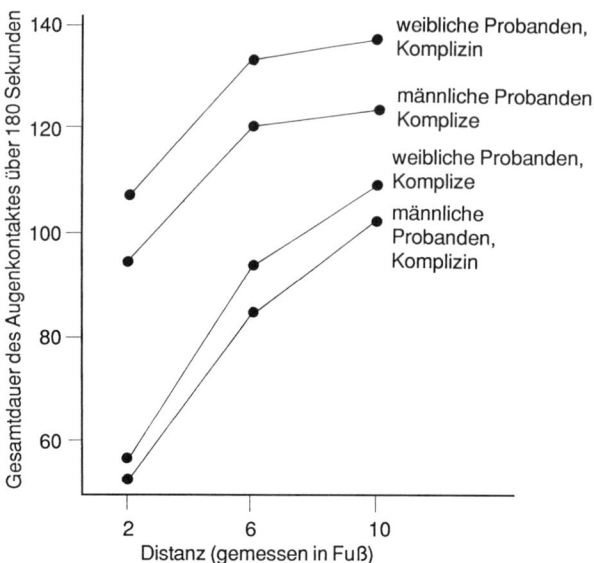

Abb. 9.1: Das Intimitätsgleichgewichts-Modell
Verringert sich die interpersonale Distanz, wird der Augenkontakt reduziert. Man beachte jedoch, daß die Dauer des Augenkontaktes auch von der Geschlechtszugehörigkeit der Interaktionspartner abhängt. (Nach Argyle und Dean 1965, S. 300.)

Aktivität 9.3: Das Intimitätsgleichgewichts-Modell

Vielleicht haben Sie Lust, das Funktionieren des Intimitätsgleichwichts einmal selbst systematisch zu beobachten. Sie können das überall da tun, wo Menschen zu engem Zusammensein gezwungen sind (in Aufzügen, öffentlichen Verkehrsmitteln, etc.). Achten Sie darauf, (a) ob Leute vor Betreten eines solchen Raumes miteinander sprechen oder nicht, (b) wie sie es im Aufzug mit der Distanz halten, d. h., wo sie sich hinstellen (was natürlich auch davon abhängt, wie voll der Aufzug ist), (c) wie häufig es zu Blickkontakt zwischen den Partnern kommt, (d) ob sie das Gespräch unterbrechen und (e) ob sie es nach Verlassen des Aufzugs wiederaufnehmen. Sie werden vermutlich feststellen, daß geringe Distanz zu Reduktion oder Vermeiden von Blickkontakt führt und daß zwischen dem Einstellen von Gesprächen und dem Vermeiden von Blickkontakt ein unmittelbarer Zusammenhang besteht.

Die verborgene Dimension: Der Raum

Das zweite universale nonverbale Signal, das uns zur Verfügung steht, ist der Umgang mit Raum und Territorium. Man hat die Rolle von Distanz und Raum in der menschlichen Interaktion aus zwei sehr unterschiedlichen Perspektiven untersucht. Hall (1966) folgte einem deskriptiven, sozialanthropologischen Ansatz und versuchte, die verschiedenen kulturellen Regeln und Konventionen zu beschreiben, denen die Menschen in ihrem räumlichen Verhalten zueinander folgen. Für sein Forschungsgebiet prägte er den Namen *Proxemik*. Sommer (1959, 1969), den die situationalen Faktoren interessierten, die das Raumverhalten beeinflussen, bediente sich experimenteller, sozialpsychologischer Methoden.

Hall zufolge segmentieren wir unsere soziale Umgebung in vier ziemlich abgegrenzte Regionen, die unseren Körper umgeben wie unsichtbare Blasen: die intime Zone (ca. 0–60 cm); die persönliche Zone (ca. 60 cm–1,20 m); die sozialkonsultative Zone (ca. 1,20–3,30 m) und die öffentliche Zone (ca. 3,30 m und mehr). Für jede dieser Interaktionszonen gibt es bestimmte und sehr unterschiedliche Normen, Erwartungen und Verhaltensweisen (vgl. Aktivität 9.4).

Aktivität 9.4: Überschreiten einer persönlichen Grenze

Halls Hypothese vom Vorhandensein solcher persönlicher Grenzen läßt sich leicht überprüfen. Sie brauchen nur in einer Situation wie der eben geschilderten die Norm zu verletzen, d.h., den Blick auch innerhalb der sozialen Zone nicht abzuwenden, und zu beobachten, was geschieht. Gehen Sie eine Straße entlang und machen Sie nach dem Zufallsprinzip jeden dritten oder vierten Passanten zum Probanden, das Ganze etwa zehnmal. Sehen Sie Ihren Probanden oder Ihre Probandin an, bis er/sie sich Ihnen auf drei Meter genähert hat, und wenden dann den Blick ab. Mit den nächsten zehn Passanten verfahren sie genauso, nur behalten sie diese im Blick, bis Sie an Ihnen vorüber sind. Wahrscheinlich werden die Probanden dieser zweiten Gruppe, sobald sie die Grenze Ihrer „sozialen" Zone überschritten haben, versuchen, in irgendeiner Form Kontakt zu Ihnen aufzunehmen, Sie vielleicht sogar fragen „Kennen wir uns?" Damit haben Sie die eindeutige Bestätigung dafür, daß Blickkontakt innerhalb der sozialen Zone nur zwischen Bekannten, nicht aber zwischen Fremden erlaubt ist.

Der Übergang von einer Distanzzone zu einer anderen wird gewöhnlich durch spezifische Verhaltensänderungen signalisiert. Wir haben zum Beispiel keinerlei Scheu, einen Fremden, der uns auf der Straße entgegenkommt, ausgiebig zu betrachten. Allerdings gilt das nur, solange er sich in der öffentlichen Zone befindet. Überschreitet er die Grenze unserer sozialen Zone, wird Blickkontakt gewöhnlich gemieden. Wenden wir an diesem Punkt unseren Blick nicht ab, signalisieren wir mit irgendeinem ritualisierten Zeichen des Erkennens (einem Lächeln oder einem gemurmelten Gruß), daß innerhalb dieser intimeren Region ein minimaler sozialer Kontakt stattgefunden hat.

Auch unsere Sympathie für den jeweiligen Interaktionspartner und die Statusunterschiede zwischen uns haben Einfluß auf die Distanz. Wenn Freunde miteinander interagieren, kommen sie einander näher als Fremde, und zu Menschen mit hohem Status hält man auch die entsprechende räumliche Distanz. Das Distanzverhalten ist kulturell unterschiedlich geregelt. In Kulturen des mittleren Ostens zum Beispiel ist die Distanz, die man in persönlichen Interaktionen einzuhalten hat, im allgemeinen geringer bemessen als bei uns. Bei den Arabern gehört dem Vernehmen nach auch der Geruchssinn zu den Modalitäten persönlicher Interaktion, und so ist es kein Wunder, daß sie – gemessen an unseren Standards – so unangenehm nahe nebeneinanderstehen. Solche Unterschiede illustrieren sehr schön, welch delikates Gleichgewicht wir vom ,,normalen" Interaktionsverhalten erwarten. Brechen wir nur eine einzige kleine Regel und kommen unserem Partner nur um wenige Zentimeter zu nahe, kann die ganze Interaktion unangenehm werden – und jemand, der mit einem anderen kulturellen Standard zu uns kommt, kann so zum sozialen Außenseiter werden.

Unterschiede im Raumverhalten gibt es sogar innerhalb derselben kulturellen Gruppe. In den Vereinigten Staaten sind die interpersonalen Normen zwar verhältnismäßig offen und homogen, gleichwohl haben Untersuchungen gezeigt, daß das Distanzverhalten hier sowohl von der Rasse als auch von der sozialen Schicht abhängt. Aiello und Jones (1971, Jones und Aiello 1973) photographierten Kinder, die auf Schulhöfen miteinander interagierten, und stellten fest, daß schwarze Kinder näher bei anderen standen als weiße. Dasselbe galt für Arbeiterkinder im Vergleich zu Kindern aus der Mittelschicht (vgl. Aktivität 9.5).

Experimenteller nahm sich Sommer der Sache an, der in seinem Buch ,,Personal Space: the Behavioural Basis of Design" der Frage nachgeht, welchen Gebrauch Menschen in interpersonalen Kommunikationen von ihrer selbstgestalteten Umgebung machen (vgl. auch Kapitel 16). Ein gutes Beispiel dafür ist die Art und Weise, wie Menschen sich – abhängig von der Art der sozialen Interaktion, die es zu bestehen gilt – um einen Tisch verteilen. Im Restaurant, bei einem Arbeitstreffen oder wenn es um Wettbewerb geht, scheinen wir ganz automatisch bestimmten Sitzordnungen den Vorzug zu geben. Abb. 9.2 faßt die Ergebnisse dieser Untersuchung zusammen. Ausladendere Räumlichkeiten wie Warteräume in Flughäfen, Kirchen, Gerichtssäle und Kaffeehäuser schränken die Interaktionsmöglichkeiten allein durch ihre Ausgestaltung und Einrichtung auf ähnliche Weise ein. Ein formeller sozialer Prozeß, wie ihn etwa eine Gerichtsverhandlung darstellt, prägt auch die Gestaltung des Raumes, in dem er stattfindet. Der zufällige Besucher einer leeren Kirche oder eines leeren Gerichtssaales kann sich anhand von Anlage und Einrichtung dieser Räume durchaus ein Bild machen von den sozialen Ereignissen, für die sie bestimmt sind.

Sitz-ordnung	Konver-sation	Bedingungen Ko-operation	Ko-Aktion	Wett-bewerb
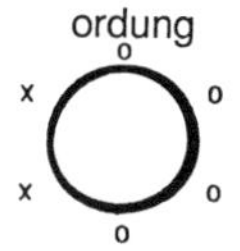 (runder Tisch)	63	83	13	12
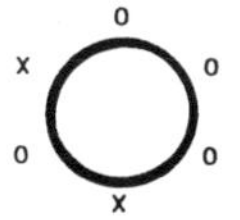 (runder Tisch)	17	7	36	25
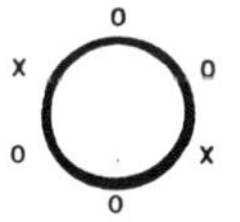 (runder Tisch)	20	10	52	63
TOTAL:	100	100	100	100
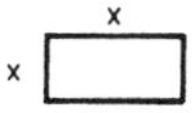 (rechteckiger Tisch)	42	19	3	7
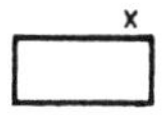 (rechteckiger Tisch)	46	25	3	41
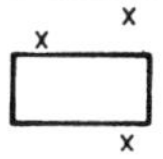 (rechteckiger Tisch)	1	5	43	20
(rechteckiger Tisch)	0	0	3	5
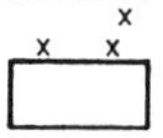 (rechteckiger Tisch)	11	51	7	8
 (rechteckiger Tisch)	0	0	41	18
TOTAL:	100	100	100	100

Abb. 9.2: Soziale Interaktion und Sitzordnungspräferenzen
Anteil der Personen, die – abhängig von der Art der Interaktion – bestimmte Sitzordnungen an rechteckigen bzw. runden Tischen bevorzugen. (Nach Sommer 1965, S. 342–345)

Aktivität 9.5: Wenn man sich zu nahe kommt

Was für eine große Rolle das Raumverhalten in Interaktionen spielt, haben Sozialpsychologen dadurch bewiesen, daß sie die impliziten Regeln, denen wir folgen, absichtlich verletzten. In einem Experiment verringerte der Versuchs-leiter einfach die erlaubte Distanz zu seinem Gesprächspartner. So schaffte er es, seine Probanden während des Gesprächs einige Male durchs Zimmer zu treiben, denn der jeweilige Partner wich diskret aus, um die ihm angenehme Gesprächsdistanz wiederherzustellen. Wenn Sie sich von der Wichtigkeit der Distanzregeln selbst überzeugen wollen, wiederholen Sie dieses Experiment. Wählen Sie einen großen und relativ leeren Raum (ein Theaterfoyer, einen

Partyraum, etc.) und einen Partner, der Ihnen die Sache nicht verübelt. Dann rücken Sie Ihrem Partner systematisch ein paar Zentimeter näher auf den Leib, als Sie das normalerweise tun würden, und warten ab, was passiert! Vermutlich wird Ihr Partner sich um eine ihm angenehme Distanz bemühen und zurückweichen. Jetzt sind Sie wieder am Zug. Wenn er lange genug durchhält, werden Sie diesen armen Menschen beliebig durch den Raum dirigieren können.

Territorialität

Abgesehen von den dynamischen und leicht veränderbaren nonverbalen Dimensionen von Raum und Distanz gibt es auch physikalische Bereiche, auf die wir dauerhafteren Anspruch erheben. *Territorialität* ist eines der universalsten Merkmale tierischer Sozialsysteme. Ähnliche lebenslange Bindungen an Territorien findet man bei Menschen selten. Aber bestimmte, wenn auch subtilere Beziehungen zu physikalischen Bereichen gehen auch wir ein. Goffman (1963) glaubt, daß Menschen gewöhnlich keinen dauerhaften Territorialbesitz, sondern eine befristete Hoheitsgewalt über bestimmte Bereiche beanspruchen. Altman (1975) klassifizierte Territorien in ,,primäre" (z. B. unser Zuhause), ,,sekundäre" (z. B. ein gemeinsames Büro) und ,,öffentliche".

Es gibt viele Beispiele dafür, wie Menschen ihren Anspruch auf ein Territorium geltend machen. Auf Campingplätzen, wo die Gefahr unbefugter Territoriumsüberschreitungen besonders groß ist, werden die kleinen ,,sekundären" Territorien auf vielerlei Art geschmückt und mit improvisierten Zäunen umgeben, um sie vom umgebenden ,,öffentlichen" Territorium abzugrenzen. Kleingärtner investieren unverhältnismäßig viel Arbeit in ihre kleinen Parzellen und gestalten sie so, daß sie sich von denen der Nachbarn möglichst unterscheiden. Auch Büro und Schreibtisch können einem ans Herz wachsen, und ich muß gestehen, daß es mich ziemlich aufgebracht hat, als ich erfuhr, daß man mir, während ich in Europa arbeitete, zu Hause ein anderes Büro zugewiesen hatte.

Auch unsere Häuser und Wohnungen sind primäre Territorien, in deren Gestaltung unsere Werte und unsere Identität eingehen, und die auf diese Weise aufschlußreiche nonverbale Information über ihre Bewohner preisgeben. Eine ähnliche Territorialfunktion hat die persönliche Ausgestaltung von Büroräumen. Schon wo wir unseren Schreibtisch hinstellen, kann dem Eintretenden eine bestimmte Haltung signalisieren. Ist er entsprechend postiert, unterteilt er den Raum in einen klar erkennbaren ,,öffentlichen" (vor dem Tisch) und einen ,,privaten" Bereich (hinter dem Schreibtisch). Wie Untersuchungen zeigen, kann man die Persönlichkeit eines Rauminhabers ziemlich genau erraten, wenn man sich einfach Photos von seinem Büro, seinem Wohnzimmer oder seiner Studentenbude ansieht.

Neben solchen relativ dauerhaft besetzten Territorien gibt es öffentliche Areale

– Bibliothekstische, Parkbänke, Tische im Restaurant –, auf die wir nur kurzfristig Anspruch erheben. Diese befristeten Territorien pflegen wir symbolisch – mit einem persönlichen Gegenstand, einer Zeitung u. ä. – zu markieren. Die Wirksamkeit solcher Markierungen ist proportional zu ihrem persönlichen Charakter und umgekehrt proportional zum Platzmangel. Forscher deponierten auf unbesetzten Tischen einer Universitätsbibliothek zu Stoßzeiten und in ruhigen Stunden persönliche (ein halbgegessenes Butterbrot) oder unpersönliche Gegenstände (ein aufgeschlagenes Buch). Übergriffe auf dieses Territorium (Besetzung des reservierten Tisches) waren häufiger, wenn die Markierung unpersönlich und der Platzbedarf groß war. Die Moral von der Geschichte: Wollen Sie sich bei Raumknappheit Ihres Platzes versichern, markieren Sie Ihr Territorium mit *sehr* persönlichen Dingen.

Aktivität 9.6: Die Rolle von Territorialmarkierungen

Sie können auch selbst einmal überprüfen, welche Territorialmarkierung am wirksamsten ist. Wählen Sie dazu einen Ort, wo solche Territorien üblicherweise beansprucht werden (Flughafenhallen, Bahnhöfe, Bibliotheken, Badestrände, etc.) und markieren Sie Ihr Territorium entweder mit etwas sehr Persönlichem (einem Kleidungsstück, einer Tasche, einem angebissenen Brot, usw.) oder mit unpersönlichen Gegenständen (einer Zeitung, einem Buch). Sie können auch die Verfügbarkeit der Territorien manipulieren und Ihr Experiment einmal in Ruhe-, und einmal in Stoßzeiten ausführen. Vermerken Sie, wie oft Ihr „markiertes" Territorium okkupiert wurde und wie lange es unter Ihren verschiedenen experimentellen Bedingungen dauerte, bis solch ein Übergriff stattfand.

Berühren oder Körperkontakt

Berührungen gehören zu den wichtigsten nonverbalen Signalen unserer ersten Lebensjahre und machen einen großen Teil der frühen Eltern-Kind-Kommunikation aus. Berührungen zwischen Erwachsenen unterliegen in den meisten westlichen Kulturen allerdings strengen und komplizierten kulturellen Konventionen. Wer wo wie wann und von wem berührt werden darf, ist genau geregelt. Jourard (1966) fragte 300 junge Amerikaner beiderlei Geschlechts, wer (z. B. Vater, Mutter, Freund, Freundin, etc.) ihren Körper wo berühren dürfe. Die jungen Leute waren sich, wie sich zeigte, in ihren Zuweisungen recht einig (vgl. Abb. 9.3). In anderen Kulturen können solche erlaubten Berührungsmuster ganz anders ausfallen. Viele buddhistische Gesellschaften untersagen es zum Beispiel, in irgendeiner Form den Kopf eines anderen zu berühren, denn der Kopf gilt als Sitz der Seele. In unserer Kultur signalisiert eine leichte Berührung gewöhnlich Intimität und Interesse und ruft beim Berührten eine geringfügige Erregungsreaktion hervor.

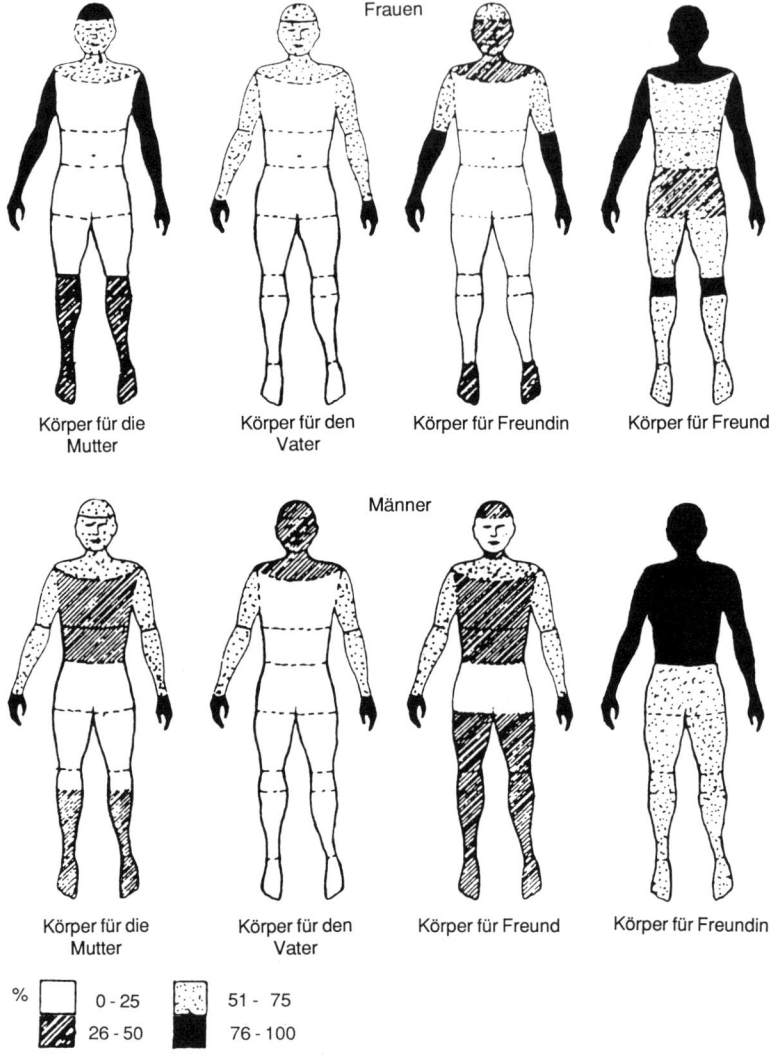

Frauen

| Körper für die Mutter | Körper für den Vater | Körper für Freundin | Körper für Freund |

Männer

| Körper für die Mutter | Körper für den Vater | Körper für Freund | Körper für Freundin |

% 0 - 25   51 - 75

26 - 50   76 - 100

Abb. 9.3: Berührungsregeln
Körperbereiche, die von Mutter, Vater, Freund oder Freundin desselben und des anderen Geschlechts berührt werden dürfen. (Nach Jourard 1966, S. 229)

Interessanterweise können Berührungen die Einstellungen des Berührten positiv beeinflussen, auch wenn dieser sich gar nicht bewußt ist, berührt worden zu sein. In einer Untersuchung auf diesem Gebiet instruierte man eine Bibliothekarin, Studenten bei der Ausgabe der Bücher wie zufällig zu berühren (Fisher, Rytting und Heslin 1976). Die Forscher fingen die Studenten anschließend ab und stellten ihnen eine Reihe von Fragen. Bei Studentinnen fanden sie positivere Einstellungen zur Bibliothek, zur Assistentin, zu sich selbst. Auf Männer hatte die Berüh-

154

rung eine solche Wirkung nicht. Es gibt noch andere Anhaltspunkte dafür, daß Männer und Frauen auf dieselbe Berührung unterschiedlich reagieren. Wenn Frauen kurz vor einer Operation von einer Krankenschwester berührt wurden, waren sie weniger ängstlich und ihr Blutdruck blieb niedriger, während Männer in derselben Situation genau umgekehrt reagierten (Whitcher und Fisher 1979).

In den meisten Fällen haben Berührungen rituellen Charakter. Heslin und Boss (1980) beobachteten Abschiedsszenen auf einem Flughafen. In fast 60% der Fälle kam es zu Berührungen. Männer und ältere Leute tendierten dazu noch häufiger als Frauen und jüngere Menschen. Berührungen können auch Superiorität und Dominanz signalisieren. Unterwürfige oder rangniedrigere Menschen sind körperlich verfügbarer, ,,berührbarer'' als dominante. Kinder, Behinderte, Dienstboten oder Untergebene sind häufiger Objekt solcher nicht-reziproker Berührungen. Eine ,,Politik des Berührens'' findet zwischen den Geschlechtern ebenso statt wie zwischen Statusgruppen und Klassen. In der Öffentlichkeit ergreifen Männer gewöhnlich die Berührungsinitiative gegenüber Frauen, und manche Berührungsgesten zwischen den Geschlechtern (z. B. die Hand auf der Hüfte des Partners oder der Partnerin) dokumentieren eher Besitzerstolz oder Besitzrecht als Zuneigung und Engagement. Ähnlich wie die von Roger Brown untersuchten verschiedenen Anredeformen (vgl. Kapitel 7, Abb. 7.1) scheinen auch Berührungen in vielen Fällen Botschaften zu kommunizieren, die sich entlang einer Status- und einer Intimitätsdimension kategorisieren lassen.

Wie hört sich unsere Stimme an: Parasprachliche Reize

In einer Unterhaltung, so haben wir gesehen, ist der verbale Inhalt des Gesagten nur ein kleiner Teil der Gesamtbotschaft. Vieles können wir, unabhängig von den Worten, die wir äußern, allein mit unserer Stimme ausdrücken. Was wir sagen, ist die verbale Botschaft, wie wir es sagen, ist Teil der parasprachlichen Botschaft. Sehr allgemein kann man alle nicht verbalen, stimmlichen Reize als parasprachliche Reize definieren. Manche parasprachlichen Botschaften sind sehr eng mit der jeweiligen Äußerung verbunden: Intonation, Rhythmus, Lautstärke und Sprechtempo sind zwar keine verbalen Reize, stehen aber in engem Zusammenhang mit dem verbalen Gehalt. Andere stimmliche Reize – Akzent, individuelle Stimmqualität, Tonfall oder Lautstärke – können auch überdauernde Persönlichkeitsmerkmale des Sprechers und unabhängig von der besonderen verbalen Botschaft sein. Wieder andere parasprachliche Vokalisationen – Weinen, Gähnen, Lachen, Pfeifen, Seufzen, etc. – übermitteln gegebenenfalls eigenständige Botschaften.

Wenn wir untersuchen wollen, wie wir sprachbegleitende Stimmreize in sozialer Interaktion einsetzen, müssen wir die verbale Bedeutung eines Satzes von der zugrundeliegenden Stimmqualität trennen. Das kann man durch ein elektroni-

sches Filterverfahren erreichen, das die Wörter unverständlich macht, die Stimmqualität aber erhält, oder auch einfach dadurch, daß man sinnlose Silben auf
bestimmte Weise rezitieren läßt. Letzteres haben Davitz und Davitz (1959) getan.
Sie ließen acht Probanden das Alphabet hersagen und dabei zehn verschiedene
Gefühle (Angst, Zorn, Eifersucht, etc.) ausdrücken. Dreißig Beurteiler versuchten, die ausgedrückten Gefühle zu erkennen. Es zeigte sich (vgl. Tabelle 9.2), daß
manche Emotionen – zum Beispiel Zorn, Nervosität, Traurigkeit oder Glück –
leichter an der Stimmqualität zu erkennen waren als etwa Liebe, Eifersucht und
Stolz. Andere Untersuchungen (vgl. Davitz 1964) bestätigen, daß bestimmte emotionale Informationen sehr effektiv von Stimmreizen kommuniziert werden. Interessant ist die Frage, ob diese vokalen Reize ebenso universal und kulturunabhängig sind wie emotionale Gesichtsausdrucksformen (vgl. die Ausführungen über
Darwin und Ekman in Kapitel 8). Eine endgültige Antwort darauf steht noch aus.

Tabelle 9.2: Erkennbarkeit von Emotionen an der Stimme (die Zahlen entsprechen der
Gesamtzahl richtig erkannter Emotionen von 240 möglichen, d. h. jeder der 30 Beurteiler
hörte 8 Sprecher).

Ausgedrückte Gefühle	Anzahl richtiger Identifikationen
Zorn	156
Furcht	60
Glück	104
Eifersucht	59
Liebe	60
Nervosität	130
Stolz	50
Traurigkeit	118
Zufriedenheit	74
Sympathie	93

(Nach Davitz und Davitz 1959)

Was hat es nun genau mit unserer Stimme auf sich, wenn sie eine bestimmte
Emotion kommuniziert? Um diese Frage zu beantworten, müssen wir zunächst
Lautsequenzen mit experimentell manipulierten stimmlichen Merkmalen konstruieren. Scherer (1974) hat zu diesem Zweck mit einem Synthesizer die Intonations-
kurven eines kurzen Satzes imitiert und dabei fünf Intonationsmerkmale manipuliert (Tonhöhenvariation, mittlere Tonebene, Lautstärkevariation, mittleres
Lautstärkeniveau und Tempo). Zehn Probanden hörten sich diese Tonhöhenfol-
gen an, beurteilten sie auf einer Anzahl von Skalen und versuchten herauszufinden, welche Emotion jeweils kommuniziert wurde. Besonders aufschlußreich waren, wie sich zeigte, Tonhöhenvariation und Tempo. Langsames Tempo und kleine Tonhöhenvariation signalisierten im allgemeinen negative, unangenehme
Emotionen (Traurigkeit, Zorn, Langeweile, Ekel, Furcht), hohes Tempo und gro-

ße Tonhöhenvariationen dagegen eher positive Gefühle (Wohlbefinden, Aktivität, Überraschung). Detaillierter sind die Ergebnisse in Tabelle 9.3 zusammengefaßt. Moderne Computer ermöglichen noch genauere Analysen. In Klaus Scherers Labor an der Universität Gießen konvertiert man gesprochene Sätze in digitale Impulse, so daß man die stimmlichen Parameter einer solchen Aufnahme beliebig verändern und die solcherart manipulierten Sätze anschließend in synthetische Sprache zurückverwandeln kann (Scherer 1985).

Tabelle 9.3: Die Effekte akustischer Variablen auf die Wahrnehmung von Emotionen

Akustische Variable	Ausprägung	Wahrgenommen als
Amplitude	mittel	Heiterkeit, Aktivität, Glück
Variation	extrem	Furcht
Tonhöhenvariation	mittel	Zorn, Langeweile, Ekel, Furcht
	extrem	Heiterkeit, Aktivität, Glück, Überraschung
Tonhöhenverlauf	fallend	Heiterkeit, Langeweile, Traurigkeit
	steigend	Stärke, Zorn, Furcht, Überraschung
Tonhöhenniveau	niedrig	Heiterkeit, Langeweile, Traurigkeit
	hoch	Aktivität, Stärke, Zorn, Furcht, Überraschung
Tempo	langsam	Langeweile, Ekel, Traurigkeit
	schnell	Heiterkeit, Aktivität, Stärke, Zorn, Furcht, Glück, Überraschung
Dauerverlauf	rund	Stärke, Langeweile, Ekel, Furcht, Traurigkeit
	scharf	Heiterkeit, Aktivität, Glück, Überraschung
Filtercharakteristik	wenig	Traurigkeit, Heiterkeit, Langeweile, Glück
(Fehlen von Obertönen)	mittel	Stärke, Aktivität
	viel	Zorn, Ekel, Furcht, Überraschung
Tonalität	atonal	Ekel
	Moll	Zorn
	Dur	Heiterkeit, Glück
Rhythmus	nicht rhythmisch	Langeweile
	rhythmisch	Aktivität, Furcht, Überraschung

(Nach Scherer 1974, S. 109)

Der allgemeine Eindruck, den die Stimme eines Menschen auf uns macht, kann auch das Ergebnis einer bestimmten Kombination einiger dieser Merkmale sein. Ostwald (1963) analysierte mit Hilfe eines Sprachspektrographen die Stimmuster von Psychiatriepatienten und gesunden Probanden. Er fand vier unterschiedliche Stimmtypen: (a) die scharfe Stimme, quengelnd, kindlich und gereizt, wie sie für manche neurotische Patienten typisch war; (b) die flache Stimme, mit der manche depressiven und unselbständigen Patienten sprachen; (c) die hohle Stimme von debilen oder hirnverletzten Patienten; (d) die extravertierte, zuversichtlich klingende Stimme wohlangepaßter, gesunder Menschen.

Ganz besonders wirksam kommuniziert die Stimme Erregung und Angst. Wir alle haben sicher schon Menschen zugehört, deren Stimme unüberhörbar verriet, wie aufgeregt sie waren. Im Extremfall kann Kommunikationsangst zu Sprachstörungen bis hin zum Stottern führen (Bergman und Forgas 1985). Stimmreize können auch – und wie Untersuchungen ergaben, zuverlässiger als das Gesicht – Täuschungsversuche verraten (Zuckerman et al. 1982). Es gibt Psychologen, die die spektrographische Analyse von Stimmustern für eine zuverlässige Methode halten, einen Lügner zu entlarven – eine Behauptung, die von den Forschungsergebnissen keineswegs einhellig gestützt wird.

Solche schwer faßbaren Reize wie die Stimmqualität können auch sehr wichtig sein für Menschen, die – wie Ärzte und Psychotherapeuten – verbale Kommunikation gezielt für ihre Zwecke einsetzen. Milmoe und seine Mitarbeiter (1967) haben sich einer Technik bedient, um dieser Möglichkeit nachzugehen. Ihre ärztlichen Probanden arbeiteten in einer Klinik für Alkoholkranke, und es zählte zu ihren wichtigsten und schwierigsten Aufgaben, die Klienten zu freiwilliger Behandlung zu bewegen. Milmoe stellte fest, daß die Stimmqualität der Ärzte ein signifikanter Prädiktor ihres diesbezüglichen Erfolges war. Natürlich kann von einer kausalen Verbindung zwischen Stimmqualität und Entzugserfolg keine Rede sein. Möglicherweise haben Ärzte mit sympathischem und angenehmem Wesen auch die angenehmere Stimme und so auch mehr Erfolg bei ihren Patienten.

Nicht alle parasprachlichen Reize gelten einzig der Kommunikation von Einstellungen und Emotionen. Noch etliche weitere Aspekte unseres Sprechens geben Aufschluß über uns. So kann der Akzent viel über ethnischen Hintergrund, sozialen Status oder Bildungsniveau eines Sprechers verraten (Giles 1970). Wie der Akzent wahrgenommen wird, hängt überdies vom Geschlecht des Sprechenden und vom Situationskontext ab (Gallois und Callan 1985). Auch bei anderen Aspekten vokaler Kommunikation spielt die besondere Situation eine Rolle. In England habe ich mit einem Kollegen zusammengearbeitet, der im alltäglichen Umgang breitestes Londoner Cockney sprach und damit seine Herkunft aus der Arbeiterklasse und seinen – linken – politischen Standort signalisierte. Hatte er dagegen mit Journalisten, Reportern oder Verlegern zu tun, änderte sich seine Aussprache drastisch: Nun sprach er hochkarätiges „Oxford"-Englisch, als wollte er in dieser Situation seinen Status als Intellektuellen und Hochschullehrer besonders herausstellen. Untersuchungen zeigen, daß dieselbe Botschaft, abhängig davon, ob sie in Unterschicht- oder Oberschichtsprache kommuniziert wird, sehr unterschiedlich aufgenommen und von sehr unterschiedlicher Überzeugungskraft sein kann. Viele Berufsgruppen haben rollenkonforme Sprechstile entwickelt. Ärzte, Rechtsanwälte, Schauspieler und Geistliche neigen gleichermaßen zu solcherart rollendefinierten Stimm-Mustern.

Mit dem Körper kommunizieren: Körpersprache

Wenn wir mit anderen interagieren, kommunizieren wir mit unserem ganzen Körper. Subtile Arm- oder Beinbewegungen können einem Beobachter mitteilen, ob wir die Wahrheit sagen oder nicht. Von allen nonverbalen Kommunikationskanälen ist der ,,Körpersprache" die wohl größte öffentliche Aufmerksamkeit zuteil geworden. Viel Oberflächliches gibt es zu diesem Thema und verspricht dem Leser überraschende Einsichten in eigene und fremde Motive und Intentionen. Der wirklichen Kompliziertheit unserer Körpersprache wird keines dieser Werke gerecht. Wenn auch die meisten Erwachsenen solche Botschaften sowohl zu senden als auch zu empfangen verstehen, ist die Ursache vieler Interaktionsschwierigkeiten der Zusammenbruch der Körperkommunikation. In solchen Fällen kann man seine Hoffnung dann auf soziales Training setzen (vgl. Kapitel 16).

Wissenschaftlich hat man sich der Körpersprache mit unterschiedlichen Ansätzen genähert. Man kann sich die Körperkommunikation als ein System ähnlich das der Sprache vorstellen; es besteht aus grundlegenden Bewegungseinheiten, die nach den Regeln einer Art Bewegungsgrammatik zu umfassenderen ,,Äußerungen" kombiniert werden. Ein Pionier dieses quasi-linguistischen Ansatzes ist der Anthropologe Ray Birdwhistell. Er bemüht sich, sogenannte ,,Kineme", d.h. grundlegende Bewegungseinheiten zu identifizieren und kategorisieren, die zu einem ,,Kinemorph", einem komplexeren Körperausdruck mit bestimmter Bedeutung kombiniert werden. Diese anthropologische Strategie basiert auf der Mikroanalyse kurzer, videographierter Interaktionssequenzen. Die Transskription und Detailanalyse von *allem*, was sich während eines fünfminütigen Gesprächs zuträgt oder was in einer 18 Sekunden währenden Sequenz des Zigarettenanbietens und -anzündens geschieht, kann ein ganzes Forscherteam über Jahre hinaus beschäftigen (Birdwhistell 1952, 1970).

Solche Detailanalysen haben Interessantes zutage gebracht. So hat man zum Beispiel festgestellt, daß Interaktionspartner ihre Körperbewegungen und Gesten aufs Subtilste koordinieren. Als erste haben diese ,,Interaktionssynchronie" Condon und Ogston (1967) beschrieben, deren Arbeit dann von Kendon (1970) und anderen weitergeführt wurde. Die Existenz einer solchen Synchronie ist erstaunlicher, als man meinen möchte. Der Hörer *reagiert* nicht einfach auf die vom Sprecher ausgehenden Reize, sondern antizipiert sie aktiv, so daß beide ihre koordinierten Bewegungsmuster simultan ausführen.

Geschlecht und Körpersprache

Wie wir Körperkommunikation einsetzen, hängt auch davon ab, welchem Geschlecht wir angehören. Die Bewegungsrepertoires von Männern und Frauen sind verschieden. Ist sich jemand seiner Geschlechtsidentität nicht völlig sicher, schlägt sich das in seinem Bewegungsrepertoire nieder. Manche Homosexuelle kommunizieren ihre abweichende Geschlechtsidentität dadurch, daß sie die Bewegungsmuster des anderen Geschlechts übernehmen. Zeigt ein Mann weibliche Bewegungen – wiegt er sich in den Hüften, geht er geziert, sind seine Handbewegungen weich –, hält man das allgemein für ein Zeichen von Homosexualität.

Populärwissenschaftliche Autoren wie Desmond Morris haben spekuliert, daß sich die geschlechtsbedingten Bewegungsformen beim Menschen als Ausgleich für die relativ spärlichen sekundären Geschlechtsunterschiede entwickelt haben. Mit anderen Worten, weil sich Männer und Frauen – zumindest verglichen mit den ausgeprägten Geschlechtsunterschieden vieler anderer Arten – sehr ähnlich sehen, signalisieren wir unsere Geschlechtsidentität durch unterschiedliche Bewegungsmuster. So interessant dieser Gedanke auch sein mag, überzeugend empirisch belegen läßt er sich einstweilen noch nicht (vgl. Aktivität 9.7).

Aktivität 9.7: Männliche und weibliche Körpersprache

Um einen Eindruck davon zu bekommen, wie unterschiedlich Männer und Frauen sich in der Tat bewegen, versuchen Sie sich an folgender kleiner Aufgabe.

1. Beobachten Sie zehn Angehörige Ihres eigenen und zehn des anderen Geschlechts. Achten Sie darauf, wie Ihre Probanden (a) gehen, (b) im Sitzen ihre Beine stellen, (c) beim Sprechen ihre Hände einsetzen, (d) im Sitzen ihren Oberkörper halten und (e) ihre Kopfhaltung in Relation zum Körper.
2. Versuchen Sie, die Bewegungsmuster des anderen Geschlechts vor einem Spiegel nachzuahmen. Was ist das für ein Gefühl?
3. Versuchen Sie einmal, sich während einer Unterhaltung mit einem guten Freund oder einer guten Freundin nach Art des anderen Geschlechts zu bewegen. Wie fühlen Sie sich dabei? Wie reagieren Freund oder Freundin?

Gesten

Gesten sind eine ganz spezielle Kategorie von Körperbewegungen. Das Bemerkenswerteste an ihnen ist vielleicht die Tatsache, daß sie in starkem Maße kulturabhängig sind. Franzosen, Italiener oder Engländer schöpfen aus einem offensichtlich sehr unterschiedlichen Gestenrepertoire (vgl. auch Aktivität 8.2). Um uns von der Existenz solcher Unterschiede zu überzeugen, brauchen wir nur ein Gespräch zwischen zwei Italienern zu beobachten. Es gibt aber auch Gesten mit unabhängiger und klar definierter Bedeutung (das V-Zeichen für ,,victory" zum Beispiel oder die gehobenen Schultern als Ausdruck von Verwirrung und Unverständnis). Solche Gesten werden auch ,,Embleme" genannt. Etliche andere Gesten haben keine eigenständige Bedeutung, sondern begleiten einfach das verbal und nonverbal Kommunizierte (so kann z. B. ein Vortragender seine verbale Botschaft mit den Händen gleichsam unterstreichen oder auch illustrieren). Gesten, die nur dazu dienen, eine andere Botschaft zu unterstützen, haben Ekman und Friesen (1975) „Illustratoren" genannt.

Im Moment beschäftigt sich die Forschung zumeist mit Emblemen oder Gesten mit fester Bedeutung. Desmond Morris und seine Mitarbeiter (Morris et al.1981) vermuteten, daß dem Gebrauch solcher Gesten kulturelle, sprachliche und ethnische Grenzen gesetzt sind. Gesten, die man in Süditalien gebraucht und versteht, müßten demnach in Deutschland unbekannt sein. Die Hypothese von Morris et al. war also, daß die Vorkommenshäufigkeit von Gesten bestimmten geographischen und ethnischen Grenzen folgt. Folglich stellten sie eine kleine Stichprobe „kritischer" Gesten zusammen und ließen sie quer durch Europa interpretieren. Die Untersuchung war offensichtlich erfolgreich, denn man stellte fest, daß verschiedene Gestenrepertoires bestimmte geographische Grenzen nicht überschritten.

Schlußfolgerungen

In den letzten beiden Kapiteln haben wir uns mit einigen allgemeinen Merkmalen nonverbaler Kommunikation beschäftigt und versucht, einen Überblick über die wichtigsten nonverbalen Signale unseres alltäglichen Lebens zu geben. Obwohl es vielleicht ganz natürlich ist, daß Sprache und verbale Kommunikation unsere Aufmerksamkeit am meisten fesseln, sollten wir nicht vergessen, daß nonverbale Signale eine mindestens ebenso wichtige, und zuweilen sogar wichtigere Rolle in der Kommunikation spielen als die Sprache. Ihre Effektivität beweisen nonverbale Signale besonders dann, wenn es darum geht, Einstellungen, Emotionen und Symphatien zu kommunizieren – Botschaften, die sich verbal oft nur schwer oder umständlich ausdrücken lassen. Soweit zur sozialen Interaktion auch das unaufhörliche Auf- und Abnehmen positiver und negativer affektiver Reaktionen gehört (Zajonc 1980), sind nonverbale Botschaften die vielleicht wichtigsten Träger dieser Information.

Die verschiedenen Kommunikationskanäle, die wir in diesem Kapitel kennengelernt haben, werden gewöhnlich koordiniert eingesetzt. Blick, Raumverhalten, Gesten und Gesichtsausdruck unterstützen und verstärken einander. Unbeantwortet bleibt einstweilen die wichtige Frage: „Warum unterscheiden sich Menschen in ihrer Fähigkeit, nonverbale Botschaften zu senden und zu empfangen?". Mit dem Problem der sozialen Kompetenzen werden wir uns in Kapitel 16 eingehender auseinandersetzen. Aber zuvor wollen wir uns noch einem weiteren bedeutsamen Aspekt interpersonaler Kommunikation zuwenden: „Wie setzen wir Kommunikation ein, um einen bestimmten Eindruck hervorzurufen?"

Kapitel 10

Eindruckssteuerung:
Wie man sich ins rechte Licht rückt

Bisher sieht es so aus, als bestünde zwischenmenschliche Kommunikation einfach und einzig darin, Botschaften zu senden und zu empfangen. In Wirklichkeit ist der Prozeß sehr viel komplexer. Natürlich müssen wir wissen, was die einzelnen verbalen und nonverbalen Signale bedeuten und wie, wann, wo und gegenüber wem wir uns ihrer bedienen dürfen. Aber interpersonale Kommunikation beginnt nicht erst mit dem Senden einer Botschaft. Jeder Entscheidung für eine bestimmte Botschaft ist einiges an strategischem Denken, Planen und Bewerten vorausgegangen. Ein großer Teil unserer Kommunikation ist darauf angelegt, etwas damit zu erreichen – und sei es einfach ein positiver Eindruck beim Kommunikationspartner.

Die Pläne, Gedanken, Motivationen und Kompetenzen, die unsere Kommunikationen mit anderen beeinflussen, nennt man auch „Eindruckssteuerung". Dieser planerische, strategische Aspekt von Kommunikation ist natürlich sehr wichtig. Sind unsere Steuerungsstrategien erfolgreich und denken andere positiv von uns, wirkt das auf unser Selbstkonzept und unsere Selbstwertschätzung zurück. Erinnern Sie sich an die Analyse der Interaktionsumwelt moderner Massengesellschaften im ersten Kapitel. In einem sozialen Milieu, das uns zu oberflächlicher Interaktion mit vielen Menschen zwingt, ist es sehr wichtig, schnell und ohne sichtbares Bemühen einen guten Eindruck machen zu können. In kleineren, intensiveren Gemeinschaften, einem mittelalterlichen Dorf etwa, einer kleinen Arbeitsgemeinschaft oder einem primitiven Stamm ist sehr viel weniger Eindruckssteuerung erforderlich, da man die wirklichen Qualitäten eines Menschen im Laufe der langen Interaktion längst kennengelernt hat.

Den richtigen Eindruck zu machen, ist besonders dann wichtig, wenn es, wie bei Politikern oder Vertretern, in zumeist kurzen und oberflächlichen Kontakten um sehr viel geht. Alexander Haig, ehemaliger Minister der Reagan-Regierung, kommentiert die Bedeutung von Fernsehen und Image-Management wie folgt: „Die Fernsehkamera hat das Natürliche, das von Herzen Kommende aus unserem sozialen Leben weitgehend vertrieben. Früher pflegte man sich zu fragen ‚Was sage ich?'. Heute lautet die Regel ‚Wie trete ich auf?'" (Time, 2. 4. 1984). Natürlich müssen nicht nur Politiker einen richtigen Eindruck hinterlassen, um erfolgreich zu sein. Auf irgendeine Art und Weise müssen wir das alle, denn in unserer Massengesellschaft müssen wir immer wieder kurze und oberflächliche Interaktionen meistern. Es ist kein Zufall, daß gerade in unserer Zeit Bücher wie Dale Carnegies „How to win friends and influence people" Bestseller werden.

Schon der Ausdruck „Eindruckssteuerung" hat für manche Leute eine negative Bedeutung. Man könnte annehmen, daß es einzig allein darum ginge, die ehrliche, aufrichtige Interaktion durch unredliche manipulative Praktiken zu ersetzen. Das ist aber nicht unbedingt das, was Sozialpsychologen unter Eindruckssteuerung verstehen. Wir gehen vielmehr davon aus, daß jegliche soziale Interaktion per definitionem von den Plänen und Motivationen der Handelnden beeinflußt wird. Es gehört ganz einfach zum Wesen menschlichen sozialen Lebens, daß wir ganz bestimmte Vorstellungen haben von uns selbst, unseren Interaktionspartnern und der Welt, in der wir leben, die wir in unseren Interaktionen mit anderen zum Ausdruck zu bringen versuchen. Eindruckssteuerung ist also nicht gleichbedeutend mit unredlicher Interaktion. Gemeint ist vielmehr die grundlegende menschliche Neigung, uns ein bestimmtes Bild von unserem Sozialverhalten zu machen, es so zu planen und zu regulieren, daß der Eindruck, den wir machen, unserem Bild von uns selbst und anderen entspricht.

Das dramaturgische Modell

Einer der einflußreichsten Wissenschaftler, der sich mit der strategischen, zielorientierten Natur interpersonaler Kommunikation beschäftigt hat, war Erving Goffman. Mit soziologischen Methoden beschrieb und analysierte er Alltagsbegegnungen. Dabei entstand eine Theorie sozialer Interaktionsprozesse, das sogenannte ,,dramaturgische" Modell. Goffmans Theorie baut auf dem Gedanken auf, daß man dem, was Menschen in ihren Alltagsinteraktionen zu erreichen suchen, mit dem Begriff des Rollenspiels im allgemeinen und der Metapher des Theaters im besonderen am nächsten kommt. Wie Schauspieler versuchen wir alle, bestimmte Rollen in Szene zu setzen, um bei anderen ein wunschgemäßes Bild von uns zu hinterlassen. Genau wie Schauspieler bereiten wir uns hinter den Kulissen (im Badezimmer, vor dem Garderobenspiegel) auf unsere Auftritte vor, wählen unser Kostüm für den Tag und versuchen, unserem Publikum (Freunden, Fremden, Liebespartnern) eine so überzeugende Aufführung zu bieten, daß unsere Selbstdarstellung für die Wirklichkeit gehalten wird.

Die Theatersprache eignet sich auch zur Analyse von Alltagsinteraktionen. Wie im Theater können unsere Aufführungen gelingen oder mißlingen, und wie im Theater spielen wir auf mehreren Bühnen und vor unterschiedlichen Kulissen. Mit der Ausgestaltung unseres Büros oder unseres Wohnzimmers bereiten wir die Bühne für unser soziales Leben, die zugleich eine bestimmte Sicht unserer selbst darstellt und definiert. Goffman definiert ,,Fassade" als den positiven sozialen Wert, den jemand sich beimißt oder für sich beansprucht. Fassade ist das inszenierte Bild unserer selbst, definiert durch allseits gebilligte soziale Eigenschaften (Goffman 1959). Kleidung, Benehmen, Akzent, Wortschatz – all das kann Teil einer Fassade sein, die wir der Welt präsentieren.

Ein Mißlingen unserer Aufführung, ein Fassaden- oder Gesichtsverlust ist nicht nur Grund zur Verlegenheit, sondern erschüttert auch unseren Glauben an die Vorhersagbarkeit und Ordnung unserer sozialen Beziehungen. Wenn Menschen

„aus der Rolle fallen", wissen wir nicht mehr, was wir von der Situation zu erwarten oder wie wir mit ihr umzugehen haben. Die entstehende Spannung führt oft dazu, daß man sich mit vereinten Kräften bemüht, die Sache zu „bemänteln" und das gewohnte, vorhersagbare Rollensystem erneut zu etablieren. Ist so ein „Fassadenverlust" erfolgt, sind nervöses Gelächter, billige Witze oder peinliches Schweigen Anzeichen dafür, daß die soziale Ordnung zusammengebrochen ist. Man macht sich gewöhnlich alsbald gemeinsam daran, die Ordnung wiederherzustellen, und bedient sich dabei bestimmter Taktiken, tut etwa so, als sei nichts geschehen.

Strategisches Rollenspiel, wie Goffman es beschreibt, ist in unserem sozialen Leben allgegenwärtig: „Der Prozeß, in face-to-face-Interaktionen wechselseitig eine Situationsdefinition aufrechtzuerhalten, ist durch Relevanz- oder Irrelevanzregeln sozial organisiert ... diesen lockeren Regeln, und nicht etwa der Beständigkeit der äußeren Welt, verdanken wir unseren beständigen Realitätssinn ... Linkisch zu sein oder äußerlich vernachlässigt, sich falsch zu bewegen oder das Falsche zu sagen, sind gefährliche Größen, Zerstörer von Welten" (Goffman 1963, S. 81).

Der gute Eindruckssteuerer

Wir alle spielen Rollen zum Zwecke der Eindruckssteuerung, aber nicht allen gelingt das gleichermaßen überzeugend. Was braucht man, um ein guter Schauspieler, ein erfolgreicher Eindruckssteuerer zu sein? Es gibt Menschen, die nie ihr Selbstvertrauen verlieren, die immer freundlich und aufgeschlossen sind – aber sind sie auch gute Eindruckssteuerer? Nicht unbedingt. Zuweilen kann ganz im Gegenteil die beste Steuerungsstrategie darin bestehen, an Fassade einzubüßen, die Beherrschung zu verlieren oder nicht zu wissen, wie es weitergeht. Wie der begabte Schauspieler auf der Bühne muß auch der gute Eindruckssteuerer eine klare Vorstellung davon haben, was sein Publikum erwartet, muß wissen, wie Urteile zustande kommen, und ein gutes Gespür besitzen für das, was die jeweilige soziale Situation verlangt.

Wir sind nicht die ersten, die darüber nachdenken, wie man andere um Macht und sozialer Stellung willen manipuliert. Schon der Renaissance-Gelehrte Machiavelli (1469–1527) hat sich in seinem klassischen Werk „Il Principe" („Der Fürst") sehr detailliert darüber verbreitet. Auf ihn haben Christie und Geis (1970) zurückgegriffen und anhand seiner Begrifflichkeit eine Skala konstruiert, die zwischen guten und schlechten Eindruckssteuerern unterscheiden sollte. Ihr Fragebogen enthält Items wie „Die beste Art mit Menschen umzugehen, besteht darin, daß man ihnen erzählt, was sie hören möchten", „Jeder, der einem anderen vollständig vertraut, fordert Schwierigkeiten geradezu heraus" und „Jemand, der über abstrakte Fragen redet, weiß gewöhnlich nicht, wovon er spricht" (!). Eine groß angelegte empirische Untersuchung zeigte, daß männliche Mittelschichtsangehörige, die im Management oder unmittelbar, z. B. in beratenden Berufen, mit Menschen arbeiteten, auf dieser Skala höhere Werte erreichten als andere. Kein Zusammenhang fand sich zwischen Machiavellismus und Intelligenz, Schulbildung oder politischer Überzeugung.

Man hat die Machiavellismus-Skala auch in einer Anzahl realistischer Situationen validiert, indem man Probanden mit hohen und niedrigen Werten zu Handelsgesprächen veranlaßte. In einer Untersuchung sollten hoch, mittel und niedrig bewertete „Machiavellisten" 10 Dollar unter sich aufteilen. Probanden mit hohem Wert auf der Machiavellismus-Skala konnten im Durchschnitt 5,57, die mit mittlerem Ergebnis 3,14 und die mit der niedrigsten Punktzahl nur 1,29 Dollar für sich verbuchen! In einer anderen Untersuchung hatten zuvor getestete Männer die Aufgabe, eine Frau zu einem Partybesuch zu überreden. Männer mit hohem Wert auf der Machiavellismus-Skala, die ihren prospektiven Partnerinnen Ehrerbietung, Zuneigung und Hilfsbedürftigkeit kommunizierten, hatten die meisten Erfolge aufzuweisen. Den erfolgreichen Machiavellisten kennzeichnen vor allem kühle, intellektuelle Distanz zur Situation und fehlendes emotionales Engagement.

Machiavellisten sind auch eher bereit, sich so unredlicher Taktiken wie der Lüge und des Betruges zu bedienen, wenn sie die Erfolgschancen hoch und die Wahrscheinlichkeit, entlarvt zu werden, gering einschätzen. In einer anderen Untersuchung sollten Probanden mit hohen und niedrigen Machiavellismus-Werten jemanden, der sich angeblich einem Test unterzog, ablenken, ohne daß ihre Absicht offenbar wurde. Hoch bewertete Machiavellisten legten dabei eine erstaunliche Erfindungsgabe an den Tag, pfiffen vor sich hin, klopften mit dem Bleistift auf den Tisch, zerlegten einen Kugelschreiber, stießen „zufällig" einen Tisch um und entschuldigten sich lautstark und glaubhaft dafür. Solcherart manipulatives Geschick offenbart sich schon früh. Es gibt auch eine Version des Machiavellismus-Fragebogens für Kinder. In einer bemerkenswerten Studie von Braginsky (1970) versuchten Zehnjährige – angeblich als Vorbereitung zu einer Marktforschungsuntersuchung –, andere Kinder zu überreden, ein bitter schmeckendes (mit Chinin getränktes) Plätzchen zu essen. Für jedes Plätzchen, das sie an den Mann brachten, bekamen die Kinder fünf Cents. Kinder mit hohem Machiavellismus-Wert schafften das mit durchschnittlich 6,46 Plätzchen, Kinder mit niedrigem Wert wurden dagegen nur 2,79 Plätzchen los. Überdies erschienen Beobachtern die Interaktionen der ersten Gruppe ehrlicher, effektiver, argloser und angenehmer als die der zweiten Gruppe.

Wie präsentiert man sich?

Schon aus der Benennung des Phänomens, dem Wort „Eindruckssteuerung", folgt, daß wir bei der Wahl des Selbstbildes, das wir in einer Situation vermitteln möchten, einige Freiheit haben. Auf einen dominanten Menschen, der große Worte liebt, wollen wir vielleicht einen zuversichtlichen und sicheren Eindruck machen, während wir uns einem bescheideneren und zurückhaltenderen Interaktionspartner lieber ruhiger und maßvoller präsentieren (Gergen und Wishnow 1965). In den meisten Fällen werden wir uns der Selbstdarstellung unseres Partners anpassen. Wir achten aber auch darauf, daß unser Verhalten der Situation und den Erwartungen des anderen entspricht. Sogar in ganz grundlegenden politischen Fragen, etwa wenn es um die Einstellung zum Vietnam-Krieg ging, paßten Redner ihre Meinung den Erwartungen des Auditoriums an (Newtson und Czerlinsky 1974). Wie wir sehen werden, gibt es für eine solche Strategie gute Gründe: Wir mögen Menschen, die uns ähnlich sind, und so ist es sicher sinnvoll, sich – zumindest im Anfangsstadium einer Beziehung – als jemand darzustellen, der dem anderen ähnlich ist.

Ob wir diese spezielle Strategie der Eindruckssteuerung wählen, hängt weitgehend davon ab, wie sehr wir unseren Partner schätzen und wie es um die Möglichkeiten der Beziehung allgemein bestellt ist. In einer Untersuchung paßten junge Princeton-Studentinnen ihre Meinung zu Fragen wie der nach der Rolle der Frau einem prospektiven Rendezvous-Partner nur dann an, wenn er ihnen als gutaussehender, hochgewachsener, älterer und ungebundener Princeton-Student (als „schätzenswerter" Partner also) beschrieben wurde. Handelte es sich bei dem Beschriebenen um einen jüngeren, kleineren, nicht in Princeton studierenden Mann mit Freundin, fand keine Meinungsanpassung statt (Zanna und Pack 1975). Der potentielle Partner war in diesem Fall also entweder schätzenswert oder einfach neutral. Was geschieht aber, wenn jemand, den wir definitiv nicht mögen, Gedanken und Meinungen in unserem Sinne äußert? Untersuchungen zufolge neigen wir in solchen Fällen zu Selbstdarstellungsstrategien, die Distanz zum unsympathischen Partner schaffen. Erforderlichenfalls sind wir – nur um uns von diesem Menschen zu distanzieren – auch bereit, Einstellungen und Meinungen zu ändern (Cooper und Jones 1969).

Solche Strategien des Selbstmanagements sind im Alltag an der Tagesordnung. Ein großer Teil unserer Selbstdarstellungen geschieht in Anpassung an die, die wir mögen und schätzen, und in Kontrast zu jenen, die uns unsympathisch sind. Für die kommerzielle Werbung, die Produkte von berühmten Sportlern und Schauspielern empfehlen läßt, liegt darin eine nicht zu unterschätzende Gefahr. Mißfällt den potentiellen Konsumenten eine Galeonsfigur, übertragen sie diese Antipathie unter Umständen auf das angepriesene Produkt, um sich damit auch vom Werbeträger zu distanzieren. Für die berühmten Persönlichkeiten, die ihren guten Namen für ein Produkt hergeben, ist die Gefahr möglicherweise noch größer: Die Verbraucher verbannen sie vielleicht einfach darum aus ihrer Gunst, weil sie sich von Werbung und Produkt distanzieren wollen.

Bild und Selbstbild

Wir sind, so haben wir oben gesagt, in der Wahl des Bildes, das wir anderen von uns vermitteln, verhältnismäßig frei. Gleichzeitig sind wir aber auch davon überzeugt, daß jeder nur ein wahres Selbstbild besitzt. Das hieße, daß unsere verschiedenen Selbstdarstellungen irgendwie falsch sind, oft sogar unserem ,,wahren" Selbst widersprechen. Wie ist nun die Beziehung zwischen den Bildern, die wir anderen von uns vermitteln, und unserem ,,wirklichen" Selbstbild?

Es wäre falsch zu glauben, unser Selbstbild sei von unseren verschiedenen Selbstdarstellungen zu trennen und sei somit etwas fest und unwandelbar Gegebenes inmitten all der Unbeständigkeit unserer Interaktionen. Bei Vertretern des symbolischen Interaktionismus wie George Herbert Mead und Charles Horton Cooley kann man sehr gut nachlesen, wie sehr beide Konzepte miteinander verbunden sind. Wie wir uns selbst sehen, ist nicht nur nicht unabhängig davon, was andere über uns denken, sondern auch ein Produkt davon. Im Verlaufe unserer alltäglichen sozialen Interaktionen probieren wir etliche öffentliche Selbstbilder aus und integrieren das erfolgreichste schließlich in das Bild, das wir dauerhaft von uns haben. Das Selbst sei seinem Wesen nach eine soziale Struktur und bilde sich durch soziale Erfahrung, meint Mead (1934). Oder anders gesagt, das Selbst ist alles andere als eine geheimnisvolle, individuelle Kategorie. Es ist vielmehr die Repräsentation dessen, wie andere uns sehen, das verinnerlichte Äquivalent ihrer Reaktionen. Eindruckssteuerung ist also nicht nur jener Prozeß, in dem wir das Denken anderer über uns beeinflussen, sondern bestimmt letztlich auch, wie wir selber über uns denken! In einem ganz realen Sinne werden wir zu dem, wofür andere Menschen uns halten!

Sehr anschaulich wird die Interdependenz von ,,öffentlichem" Bild und ,,privatem" Selbstbild in einer Untersuchung von Jones, Gergen und Davis (1962) dargestellt. Die Autoren forderten ihre Probanden auf, sich einem Interviewer gegenüber – in Wirklichkeit einem Komplizen des Versuchsleiters – in möglichst schmeichelhaftem Licht darzustellen. Die Interviewer waren instruiert, die Hälfte der Probanden in ihren positiven Selbstdarstellungen zu bestärken, bei den übrigen Probanden solche Selbstdarstellungen dagegen zurückzuweisen und zu entwerten. Anschließend fragte man alle Versuchspersonen, wieweit ihre Selbstdarstellungen ihrem ,,wahren" Selbstbild entsprächen. Die Probanden, die vom Interviewer akzeptiert wurden, glaubten ihrer Theateraufführung sehr viel mehr und behaupteten, sie seien ganz sie selbst gewesen. Die andere Gruppe neigte dazu, sich von dem wenig erfolgreichen Bild, das sie geboten hatten, zu distanzieren.

In einer jüngeren Untersuchung stellten Fazio et al. (1981) fest, daß ein Interviewer die Selbstwahrnehmung eines Menschen schon durch die Fragen, die er ihm stellt, beeinflussen kann. Fazio und seine Mitarbeiter fragten ihre Probanden selektiv nach Dingen, die diese entweder als extravertiert oder als introvertiert ausweisen würden. Nach den Interviews sahen sich die Befragten tendenziell so, wie es die Richtung der Fragen nahelegte!

Interessanterweise gibt es sogar Anhaltspunkte dafür, daß auch Primaten ein rudimentäres Selbstkonzept besitzen; entwickeln kann es sich allerdings nur, wenn die Tiere Gelegenheit zu intensiver sozialer Interaktion haben. Bei Mensch und Tier gründet das Selbstkonzept auf der Fähigkeit, sich selbst als Individuum und damit von allen anderen verschieden zu sehen. In einer Untersuchung statteten die Forscher Schimpansenkäfige mit Spiegeln aus und beobachteten, daß die Affen nach ein paar Tagen auf ihr Spiegelbild nicht mehr so reagierten, als sei es ein anderer Affe, sondern vor dem Spiegel Körperpflege betrieben und sich darin beobachteten. Allerdings taten das nur die Affen, die in normaler sozialer Interaktion aufgewachsen waren. In Isolation aufgezogene Affen hatten keinen Begriff von sich selbst als unabhängigem Individuum und begriffen nie, daß das Spiegelbild eine Reflexion ihrer selbst war. Da sie nie einen Artgenossen gesehen hatten, konnten sie kein ,,Konzept'' von sich selbst als deutlich abgetrenntem Individuum entwickeln.

Es scheint, als könnten wir ohne soziale Interaktion keine Vorstellung von uns selbst als einmaligem Individuum erwerben. Beim Menschen wird die Qualität dieses Selbstbildes weitgehend davon bestimmt, wie andere uns sehen, daß heißt davon, wie wir uns allem Anschein nach von anderen abgrenzen und unterscheiden. Mehrere Studien haben versucht, die wechselseitige Abhängigkeit von Selbstkonzept und Beurteilung durch andere explizit zu testen. So bat man zum Beispiel Probanden um eigene Einschätzungen und die vermutete Einschätzung seitens anderer auf Skalen wie Intelligenz, Selbstvertrauen, körperliche Attraktivität und Liebenswertheit. Parallel dazu holte man das Urteil von Freunden und Bekannten ein. Wer sich selbst bezüglich eines bestimmten Merkmals hoch einschätzte, so zeigte sich, erwartete von anderen ebenfalls eine hohe Wertung, die er in der Tat auch erhielt, was auf einen engen Zusammenhang zwischen Selbstkonzept und Beurteilung durch andere hindeutet.

Zuweilen kann sich unser Selbstkonzept als Ergebnis einer veränderten Situation recht abrupt ändern. Morse und Gergen (1970) vermuteten, daß unsere Selbsteinschätzung in hohem Maße vom Verhalten anderer in einer ähnlichen Situation beeinflußt wird, und daß wir diese anderen dann zu unserer ,,Bezugsgruppe'' machen. Ihr Experiment illustriert diesen Prozeß. Jeder Proband füllte – er war dabei allein – einen Fragebogen zur Selbsteinschätzung aus, der angeblich zur Bewerbungsprozedur um einen Teilzeit-Job gehörte. Hatte er diesen ersten Fragebogen ausgefüllt, gesellte sich ein zweiter Bewerber (in Wirklichkeit ein Komplize des Versuchsleiters) zu ihm. Dieser neue Kandidat hatte entweder sehr vielversprechende Qualitäten (er trug einen eleganten Anzug, hatte statistische Erhebungen und philosophische Werke in seinem Diplomatenkoffer und war, wie man an den gespitzten Bleistiften, etc. sah, bestens auf den Test vorbereitet) oder machte insgesamt einen wenig wünschenswerten Eindruck (war schmuddelig, trug abgetragene Kleidung, keine Strümpfe, war desorientiert und unvorbereitet).

Nach Eintreffen des zweiten ,,Kandidaten'' füllten die Probanden einen weiteren Fragebogen aus, der dasselbe maß wie der erste. War der Konkurrent ,,wenig wünschenswert'', steigerte sich die Selbstwertschätzung der Probanden verglichen mit dem ersten Fragebogen signifikant. Das Gegenteil war der Fall, wenn der Partner über offensichtlich höchst wünschenswerte Eigenschaften verfügte. Das läßt vermuten, daß wir – abhängig von der Information, die wir über andere in einer ähnlichen Situation erhalten – innerhalb nur einer Stunde unser Selbstkonzept recht drastisch ändern können.

Unser Selbstkonzept ist also nicht jenes tiefverwurzelte, starke und dauerhafte Bild, das wir von uns haben. Es ist vielmehr eine zutiefst soziale Schöpfung, das Produkt des Wahrgenommenwerdens durch andere, das seinerseits in hohem Maße abhängig ist von unseren Kompetenzen, Eindruck zu machen. Innerhalb eines einzigen Tages können wir uns je nach Umständen und je nachdem, wie andere auf uns reagieren, intelligent oder dumm, schön oder häßlich, selbstbewußt oder schüchtern vorkommen.

Selbstaufmerksamkeit und Selbstüberwachung

Das Bild, das wir anderen in einer sozialen Interaktion von uns vermitteln möchten, ist also das Produkt der Situationserfordernisse und unseres Selbstkonzepts, das sich seinerseits in früheren Interaktionen mit anderen herausgebildet hat. Nicht alle Menschen haben ein gleich gutes Gespür dafür, was die Situation von ihnen verlangt, und derselbe Mensch ist sich seiner Selbstpräsentation in manchen Situationen bewußter als in anderen.

Duval und Wicklund (vgl. Kapitel 6) vermuteten, daß es zu einem Zustand objektiver Selbstaufmerksamkeit dann kommt, wenn sich unsere Aufmerksamkeit nach innen richtet, auf uns selbst, d. h., wenn wir zum *Objekt* unserer eigenen Aufmerksamkeit werden. Um bei jemandem objektive Selbstaufmerksamkeit hervorzurufen, braucht man seine Aufmerksamkeit nur mittels Spiegel, Kamera oder Tonbandgerät auf sein Selbst zu lenken. Wir alle kennen Situationen – ein Blick in den Spiegel, eine auf uns gerichtete Kamera, ein mitlaufendes Tonband –, in denen wir selber im Zentrum unserer Aufmerksamkeit stehen. In solchen Momenten sind wir uns ganz besonders bewußt, wie wir aussehen oder wie wir uns anhören oder wie andere über das, was wir gerade tun, denken könnten. Untersuchungen zeigen, daß sich Menschen in solchen Situationen erhöhter objektiver Selbstaufmerksamkeit mehr darum sorgen, wie andere sie sehen. Sie halten sich enger an soziale Regeln und Normen und ihre Interaktionen werden kontrollierter und „strategischer".

Menschen unterscheiden sich aber auch darin, wie sehr sie sich ihrer selbst, der Beurteilung durch andere und der Erfordernisse unterschiedlicher sozialer Situationen bewußt werden können. Manche vermögen ihre sozialen Darstellungen sehr sorgfältig zu überwachen, anderen gelingt das nur verhältnismäßig dürftig. Snyder (1974) definierte den sich selbst überwachenden (self-monitoring) Menschen als jemanden, „dem an sozialer Angemessenheit gelegen ist und der eine besonders subtile Wahrnehmung für die Ausdrucksweisen und Selbstdarstellungen anderer in sozialen Situationen besitzt, an denen er dann die Überwachung seiner eigenen Selbstpräsentationen ausrichtet" (S. 528). Snyder entwickelte eine 25-Item-Skala, die die Fähigkeit zur Selbstüberwachung mißt. In Aktivität 10.1 können Sie sich an einigen ähnlichen Items versuchen.

Menschen, die auf dieser Skala hohe Werte erreichen, passen ihr Verhalten besser der jeweiligen Situation an, können besser Emotionen kommunizieren – und das sogar dann, wenn sie sich gar nicht besonders emotional erregt fühlen – und sind besser in der Lage, sich selbst zu überwachen und einzuschätzen, wie andere Leute auf ihr Verhalten reagieren. Sehr gut veranschaulicht wird die Selbstüberwachung in einer Untersuchung von Snyder und Monson (1975). Man teilte Teilnehmern einer Diskussionsgruppe mit, daß man sie auf Videoband aufnehmen und das Band später (a) ihrer Gruppe oder (b) anderen Studenten vorspielen wird. In hohem Maße selbstüberwachende Probanden variierten ihr Verhalten in Abhängigkeit vom erwarteten Publikum. War es die eigene Diskussionsgruppe, gaben sie sich liebenswürdig und freundlich, was die Gruppe vermutlich schätzen würde. War das Band für andere Studenten bestimmt, kehrten sie Unabhängigkeit, Autonomie und Nonkonformismus hervor. In geringerem Maß selbstüberwachende Probanden verhielten sich in beiden Situationen ähnlich und bewegten sich mit ihrem Verhalten – unabhängig vom erwarteten Publikum – auf einem mittleren Niveau von Unabhängigkeit und Konformität. Selbstüberwachung befähigt also dazu, den gewünschten Eindruck auf andere dadurch zu steuern, daß man sein Verhalten in Einklang mit den Anforderungen, die ein bestimmtes Publikum stellt, ändert.

Eindruckssteuerung und das Bedürfnis nach Konsistenz

Es könnte inzwischen der Eindruck entstanden sein, daß der gute Eindruckssteuerer eine Art Chamäleon sein muß, jemand, der seine Selbstdarstellungsstrategien fast nach Belieben manipulieren und sich jeder Situation anpassen kann. Mit dieser Strategie hätten wir möglicherweise Erfolg, träfen wir mit Menschen nur einmal zusammen und bliebe diese Begegnung ziemlich oberflächlich. Soll eine Beziehung aber von längerer Dauer sein, wird es äußerst wichtig, daß in unseren Selbstdarstellungen eine gewisse Konsistenz erkennbar ist. Wir können nicht an einem Tag großzügig erscheinen und kleinkariert am nächsten, freundlich heute und unzugänglich morgen. Haben wir einmal eine von anderen akzeptierte ,,öffentliche Persona" von uns aufgebaut, tendieren wir im allgemeinen auch dazu, diesem Bild entsprechend zu leben.

Wie etliche Untersuchungen zeigen, scheint das Bedürfnis, konsistent zu erscheinen, eine wichtige Rolle bei der Eindruckssteuerung zu spielen. Viele Techniken des direkten Verkaufs machen sich dieses offensichtliche Konsistenzbedürfnis zunutze. Hat sich jemand einmal überreden lassen, einer kleinen, vernünftigen Bitte nachzukommen, wird er, so vermuteten Freedman und Fraser (1966), in

Aktivität 10.1: Wie steht es mit Ihrer Selbstüberwachung?

Die folgenden Aussagen beschreiben mögliche persönliche Reaktionen auf eine Vielzahl von Situationen. Lesen Sie bitte jede Aussage sorgfältig durch und entscheiden Sie dann, wie sehr sie auf Sie zutrifft. Seien Sie so ehrlich wie möglich – ein Richtig oder Falsch gibt es dabei nicht.

	trifft weitgehend zu	trifft nicht zu oder trifft meistens nicht zu
1. Ich kann mich auch Leuten gegenüber freundlich geben, die ich nicht mag.	☐	☐
2. Auf Partys lasse ich andere Mittelpunkt sein.	☐	☐
3. Ich stelle mich mit meinem Verhalten auf mein Gegenüber ein.	☐	☐
4. Andere Menschen nachahmen ist nicht meine Stärke.	☐	☐
5. Wenn ich nicht weiß, wie ich mich verhalten soll, orientiere ich mich an anderen.	☐	☐
6. Mich bei anderen beliebt zu machen, fällt mir schwer.	☐	☐
7. Ich würde vermutlich einen ganz guten Schauspieler abgeben.	☐	☐
8. Ich ändere meine Meinung nicht, um anderen zu gefallen.	☐	☐
9. Auch wenn ich mich in der Gesellschaft anderer nicht wohl fühle, tue ich so, als ginge es mir gut.	☐	☐
10. Mein Verhalten wechselnden Situationen anzupassen, fällt mir schwer.	☐	☐

Sie können jetzt Ihren Gesamtwert errechnen, indem sie alle „unzutreffend"-Antworten auf Items mit geraden Zahlen und die „zutreffend"-Antworten auf Items mit ungeraden Zahlen zusammenzählen. Je näher sie dabei dem Wert 10 kommen, um so wahrscheinlicher sind Sie ein Mensch, der sich in hohem Maße selbst überwacht. In Snyders Untersuchung erreichten Menschen, die ihr Verhalten besonders gut unter Kontrolle zu halten und den Situationserfordernissen anzupassen verstanden, zum Beispiel berufsmäßige Schauspieler, auf einem ähnlichen Meßinstrument besonders hohe Werte. Aber vergessen Sie bitte nicht, daß Sie hier keine sauber konstruierte psychologische Skala vor sich haben, sondern daß nur illustriert werden sollte, welche Art Items bei der Selbstüberwachung eine Rolle spielen. Machen Sie sich also über Ihr „Testergebnis" nicht allzuviel Gedanken!

seinem Bedürfnis, konsistent zu erscheinen, später auch eine große und unvernünftige Bitte erfüllen. Freedman und Fraser nannten das aus naheliegenden Gründen den „Fuß-in-der-Tür"-Effekt. Ihre Untersuchung bestätigte ihre Hypothese. Studenten baten kalifornische Hausfrauen, eine Petition zu unterschreiben oder an ihren Fenstern ein kleines Zeichen anzubringen, das etwa zu vorsichtigem Fahren oder zur Verschönerung der Umwelt aufrief. Das war die kleine Bitte. Eine Woche später besuchte man dieselben Frauen ein zweites Mal, gleichzeitig aber auch eine Kontrollgruppe, mit der zuvor noch kein Kontakt bestanden hatte. Dieses Mal kamen die Studenten mit der „großen" Bitte, im Vorgarten eine große Plakatwand für dieselbe Sache aufstellen zu dürfen. Von den Hausfrauen, die zuvor der kleinen Bitte entsprochen hatten, ließen sich signifikant mehr dazu überreden.

Die Bedeutung konsistenter Eindruckssteuerung

Inkonsistente Selbstdarstellung führt unweigerlich zu Gesichtsverlust, zum Verlust der Glaubwürdigkeit und kann uns so sogar als lächerlich hinstellen. Das Bedürfnis, anderen ein konsistentes Bild zu vermitteln, ist bei vielen Menschen so groß, daß sie sich – einzig um der Konsistenz willen – zu Dingen verleiten lassen, die sie sonst tunlichst vermeiden würden.

Diese Technik ist Vertretern und Türverkäufern natürlich wohlbekannt, die häufig damit rechnen, daß jemand, der ihnen einen kleinen Gefallen tut (ihnen etwa ein Glas Wasser kredenzt), später auch einen größeren tun wird (ihnen zum Beispiel ein Nachschlagewerk abkauft). Auch die folgende Verkaufstechnik, „low ball" genannt und besonders beliebt bei Autoverkäufern, verläßt sich auf das Bedürfnis von Menschen, einen konsistenten Eindruck zu machen (Cialdini et al. 1978). Man erleichtert potentiellen Käufern die Kaufentscheidung dadurch, daß man ihnen die Ware zu einem besonders niedrigen Preis anbietet. Im letzten Moment teilt man ihnen dann mit, daß „der Chef nicht mitspielt, weil der Preis unter den Selbstkosten liegt" und verlangt einen – zuweilen erheblich – höheren Preis. Dieser neue, höhere Preis wird von den Kunden in ihrem Bestreben, mit ihrer ursprünglichen Entscheidung konsistent zu bleiben, dann häufig auch akzeptiert.

Das Bedürfnis, ein „gutes" Bild abzugeben, kann von Verkäufern auch auf andere Weise ausgebeutet werden. Nachdem sie eine große Forderung oder Bitte (um Geld, Spenden, etc.) abgelehnt haben, sind Menschen, um nicht „knauserig" zu erscheinen, häufig bereit, einer nachfolgenden kleineren und vernünftigeren Bitte zu entsprechen (Cialdini et al. 1975). Dies ist die andere Seite des Effektes vom Fuß in der Tür, auch „Tür-vor-der-Nase-Effekt" genannt: Die Zielperson stimmt zu, um eine vom manipulierenden Verkäufer aufgezwungene vorherige Ablehnung wiedergutzumachen. In all diesen Beispielen wird das Verhalten geleitet vom wahrgenommenen Bedürfnis, ein positives, mit einem vorherigen Eindruck konsistentes Bild von sich zu vermitteln, auch wenn der Preis dafür erheblich ist. Unser Alltag ist voll von Beispielen solch seltsamer Strategien. Wir gehen oft sehr weit, um unser Gesicht, unsere „Fassade" zu wahren und einen seriösen, konsistenten und vorhersagbaren Eindruck zu vermitteln.

Die Kunst des Einschmeichelns

Eine oft praktizierte Form der Eindruckssteuerung besteht darin, sich schmeichelnd um Gunstbeweise oder positive Bewertung seitens anderer zu bemühen. „Sich-Einschmeicheln" hat oft einen abwertenden Beiklang und läßt an unredliche und unaufrichtige Beeinflussungstaktiken denken. Dabei muß gar nicht unbedingt eine böse Absicht dahinter stecken, zumal sich wohl jeder von uns irgendwann schon einmal der Technik des Einschmeichelns bedient hat. Jones, der sich mit dieser Frage ausführlich beschäftigt hat, definiert das Sich-Einschmeicheln umfassend als diejenigen „Episoden sozialen Verhaltens, die darauf angelegt sind, die Attraktivität des Akteurs für die Zielperson zu erhöhen" (1964, S. 2). Gemessen an diesem Kriterium muß Einschmeicheln in der Tat ein sehr verbreitetes Phänomen sein! Nach Jones folgen Schmeichler im wesentlichen vier Strategien: 1) Aufwertung des anderen durch Komplimente oder simples Schmeicheln, 2) Konformität in Meinung, Urteil und Verhalten, 3) direkte Selbstaufwertung durch entsprechende Selbstdarstellung und 4) dem anderen Gefallen erweisen.

Sich-Einschmeicheln ist in den meisten Fällen eine sehr komplexe interpersonale Aufgabe, da die anderen – besonders in Situationen, wo es auf einen positiven Eindruck ankommt – Einschmeichelstrategien erwarten und ein besonderes Auge darauf haben werden. Um solcher Skepsis vorzubauen, haben Einschmeichler komplexe und subtile Taktiken entwickelt (Tedeschi 1981). Statt einem Vorgesetzten permanent zu schmeicheln, kann es glaubhafter sein, zu weniger wichtigen Punkten konstruktive Kritik zu äußern und Lob den wichtigen Fragen vorzubehalten. Daß man den Schmeichler für aufrichtig hält, ist zwar wichtig, aber nicht immer entscheidend. Schmeichelei tut auch dann ihre Wirkung, wenn man den anderen da lobt, wo er sich am wenigsten sicher fühlt. Wir alle nehmen positive Information über uns selbst gerne für bare Münze, mögen die Motive des Schmeichlers auch zweifelhaft sein.

Die Wahl der Einschmeichelstrategie hängt auch vom relativen Status und von der Machtposition der Partner ab. Jones, Gergen und Davis (1962) baten jeweils zwei – ranggleiche oder rangungleiche – Marinekadetten, sich möglichst beim anderen beliebt zu machen bzw. auf jegliches Einschmeicheln zu verzichten (so ehrlich wie möglich zu sein). Die ausgetauschten schriftlichen Botschaften wurden dann auf Strategien des Einschmeichelns hin analysiert. Die bevorzugte Strategie der rangniederen Kadetten war Schmeichelei oder Erhöhung des anderen, während ranghöhere Kadetten eher mit positiver Selbstdarstellung und Meinungskonformität in Marineangelegenheiten taktierten. Sich Einschmeicheln scheint also eine statusunabhängig ausgeübte Kunst zu sein, allerdings mit statusabhängig bevorzugten Strategien (vgl. Aktivität 10.2).

Warum schmeicheln Menschen sich ein? Entgegen allgemeiner Ansicht geschieht das nicht nur, um etwas Bestimmtes zu erreichen. Auch ohne unmittelbares Interesse sind wir bemüht, uns im besten Licht zu präsentieren und möchten,

---

Aktivität 10.2: Status und Einschmeicheln

Beobachten Sie wenigstens zwei Interaktionen zwischen folgenden Kategorien von Leuten:

1. Zwei flüchtige Bekannte mit gleichem Status (z. B. ein Gespräch zwischen zwei Hausfrauen im Supermarkt oder zwei Leuten im Bus).
2. Zwei flüchtige Bekannte mit ungleichem Status (etwa Abteilungsleiter und Verkäuferin).
3. Zwei Freunde oder Verwandte mit gleichem Status (Ehepaare, Kollegen, etc.)
4. Zwei Freunde oder Verwandte mit ungleichem Status (Vater und Sohn, älterer und jüngerer Bruder, etc.).

Notieren Sie die ausgetauschten Botschaften und versuchen Sie jede Kommunikation auf Vorhandensein oder Fehlen der vier Einschmeichelstrategien von Jones hin zu analysieren. Gibt es Unterschiede zwischen den Interaktionen, die sich auf den relativen Status und die Vertrautheit der Partner zurückführen lassen?

daß andere uns akzeptieren und gut von uns denken. Allein die Tatsache, anerkannt zu sein, wirkt – jenseits aller sonstigen erwarteten Vorteile – bestätigend. Verfolgen wir mit dem Einschmeicheln ein bestimmtes Ziel, sind die zugrundeliegenden Motivationen nach Jones wie folgt klassifizierbar: (a) Bereicherung oder die Hoffnung auf konkreten Gewinn, etwa Protektion oder Gehaltserhöhung; (b) Schutz vor Gefahr oder Schaden durch andere (einen unberechenbaren Chef, einen rachsüchtigen Verwandten); und schließlich (c) das Bedürfnis, von anderen gemocht zu werden. Letztere Motivation ist die wohl häufigste und alltäglichste, und wie wir gleich sehen werden, sind Menschen darin, wieviel positiver Wertschätzung sie bedürfen, sehr verschieden.

Das Bedürfnis nach Anerkennung

Nicht alle Menschen sind in gleichem Maße anerkennungsbedürftig. Braucht jemand sehr viel Anerkennung, wird er wahrscheinlich sehr viel häufiger (wenn auch nicht unbedingt mit größerem Erfolg) Zuflucht zu Strategien der Eindruckssteuerung nehmen als jemand, dessen Anerkennungsbedürfnis gering ist. Um diese Eigenschaft zu messen, haben Crowne und Marlowe (1964) ihre Skala der Sozialen Erwünschtheit (Social Desirability Scale) entworfen. Die Skala besteht aus Items von zweierlei Art. Der erste Item-Typ beschreibt wünschenswerte Einstellungen und Verhaltensweisen, nach denen jedoch kaum jemand tatsächlich leben wird – wie z. B. ,,Ich lüge nie`` oder ,,Bevor ich wähle, mache ich mir ein genaues Bild von den Qualifikationen der einzelnen Kandidaten``. Mit dem zweiten Typ werden wenig wünschenswerte, aber gleichwohl sehr verbreitete Eigenschaften erfaßt, wie etwa ,,Ich bin oft sehr ärgerlich, wenn es nicht nach meinem Kopf geht``. Menschen, die die Items des ersten Typs für sich in Anspruch nehmen, die des zweiten dagegen ablehnen, sind in hohem Maße anerkennungsbedürftig – sie sind sehr um positive Selbstdarstellung bemüht, auch wenn ihre Antworten vermutlich kaum der Wahrheit entsprechen.

Allerdings bedeutet großes Anerkennungsbedürfnis nicht unbedingt auch gute Eindruckssteuerung. Anerkennungsbedürftige Menschen verhalten sich in Gruppen eher ruhig und mehrheitskonform und ergreifen – aus Furcht vor Zurückweisung – selten die Initiative zu Interaktionen mit anderen. ,,Insgesamt bietet der in hohem Maße Anerkennungsbedürftige das Bild eines Menschen, der unbedingt Sympathie gewinnen möchte, dem es jedoch an Selbstvertrauen, Selbstbehauptung und der Fähigkeit fehlt, das beste aus sozialen Situationen zu machen``, lautet Schlenkers Folgerung aus den einschlägigen Forschungsergebnissen (1980, S. 79). Die scharfsichtige Wahrnehmung der Situationserfordernisse ist, wie wir oben gesehen haben, in der Tat eine wichtige Voraussetzung erfolgreicher Eindruckssteuerung. Wir wollen uns im folgenden den Faktoren zuwenden, die an der genauen Wahrnehmung verschiedener sozialer Episoden beteiligt sind.

Wahrnehmung alltäglicher Interaktionsepisoden

Im Verlauf dieses Kapitels ist wiederholt deutlich geworden, daß Eindruckssteuerung in hohem Maße von der Fähigkeit abhängt, die Erfordernisse unterschiedlicher sozialer Situationen richtig zu interpretieren. Die Episoden, an denen wir während unserer täglichen Interaktionen teilhaben, beeinflussen unser Verhalten, unsere Wahrnehmungen, unsere Strategien der Eindruckssteuerung, aber auch unsere Stimmung (Stone und Neale 1984). Sehen wir uns also etwas genauer an, was die verschiedenen sozialen Situationen kennzeichnet und wie sie wahrgenommen werden.

Alltagsinteraktionen, in denen wir uns um Eindruckssteuerung bemühen, finden überwiegend im Rahmen wohl etablierter, geregelter Interaktionsroutinen oder ,,sozialer Episoden'' statt. Auch dieser Terminus ist der Theatersprache entlehnt. Genausogut könnten wir von ,,Szenen'' sprechen. In beiden Fällen ist impliziert, daß unsere Interaktionen fast immer einen vorhersagbaren Verlauf nehmen, so, als hätten sich die Beteiligten auf ein bestimmtes ,,Drehbuch'' geeinigt. Beispiele für solche sich stets wiederholende Interaktionsroutinen sind leicht zu finden: Denken Sie nur an den samstäglichen Einkaufsbummel mit Ihrem Mann oder Ihrer Frau, das Kaffeetrinken mit den Kollegen im Büro, den Restaurantbesuch mit der Freundin oder das Geplauder mit einem Bekannten morgens an der Bushaltestelle. Es ist schon erstaunlich, wie wenig umfangreich die Klasse der Interaktionsroutinen ist, denen wir in fast all unseren täglichen Interaktionen mit anderen folgen (vgl. Aktivität 10.3).

Untersuchungen haben ergeben, daß die meisten Menschen ihre täglichen Interaktionsroutinen zu 15 bis 30 solcher stets wiederkehrenden Episoden zusammenfassen können (Pervin 1976, Forgas 1976). Zu wissen, was jede Episode von einem verlangt, ist die Grundlage erfolgreicher Interaktion und Eindruckssteuerung. Die Gesten und nonverbalen Reize, die auf dem Fußballplatz angemessen sind, verbieten sich bei einer Essenseinladung, und bei einem arbeitsbezogenen Gespräch mit einem Vorgesetzten setzen wir Sprache und Blick anders ein als bei einer Plauderei mit Freunden am heimischen Herd. Zu gewandter sozialer Interaktion und Eindruckssteuerung gehört nicht nur, daß man verbal wie nonverbal adäquat zu kommunizieren versteht, man muß auch wissen, welches Verhalten in welcher Episode am Platze ist.

Unsere Erwartungen und Definitionen von sozialen Episoden sind das Ergebnis unserer täglichen Interaktionen. Nur Menschen verfügen über die Fähigkeit, ihre Erfahrungen zu symbolisieren und zu abstrahieren, und erst das ermöglicht ihnen die konsistente Repräsentation ihrer selbst und ihrer sozialen Umgebung (Mead 1934). In jeder Interaktion, an der wir teilhaben, gründet unser Verhalten auf unserer gesamten, in ähnlichen Episoden gesammelten Erfahrung, und diese abstrakten Erwartungen wiederum werden durch jede neuerliche Interaktionserfahrung bestätigt oder revidiert. Oder anders gesagt, wir lernen die Regeln, nach denen Episoden ablaufen, indem wir daran teilnehmen, und – einmal gelernt –

Aktivität 10.3: Sammeln Sie Interaktionsepisoden

Diese Aktivität will Sie mit einigen einfachen Techniken vertraut machen, mit denen man untersuchen kann, wie Menschen über soziale Episoden denken. Als erstes verzeichnen Sie auf einer Reihe von Karteikarten jede soziale Begegnung (mit mindestens einer anderen Person), an der Sie während der letzten beiden Tage teilgenommen haben. Vermerken Sie auch alle relevanten Details (Zeitpunkt, Ort, Partner, Aktivitäten, Dauer, etc.). Dann erweitern Sie Ihre Liste um alle diejenigen sozialen Begegnungen, die sich ziemlich regelmäßig zutragen, nur in den letzten beiden Tagen zufällig fehlten.

Wieviele Episoden umfaßt Ihre Liste? Haben Sie den Eindruck, daß sie ein angemessenes Bild von der Vielfalt Ihrer sozialen Aktivitäten vermittelt? Als nächstes versuchen Sie Ihre Episoden danach zu sortieren, wie ähnlich sie einander sind. Die Wahl des Kriteriums ist Ihnen überlassen. Sortieren Sie Ihre Episoden so lang, bis Sie der Meinung sind, daß wirklich alle Episoden einer Gruppe miteinander mehr Ähnlichkeit haben als mit allen Episoden der anderen Gruppen.

Wieviele Episodenkategorien sind es geworden? Nach welchen Kriterien haben Sie Ihre Klassen gewählt? Waren es Ihre Gefühle in diesen Interaktionen (gut – schlecht, selbstbewußt – schüchtern, usw.) oder die objektiven Merkmale der Episoden (z. B. Episoden zu Hause vs. Episoden in der Öffentlichkeit)?

leiten dieselben Regeln unser Verhalten in anderen, ähnlichen Begegnungen. Bleibt zu fragen, ob es überhaupt möglich ist, solche schwer faßbaren, nicht beobachtbaren Repräsentationen wissenschaftlich zu untersuchen.

In Untersuchungen zeigte sich, daß die Probanden sich schwer taten, mehr als 30 solcher Episoden zu finden, und dazu neigten, die Episoden nach den Gefühlen, die sie in ihnen auslösten, zu kategorisieren.

Empirische Erforschung sozialer Episoden

Die Erforschung sozialer Situationen hat in den letzten Jahren zunehmendes Interesse gefunden. Wir können eine soziale Episode definieren als eine sich innerhalb eines definierten subkulturellen Milieus wiederholende typische Interaktionseinheit, von der die Angehörigen der betreffenden Subkultur eine eindeutige und allen gemeinsame kognitive Repräsentation besitzen (Forgas 1976). Um solche sozialen Episoden untersuchen zu können, brauchen wir zunächst eine Auswahl typischer Begegnungen. Die können wir uns verschaffen, indem wir Leute befragen oder bitten, eine Zeitlang über ihre sozialen Begegnungen „Tagebuch" zu führen. Die Menge der so gesammelten Episoden bleibt, wie wir oben gesehen haben, überschaubar. In einem nächsten Schritt können wir dieselben Leute bitten, sich diese Episoden noch einmal anzuschauen und nach Ähnlichkeit oder irgendeinem anderen Merkmal zu sortieren, genauso, wie Sie das eben getan haben. Diese Urteile können wir dann mit Techniken wie der Multidimensionalen Skalierung (MDS) analysieren und erhalten so eine „Landkarte", der wir entnehmen können, wie sich die Episoden in der Sicht derer, die sie erlebt haben, unterscheiden. Abb. 10.1 ist ein Beispiel so einer „Episodenkarte" und zeigt, wie eine Gruppe von Universitätsmitarbeitern ihre sozialen Begegnungen einschätzte (Forgas 1978).

Inzwischen hat man zahlreiche Gruppen (amerikanische, australische, schwedische und britische Studenten, Hausfrauen, Hochschullehrer und Sportler) untersucht (Battistich und Thompson 1980, Forgas 1979, Pervin 1976). In den meisten Fällen gründeten die Repräsentationen der Episoden auf den Gefühlen, die mit ihnen assoziiert waren: Angst oder Selbstvertrauen, Intimität, Engagement, Erfreulichkeit und formeller Charakter sind die wesentlichsten Unterscheidungskriterien. Wie eine Situation wahrgenommen wird, ist auch abhängig von den Normen und Werten der jeweiligen Subkultur: Hausfrauen und Studenten können dieselben Episoden sehr unterschiedlich sehen (Forgas 1979), und Studenten verschiedener Kulturen (z. B. Hong Kong-Chinesen und Australier) finden für identische Aspekte studentischen Lebens sehr unterschiedliche Kategorien (Forgas und Bond 1984). Ob man sich in einer fremden Kultur richtig verhält, hängt in der Tat weitgehend davon ab, wie vertraut man mit den typischen Episoden des jeweiligen Milieus ist (Triandis 1972). In entsprechenden kulturellen Trainingsprogrammen baut man – und das hat sich als der effektivste Weg erwiesen – die Demonstration typischer kulturbedingter Verhaltensunterschiede oft nur auf einzelnen Interaktionseinheiten oder Episoden auf.

Auch individuelle Unterschiede spielen bei der Repräsentation von Episoden eine Rolle. Ängstliche, introvertierte und sozial wenig kompetente Menschen sehen dieselben Episoden im allgemeinen sehr viel weniger komplex als sozial gewandte, selbstbewußte und extravertierte Menschen (Forgas 1983). Soziale Ängstlichkeit dominierte die Wahrnehmungsstrategie einer Gruppe sozial wenig gewandter Studenten, während ihre in dieser Hinsicht kompetenteren Kommilitonen sehr viel subtiler und auf mehreren Wahrnehmungsdimensionen zwischen Episoden unterschieden (vgl. Abb. 10.2). Für Fakultätsangehörige war Engagement eines der wichtigsten Interaktionsmerkmale, für an der Forschung beteiligte Studenten ergab sich als eine wesentliche Episodendimension sozio-emotionale vs. Aufgabenorientiertheit; für das übrige Personal war dagegen Angst der einzige wirklich bedeutende Episodenaspekt. Es scheint so, als besitze jeder von uns sein ganz besonderes Episodenrepertoire, das ihm sagt, wie er sich in den in seiner Lebensumwelt üblichen Interaktionssituationen zu verhalten hat. In solche Episodenrepräsentationen gehen Kultur, Subkultur, Bezugsgruppe, persönlicher Hintergrund und Lebensgeschichte gleichermaßen ein.

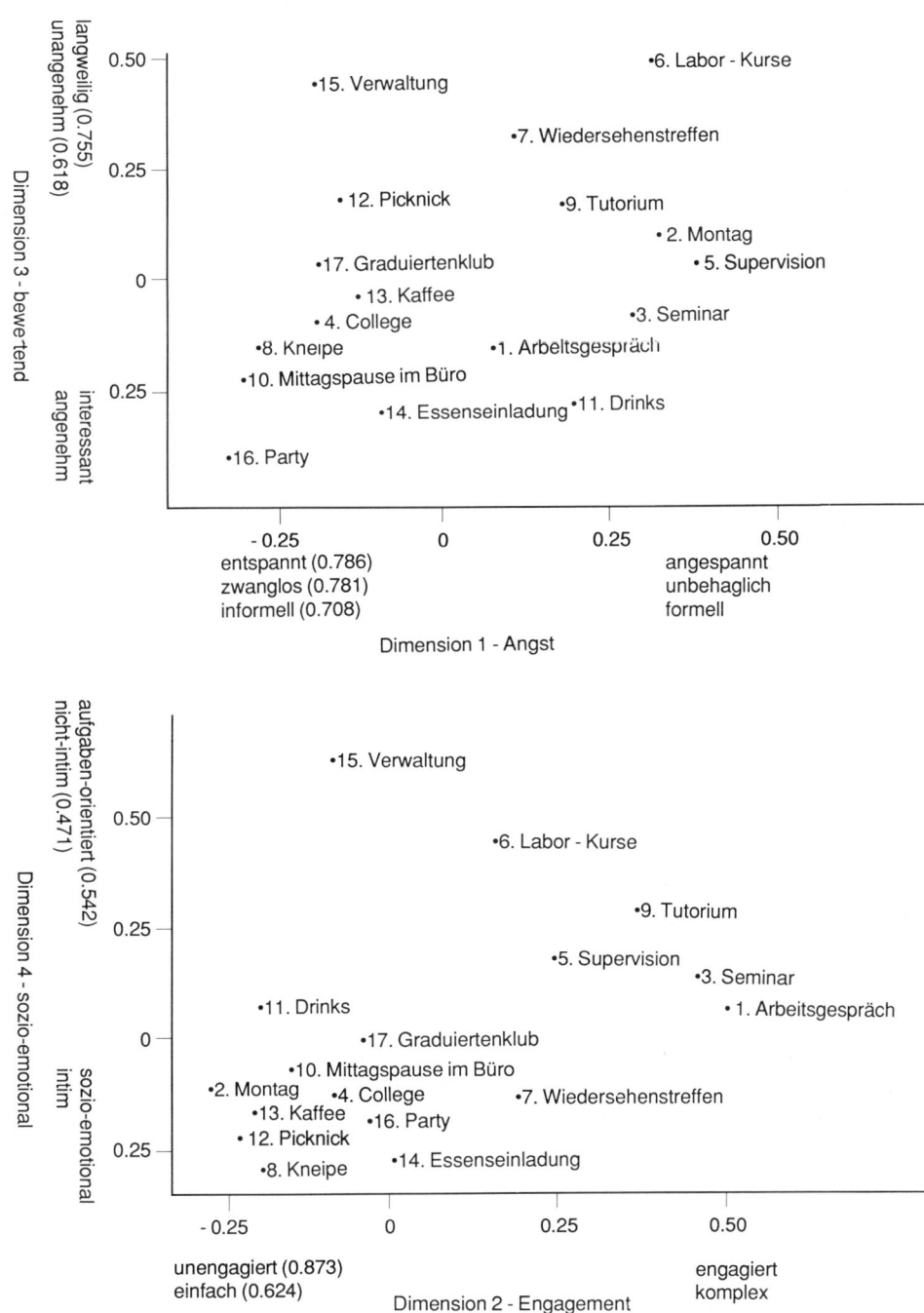

Abb. 10.1: Interaktionsepisoden von Hochschulangehörigen
So nahm eine Gruppe Hochschulangehöriger – Fakultätsmitglieder, Forschungsstudenten und anderes Personal – ihre regelmäßigen Interaktionsepisoden wahr. (Nach Forgas 1978, S. 444)

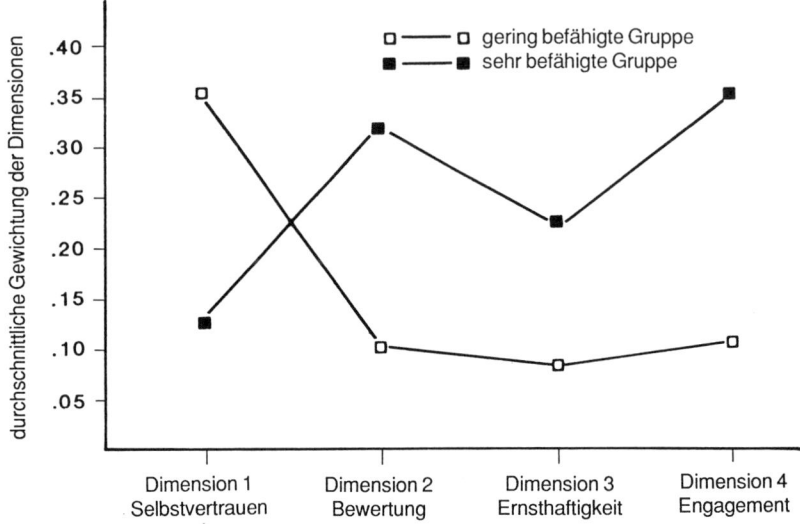

Abb. 10.2: Soziale Kompetenz und Episodenwahrnehmung
Sozial wenig gewandte Probanden nahmen Episoden nur durch die Brille ihres Selbstver-
trauens wahr, kompetentere Probanden hatten mehrere Dimensionen im Blick. (Nach Forgas 1983)

Welche Reize definieren welche Interaktionsepisode?

Aber woher wissen wir, wann sich welche Episode abzuspielen hat? Welchen
Hinweisen folgen wir, um eine soziale Begegnung klassifizieren zu können? Dazu
benötigen wir Information von mehrerlei Art. Da ist zunächst die physikalische
Umgebung oder das Verhaltenssetting, innerhalb dessen die Interaktion stattfindet. Psychologen wie Barker (1968) halten es für möglich, das komplette Interaktionsrepertoire einer Kleinstadt dadurch zu erfassen, daß man alle physikalischen
Verhaltenssettings analysiert, innerhalb derer ihre Einwohner tages- und jahres-
zeitabhängig interagieren können. Eine Straßenecke, ein Theaterfoyer, ein Restaurant, das Büro eines Beamten sind Verhaltenssettings, die die Art der normalerweise innerhalb ihrer Grenzen ablaufenden Interaktion stark beeinflussen.
Zweite wichtige Informationsquelle zur Episodendefinition ist die Beziehung zwischen den Partnern. Der Wunsch nach Fortsetzung der Beziehung oder deren
Beendigung oder auch die Tatsache, daß Sie es mit einem Verwandten zu tun
haben, kann Sie – unabhängig vom äußeren Rahmen – zu ganz unterschiedlichem
Verhalten veranlassen. Untersuchungen zeigen, daß wir eine klare Vorstellung
von den verschiedenen Beziehungsszenarien unserer Kultur haben (vgl. Kapitel 13) und diese Information zur Definition und Kodierung unserer Interaktionen
zu nutzen wissen.

Zur erfolgreichen interpersonalen Kommunikation und Eindruckssteuerung gehört also die Kenntnis der Episodenerfordernisse und eine genaue kognitive Repräsentation der jeweils angemessenen und akzeptierten Verhaltenssequenz. Sozial kompetente und in hohem Maße selbstüberwachende Menschen besitzen also auch ein subtileres und sensibleres Gespür für Interaktionsepisoden (vgl. Forgas 1983, Snyder und Monson 1975). Soziale Episoden und ihre typischen Merkmale finden zur Zeit sehr lebhaftes Forschungsinteresse. Genaue Wahrnehmung der Situationserfordernisse ist die unumgängliche Voraussetzung kompetenten Sozialverhaltens, und wollen wir etwas für die Verbesserung unserer eigenen sozialen Kompetenz tun, kann ein erster wichtiger Schritt darin bestehen, uns die Variationsbreite und Vielfalt unserer sozialen Situationen bewußt zu machen.

Schlußfolgerungen

Dieses Kapitel zeigte, daß zu sozialer Interaktion, dem Senden und Empfangen verbaler und nonverbaler Botschaften, weit mehr gehört als einfache Kommunikationskompetenzen. Zwischenmenschliche Interaktion bedeutet immer strategische Interaktion, d. h. das Bestreben, interagierend die eigenen Erwartungen, Ziele und Pläne zu verwirklichen. Mit dem Begriff der ,,Eindruckssteuerung" sind alle Aspekte dieses strategischen Prozesses erfaßt. Wir haben gesehen, daß der Eindruck, den wir auf andere machen, nicht nur deren Verhalten uns gegenüber beeinflußt, sondern letztlich auch bestimmt, wie wir uns selber sehen. Aufgeschlossenheit für die Situationserfordernisse, Konsistenz der Selbstpräsentation und eine gute Einschätzung des eigenen Verhaltens sind die wesentlichen Voraussetzungen zu kompetenter Eindruckssteuerung. Hat sich jemand diese Kompetenzen zu eigen gemacht, wird es ihm sehr viel leichter fallen, lohnende soziale Beziehungen mit anderen einzugehen und aufrechtzuerhalten. Den psychologischen Prozessen, die an der Entwicklung einer Beziehung beteiligt sind, wollen wir uns im nächsten Kapitel zuwenden.

Kapitel 11

Menschliche Soziabilität:
Affiliation und Anziehung

Bisher haben wir uns mit den Grundkomponenten sozialer Interaktion beschäftigt, damit, wie wir andere Menschen wahrnehmen und interpretieren und wie wir verbale und nonverbale Botschaften und Strategien der Eindruckssteuerung einsetzen, um miteinander zu kommunizieren. Wir wollen uns jetzt dem wichtigen dritten Aspekt sozialer Interaktion zuwenden: der Entwicklung von Affiliation und Anziehung zwischen Menschen und dem Entstehen persönlicher Beziehungen. Zwischen sozialer Interaktion und der Entwicklung von Beziehungen besteht ein enger Zusammenhang. Wenn wir mit anderen interagieren, drücken wir mit unserem Verhalten auch jenes Maß an Anziehung und Intimität aus, das uns der jeweiligen Beziehung angemessen scheint. Wie Sie sich vielleicht erinnern, war das auch die Grundlage der Intimitätsgleichgewichts-Theorie von Argyle und Dean (vgl. Kapitel 9). Umgekehrt wird das ursprüngliche Beziehungs- oder Intimitätsniveau zwischen den Partnern mit jeder Interaktion und abhängig von deren Ergebnis bestätigt oder neu definiert. Affiliation und Anziehung gehen also sozialen Interaktionsprozessen voraus und sind zugleich deren Konsequenz.

Wenn Psychologen interpersonale Beziehungen untersuchen, stellen sie sich Fragen wie z.B. ,,Warum suchen wir generell die Gesellschaft anderer?", ,,Was macht einen Menschen für einen anderen anziehend?", ,,Welche Menschen freunden sich miteinander an?", ,,Unter welchen Bedingungen führt eine romantische Beziehung zur Ehe?", ,,Warum entwickeln sich Beziehungen manchmal nicht weiter?". All diese Fragen beschäftigen seit altersher auch Philosophen, Schriftsteller, Dichter und bildende Künstler. Ein großer Teil unseres kulturellen Erbes besteht aus Werken, die durch intensive affiliative Emotionen – Liebe, Freundschaft, Kameradschaft, Blutsverwandtschaft, usw. – angeregt wurden. Thema dieses Kapitels sind einige grundlegende Merkmale menschlicher Soziabilität, bevor wir uns dann in Kapitel 12 mit der Entstehung und weiteren Entwicklung sozialer Beziehungen auseinandersetzen.

Sozialpsychologie und Beziehungsforschung

Daß affiliative Beziehungen in unserem Leben eine so zentrale Rolle spielen, war vielleicht der Hauptgrund für das lange Widerstreben der Sozialpsychologen, sich diesen so persönlichen und tiefgehenden Erfahrungen mit kühler Wissenschaftlichkeit zu nähern. Immer noch halten viele Menschen persönliche Beziehungen für einen geheiligten und unverletzlichen Teil unseres Lebens, dessen tiefes Geheimnis man nicht objektiver Analyse preisgeben sollte. Noch in jüngster Zeit haben sich Politiker sehr kritisch dazu geäußert, daß die sozialpsychologische Forschung auch vor der romantischen Liebe nicht haltmacht. Vor einigen Jahren verkündete US-Senator William Proxmire: ,,Ich glaube nicht, daß 200 Millionen Amerikaner jedes Lebensgeheimnis gelüftet sehen möchten, und vor allem wollen wir nicht wissen, warum sich ein Mann in eine Frau verliebt und umgekehrt.''

Dieser Argwohn gegenüber einer wissenschaftlichen Erforschung menschlicher Beziehungen wird von vielen geteilt. Ich glaube nicht, daß solche Befürchtungen gerechtfertigt sind. Es ist höchst unwahrscheinlich, daß wir in Kürze alles über menschliche Beziehungen wissen werden, und so wird es auch weiterhin viel Raum für Geheimnis und Romantik geben. Andererseits wächst in westlichen Gesellschaften die Zahl der Menschen, die mit interpersonalen Beziehungen ernsthafte Schwierigkeiten haben. Und das gilt, wie Zimbardo in seiner umfassenden Untersuchung zur sozialen Isolation und Schüchternheit feststellte, nicht nur für die Vereinigten Staaten, sondern auch für viele andere Länder. Vielleicht erinnern Sie sich an dieser Stelle an das erste Kapitel, wo wir einigen möglichen historischen Gründen für die zunehmende Isolation vieler Menschen in Industriegesellschaften nachgegangen sind. Um hier Abhilfe schaffen zu können, müssen wir zwischenmenschliche Beziehungen mit wissenschaftlichen Methoden untersuchen. Unsere Wissenslücken sind zwar immer noch gewaltig, aber ein bißchen mehr wissen wir inzwischen doch darüber, wie und warum Menschen sich voneinander angezogen fühlen.

Sind Menschen von Natur aus sozial?

Beginnen müssen wir mit einer ganz grundsätzlichen Frage: Sind vertraute soziale Beziehungen unter allen Umständen notwendig? Könnten Menschen nicht genauso gut, vielleicht sogar besser, ohne die Gesellschaft anderer leben? Die Antwort ist wohl ein uneingeschränktes ,,Nein''. Der Homo Sapiens, so hört man zuweilen, sei eine seinem Wesen nach gesellige Spezies, und daran scheint in der Tat einiges wahr zu sein. Wir suchen und genießen die Gesellschaft anderer, persönliche Beziehungen spielen eine ungeheuer wichtige Rolle in unserem Leben, und der Fähigkeit zur Kooperation in Gruppen verdanken wir vermutlich einen großen Teil unseres evolutionären Erfolges als Art.

Den größten Teil unseres Lebens verbringen wir in Gesellschaft anderer. Latané und Bidwell (1977) haben sich auf einen Universitätscampus begeben und festgestellt, daß sich 60% der Menschen, die sie dort sahen, in Gesellschaft anderer befanden. Frauen waren weniger häufig allein als Männer, was vermuten läßt, daß Frauen zumindest in der Öffentlichkeit mehr affiliatives Verhalten an den Tag legen als Männer. Wenn Sie sich eine genauere Vorstellung davon machen wollen, wieviel Zeit wir mit anderen verbringen, führen Sie über Ihre Interaktionen einmal genau Tagebuch. Dieser Technik hat sich Deaux (1978) bedient und festgestellt, daß ihre Probanden nur 25% ihrer „wach" verbrachten Zeit allein waren. Die übrige Zeit verbrachten sie wie folgt: zu 12% mit einem Vertreter des anderen Geschlechts, zu 15% mit einem gleichgeschlechtlichen Mitmenschen, zu 17% in einer Gruppe gleichen und zu 30% in einer Gruppe beiderlei Geschlechts. Doch nicht für jeden trifft dies zu.

Natürlich sind nicht alle Menschen gleich gesellig (vgl. Aktivität 11.1). Swap und Rubin (1983) haben „interpersonale Ausrichtung" versuchsweise definiert als das Ausmaß, in dem jemand „an anderen Menschen interessiert ist und auf sie reagiert" (S. 208). Interpersonale Ausrichtung ist fast so etwas wie ein überdauerndes Persönlichkeitsmerkmal und läßt sich, so Swap und Rubin, mit einer psychologischen Standardskala verläßlich messen. Eine Ausnahme vom nahezu universalen Geselligkeitsmuster scheinen, wie einer meiner Kollegen feststellte, paradoxerweise die Sozialpsychologen und Wissenschaftler anderer Fachrichtungen zu sein: Offensichtlich verbringt unsereiner – genau, wie ich es im Moment tue – die meiste Zeit allein – lesend, schreibend oder vor dem Computerbildschirm!

Aktivität 11.1: Wie gesellig sind Sie?

Sind Sie ein geselliger Mensch? Welche Rolle spielen soziale Kontakte in Ihrem Leben? Wieviel Zeit verbringen Sie Ihrer Schätzung nach in Gesellschaft anderer? Als erstes vermerken Sie auf einem Blatt Papier, welchen Anteil Ihrer wachen Stunden Sie Ihrer Meinung nach (a) allein verbringen, (b) in Gesellschaft eines Menschen anderen oder (c) gleichen Geschlechts, (d) in einer gleichgeschlechtlichen oder (e) in einer gemischten Gruppe.

Jetzt können Sie untersuchen, wie zutreffend Ihre Schätzungen sind. Machen Sie es wie Deaux (1978) und führen Sie einige Tage lang Tagebuch. Vermerken Sie alle 15 Minuten, was Sie wo und mit wem tun. Dann zählen Sie zusammen, wieviel Zeit Sie mit den verschiedenen Leuten und Gruppen verbracht haben. Sie können Ihr Tagebuch auch daraufhin analysieren, wo und wie (mit Arbeit, Muße, etc.) Sie Ihre Zeit verbracht haben. Diese einfache Technik wird Ihnen mit ziemlicher Sicherheit interessante Einsichten in das Muster Ihres sozialen Umgangs vermitteln, das vielleicht erheblich anders aussieht, als Sie gedacht haben.

Die Folgen von Isolation

Was geschieht, wenn Menschen aus irgendeinem Grund Ihre gewohnten sozialen Kontakte aufgeben und isoliert von anderen leben müssen? Gelegentlich hört man über Kinder, die von Tieren aufgezogen wurden und ohne Kontakt zu Menschen aufwuchsen. Solche Kinder zeigen gewöhnlich ernsthafte Retardierungssymptome, die trotz sorgfältigster Bemühungen irreversibel bleiben. Natürlich läßt sich nie mit Gewißheit sagen, ob nicht doch ein Geburtsschaden und nicht das Fehlen menschlicher Gesellschaft für die Entwicklungsverzögerung verantwortlich ist.

Ein verläßlicheres Bild über die Folgen von Isolation erhalten wir, wenn wir die Reaktionen normaler, gesunder Menschen untersuchen, die aus irgendeinem Grund eine längere Zeit der Isolation hinter sich haben. Es gibt zahlreiche historische oder auch literarische Berichte über Schiffbrüchige, die zuweilen mehrere Jahre alleine überleben mußten. Sie wissen durchweg nichts Gutes über diese Zeit zu berichten. Auch wenn sie weder Hunger noch sonstige Not litten, war das Fehlen jeglicher menschlicher Gesellschaft Quelle von Leid und Depression. Die meisten reagierten auf die lange Isolation überdies mit Halluzinationen und der Neigung, laut mit sich selbst oder mit Tieren zu sprechen.

Weiteren Aufschluß über die Folgen von Isolation geben experimentelle Untersuchungen. Schachter (1959) zahlte männlichen Studenten, die sich freiwillig gemeldet hatten, pro Tag, den sie vollständig isoliert in fensterlosen, aber künstlich erleuchteten Räumen verbringen sollten, zwanzig Dollar (die seinerzeit sehr viel mehr wert waren als heute). Die fünf Versuchspersonen wurden regelmäßig mit Essen versorgt, sahen aber keinen Menschen und durften weder lesen, Radio hören noch fernsehen. Die Reaktionen auf die Isolation waren sehr unterschiedlich. Einer hielt sie nur zwanzig Minuten aus, ein anderer schaffte es eine Woche, der Rest blieb etwa zwei Tage. Berichtet wurde über keinerlei Auswirkungen oder über wachsendes Unbehagen.

Wie Menschen Isolation ertragen und wieviel sozialen Kontakt und soziale Stimulation sie brauchen, scheint individuell sehr verschieden zu sein. Psychologen wie Hebb (1955) und Eysenck und Eysenck (1969) vermuten, daß Menschen sich in ihrem grundlegenden Erregungsniveau unterscheiden und als Folge davon auch darin, wieviel Stimulation von anderen sie optimalerweise brauchen. Das von biologischen und genetischen Faktoren determinierte grundlegende Erregungsniveau ist, wie Eysenck annimmt, auch verantwortlich für die Ausprägung so wesentlicher Persönlichkeitsdimensionen wie Extraversion-Introversion und Neurotizismus. Daraus scheint zu folgen, daß Soziabilität mit grundlegenden Persönlichkeitsmustern ebenso zusammenhängt wie mit der genetischen und physiologischen Ausstattung eines Menschen. Das ist als Theorie zwar interessant und einer der wenigen Versuche, Sozialverhalten mit biologischen Variablen zu verknüpfen, wirft aber zugleich auch viele Fragen auf, die in der psychologischen Literatur bisher noch keine befriedigende Lösung gefunden haben.

Zeitweilige soziale Isolation hat noch andere interessante Folgen. Abgeschnitten von allen sozialen Kontakten, werden Menschen gewöhnlich sehr offen für neue Erfahrungen und Einflüsse, und es kann zu lebhaften Träumen, Bildern und zuweilen auch zu Halluzinationen kommen (Suedfeld 1974). So manche „Vision" und „Heimsuchung", von denen Menschen berichten, die sich aus religiösen Gründen in völlige Isolation begeben haben (Eremiten etwa oder Mönche), werden wohl auf derartige Halluzinationen zurückzuführen sein. Isolation macht außerordentlich empfänglich für Einflüsse von außen. So war Isolation ein Teil der Gehirnwäsche, der man amerikanische Gefangene während des Koreakrieges unterzog, und auch zu therapeutischen Zwecken, zum Beispiel zur Nikotinentwöhnung, hat man Klienten zeitweilig isoliert. Man bedient sich dieser Methode, weil man weiß, daß Kommunikationen während oder nach sozialer Isolation ganz besonders wirksam sind. Wir alle scheinen also um unserer psychischen Anpassung willen soziale Kontakte zu unseren Mitmenschen zu brauchen, wenn wir uns auch sehr in dem für uns „optimalen" Maß sozialen Umgangs erheblich unterscheiden. Isolation wirkt in höchstem Maße erregend und führt bei den meisten Menschen zu Desorientiertheit und erhöhter Beeinflußbarkeit.

Einsamkeit

Fast alle haben wir irgendwann in unserem Leben mehr oder weniger einsame Zeiten zu überstehen. Das sind Zeiten, in denen wir uns nach menschlicher Gesellschaft, nach gemeinsamen Aktivitäten sehnen, nach irgendeinem Zeichen dafür, daß wir akzeptiert und gemocht werden. Die Einsamkeitserfahrung ist sehr schwer zu definieren, da das Bedürfnis nach sozialem Kontakt und die daran geknüpften Erwartungen von Mensch zu Mensch verschieden sind. Während der eine Dutzende von Freunde hat und sich trotzdem einsam fühlt, mag dem anderen zu seinem Glück das liebevolle Gedenken einer fernen Tante genügen. Rubinstein und Shaver (1979) veröffentlichten in amerikanischen Zeitungen einen Fragebogen zur Einsamkeit, was ihnen detaillierte Informationen von 25 000 Menschen eintrug. Eine der größten Gemeinsamkeiten im Leben einsamer Menschen ist die Scheidung der Eltern. Es ist, als litten die Betroffenen immer noch darunter, was ihnen einst als Zurückweisung erscheinen mußte.

Wie Einsamkeit erlebt wird, ist unterschiedlich, in der Hauptsache sind Gefühle zu nennen wie 1) Verzweiflung (sich hilflos, furchtsam und verzweifelt fühlen), 2) ungeduldige Langeweile (der Wunsch, woanders zu sein, sich gelangweilt und unwohl fühlen), 3) Depression (Gefühle von Isolation, Melancholie und Traurigkeit) und 4) Selbstabwertung (sich unattraktiv, unsicher und dumm fühlen). Wie Menschen auf Einsamkeit reagieren, hängt vor allem von den Erklärungen ab, die sie dafür finden. Wie Sie sich vielleicht erinnern werden, klassifizieren Attributionstheoretiker solche Erklärungen nach Lokalisation (innen-außen) und Stabilität (stabil-instabil) der zugeschriebenen Ursachen (vgl. Kapitel 5). Am größten waren Resignation und Depression bei Menschen, die ihre Einsamkeit mit inne-

---

Aktivität 11.2: Ein Maß für Einsamkeit

Einsamkeit ist objektiv schwer zu definieren. Zu ihrer Erforschung bedient man sich typischerweise sogenannter Selbsteinschätzungs-Skalen ähnlich der unten aufgeführten. Wenn Sie diese Skala ausfüllen, lesen Sie die einzelnen Fragen sorgfältig durch und beantworten Sie diese so ehrlich wie möglich, indem Sie die jeweils zutreffende Zahl ankreuzen:

1 – trifft bestimmt nicht zu
2 – trifft wahrscheinlich nicht zu
3 – ich weiß nicht genau
4 – trifft wahrscheinlich zu
5 – trifft zu

1. Ich fühle mich oft sehr allein . . . . 1 – 2 – 3 – 4 – 5

2. Ich finde nur schwer Freunde . . . . 1 – 2 – 3 – 4 – 5

3. Ich unternehme viel alleine . . . . 1 – 2 – 3 – 4 – 5

4. Ich warte oft darauf, daß Leute mich anrufen oder mir schreiben . . . . 1 – 2 – 3 – 4 – 5

5. Ich finde es schwierig, mich mit Leuten zu treffen . . . . 1 – 2 – 3 – 4 – 5

6. Ich fühle mich oft ausgeschlossen . . . . 1 – 2 – 3 – 4 – 5

7. Ich würde gerne mehr Leute kennen, mit denen ich etwas unternehmen könnte . . . . 1 – 2 – 3 – 4 – 5

8. Ich glaube, die anderen verstehen mich nicht . . . . 1 – 2 – 3 – 4 – 5

9. Ich halte mich weder für einen interessanten noch für einen anziehenden Menschen . . . . 1 – 2 – 3 – 4 – 5

Um Ihren Gesamtwert zu berechnen, brauchen Sie nur die angekreuzten Zahlen zu addieren. Je näher Sie dabei der 45 kommen, um so wahrscheinlicher sind Sie jemand, der die Einsamkeit kennt. Diese kleine Skala ist kein standardisiertes Meßinstrument, ähnelt aber in Form und Inhalt den gebräuchlichen Einsamkeitsskalen.

---

ren, stabilen Ursachen (Aussehen, Persönlichkeit) erklärten. Diejenigen, die die Einsamkeit mangelndem eigenen Bemühen (einer inneren, instabilen Ursache) anlasteten, waren weniger tief getroffen und glaubten zuversichtlicher an eine Änderung. Bei unstabilen, äußeren Ursachen (z. B. ,,Ich bin einsam, weil ich gerade umgezogen bin") hofften die Betroffenen ziemlich sicher auf Änderung, während stabile, äußere Ursachenzuschreibung (,,Die anderen schließen mich ganz absichtlich aus") häufig zu feindseliger Haltung der Umwelt gegenüber führten.

Menschen, die die meiste Zeit über einsam sind, meiden paradoxerweise sogar gelegentliche soziale Kontakte, und das aus gutem Grund. ,,Einsamkeit scheint sich durch soziale Interaktion und die nachfolgende Isolation zu vertiefen" (Schultz und Moore 1984, S. 67). Mit anderen Worten, einsame Menschen sind weniger bereit, das Risiko einer gelegentlichen sozialen Begegnung auf sich zu nehmen, da sie sich anschließend dem Schmerz ihrer Einsamkeit um so mehr ausgeliefert fühlen.

Das Persönlichkeitsmerkmal, das in Berichten über Einsamkeit am häufigsten auftaucht, ist Schüchternheit. Schüchterne Leute haben Angst vor zwischenmenschlichen Kontakten, und das um so mehr, wenn der Partner eine Autorität für sie darstellt oder der Kontakt ihnen emotional bedrohlich erscheint. Fast 80% der Menschen sind oder waren irgendwann einmal schüchtern (Zimbardo 1977). Man kann der Schüchternheit durch sorgfältiges „Training" Herr werden, obwohl es auch Situationen gibt, in denen Schüchternheit durchaus erwünscht ist. In ihrer Zurückgezogenheit haben schüchterne Menschen mehr Zeit, über andere nachzudenken und andere zu verstehen, und sie neigen insgesamt weniger zu aggressivem und offensivem Verhalten ihren Partnern gegenüber. Es ist also gar nicht so leicht, sich gerade das richtige Maß an sozialem Kontakt zu verschaffen. Im folgenden wollen wir uns einige der Gründe für unser Geselligkeitsbedürfnis ansehen.

Die Gründe unserer Soziabilität

Warum suchen Menschen so beharrlich die Gesellschaft anderer? Welchen Gewinn bringt uns das Zusammensein? Die menschliche Soziabilität hat verschiedene psychologische Erklärungen gefunden. Manche Theoretiker glauben, daß allein die Gesellschaft anderer lohnend und verstärkend ist. Es ist möglicherweise ein Vermächtnis unserer Evolutionsgeschichte, daß wir andere Menschen eher als Quelle positiver denn negativer Erfahrungen sehen. Vielleicht haben wir diese „Lernerfahrung" schließlich auf sozialen Kontakt allgemein übertragen („generalisiert").

Andere Theorien vermuten, daß wir die Gesellschaft anderer brauchen, um uns selbst zu bewerten. Nach Festinger (1954) brauchen wir bei fehlender objektiver Kriterien den sozialen Vergleich, um uns selbst in Relation zu anderen einschätzen zu können. Ohne die Gesellschaft anderer fiele es uns sehr schwer, uns selbst einzuordnen und ein konsistentes Selbstbild aufzubauen. Aus dem vorhergehenden Kapitel wissen wir, daß unser Selbstkonzept eine weitgehend soziale Schöpfung ist, ein Resultat unserer Interaktionen mit anderen und der Rückmeldung, die wir von unseren Partnern bekommen. Eine andere Erklärung für unser Geselligkeitsbedürfnis stellt die Theorie des sozialen Austauschs bereit. Hier lautet die Hypothese, daß wir die Gesellschaft anderer suchen, weil Kooperation lohnender und befriedigender ist als der Versuch, es alleine zu schaffen. Interaktion ist also notwendig, um unsere Ziele zu erreichen, und folglich in jedem Fall eine lohnende Angelegenheit.

Schon das bloße Zusammensein mit anderen hilft, Streß abzubauen, und so suchen Menschen, die vor etwas Angst haben oder sich um etwas sorgen, häufig die Gesellschaft anderer. Schachter (1959) hat diese Neigung in einem interessanten Experiment nachgewiesen. Man stellte Studentinnen als Teil eines Experiments Elektroschocks in Aussicht. Einem Teil der Probandinnen sagte man, das sei völlig schmerzlos, kitzele nur ein wenig. Die übrigen ließ man eine recht schmerzhafte, wenn auch gesundheitlich völlig unbedenkliche Prozedur erwarten. Dann bat man alle, einige Minuten zu warten, bis die Technik einsatzbereit sei und fragte sie, ob sie diese Wartezeit lieber allein oder in Gesellschaft von anderen verbringen wollten.

Schachter erwartete, daß es die Frauen, die Schmerz erwarteten, die also Angst hatten, vermehrt in die Gesellschaft anderer ziehen würde. Von 32 ängstlichen Probandinnen entschieden sich 20 für das Warten in Gemeinschaft, von den 30 nicht-ängstlichen taten das nur zehn. Das läßt vermuten, daß Menschen besonders dann die Gesellschaft anderer suchen, wenn sie Angst haben oder sie sonst unter Streß stehen. In einem nachfolgenden Experiment stellte man die Probanden vor die zusätzliche Wahl, entweder mit Leidensgenossen zu warten oder mit Leuten, die nicht am Experiment teilnahmen. Die meisten zogen es vor, mit jemandem zu warten, der in der gleichen mißlichen Lage war wie sie selbst. So ist die Gesellschaft anderer besonders dann dazu angetan, Angst zu reduzieren, wenn alle Beteiligten in einer ähnlichen Lage sind: Geteiltes Leid ist halbes Leid! Ob die Anwesenheit anderer uns tatsächlich guttut, hängt allerdings auch von der besonderen Situation ab. Hatten Probanden Angst, weil ihnen eine sehr unangenehme (aber nicht schmerzhafte) Prozedur bevorstand, warteten sie lieber allein (Sarnoff und Zimbardo 1961).

Affiliation und Anziehung

Das Bedürfnis nach Gesellschaft, die Motivation zur Sozialisation, ist, so haben wir gesehen, nahezu universal. Aber wir verbringen unsere Zeit nicht einfach mit irgendjemandem. Im allgemeinen wählen wir unsere sozialen Kontakte aus einem sehr viel umfangreicheren Reservoire möglicher Partner aus. Wie kommt eine derartige Wahl zustande? Wovon hängt es ab, ob wir mit einem Menschen eine Beziehung eingehen oder nicht? An unserer Universität, an unserem Arbeitsplatz, in der Nachbarschaft oder in unserem Verein gibt es Hunderte, vielleicht sogar Tausende potentiell verfügbarer Menschen – wie entscheiden wir, mit wem wir näher Bekanntschaft schließen? Mehrere Variablen sind dabei im Spiel. Am meisten überrascht dabei vielleicht die Tatsache, daß wir in den allerersten Stadien einer Beziehung überhaupt nicht darüber entscheiden, mit wem wir unsere Zeit verbringen; genausowenig kann die Rede davon sein, daß wir uns unsere Partner ganz bewußt auswählen. Die Variablen, die den möglichen Kreis unserer oberflächlichen Bekanntschaften determinieren, liegen weitgehend außerhalb unseres Beliebens, ja wir sind uns ihrer sogar kaum je bewußt.

Die ersten, ganz offensichtlichen, aber vielfach vernachlässigten Faktoren, die beim Eingehen von Bekanntschaften eine Rolle spielen, sind ganz einfach Raum und Zeit. Um einen potentiellen Partner kennenzulernen, müssen wir ganz einfach zur selben Zeit am selben Ort sein wie er. Es mag Sie überraschen, aber diese einfache Tatsache ist die vielleicht größte Beschränkung, der unsere sozialen Kontakte unterliegen. Von den Millionen Menschen dieser Welt wird uns zu unseren Lebzeiten nur ein ganz kleiner Teil über den Weg laufen. Und von den Menschen, die uns im Vorübergehen begegnen, wird uns wiederum nur ein winziger Teil lange genug so nahe kommen, daß wir sie ganz bewußt wahrnehmen. Diese kleine Gruppe ist die potentielle Quelle all unserer Bekannten und Freunde. Es gibt einige interessante Untersuchungen, die zeigen, welch bedeutsame Rolle räumliche Nähe für die Entwicklung von Freundschaften spielt.

In einer berühmt gewordenen Feldstudie haben Festinger, Schachter und Back (1950) die Bedeutung räumlicher Nähe für die Entwicklung von Freundschaften untersucht. Würde allein die Tatsache, nahe beieinander zu leben und also häufiger zufällig aufeinanderzutreffen, zur Freundschaft disponieren? Die Forscher untersuchten die Freundschaftsmuster, die sich zwischen neu zugezogenen Bewohnern einer Wohnanlage des Massachusetts Institute of Technology entwickelten. ,,Wenn Menschen irgendwo hinkommen, wo sie nur wenige oder keinerlei Kontakte haben,'' so vermuteten die Forscher, ,,entwickeln sich Freundschaften wahrscheinlich auf der Grundlage kurzer und passiver Kontakte beim Fortgehen und Nach-Hause-Kommen oder beim Spaziergang durch die Nachbarschaft. Sind solche kurzen Begegnungen häufiger, werden sich Grußbekanntschaften entwickeln, dann Plauderbeziehungen und schließlich – wenn die psychologischen Voraussetzungen stimmen – Freundschaften'' (S. 34).

Die Ergebnisse entsprachen den Erwartungen. Je näher die Wohnungen beieinanderlagen, um so größer war die Wahrscheinlichkeit, daß sich zwischen den Bewohnern eine freundschaftliche Beziehung entwickelte. Als man die ,,Probanden'' um eine Liste ihrer besten Freunde bat, erschienen darauf zu 41% die unmittelbaren Nachbarn, zu 22% die Nachbarn zwei Türen und zu 10% die Nachbarn drei Türen weiter. Aber noch andere, ähnliche Zufälligkeiten – z.B. wer in unserer ersten Vorlesung oder im Büro neben uns sitzt – können unsere persönlichen Freundschaften auf Jahre hinaus beeinflussen (vgl. Aktivität 11.3).

Natürlich besagen Festingers Ergebnisse nur, daß räumliche Nähe Anziehung begünstigt, sie aber nicht notwendigerweise verursacht. Tatsächlich bewirkt erzwungene Nähe zuweilen auch genau das Gegenteil. In überfüllten Wohnblocks ist man oft entfernteren Nachbarn freundschaftlicher verbunden als denen, mit denen man Wand an Wand wohnt – eine Art Vorsichtsmaßnahme, die gegen Verletzungen der Privatsphäre schützt. Wenn Menschen allerdings neu irgendwo hinkommen und noch wenig soziale Kontakte haben, sind es meistens die Zufallsnachbarn, aus denen sich ihr zukünftiger Freundeskreis rekrutiert. Während der drei Jahre, die ich in Oxford in einem Apartmenthaus gewohnt habe, hatte auch ich den Eindruck, daß diejenigen, die nahe beieinander wohnten oder denselben Treppenaufgang benutzten, häufiger Freundschaft schlossen als entferntere Nachbarn.

Physische Nähe führt oft zu Anziehung, weil sie die Wahrscheinlichkeit kurzer Kontakte erhöht. Bemerkenswerterweise genügt oft schon ein kurzer Kontakt, um die Anziehung größer werden zu lassen (vgl. Aktivität 11.4). Am besten erklärt

---

Aktivität 11.3: Raum und Freundschaft

Sie können die Validität der Ergebnisse von Festinger, Schachter und Back selbst überprüfen. Fertigen Sie eine kleine Skizze der baulichen Verhältnisse Ihrer unmittelbaren Umgebung an (Häuser, Straßen, usw.). Markieren Sie auf dieser Skizze all die Personen, (a) die Sie vom Sehen kennen, mit denen Sie aber noch nie gesprochen haben, (b) die Sie oberflächlich kennen und grüßen, (c) mit denen Sie gelegentlich ein paar Worte wechseln und (d) die Sie als Ihre Freunde bezeichnen würden. Können Sie zwischen räumlicher Nähe und Ihrer Beziehung zu den Menschen der einzelnen Gruppen einen Zusammenhang entdecken? Und was hat es Ihrer Meinung nach für Gründe, wenn sich keine Verbindung von Nähe und Freundschaft findet?

---

man diesen häufigen Effekt vermutlich damit, daß mit wiederholten kurzen Begegnungen die gegenseitige Vertrautheit zunimmt und vertraute Menschen und Dinge uns mehr anziehen als unvertraute (Zajonc 1970). Ich selbst merke das häufig, wenn ich Examensarbeiten korrigiere. Sind die Kandidaten zahlreich und mir überwiegend unbekannt, bin ich automatisch freundlicher gesinnt, wenn ich auf einen vertrauten Namen treffe. Als Sozialpsychologe versuche ich natürlich, meine Zensuren von solchen Einflüssen frei zu halten!

Manchmal wird Anziehung auch von völlig unvorhergesehenen Faktoren begünstigt. Wenn wir jemandem an einem angenehmen Ort und in glücklicher, zufriedener Stimmung begegnen, werden wir uns wahrscheinlich eher zu ihm hingezogen fühlen, als wenn die äußeren Umstände unangenehm sind. Staats und Staats (1958) vermuteten, daß wir andere zuweilen ganz unabsichtlich – gemäß den Prinzipien des klassischen Konditionierens – mit positiven oder negativen Eigenschaften in Verbindung bringen. In ihrem Experiment sahen die Probanden Namen (z. B. Brian, Tom, Bill, etc.) und hörten gleichzeitig entweder ein angenehmes (z. B. glücklich) oder ein unangenehmes Wort (z. B. bitter, häßlich). Anschließend sollten sie die Namen, die sie gesehen hatten, bewerten. Waren die Namen zuvor mit angenehmen Wörtern assoziiert gewesen, wurden sie als angenehmer empfunden als Namen, die mit einem unangenehmen Wort verbunden waren. Ähnlich kann sich auch die Qualität von Situation und Kontext in Alltagsbegegnungen für uns mit bestimmten Menschen verbinden und unsere Sympathie für sie beeinflussen.

Aktivität 11.4: Vertrautheit und Sympathie

Fühlen wir uns tatsächlich einfach darum zu jemandem hingezogen, weil er/sie uns vertraut ist? Um diese Hypothese zu testen, besorgen Sie sich einige gleichgestaltete Photos von verschiedenen Menschen. Geeignet sind Zeitungsportraits von Sportmannschaften, neu gebildeten Regierungen, Abiturklassen, etc. Schneiden Sie aus diesen Bildern einzelne Personen aus (achten Sie dabei auf ungefähr gleiche Größe der Ausschnitte). Aus dieser Menge wählen Sie willkürlich einige Bilder aus und markieren Sie sie auf der Rückseite. Zeigen Sie diese Auswahl dann kurz ihren Probanden, z.B. mit der Bitte, das Alter der abgebildeten Person zu schätzen.

Ein oder zwei Tage später, wenn Ihre Probanden die einzelnen Photos vermutlich vergessen haben, legen Sie ihnen sämtliche – auch die unmarkierten – Ausschnitte vor. Dieses Mal sollen sie sagen, wie anziehend sie die abgebildete Person finden. Sie können ihnen zu diesem Zweck folgende 7-Punkte-Skala vorlegen:

Ich finde die Person auf diesem Photo sehr anziehend	1 – 2 – 3 – 4 – 5 – 6 – 7	Ich finde die Person auf diesem Photo sehr wenig anziehend

Bilden Sie jetzt die Mittelwerte beider Urteilsmengen. Vermutlich werden Sie feststellen, daß Ihre Probanden, ohne sich im einzelnen daran zu erinnern, welche Photos sie bereits gesehen haben und welche nicht, die vertrauten Bilder (diejenigen, die sie schon einmal gesehen haben) im Durchschnitt anziehender finden als die unvertrauten.

Wie man Zuneigung definiert: Anziehung als Einstellung

Bisher haben wir über Anziehung und Beziehungen gesprochen, als wüßte jeder ganz genau, was man darunter zu verstehen hat. Aber was bedeutet es eigentlich, jemanden zu mögen oder gemocht zu werden? Können wir wirklich ohne weiteres davon ausgehen, daß die unterschiedlichen Formen von Anziehung – Beliebtsein bei den Mitschülern; verliebt sein; Anklang finden bei einem Einstellungsgespräch; auf einem Fest von einem Kollegen mit Aufmerksamkeit bedacht zu werden, usw. – auch auf ähnlichen Prozessen gründen? Die Alltagssituationen, in denen wir Wörter wie „mögen" oder „Anziehung" gebrauchen, können sehr verschieden sein. Innerhalb der Sozialpsychologie ist man überwiegend der Meinung, daß interpersonale Anziehung, bei aller Unterschiedlichkeit, im Grunde doch immer ähnlichen Regeln folgt. In einer weitgehend akzeptierten Definition von interpersonaler Anziehung heißt es, Anziehung sei einfach das Vorhandensein positiver Einstellungen gegenüber einer anderen Person.

Der Begriff der *Einstellung* ist eines der zentralen Konzepte innerhalb der Sozialpsychologie. Es handelt sich dabei um ein komplexes Konstrukt, das der Tatsache

Rechnung trägt, daß wir allen Menschen und Dingen, denen wir begegnen, mit bestimmten dauerhaften Neigungen, Dispositionen, Empfindungen, Glaubensannahmen und Wissensinhalten gegenübertreten. Wie Sie sich erinnern werden, hatten wir bereits bei der Beschäftigung mit Bems Selbstwahrnehmungstheorie mit Einstellungen zu tun (vgl. Kapitel 6). Nach einem weitgehend anerkannten Modell besteht eine Einstellung aus drei Grundkomponenten: (a) einer kognitiven Komponente oder dem Wissen und den Glaubensannahmen über das Einstellungsobjekt, (b) einer affektiven Komponente oder den Empfindungen und Emotionen angesichts des Objekts und (c) einer konativen Komponente oder den Verhaltensintentionen oder Plänen, die wir bezüglich eines Objektes haben (Berscheid und Walster 1969, Rubin 1973). Folgen wir diesem Muster, besteht auch Anziehung aus eben diesen drei, eng miteinander verbundenen Komponenten: Glaubensannahmen über, Gefühle für und Verhalten in Zusammenhang mit dem anderen Menschen. Eine Definition von Anziehung als das Vorhandensein einer positiven Einstellung gegenüber einem anderen Menschen ist allgemein genug, um alle Situationen, in denen Anziehung eine Rolle spielt, zu umfassen. Die Definition von Anziehung als Einstellung hat den weiteren Vorteil, daß uns zur Messung ersterer die ganze Palette der Methoden zur Einstellungsmessung zur Verfügung steht.

Das Messen von Anziehung

In den frühen Jahren der Beziehungsforschung beschränkte man sich häufig auf Versuche, das Ausmaß, in dem Menschen einander zugeneigt waren, empirisch zu messen. Die Soziale-Distanz-Skala von Bogardus (1925) ist eines der ersten Instrumente zur empirischen Erfassung von Einstellungen gegenüber anderen: Die Probanden vermerken, wie nah sie sich mit verschiedenen Leuten einzulassen bereit wären; die Skala reicht in sieben Stufen von sehr nah (würde diese Person heiraten) über ein mittleres Distanzbedürfnis (würde diese Person als Berufskollegen akzeptieren) bis hin zu völliger Ablehnung (würde diese Person des Landes verweisen). Wie Sie sicher bemerkt haben, mißt diese Skala keine Gefühle (affektive Komponente) oder Glaubensannahmen (kognitive Komponente), sondern Verhaltensintentionen einer Person. Die Untersuchung, die 1925 mit der Sozialen-Distanz-Skala durchgeführt wurde, ergab, daß weiße amerikanische Probanden die engsten Beziehungen mit Kanadiern und Engländern einzugehen bereit waren, während sie bei Schwarzen, Japanern und Türken auf größtmögliche soziale Distanz hielten. In der Stereotypen-Forschung und in Untersuchungen zu interpersonalen Beziehungen hat man ebenfalls viel mit dieser Skala gearbeitet.

Ein empfindlicheres Meßinstrument zur Analyse interpersonaler Affiliation entwickelte Moreno (1934). Zu jener Zeit herrschte besonders reges Interesse an Gruppenprozessen, und mit Morenos Methode, der sogenannten *Soziometrie*, war man in der Lage, die Gesamtstruktur positiver und negativer Verbindungen zwischen Mitgliedern kleiner Gruppen objektiv zu erfassen. Das Prinzip war erstaunlich einfach. Man bat jedes Mitglied einer kleinen Gruppe, auf einem Blatt Papier den Namen des von ihm am meisten (zuweilen auch des am wenigsten) geschätzten Gruppenmitgliedes zu vermerken. Anhand dieser Information erstellte man ein *Soziogramm*, das alle einzelnen Gruppenmitglieder und alle Präferenzbeziehungen zwischen ihnen erfaßte (vgl. Abb. 11.1). Eine solche Gruppenkarte verschafft dem Betrachter einen guten Eindruck von der Sozialstruktur der Gruppe als ganzer und den persönlichen Affiliationsbeziehungen jedes einzelnen Gruppenmitgliedes.

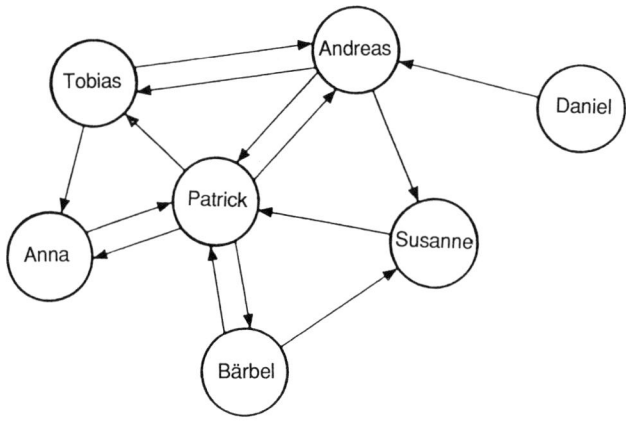

Abb. 11.1: Das Soziogramm einer imaginären Gruppe
Die Kreise repräsentieren Gruppenmitglieder, die einzelnen Pfeile Präferenzwahlen. In dieser Gruppe ist Patrick ein „sozialer Mittelpunkt", und Daniel ein „Isolierter".

Wir können die einzelnen Gruppenmitglieder anhand dieser Graphik auch je nach Art ihrer Beziehungen in Typen einteilen. Die am häufigsten gewählten Gruppenmitglieder sind die sozialen Mittelpunkte, selten gewählte die Isolierten. Patrick aus Abb. 11.1 kann man einen sozialen Mittelpunkt nennen, und Daniel ist wohl ein Isolierter. Die soziometrische Methode hat der Gruppenforschung gute Dienste geleistet und ist auch heute noch recht beliebt. Lehrer können sich zum Beispiel auf diese Weise ein Arbeitsmodell der persönlichen Beziehungen innerhalb ihrer Klassen verschaffen. Mit Soziogrammen lassen sich auch Untergruppen oder „Cliquen" innerhalb einer größeren Gruppe entdecken. Wenn Ihre Kollegen mitspielen, können Sie sich auch einmal selbst an einem Soziogramm versuchen. Behandeln Sie die erhaltenen Daten dann aber bitte vertraulich. Es kann für die Betroffenen sehr schmerzlich und peinlich sein, wenn ihre Position innerhalb der Gruppe offenbar wird. Niemand möchte gern isoliert sein, und nicht jeder, der in diese Kategorie fällt, trägt selbst die Verantwortung dafür!
    In jüngerer Zeit hat man die soziometrische Technik um raffinierte statistische

Verfahren – die Multidimensionale Skalierung (MDS) zum Beispiel – erweitert und man kann nunmehr aus den Präferenz-Einschätzungen eine multidimensionale geometrische Darstellung der Gruppe ableiten (Jones und Young 1972). Auch wir haben uns vor einigen Jahren dieser Methode bedient (Forgas 1978), um ein Modell der affiliativen Beziehungen innerhalb einer Gruppe Hochschulangehöriger zu erstellen. Die Gruppe bestand aus Fakultätsangehörigen, promovierten Forschungsstudenten und anderem Personal (vgl. Abb. 11.2). In so einem Modell ist die dargestellte Distanz zwischen allen möglichen Paarungen von Gruppenmitgliedern proportional der wahrgenommenen Ähnlichkeit zwischen ihnen, und die Dimensionen des „Gruppenraumes" zeigen an, welche persönlichen Eigenschaften am meisten zwischen den Mitgliedern differenzieren. Wie Sie Abb. 11.2 entnehmen können, war Status – sogar unter den doch angeblich unvoreingenommenen Akademikern – ein ganz wichtiger Aspekt der wahrgenommenen Gruppenstruktur!

Doch neben der Sozialen-Distanz-Skala und den soziometrischen Methoden gibt es noch eine Reihe anderer Möglichkeiten, Anziehung als Einstellung zu messen. Wir können Leute bitten, ihre Einstellung einem anderen Menschen gegenüber anhand einer Liste von Adjektiven zu beschreiben, wir können mit bipolaren Skalen, semantischem Differential oder auch offenen Interview-Methoden arbeiten. Mißt man Anziehung, versuchen die meisten Meßverfahren die affektive Komponente dieser Einstellung zu erfassen. Man kann Anziehung auch mittels indirekter Messung – durch Analyse der Verhaltenskomponente – schätzen. Die Häufigkeit oder Intensität nonverbaler Verhaltensweisen wie Blickkontakt, Sprechen oder Lächeln, aber auch Gesten, Nähe oder Körperorientierung können ebenfalls Anzeichen von Anziehung sein (vgl. Kapitel 9).

Anziehung läßt sich auch über die physiologische Erregung erfassen, die häufig mit derartigen Bewertungsreaktionen einhergeht. In diesem Fall mißt man in Anwesenheit des Partners Herz- und Atemfrequenz oder galvanische Hautreaktion. Ein interessantes Maß für Anziehung fand Hess (1975), der feststellte, daß sich bei Erregung mit ziemlicher Sicherheit auch die Pupillen erweitern. Denken Sie an die in Kapitel 9 erwähnte Untersuchung, wo man den Probanden männliche und weibliche Aktphotos zeigte. Mit Pupillenerweiterung, die auf Anziehung schließen ließ, reagierten sie nur dann, wenn auf dem Photo ein Angehöriger des anderen Geschlechts zu sehen war (vgl. Tabelle 9.1). Bei homosexuellen Probanden erweiterten sich die Pupillen beim Anblick gleichgeschlechtlicher Bilder. Solche physiologischen Messungen sind allerdings umständlich und in der Anziehungsforschung relativ wenig gebräuchlich. Am häufigsten schließt man auf Gefühle für eine Zielperson mit Papier-und-Bleistift-Methoden.

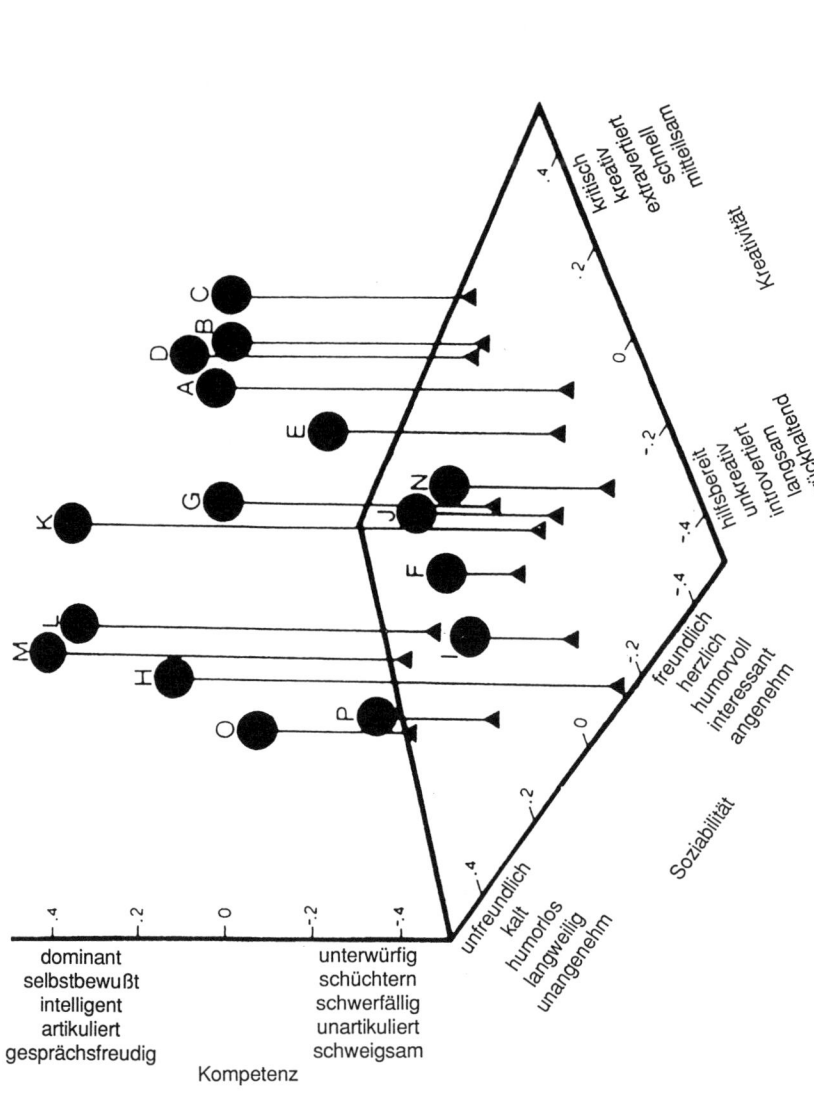

Abb. 11.2: Struktur einer Gruppe Hochschulangehöriger
Die Graphik zeigt die wahrgenommene Struktur einer 15köpfigen Gruppe von Hochschulangehörigen, erstellt auf der Grundlage einer MDS-Analyse ihrer gegenseitigen Beurteilungen. Die Position eines Mitgliedes innerhalb der Gruppe wird davon bestimmt, wo es entlang der Dimensionen Soziabilität, Kreativität und Kompetenz angesiedelt ist: A–E: Fakultätsangehörige, F–M: Forschungsstudenten, N–P: anderes Personal (für die Episodenwahrnehmung derselben Gruppe vgl. Abb. 10.1). (Nach Forgas 1978)

Die beiden Spielarten von Anziehung: Zuneigung und Bewunderung

Am häufigsten hat man Anziehung dadurch gemessen, daß man die Zielperson auf einer Reihe von bipolaren Likert-Skalen einschätzen ließ. Die dabei üblichsten Skalentypen messen (a) die Liebenswertheit eines Menschen und (b) seine Kompetenz oder Erwünschtheit als Arbeitspartner. Analysiert man Attraktivitätseinschätzungen, stellt man gewöhnlich fest, daß man es hier mit zwei voneinander unabhängigen Reaktionen auf Menschen zu tun hat. Manche Leute mögen wir um ihrer gewinnenden sozialen Eigenschaften willen (Freundlichkeit, angenehmes Wesen, Beliebtheit, etc.), an anderen bewundern und respektieren wir Kompetenz und Leistung (gemessen auf Skalen wie Intelligenz, Kompetenz, Effizienz, harte Arbeit, etc.).

In gewisser Weise scheinen Zuneigung und Respekt zwei ganz verschiedene Aspekte der positiven Einstellung einem anderen Menschen gegenüber zu sein. Wir können jemanden mögen, ohne ihn oder sie zu bewundern, und wir können jemanden bewundern, ohne ihn/sie zu mögen. Natürlich sind noch weitere und qualitativ noch unterschiedlichere Aspekte von Anziehung denkbar. Rubin (1973) zum Beispiel nimmt an, daß sich Zuneigung und romantische Liebe durch sehr unterschiedliche Merkmale auszeichnen (vgl. Kapitel 12). Aber die meisten Forscher begnügen sich damit, Anziehung als allgemeine, positive Einstellung zu definieren, und messen sie mit einfachen, bipolaren Skalen, die eine oder beide Grundkomponenten dieser Einstellung – Zuneigung und Bewunderung – erfassen.

Theorien zur Anziehung

Nachdem wir nun eine gewisse Vorstellung vom Wesen und der Bedeutung menschlicher Soziabilität haben, können wir uns einigen der Theorien genauer zuwenden, mit denen Psychologen die Folgen dieses nahezu universalen Bedürfnisses nach Affiliation und Anziehung zu erklären versuchen. Am ältesten ist wohl der Gedanke, daß uns ein angeborener Trieb, das Affiliationsmotiv, die Gesellschaft anderer suchen läßt, und daß das Zusammensein mit anderen eine in sich selbst befriedigende Angelegenheit ist. Zuweilen wird vermutet, daß dieser „Affiliationstrieb" evolutionären Charakters ist, Teil unseres genetischen Erbes, der unseren Erfolg als Art erklärt. Natürlich ist diese Erklärung zirkulär – indem wir Affiliation zum Trieb erklären, haben wir kaum etwas darüber erfahren, wie sie funktioniert.

Belohnung, Austausch und Anziehung

Lerntheorien halten eine andere Erklärung bereit. Die Verstärkungs-Affekt-Theorie von Byrne und Clore (1970) behauptet, daß wir uns zu Menschen hingezogen fühlen, die uns in der Vergangenheit positiv verstärkt oder belohnt haben. Wenn jemand etwas tut oder sagt, das zu unserem Wohlbefinden beiträgt, „lernen" wir, zwischen diesem guten Gefühl und der Person, die es herbeigeführt hat, eine Verbindung herzustellen. Wir werden uns fortan zu diesem Menschen hingezogen fühlen. Diese sehr einfache Theorie gründet auf einem noch älteren Prinzip, dem der Belohnung und dem Begriff des Hedonismus als einem menschlichen Wesenszug. Diese alte Sicht der Dinge erklärt einen großen Teil menschlichen Verhaltens als das Bestreben, Lust zu suchen und Unlust zu meiden. Auf diesem hedonistischen Prinzip gründet das lerntheoretische Konzept der Verstärkung, dessen Erklärungsversuch für interpersonale Anziehung letztlich kaum mehr ist als angewandte Hedonismustheorie (vgl. Kapitel 1).

Eine Weiterentwicklung des lerntheoretischen Modells ist die Austauschtheorie. Sie berücksichtigt Kosten und Nutzen für beide Beziehungspartner. Hier werden menschliche Beziehungen explizit unter ökonomischen Gesichtspunkten betrachtet. Jeder Mensch ist motiviert, seine Beziehungen mit anderen „profitabel" zu gestalten, d.h. der Nutzen einer Beziehung sollte deren Kosten übersteigen. In einer funktionierenden Beziehung müssen beide Partner per definitionem profitieren, denn sobald ein Partner mehr investiert als er bezieht, ist das Ende der Beziehung erreicht.

Das hört sich zwar sehr kaufmännisch und buchhalterisch an, kommt aber zumindest einigen der gebräuchlichsten Beziehungspraktiken recht nahe. In vielen alten und modernen Gesellschaften wurde und wird der „Belohnungswert" eines Partners nach gemeinhin akzeptierten Vorstellungen von der Familie ganz explizit in Rechnung gestellt.

Werfen sie beim Zeitunglesen einmal einen Blick auf die Rubrik „Heirat und Bekanntschaften" und Sie werden eine ziemlich deutliche Vorstellung davon bekommen, was heute auf dem zwischenmenschlichen Markt gefragt ist: gutes Aussehen, Jugend, Geld, Reise- und Abenteuerlust, Bildung, etc. Vor noch gar nicht so langer Zeit engagierte man „Ehestifter", die die delikate Aufgabe hatten, Schönheit, Mitgift und sozialen Status einer potentiellen Braut gegen Herkunft, Bräuche, Geld und Aussehen eines geeigneten Bräutigams abzuwägen und beide, wenn alles stimmte, zusammenzuführen.

Dieses Austauschprinzip ist, wenn auch in weniger institutionalisierter Form, immer noch vorhanden: „Man könnte in der Tat auch argumentieren, daß nunmehr, nachdem Ehen nicht mehr arrangiert werden, das Kaufmännische explizit Einzug in die Liebesbeziehung gehalten hat, denn früher verhandelten die Familien, jetzt muß jeder für sich selbst feilschen" (Willard und Waller 1970, S. 182). Es ist heute sehr schwierig geworden, persönliche Vorzüge abzuschätzen, daher vielleicht auch die vielen populären „Beziehungsleitfäden", einer übrigens mit dem bezeichnenden Titel „Der zwischenmenschliche Markt: ein Leitfaden für Investoren" (zitiert nach Rubin 1973, S. 67).

Wir alle neigen gewöhnlich zu der Auffassung, daß die persönliche Haben-Seite der Beziehungspartner ausgeglichen sein muß. Wenn Sie eine ungewöhnlich attraktive junge Frau in Begleitung eines älteren und nicht besonders anziehenden Mannes sehen, wird Ihnen vermutlich automatisch der Gedanke durch den Kopf gehen, daß allen Äußerlichkeiten zum Trotz irgendein Nutzen-Austausch stattgefunden haben muß. Vielleicht ist der betagte Ehemann sehr reich oder verfügt über brillante Geistesgaben, vielleicht hat er seiner jungen Frau auch irgendwann einmal einen großen Dienst erwiesen. Als Jacqueline Kennedy Aristoteles Onassis heiratete, fiel es den meisten Leuten nicht schwer, darin einen fairen Handel zu sehen: Beide Partner brachten interpersonale Ressourcen ein, die der andere schätzte. Untersuchungen haben gezeigt, daß persönliche Vorzüge wie etwa körperliche Schönheit einen sehr anhaltenden Effekt haben und sich sogar auf den wahrgenommenen Status des Partners auswirken. In Begleitung einer attraktiven Frau wird derselbe Mann oft positiver bewertet als ohne solche Begleitung (vgl. die Untersuchung von Sigall und Landy, Kapitel 12).

Kognitive Balance

Eine weitere Erklärung für Affiliation und Attraktion bietet die Theorie der kognitiven Balance. Dieser Theorie zufolge neigen wir zu Partnern, die uns helfen, unsere konsistente und ausgeglichene Weltsicht aufrechtzuerhalten. Zu Freunden wählen wir also bevorzugt Menschen, die denken wie wir, die sich verhalten wie wir und deren Einstellungen den unseren ähnlich sind, denn das sind Menschen, die uns in unserer Sicht der Welt bestätigen. Fritz Heider und später Newcomb (1961) waren die Hauptvertreter des Prinzips der kognitiven Balance. Sie vermuteten, daß sich die Beziehung zwischen drei Grundelementen – der Person (P), dem anderen (A) und dem Einstellungsobjekt (X) – als begrenzte Anzahl von Dreiecksbeziehungen analysieren läßt.

Wenn ich (die Person, P) meinen Freund Hans (den anderen, A) mag, und wenn wir beide für die Verstaatlichung des Gesundheitswesens (das Einstellungsobjekt, X) sind, ist unsere Beziehung *balanciert* und stabil. Wenn es allerdings so ist, daß ich (P) Hans (A) mag, Hans aber eine Verstaatlichung des Gesundheitswesens (X) ablehnt, während ich dafür bin, besteht ein kognitives *Ungleichgewicht*, das sich nur lösen läßt, wenn einer von uns beiden seine Einstellung zu X ändert, oder wenn ich meine Einstellung zu Hans (A) ändere! Wie anziehend ich Hans finde, hängt also von Anzahl und Art der kognitiven Dreiecke ab, in die wir beide involviert sind.

Wenn ich mir dagegen nicht viel aus Hans mache, interessiert es mich wenig, ob er meine Ansichten teilt: Die Beziehung bleibt vermutlich ohne weitere Konsequenzen *nicht-balanciert* (vgl. Abb. 11.3). Die einzige Präferenz, die mir in nichtbalancierten Beziehungen bleibt, wäre ein Mißgeschick, das den ungeliebten anderen trifft (Eiser 1980). Newcomb (1968) und später Feather (1964, 1971) entwickelten Heiders Balance-Modell weiter und spezifizierten die möglichen Formen balancierter, imbalancierter und nicht-balancierter Beziehungen zwischen den drei Elementen (Abb. 11.3). Wie Sie sehen, leistet dieser einfache Gedanke eine ganze Menge zur Erklärung der möglichen Verbindungen zwischen P, A und X!

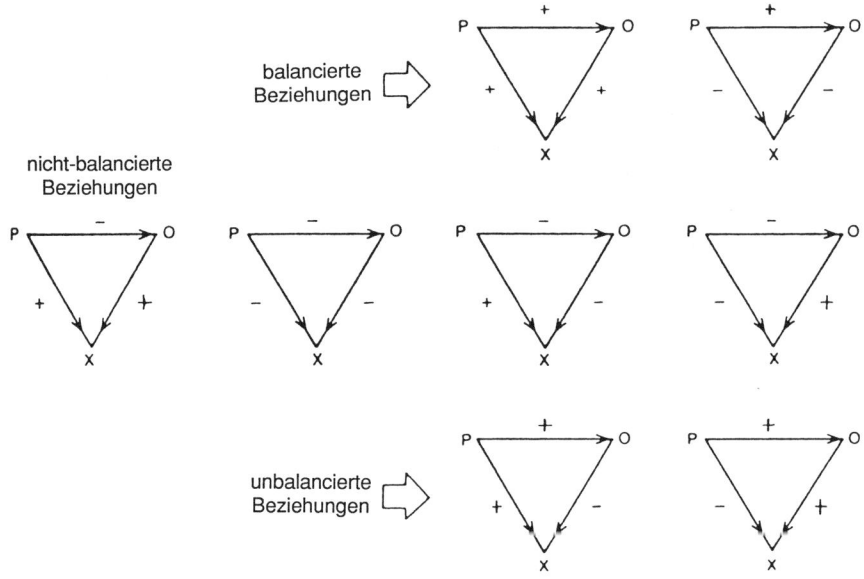

Abb. 11.3: Das Balance-Modell von Newcomb
P = Person, A = Anderer, X = Einstellungsobjekt. Die Pfeile zeigen die Richtung, die Plus- und Minuszeichen den Wert jeder Einstellung. Ist P gegenüber A positiv eingestellt, hängt Balance oder Ungleichgewicht der Beziehung von der Einstellung beider zu X ab. Bringt P dem A keine Sympathien entgegen, ist die Beziehung unbalanciert. (Nach Newcomb 1961, S. 9)

Inzwischen hat das Prinzip der kognitiven Balance einige Bestätigung erfahren. In einer klassischen, für die spätere Beziehungsforschung sehr einflußreich gewordenen Studie untersuchte Theodore Newcomb (1961) den „Bekanntschaftsprozeß". Newcomb wollte wissen, ob die Ähnlichkeit persönlicher Einstellungen, Werte und Meinungen tatsächlich einen Einfluß darauf hat, welche Freunde man wählt, wie es die Balance-Theorie vorhersagt. Probanden waren männliche Studenten, die sich noch nicht kannten und die gerade eine Wohneinheit eines Studentenheimes bezogen hatten. Vor ihrem Einzug hatte man ihre Einstellungen, Werte und Gefühle anderen Studenten gegenüber gemessen, was man, solange sie im Studentenheim wohnten, verschiedentlich wiederholte. Wie die Ergebnisse zeigen, war die Ähnlichkeit von Einstellungen und Werten vor dem Umzug ein sehr guter Prädiktor dafür, wer auf die Dauer mit wem Freundschaft schließen würde. Bewohner, die einander zugeneigt waren, stimmten häufig auch in der Bewertung ihrer übrigen Mitbewohner überein, was vermuten läßt, daß Ähnlichkeit der Einstellungen gegenüber Dritten ein weiterer bestimmender Faktor für die Entwicklung ihrer Freundschaft war.

Diese Untersuchung bot als eine der ersten Anhaltspunkte dafür, daß Einstellungsähnlichkeit die Entwicklung von Freundschaften signifikant beeinflußt und bestätigte damit aus der Balance-Theorie abgeleitete Vorhersagen. Der Gedanke des „Gleich und Gleich gesellt sich gern" ist eines der bedeutsamsten Prinzipien der Beziehungsentwicklung geblieben (vgl. auch Kapitel 12). Aber die Implikationen der Balance-Theorie reichen noch weiter. Wäre es zum Beispiel denkbar, daß wir jemanden nur darum mögen, weil er ein Feind eines unserer Feinde ist (vgl. Eiser 1980)?

Die Balance-Theorie sagt genau das vorher. Aronson und Cope (1968) sind dieser Möglichkeit in einem Experiment nachgegangen. Die Probanden, vom Experimentator zuvor entweder recht grob oder sehr freundlich behandelt, wurden Zeuge, wie der Versuchsleiter selbst von seinem Vorgesetzten entweder heruntergeputzt oder gelobt wurde. Dieser Vorgesetzte wiederum wandte sich später mit der Bitte an die Probanden, ihm bei einigen Telephonanrufen zu assistieren. Hatten die Probanden wenig Grund, für ihren Versuchsleiter freundliche Gefühle zu hegen, und hatte der Vorgesetzte ihn in ihrer Gegenwart getadelt, erledigten sie mehr Telephonanrufe für letzteren, als wenn sie ihn als Freund ihres Feindes erlebt hatten. So seltsam es ist, aber diese Probanden schienen jemandem, den sie von einer sehr unangenehmen Seite kennengelernt hatten, einfach darum die größere Sympathie entgegenzubringen, weil seine Verachtung zufällig einem ihrer „Feinde" gegolten hatte!

Der Feind meines Feindes ist mein Freund

Eine der Vorhersagen der Balance-Theorie besagt, daß wir – unabhängig von ihren sonstigen Qualitäten – diejenigen mögen, die unseren Feinden schaden. Und genau das haben Aronson und Cope in ihrer Untersuchung auch tatsächlich festgestellt (vgl. Text).

Schlußfolgerungen

Diese Theorien und Untersuchungen illustrieren sehr gut die Entwicklung, die die Erforschung interpersonaler Beziehungen in der Sozialpsychologie genommen hat. Unser erstes Anliegen war es, Ursprünge und Wesen des universalen menschlichen Bedürfnisses nach sozialen Beziehungen zu erklären. Dann haben wir uns Gedanken über eine mögliche Definition von ,,Anziehung'' gemacht und einen Blick auf die verschiedenen empirischen Verfahren zur Messung von Anziehung geworfen. Bei dieser Gelegenheit haben wir dazu einige frühe Forschungsarbeiten vorgestellt, die überwiegend in natürlichen Umgebungen (Wohnanlagen, Studentenheimen) durchgeführt wurden und Beziehungen aus dem wahren Leben zum Thema hatten. Als sich verschiedene Theorien zu interpersonalen Beziehungen entwickelten und in den 60er und 70er Jahren das Interesse an Beziehungen wuchs, änderten sich auch die Methoden. Jetzt standen Laborexperimente im Vordergrund und es wurden immer raffiniertere Techniken entwickelt, um das Phänomen ,,Anziehung'' zu untersuchen. So kommt es, daß wir uns jetzt ein sehr viel genaueres Bild von den verschiedenen Stadien einer Beziehung machen können. Im folgenden Kapitel wollen wir uns etwas ausführlicher mit den Forschungsarbeiten beschäftigen, die die zahlreichen an der Entwicklung von Anziehung und Beziehungen beteiligten Faktoren untersuchen.

Kapitel 12

Die Entwicklung persönlicher Beziehungen

Da wir soviel Zeit unseres Lebens in Gesellschaft anderer zubringen, ist kaum zu vermeiden, daß wir dabei eine sehr große Anzahl von Beziehungen unterschiedlicher Dauer und Intensität eingehen. Die angenehme Plauderbekanntschaft mit dem Lebensmittelhändler um die Ecke, die formelle, höfliche Beziehung zu einem unserer Kollegen, die jahrelange, schwelende Feindschaft mit unserer Schwiegermutter oder die tiefe Freundschaft, die bis in die gemeinsamen Kindertage zurückreicht – all das sind Beziehungen, die einen Anfang haben, sich gemäß bestimmten Mustern entwickeln und schließlich ein beständiges Gleichgewicht erreichen. Viele unserer Beziehungen haben sich weniger befriedigend fortentwickelt und führen nur noch ein Schattendasein in unserer Erinnerung. Unsere Vergangenheit ist voll solcher beendeter Beziehungen. Warum hat jene Schulfreundschaft oder jene romantische Beziehung, die so vielversprechend begann, nicht den Verlauf genommen, den wir damals erhofften?

Was beeinflußt Weiterentwicklung (oder Scheitern) persönlicher Beziehungen? Haben sich unsere Beziehungen, so verschieden sie auch sein mögen, nach bestimmten allgemeinen Regeln entwickelt? Genauer gefragt, welche Faktoren spielen in welchen Stadien einer sich entwickelnden Beziehung eine Rolle? Im folgenden wollen wir versuchen, das zusammenzufassen, was man über die Variablen, die die Entwicklung von Beziehungen beeinflussen, inzwischen weiß. Bevor wir uns allerdings den einzelnen Faktoren zuwenden können, brauchen wir ein allgemeines Modell dafür, wie sich Beziehungen ändern.

Ein Modell der Beziehungsentwicklung

Im Verlauf einer Beziehung ändert sich vieles: Sympathie, Intensität, Vertrauen, Vorhersagbarkeit, gegenseitige Abhängigkeit, um nur einiges zu nennen. Das wohl wichtigste universale Charakteristikum von Beziehungen ist jedoch das Ausmaß des Engagements der Partner. Levinger und Snoek (1972) vermuteten, daß Engagement das wichtigste Merkmal einer Beziehung ist, und so wurde dieses Merkmal zur Grundlage ihres Modells der Beziehungsentwicklung. Auch wir werden uns bei der Besprechung derjenigen Faktoren, die den Fortgang einer Beziehung beeinflussen, auf dieses einfache, aber sehr nützliche Modell stützen.

Das Modell von Levinger und Snoek (1972) basiert auf der Annahme, daß sich alle Beziehungen zwischen zwei theoretischen Extremen des gegenseitigen Aufeinanderbezogenseins bewegen: zwischen gar keinem Kontakt und vollkommener Wechselseitigkeit oder Identität der Partner. Auf diesem Kontinuum lassen sich mehrere Stadien unterscheiden (vgl. die linke Seite von Abb. 12.1): (a) kein Kontakt, (b) einseitige Wahrnehmung (nur ein Partner ist sich des anderen bewußt, so daß keine Interaktion stattfindet), (c) oberflächlicher Kontakt (mit oberflächlicher, unpersönlicher Interaktion) und (d) Gegenseitigkeit (es findet ein gewisses Maß an echter, tiefergehender Interaktion statt). Wir wollen uns die Merkmale jedes dieser Stadien im folgenden kurz ansehen.

Beziehungen der Ebene 1:
Das Stadium einseitiger Wahrnehmung

Dieser Beziehungstyp zeichnet sich durch ein Minimum an Kontakt zwischen den Partnern aus: Es ist sich nur ein Partner des anderen bewußt, so daß keine wirkliche Interaktion stattfindet. Von diesem Typ ist die überwiegende Mehrheit unserer sozialen Beziehungen: die meisten Menschen „kennen" wir nur vom Sehen. Der Mann, der neben Ihnen im Bus sitzt, Straßenpassanten, der Hauptdarsteller Ihrer liebsten Fernsehserie, die hübsche, auffallend gekleidete Frau, die gerade an Ihrem Fenster vorbeigeht – all das sind Beziehungen der Ebene 1 im Sinne des Modells von Levinger und Snoek (1972). Wir nehmen jemanden wahr, reagieren in irgendeiner Form auf ihn (mit Billigung, Sympathie oder Mißbilligung) und gehen weiter, ohne gewöhnlich je ein Wort mit ihm zu wechseln.

Doch gelegentlich können solche einseitigen Beziehungen der Ebene 1 zu einer tiefen und engagierten Erfahrung werden. Man denke nur an die Beziehung zwischen Fan und Popstar oder an jemanden, der eine berühmte Schauspielerin von fern bewundert. (John Hinckley nannte als Grund für seinen Mordversuch an Präsident Reagan seine Liebe zu einer Filmschauspielerin und den Wunsch, berühmt zu werden und ihr dann zu begegnen.) Doch im allgemeinen verlaufen Beziehungen der Ebene 1 kurz und oberflächlich und führen nur selten zu tieferem Engagement. Trotzdem haben alle unsere engagierteren Beziehungen irgendwann einmal nur auf dieser Ebene stattgefunden. Wie kam es, daß sie sich weiterentwickelten? Wovon hängt es ab, wie wir auf Menschen reagieren, mit denen wir nur kurzen und oberflächlichen Kontakt haben? Wir werden versuchen, in einem späteren Abschnitt auf diese Fragen eine Antwort zu finden.

Überraschenderweise sind es trotz ihrer Oberflächlichkeit die Beziehungen der Ebene 1, derer sich die sozialpsychologische Forschung in den letzten zehn Jahren am häufigsten angenommen hat, denn diese Beziehungen lassen sich im Labor besonders leicht herbeiführen und manipulieren. Wir brauchen den Probanden nur irgendwelche manipulierten Bilder, Filme, Videobänder oder Beschreibungen anderer Menschen zu präsentieren und sie zu fragen, wie sehr (oder wie wenig) ihnen die betreffenden Menschen zusagen. Diese Strategie hat den Vorteil, daß wir die verschiedenen Faktoren, die die Zu- oder Abneigung beeinflussen, kontrollieren können.

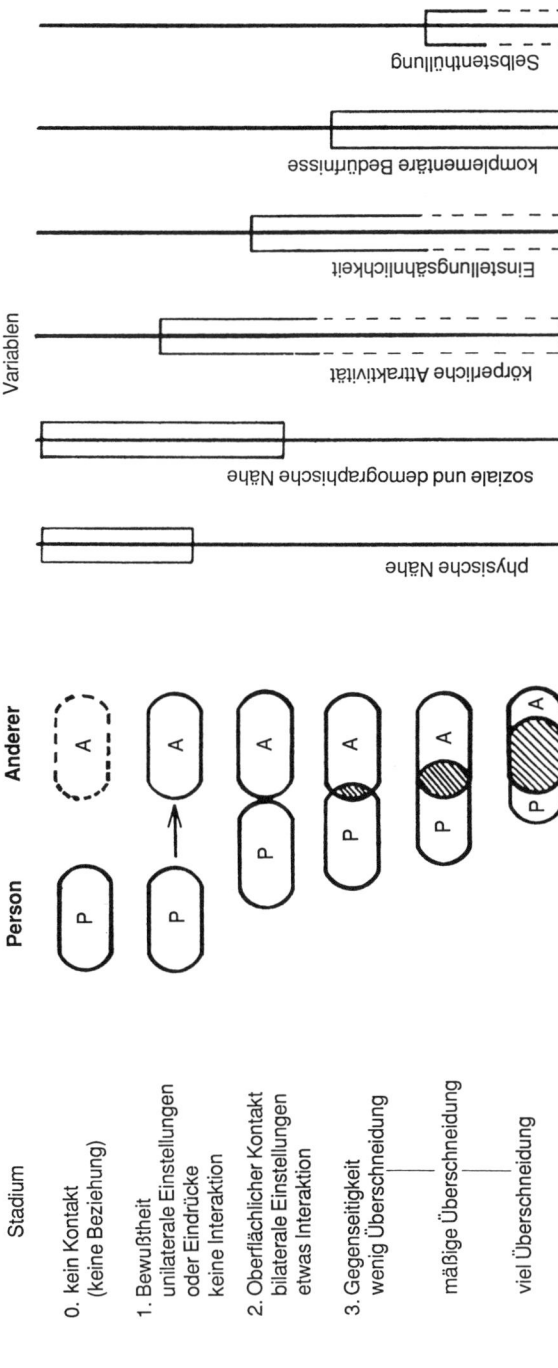

Abb. 12.1: Ein Modell der Beziehungsentwicklung

Links sind die Stadien der Beziehungsentwicklung verzeichnet, die von den Beteiligten zunehmendes persönliches Engagement verlangen, rechts die wichtigsten Variablen, die in jedem Stadium über den Fortgang der Beziehung bestimmen. (Nach Levinger & Snock 1972, S. 102)

Beziehungen der Ebene 2:
Das Stadium oberflächlichen Kontaktes

Von den Beziehungen, die ein gewisses Maß an tatsächlicher Interaktion beinhalten, gehören die weitaus meisten zur Ebene 2. Levinger und Snoek (1972) haben oberflächlichen Kontakt definiert als eine Beziehung mit minimalem persönlichen Kontakt, wobei die Beteiligten hauptsächlich im Rahmen streng vorgeschriebener Rollen miteinander interagieren. Beispiele für Beziehungen der Ebene 2 sind Begegnungen mit Verkäuferinnen, Empfangsdamen im Hotel, Schalterbeamten, Versicherungsvertretern oder Autohändlern. Solche Menschen sehen wir im allgemeinen nicht als Individuen, sondern als Träger bestimmter vorgeschriebener Rollen, und genauso unpersönlich ist unsere Beziehung zu ihnen. Natürlich kann es auch in anderen Beziehungen bei dieser oberflächlichen Kontaktebene bleiben. Wenn Ihre Tante für Sie nichts weiter ist als eben eine ,,Tante" und sich eine engagiertere Beziehung zu ihr nie entwickelt hat, kann auch das, und sei es 25 Jahre lang, eine Beziehung des oberflächlichen Kontaktes sein.

Auf dieser oberflächlichen Beziehungsebene sind auch die Merkmale eines Menschen, die wahrscheinlich über den weiteren Fortgang der Beziehung bestimmen, überwiegend Oberflächenmerkmale und als solche der unmittelbaren Beobachtung zugänglich. Rollenmerkmale, Kleidung, körperliche Attraktivität oder ,,Aussehen", verbale und nonverbale Signale wie Augenkontakt, Lächeln, Gesten und auffallende persönliche Eigenheiten haben großen Einfluß darauf, wie wir auf solche oberflächlichen Kontakte reagieren. Im kommerziellen Bereich sind Beziehungen auf der Ebene oberflächlichen Kontaktes besonders häufig, und so werden Menschen, die hier Rollen auszufüllen haben, vielfach eigens darin geschult, bei Klienten oder Kunden eine möglichst vorteilhafte Reaktion auszulösen. Positive verbale und nonverbale Signale gehören für Kellner(innen), Telefonist(inn)en und Verkäufer(innen) zum Beruf.

Ein von Natur aus anziehendes Äußeres oder körperliche Attraktivität haben besonders großen Einfluß auf Oberflächenkontakt-Beziehungen. In einem kontrollierten Experiment hat sich körperliche Attraktivität als weitaus bester Prädiktor für die Sympathie erwiesen, die jemand seinem Partner oder seiner Partnerin bei einem per Computer vermittelten Tanzvergnügen entgegenbrachte, und das galt auch dann noch, nachdem die Paare bereits mehrere Stunden miteinander verbracht hatten (Walster, Aronson, Abrahams und Rothman 1966). Kein anderer psychologischer Test sagte ähnlich gut voraus, wie sehr die Partner voneinander angetan sein würden. Wir werden uns der Rolle, die körperliche Attraktivität in Beziehungen spielt, später noch ausführlicher zuwenden.

Beziehungen der Ebene 3:
Das Stadium der Gegenseitigkeit

Wenn wir im Alltag von ,,Beziehung" sprechen, meinen wir gewöhnlich nur Beziehungen der Ebene 3. Nur auf dieser Ebene existiert ein gewisses persönliches Engagement und eine gewisse Vertrautheit zwischen den Partnern. In Beziehungen der Ebene 3 sehen wir unseren Partner als einmaliges Individuum, verstehen und schätzen wir seine/ihre ganz private, subjektive Weltsicht. Die Gegenseitigkeit betrifft Emotion, Kognition und Verhalten gleichermaßen: die Partner fühlen, denken und handeln mehr oder weniger gleich. Auf dieser Beziehungsebene kommen Faktoren ins Spiel wie Selbstenthüllungen, Ähnlichkeit von Einstellungen und Werten, sich ergänzende persönliche Bedürfnisse und gegenseitig geschätzte persönliche Eigenschaften. Ein besonders interessanter Aspekt sich entwickelnder Gegenseitigkeit ist das emotionale Engagement zwischen Menschen. Wir wissen immer noch sehr wenig darüber, wie sich zum Beispiel die anfängliche Intensität einer jungen Liebe zu den späteren abgeklärten, tieferen, vielleicht aber auch weniger intensiven Gefühlen gemeinsamen Ehelebens wandelt. Romantische Beziehungen sind eine besondere Kategorie von Beziehungen der Ebene 3, denen wir uns im nächsten Kapitel ausführlicher zuwenden werden.

Zusammenfassend läßt sich sagen, daß Levinger und Snoek (1972) uns ein einfaches, aber sehr nützliches Modell für die Betrachtung der unterschiedlichen menschlichen Beziehungen an die Hand gegeben haben. Wenn wir uns im Laufe dieses Kapitels mit den vielen Faktoren beschäftigen, die den Fortgang von Beziehungen entlang dem Engagement-Kontinuum, wie es Levinger und Snoek (1972) definiert haben (vgl. die rechte Seite von Abb. 12.1), beeinflussen, werden wir uns wieder auf dieses Modell beziehen. Wie wir sehen werden, kommen in jedem der einzelnen Beziehungsstadien unterschiedliche Faktoren ins Spiel. Fast ist es so, als durchlaufe die Entwicklung von Beziehungen eine Reihe von ,,Filtern", die sich in jedem Entwicklungsstadium durch ganz spezifische Merkmale auszeichnen. Halten Sie sich dieses Modell immer wieder vor Augen, wenn wir uns nun den Merkmalen im einzelnen zuwenden.

Körperliche Nähe

Der vielleicht entscheidendste Faktor bei der Wahl unserer Beziehungen ist körperliche Nähe, denn das ist die Variable, die weitgehendst determiniert, wen wir unter den vielen Menschen um uns herum bewußt wahrnehmen und wer die Grenze von Ebene 0 (keine Beziehung) zu Ebene 1 (einseitige Wahrnehmung) überschreiten wird. In Anlehnung an die Studie von Festinger, Schachter und Back zur Entstehung von Freundschaften in einer Hausgemeinschaft haben noch zahlreiche weitere Untersuchungen die wichtige Rolle räumlicher Nähe für Beziehungen nachgewiesen. Am anschaulichsten wird dieses Prinzip vielleicht in der Untersuchung von Segal (1974). Segal ließ neuen Auszubildenden einer Polizeiakademie die Plätze in Klassen- und Schlafräumen in streng alphabetischer Reihenfolge zuweisen. Je näher die Schüler einander also im Alphabet waren, um so näher saßen und wohnten sie auch in den Klassen- und Schlafräumen beieinander. Ein halbes Jahr später wurde jeder Schüler gebeten, seinen besten Freund innerhalb der Akademie zu nennen. Diese besten Freunde trennten im Durchschnitt nur 4,5 Buchstaben im Alphabet, was bestätigt, daß räumliche Nähe eine entscheidende Rolle bei der Wahl von Freunden spielt (vgl. Abb. 12.2).

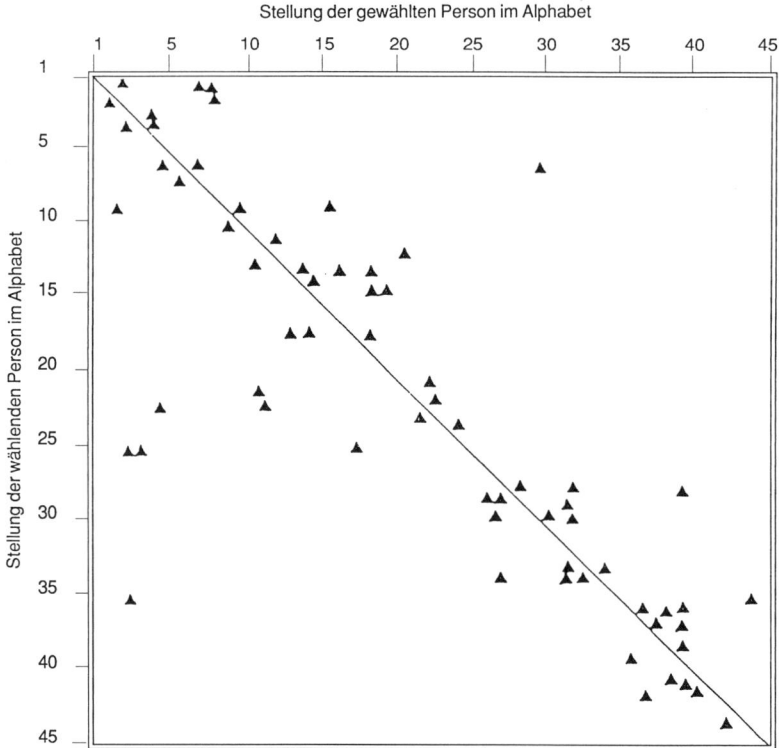

Abb. 12.2: Die Auswirkungen physischer Nähe auf Freundschaft
Die räumliche Nähe zwischen diesen Polizeikadetten wurde dadurch manipuliert, daß man sich bei der Zuweisung zu Klassen- und Schlafräumen streng an die alphabetische Reihenfolge hielt. Wie man sieht, waren sich spätere Freunde im Alphabet recht nahe, was der räumlichen Nähe in Klassen- und Schlafräumen entsprach. (Nach Segal 1974)

Soziale und demographische Ähnlichkeit

Natürlich wird nicht jeder, der uns räumlich nah ist, unser Freund. Als zweiter wichtiger Filter hat die soziale und demographische Ähnlichkeit Einfluß darauf, ob sich einseitige Wahrnehmung und oberflächlicher Kontakt zwischen Menschen entwickeln. Im allgemeinen nehmen wir eher Notiz von Menschen, die uns in Herkunft, Religion, Beruf, Status oder finanziellen Möglichkeiten ähnlich sind. Sind wir uns solcher Menschen bewußt geworden, wird es mit ihnen wahrscheinlicher zu einem – zumindest oberflächlichen – Kontakt kommen als mit Menschen anderen sozialen und demographischen Hintergrunds. Es ist eine statistische Tatsache, daß sich überwiegend Menschen sehr ähnlichen Hintergrunds zu Freundschaften, Ehen oder Romanzen zusammenfinden. In einer inzwischen klassischen Studie begaben sich Hollingshead und Redlich (1958) in die amerikanische Kleinstadt Elmstown und stellten fest, daß es zu Ehen, Freundschaften, Cliquenbildungen, usw. meistens zwischen Menschen sehr ähnlichen sozialen und demographischen Hintergrunds kam.

Körperliche Attraktivität

Ob eine Beziehung von Ebene 0 (kein Kontakt) zu Ebene 1 (einseitige Wahrnehmung) und von da zu Ebene 2 (oberflächlicher Kontakt) fortschreitet, wird zu einem nicht geringen Teil von der körperlichen Attraktivität bestimmt. Es sind die sichtbaren Merkmale von Menschen, allem voran ihr Aussehen, aufgrund derer man gewöhnlich entscheidet, ob man sich mit ihnen, ist man sich ihrer bewußt geworden, auf eine Interaktion einläßt. Sie wissen sicher selbst, wie entscheidend das Kriterium „körperliche Attraktivität" sein kann, wenn Sie – als Mann – die Wahl zwischen mehreren Tanzpartnerinnen haben oder wenn Sie sich auf einer Cocktail-Party einen Gesprächspartner oder in einem Geschäft eine von mehreren freien Verkäuferinnen aussuchen. Das Aussehen der zur Wahl stehenden Partner wird Ihre Wahl entscheidend mitbestimmen. Nicht gewählt zu werden bedeutet per definitionem, daß die Beziehungsentwicklung mit dem Stadium einseitiger Wahrnehmung ihr Ende gefunden hat.

Was heißt es aber nun, körperlich attraktiv zu sein? Die Schönheit hängt vor allem vom Betrachter ab. Unwandelbare wissenschaftliche Kriterien, die Attraktivität definieren würden, gibt es nicht, und was heute als attraktiv gilt, kann morgen schon unbeachtet bleiben. Schon ein kurzer Blick auf Gemälde unterschiedlicher Epochen zeigt, daß sich das Ideal weiblicher Schönheit im Laufe der Jahrhunderte erheblich gewandelt hat. Jedes Zeitalter hat seine eigenen Schönheitsideale, und auch unsere persönlichen Standards ändern sich von Zeit zu Zeit.

Schönheit ist in der Tat eine schwer zu fassende Qualität: Schon eine minimale Veränderung des Gesichtsausdrucks kann die Attraktivität in den Augen des Betrachters beeinflussen (Mueser et al. 1984). Die Beurteilung von Schönheit hängt auch von der unmittelbaren Vergleichsgrundlage ab: Eine Studentin wurde dann als weniger attraktiv eingeschätzt, als ihre männlichen Beurteiler unmittelbar zuvor „Charlie's Angels" („3 Engel für Charlie") gesehen hatten – eine Fernsehserie mit sehr attraktiven Darstellerinnen (Kenrick und Gutierres 1980). Wichtig ist, daß Menschen, die sich in Alter, Schicht, Status oder geographischer Herkunft entsprechen, auch ähnliche Attraktivitätsstandards haben. Doch wie immer der Standard auch beschaffen ist, diejenigen, die ihn teilen, wissen, daß „gutes" Aussehen außerordentlich wichtig ist, und haben keinerlei Schwierigkeit, sich diesbezüglich gegenseitig einzuschätzen.

In bestimmten Phasen unseres Lebens, etwa in der Adoleszenz, sind wir fast zwanghaft mit unserer äußeren Erscheinung beschäftigt. Ich kann mich noch gut daran erinnern, von welch nahezu weltbewegender Wichtigkeit es für mich in jungen Jahren war, richtig frisiert und angezogen zu sein, und wieviel Zeit Jungen wie Mädchen bei Tanzveranstaltungen im Waschraum zubrachten, um ihr Äußeres wieder auf Vordermann zu bringen. Obwohl das Aussehen eine so unübersehbar große Rolle im sozialen Leben spielt, haben Psychologen sich erst relativ spät, d. h. gegen Ende der sechziger Jahre, dafür zu interessieren begonnen. Doch bereits 1974 hatte die Literatur zur körperlichen Attraktivität ein gewaltiges Ausmaß erreicht. 1969 machte sich Aronson Gedanken darüber, warum man den Faktor „körperliche Attraktivität" so lange vernachlässigt hatte: „Schwer zu sagen, warum man die Effekte körperlicher Attraktivität nicht systematischer untersucht hat. Möglicherweise wollten wir nicht bestätigt finden, daß schöne Frauen mehr Anklang finden als hausbackene – irgendwie ist das undemokratisch" (1969, S. 160).

Verändern können wir unser Aussehen nur in gewissen Grenzen, und so fanden die Forscher bestätigt, was Aronson vermutet hatte: daß körperliche Attraktivität die Bewertung von Menschen ganz wesentlich beeinflußt. Dion, Berscheid und Walster (1972) wollten herausfinden, „ob es ein Stereotyp für körperliche Attraktivität gibt, und wenn ja, den Gehalt dieses Stereotyps entlang mehrerer Dimensionen untersuchen"(S. 72). Das Verfahren war einfach und blieb Vorbild für viele ähnliche Studien. Man zeigte den Probanden Photographien von Menschen, die zuvor als körperlich attraktiv, unattraktiv oder durchschnittlich aussehend klassifiziert worden waren, und bat sie, die abgebildeten Personen auf mehreren Skalen einzuschätzen. Gutaussehende Menschen schnitten fast auf jeder Dimension – eine Ausnahme war elterliche Kompetenz – besser ab (vgl. Tabelle 12.1).

Körperlich attraktiven Menschen wurde auch eine attraktivere Persönlichkeit zuerkannt, man hielt sie für glücklicher und kompetenter und räumte ihnen die größeren Heiratschancen ein – doch als die kompetenteren Eltern galten die durchschnittlich Aussehenden. (Man fragt sich, warum gerade Elternschaft im Urteil der Probanden von gutem Aussehen unabhängig war – vielleicht weil schöne Menschen leichter den Partner wechseln können?) Aber auch sonst sind diese Beurteilungen erstaunlich. Man bedenke, daß die Beurteiler, sieht man von der äußeren Erscheinung ab, absolut nichts über die Beurteilten wußten! Ihre Urteile

Tabelle 12.1: Die Auswirkung körperlicher Attraktivität auf die Wahrnehmung anderer Eigenschaften

Bewertete Eigenschaften	Körperliche Erscheinung der Zielperson*		
	unattraktiv	durchschnittlich	attraktiv
Soziale Erwünschtheit der Gesamt-persönlichkeit	56.31	62.42	65.39
Beruflicher Status	1.70	2.02	2.25
Kompetenz als Ehepartner	.37	.71	1.70
Elterliche Kompetenz	3.91	4.55	3.54
Glückliche Hand in Gesellschaft und Beruf	5.28	6.34	6.37
Glück insgesamt	8.83	11.60	11.60
Wahrscheinlichkeit einer Heirat	1.52	1.82	2.17

* höhere Zahlen bedeuten positivere Urteile

(Nach Dion, Berscheid und Walster 1972, S. 288)

geben aber ganz offensichtlich wichtige Aufschlüsse über ihre eigenen Erwartungen und impliziten Persönlichkeitstheorien, in denen körperliche Attraktivität eindeutig eine entscheidende Rolle spielt (vgl. Kapitel 4).

Körperliche Attraktivität hat noch weitere Vorteile. In vielen Fällen werden gutaussehende Menschen bevorzugt behandelt. Landy und Sigall (1974) stellten fest, daß Beurteiler denselben Aufsatz positiver bewerten, wenn ihnen die Autorin als attraktive Frau geschildert wird (vgl. Tabelle 12.2). „Was schön ist, ist auch gut", scheinen wir zu glauben (Dion et al. 1972). Gutaussehende Menschen werden auch für eine Verfehlung in geringerem Maß verantwortlich gemacht als unattraktive. Eine Verfehlung, die ein körperlich anziehendes Kind beging, wurde für weniger schlimm befunden als die Missetat eines unattraktiven Kindes; auch der Wiederholungsfall galt als weniger wahrscheinlich (Dion 1972, vgl. auch Aktivität 4.1). Efran (1974) bat Studenten, die Rolle eines universitären Schiedsgerichts zu übernehmen und über Kommilitonen zu urteilen, denen ein Examensbetrug vorgeworfen wurde. Sah der oder die Angeklagte gut aus, waren die Juroren weniger geneigt, den Vorwürfen zu glauben, und verhängten weniger strenge Strafen.

Die „schön ist gut"-Hypothese hat allerdings auch ihre Grenzen. Setzt jemand sein gutes Aussehen als Mittel zum Zweck ein, gehen die Juroren mit körperlich attraktiven Menschen besonders hart ins Gericht. Wie Sigall und Ostrove (1975) feststellten, wurde eine attraktive Frau strenger bestraft, wenn sie ihre Attraktivität eingesetzt hatte, um ein Verbrechen (Betrug) zu begehen. Dieselbe Frau fand aber mildere Richter, wenn zwischen ihrem – wiewohl schwerwiegenden – Verbrechen (Einbruch) und ihrer Attraktivität kein Zusammenhang bestand (vgl.

Tabelle 12.2: Die Auswirkung körperlicher Attraktivität einer Autorin auf die Beurteilung ihrer Arbeit durch Männer*

	Tatsächliche Qualität	Körperliche Attraktivität der Autorin			
		attraktiv	Kontrollperson	unattraktiv	Gesamt
Beurteilung der	guter Aufsatz	6.7	6.6	5.9	6.4
Aufsatz-Qualität	schlechter Aufsatz	5.2	4.7	2.7	4.2
	Gesamt	6.0	5.5	4.3	
Beurteilung der	guter Aufsatz	6.4	6.3	6.0	6.2
Gesamtbefähigung	schlechter Aufsatz	5.7	4.7	3.4	4.6
der Autorin	Gesamt	6.5	5.6	4.7	

* Höhere Zahlen entsprechen positiveren Bewertungen auf einer Zehnerskala

(Nach Landy und Sigall 1974, S. 302)

Tabelle 12.3: Die Auswirkung von Attraktivität einer Angeklagten auf Verurteilungen für Verbrechen, bei denen körperliche Attraktivität eine Rolle spielte (Betrug) oder nicht (Einbruch).

Straftat	Durchschnittliches Urteil (in Jahren) für eine		
	attraktive Zielperson	unattraktive Zielperson	Kontroll-person
Betrug	5.45	4.35	4.35
Einbruch	2.80	5.20	5.10

(Nach Sigall und Ostrove 1975, S. 412)

Tabelle 12.4: Die Auswirkung des Gesichtsausdrucks auf die Verantwortlichkeitsattribution und die Bewertung eines Menschen, der sich eines Vergehens schuldig gemacht hat.

Gesichtsausdruck	Durchschnittliche Urteile*	
	Verantwortlichkeits-attribution	Bewertung
lächelnd	1.83	1.04
nicht lächelnd	.715	−.60

* Höhere Zahlen entsprechen weniger attribuierter Verantwortung und positiverer Bewertung

(Nach Forgas, O'Connor und Morris 1983)

Tabelle 12.3). Offensichtlich kann ein Lächeln dieselbe Wirkung haben wie körperliche Attraktivität: In einer neueren Untersuchung von Forgas, O'Connor und Morris (1983) wurden lächelnde Studenten günstiger beurteilt und für eine Verfehlung weniger streng bestraft als dieselben Studenten, wenn sie sich mit ernstem Gesicht präsentierten (vgl. Tabelle 12.4).

Wie kommt es, daß wir zwischen gutem Aussehen und vorteilhafteren persönlichen Eigenschaften eine derart enge Verbindung herstellen? Möglich wäre, daß gutes Aussehen den – in Kapitel 4 diskutierten – „Halo-Effekt" hervorruft. Aber sind körperlich attraktive Menschen nicht vielleicht *tatsächlich* kompetenter? Enthält der allgemeine Glaube an das Gute im Schönen ein Körnchen Wahrheit? Genau diese Frage haben sich Goldman und Lewis (1977) gestellt. Sie schätzten Studenten nach ihrer körperlichen Attraktivität ein und veranlaßten sie, mit einem Partner anderen Geschlechts ein Telefongespräch zu führen. Anschließend schätzten letztere ihren (für sie unsichtbar gebliebenen) Gesprächspartner nach Liebenswertheit, Angst und sozialer Kompetenz ein und gaben an, wie sehr ihnen an einer persönlichen Begegnung mit dem Partner oder der Partnerin gelegen wäre.

Überraschenderweise zeigte sich, daß die besser Aussehenden von ihren Gesprächspartnern auch ohne jeden Sichtkontakt als kompetenter und liebenswerter eingeschätzt wurden als Studenten oder Studentinnen von weniger attraktivem Äußeren. Solche Ergebnisse lassen vermuten, daß am positiven Vorurteil attraktiven Menschen gegenüber irgendetwas daran sein könnte. Obwohl von Geburt nicht besser als andere, mögen gutaussehende Menschen möglicherweise von Kindesbeinen an die Erfahrung besserer und bestätigenderer Interaktionen gemacht haben und sind so zu kompetenteren und liebenswerteren Erwachsenen herangewachsen.

Gleich und Gleich gesellt sich gern: Einstellungsähnlichkeit und Anziehung

Hat eine Beziehung zumindest die Ebene oberflächlichen Kontaktes (Ebene 2) erreicht, bietet dies die Gelegenheit, persönlichere, innere Merkmale ins Spiel zu bringen. Der vielleicht bedeutsamste Faktor in den frühesten Stadien einer Beziehung ist die Ähnlichkeit der Einstellungen. Dessen war sich schon Aristoteles bewußt: „Das sind Freunde, die dieselben Dinge für gut halten . . ., die dieselben Menschen zu Freunden haben . . . Am meisten mögen wir die, die uns ähnlich sind und die sich für dieselben Ziele einsetzen wie wir . . . (die) dasselbe wünschen wie wir." (1932, S. 103–105). Die im vorangegangenen Kapitel beschriebene Feldstudie von Newcomb veranschaulicht diese enge Beziehung zwischen Einstellung und Sympathie ganz überzeugend: Wenn neu in ein Studentenheim eingezogene Studenten ähnliche Ansichten hatten, schlossen sie mit größerer Wahrscheinlichkeit später Freundschaft. Das Sprichwort „Gleich und Gleich gesellt sich gern" scheint in der Tat einen wahren Kern zu haben.

Im Anschluß an die Untersuchung von Newcomb hat man den Einfluß ähnlicher Einstellungen auf die Sympathie auch im sozialpsychologischen Labor ausgiebig nachgespürt. Im typischen Fall erhebt man zu diesem Zweck einige Zeit (oft Wochen) vor dem eigentlichen Experiment die Einstellungen der Probanden. Im Experiment selbst gibt man ihnen manipulierte Information über eine andere Person zu lesen, deren Einstellungen denen der Probanden ähnlich sind oder nicht. Schließlich werden die Kandidaten gefragt, wie sympathisch ihnen dieser andere ist. Byrne hat hierzu eine ganze Reihe von Untersuchungen durchgeführt (Byrne 1971) und durchweg festgestellt, daß zwischen dem Anteil ähnlicher Einstellungen bei Proband und Zielperson und späteren Sympathiebekundungen ein enger Zusammenhang bestand. Das bestätigte sich für eine Vielzahl von Populationen und Kulturen, und die Beziehung ist so stark, daß sie sich sogar in eine mathematische Formel fassen läßt, wie in Abbildung 12.3 ersichtlich ist (Byrne und Nelson 1965).

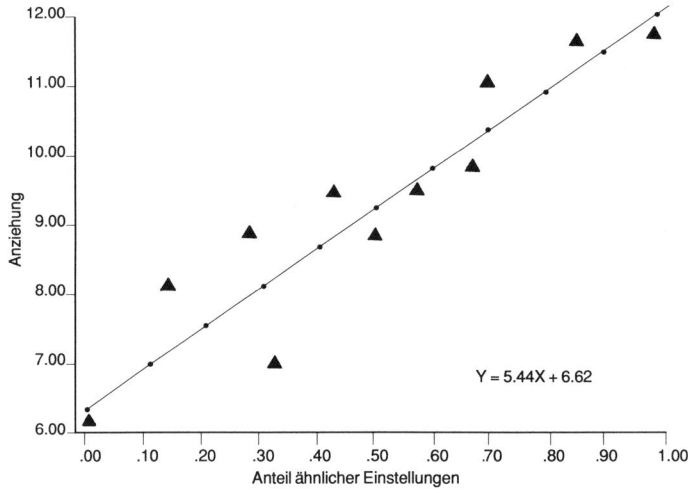

Abb. 12.3: Zusammenhang zwischen Einstellungsähnlichkeit und Anziehung
Wie man sieht, besteht zwischen dem Anteil ähnlicher Einstellungen und Anziehung ein unmittelbarer Zusammenhang. (Nach Byrne und Nelson 1965, S. 661)

In Untersuchungen dieser Art trifft der Proband nie persönlich mit der Zielperson zusammen. Mit Levinger und Snoek (1972) gesprochen, bleibt die Beziehung auf der Ebene einseitiger Wahrnehmung, d. h. ohne Aussicht auf wirklichen persönlichen Kontakt. Es stellt sich die Frage, welche allgemeinen Schlüsse solche oberflächliche Beziehungen auf das gestatten, was sich in den sehr viel engagierteren Beziehungen unseres Alltags abspielt. Bewährt sich Einstellungsähnlichkeit als Prädiktor von Anziehung auch dann, wenn die Partner unter extrem anspruchsvollen und streßreichen Umständen aufeinandertreffen? Griffitt und

Veitch (1974) haben versucht, das zu testen. Sie untersuchten, welche Anziehungsmuster sich zwischen 13 männlichen Freiwilligen entwickelten, die zehn Tage in einem simulierten Atombunker zusammengepfercht waren. Die Umstände waren äußerst unangenehm, es war heiß, feucht und überfüllt, das Notquartier bot wenig Komfort und der Nahrungsvorrat war begrenzt. Man würde erwarten, daß unter solchen Bedingungen nicht mehr ähnliche Einstellungen, sondern wesentlichere und grundlegendere persönliche Eigenschaften über Zu- und Abneigungen entscheiden.

Überraschenderweise erwies sich aber die ursprüngliche Ähnlichkeit der Einstellungen, die man anhand eines 44-Item-Fragebogens vor dem ersten Zusammentreffen der 13 Kandidaten erfaßt hatte, als sehr guter Prädiktor für die Freundschaften, die sich während der simulierten Situation entwickelten (vgl. Abb. 12.4). Um zu prüfen, ob die Beziehung zwischen Ähnlichkeit und Attraktion tatsächlich so eng ist, wie Byrne (1971) vermutete, gingen auch andere Forscher dazu über, reale Beziehungen zu untersuchen. Kandel (1978) trug mit Hilfe eines Fragebogens ausführliche Informationen über mehr als 1800 junge Leute im Alter zwischen 13 und 18 Jahren zusammen. Als sie die Einstellungen und Werte ihrer Probanden und deren besten Freunde analysierte, stellte sie auch hier den glei-

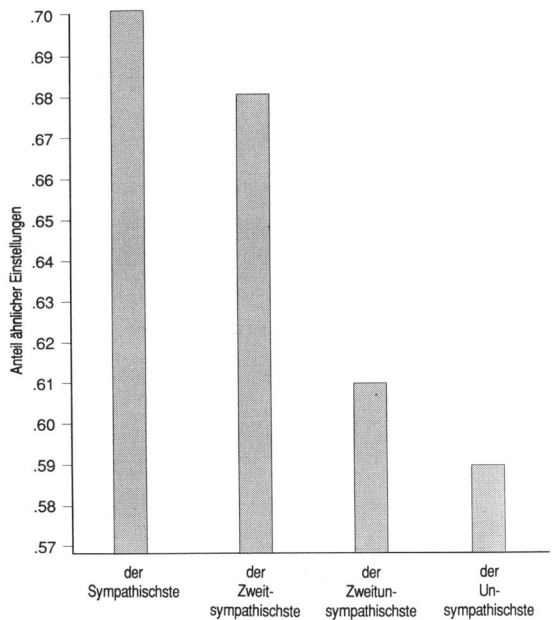

Abb. 12.4: Einstellungsähnlichkeit und Anziehung
Sogar nach mehreren Tagen anstrengender Interaktion in einem simulierten Atomschutzbunker blieb Einstellungsähnlichkeit ein sehr guter Prädiktor für die Wahl von Feundschaften.

chen engen Zusammenhang fest. Ähnliche Einstellungen und Werte sind für eine sich entwickelnde Beziehung offensichtlich von großer Bedeutung.

Aber warum ist Einstellungsähnlichkeit so wichtig, wenn eine Beziehung von Ebene 2 zu Ebene 3 fortschreiten soll? Darauf gibt es mehrere mögliche Antworten. Heiders Balance-Theorie zufolge (vgl. Kapitel 11) möchten wir einfach unsere Ansichten und Glaubensannahmen von anderen bestätigt sehen. Die Lerntheorie würde behaupten, daß Menschen, die denken wie wir, unser Wohlbefinden steigern und uns positiv verstärken, was wir dann mit eben diesen Menschen assoziieren. Stellen Sie sich vor, Sie lernen jemanden kennen und es entwickelt sich ein Gespräch über dieses und jenes. Die meisten Themen werden mit persönlichen Einstellungen zu tun haben (gemeinsamen Bekannten gegenüber, bestimmten Lebensstilen, der Religion, dem Essen und Trinken, etc.). Je mehr sich Ihr Partner oder Ihre Partnerin in Ihrem Sinne äußert, um so mehr werden Sie sich zu ihm/ihr hingezogen fühlen. Wie die Untersuchung von Griffitt und Veitch zeigt, scheint diese anfängliche Anziehung auch in engagierteren Beziehungen von Dauer zu sein.

Natürlich ist dabei nicht ohne Bedeutung, *welche* Ihrer Einstellungen Ihr Partner teilt. In der oben erwähnten Untersuchung von Kandel (1978) teilte man die Einstellung zum Drogenkonsum eher mit einem Freund als mit Eltern oder Lehrern. Würde etwa die Einstellung zu Religion oder Sexualität bei Männern und Frauen den gleichen Einfluß auf Anziehung haben? Touhey (1972) ging dieser Frage nach und führte per Computer Paare zusammen, deren Ansichten zu Religion oder Sexualität entweder ähnlich oder verschieden waren. Nach einer gewissen Zeit der Interaktion fragte man die Probanden, wie sehr sie sich von ihrem Partner oder ihrer Partnerin angezogen fühlten. Waren die Paare überwiegend gleicher Ansicht, mochten sie einander mehr, als das bei divergierenden Meinungen der Fall war. Doch Frauen war die Einstellung zur Religion weit wichtiger als die zur Sexualität, bei den Männern war es genau umgekehrt.

Interessanterweise ist Einstellungsähnlichkeit auch dann ein guter Prädiktor für Sympathie, wenn sich die Beziehungen weiterentwickeln und die Beteiligten über einen längeren Zeitraum und unter belastenden Bedingungen zusammen sind, wie die Untersuchungen von Griffitt und Veitch (1974) und Newcomb zeigen (vgl. Kapitel 11). Vielleicht ist die Beziehung zwischen Einstellungsähnlichkeit und Anziehung einfach darum so dauerhaft, weil wir uns selten intimer mit jemandem einlassen, von dem wir von Anfang an wissen, daß er anders denkt als wir. Mit anderen Worten, das Erfordernis von der Einstellungsähnlichkeit wirkt in den frühen Stadien einer Beziehung als eine Art Filter. Nur wenige Beziehungen entwickeln sich weiter, bevor diese Hürde genommen, d. h. die Einstellungsfrage geklärt ist, und so ist es eigentlich gar nicht so überraschend, daß auch längere und intensivere Beziehungen auf der Grundlage von Einstellungsähnlichkeit vorhersagbar sind.

Möglich ist natürlich auch, daß sich die Partner im Laufe ihrer Beziehung gegenseitig beeinflussen und einander in ihren Einstellungen noch näher kommen. Wie Byrne und Blaylock (1963) feststellten, sind sich Ehepartner in ihren Einstellungen zwar recht ähnlich, halten einander aber für ähnlicher als es der Wirklichkeit entspricht. Selbst wenn keine gegenseitige Beeinflussung stattfindet, scheint eine längerfristige Beziehung zumindest zu der Überzeugung zu prädisponieren, daß eine noch größere Annäherung der Einstellungen stattgefunden hat.

Komplementarität von Bedürfnissen

Die Forschung zur Einstellungsähnlichkeit bestätigt also im großen und ganzen die allgemeine Annahme, daß Ähnliches sich anzieht. Doch ,,Gegensätze ziehen sich an" ist ein gleichermaßen populäres Prinzip und besagt, daß sich Menschen mit unähnlichen, einander ergänzenden Eigenschaften gerne zu einer engen Beziehung zusammenfinden. Was stimmt nun? Wir alle kennen Paare oder enge Freundschaften, deren stärkstes Band die Unähnlichkeit der Partner zu sein scheint. In einer solchen Beziehung scheinen die Partner einander zu ergänzen.

Die Komplementaritäts-Hypothese stammt ursprünglich von Winch (1958), der annahm, daß Menschen sich einen Ehepartner suchen, der ihre Bedürfnisse befriedigt und sie in ihren eigenen Neigungen ergänzt. Extravertierte und introvertierte, sich unterordnende und dominante, abhängige und fürsorgliche Menschen können sich gegenseitig als Mittel zur Befriedigung ihrer komplementären Bedürfnisse sehen. Möglicherweise entwickelt sich Komplementarität aber auch nur, wenn eine Beziehung sich festigt. Vielleicht finden Menschen im Laufe ihres Zusammenlebens einen ,,modus vivendi", der sich gerade auf ihre unterschiedlichen Persönlichkeiten stützt.

Was machen wir mit diesem scheinbaren Widerspruch zwischen Ähnlichkeits- und Komplementaritätshypothese? Kerckhoff und Davis (1962) haben in einer interessanten Längsschnittstudie nach einer Lösung gesucht. Als Probanden rekrutierten sie eine große Gruppe ,,ernsthaft verbundener" Paare und erhoben zahlreiche Daten zu Persönlichkeit und Einstellung. Dabei wurden die Paare auch gefragt, wie zufrieden sie mit ihrer Beziehung waren. Sechs Monate später bat man die Probanden um Angaben darüber, wie sich ihre Beziehung in der Zwischenzeit entwickelt habe. Für Paare, die einander zu Beginn der Untersuchung erst kurz (weniger als 18 Monate) kannten, erwies sich Einstellungsähnlichkeit als bester Prädiktor für den Fortgang der Beziehung. Hatten die Paare allerdings eine längere gemeinsame Zeit miteinander verbracht (d. h. sie kannten einander länger als 18 Monate), war die Komplementarität der Bedürfnisse wichtiger.

Wie lassen sich diese scheinbar widersprüchlichen Ergebnisse erklären? Die Erklärung von Kerckhoff und Davis war die sogenannte ,,Filter-Hypothese" der Beziehungsentwicklung. In den ersten Beziehungsstadien sind vergleichsweise oberflächliche Charakteristika wie ähnlicher sozialer und demographischer Hintergrund, räumliche Nähe und körperliche Attraktivität wichtig. Später festigen ähnliche Einstellungen die Bindung zwischen den Partnern. Erst viel später und mit zunehmendem Engagement spielen dann die komplementären Bedürfnisse eine entscheidende Rolle. Ganz intuitiv ist die Filter-Hypothese sehr ansprechend und fügt sich sehr schön in das Modell der Beziehungsentwicklung von Levinger und Snoek (1972). Leider läßt sich so ein Filterprozeß nur sehr schwer nachweisen, denn dazu müßte man die Entwicklung von Beziehungen über sehr lange Zeit hinweg verfolgen.

Solche Längsschnitt-Untersuchungen sind selten und häufig problematisch. Levinger, Senn und Jorgensen (1970) haben erfolglos versucht, die Ergebnisse von Kerckhoff und Davis zu replizieren. Sie stellten fest, daß der beste Prädiktor für den Beziehungserfolg die Stärke des Engagements war, von dem die Partner zu Beginn der Studie berichteten, und das Ausmaß der gemeinsamen Aktivitäten. Trotzdem können wir wohl davon ausgehen, daß die Faktoren, die die Beziehungsentwicklung beeinflussen, in den verschiedenen Stadien einer Beziehung von unterschiedlicher Bedeutung sind. In welcher Reihenfolge diese Einflüsse in einer bestimmten Beziehung eine Rolle spielen, hängt vermutlich von Faktoren ab wie den Erwartungen der Partner (vgl. Kapitel 13) und dem Typ der jeweiligen Beziehung.

Kompetenz und Anziehung

Daß wir uns im allgemeinen zu kompetenten, intelligenten und fähigen Menschen mehr hingezogen fühlen als zu inkompetenten, unintelligenten und unfähigen, ist nicht weiter überraschend. Diese Präferenz gilt auch dann, wenn dem Beobachter oder Beurteiler aus der Kompetenz eines zukünftigen Partners keinerlei Vorteil erwächst. Wie bei der körperlichen Attraktivität scheint hier ebenfalls der Halo-Effekt beteiligt zu sein. Natürlich kann man auch zuviel des Guten zu bieten haben. Über die Maßen kompetente Leute sind nicht unbedingt anziehend, ihre Fähigkeiten können für andere bedrohlich sein und zu Ablehnung führen. Oft steigen unsere Sympathien für solcherart superkompetente Menschen, wenn ihnen ein Fehler oder Schnitzer unterlaufen ist, denn das macht sie gleichsam menschlicher (und uns ähnlicher?).

Es gibt interessante Beispiele für solche Prozesse. Paradoxerweise war Kennedy nach seinem Fiasko in der Schweinebucht populärer als je zuvor: ,,Kennedy sah gut aus, war jung, klug, witzig, charmant und sportlich; er war ein unersättlicher Leser, ein meisterhafter politischer Stratege, er war ein Held..., er hatte eine schöne Frau.... zwei nette Kinder.... und eine begabte Familie, die unter allen Umständen zusammenhielt. Daß auch er nicht unfehlbar war (und sich den besagten großen Schnitzer leistete), ließ ihn vielleicht in den Augen der Öffentlichkeit menschlicher und also liebenswerter erscheinen" (Aronson 1976, S. 224). Aronson, Willerman und Floyd (1966) nahmen diesen Prozeß unter kontrollierten Laborbedingungen unter die Lupe. Sie ließen ihre Probanden die Attraktivität von Kandidaten einschätzen, die die Universität bei einem Wettbewerb vertreten wollten. Dabei wurde zweifach manipuliert. Von einem Kandidaten hieß es, er sei überaus kompetent und fähig und habe 92% der Fragen beantwortet, während man dem anderen bei 32% beantworteter Fragen nur durchschnittliche Fähigkeiten bescheinigte. Überdies erfuhr jeweils die Hälfte der Probanden, daß ihrem Kandidaten ein kleines Mißgeschick passiert war: er hatte sich Kaffee über die Hose geschüttet.

Die Ergebnisse entsprachen den Erwartungen. Der fähigere Kandidat genoß die größeren Sympathien. Aber wie beeinflußte das kleine Malheur (das Verschütten von Kaffee) die Attraktivität der Kandidaten? Paradoxerweise trug es dem überlegenen Kandidaten zusätzliches Wohlwollen ein, während der durchschnittliche Kandidat nach diesem Mißschick noch negativer bewertet wurde (vgl. Tabelle 12.5). Wenn wir über keine andere Information verfügen, so scheint es, mögen wir kompetente Menschen, und wir mögen sie um so mehr, wenn sie auch noch so menschlich sind und Fehler machen!

Tabelle 12.5: Die Auswirkung eines Fehlers auf die Sympathie für einen überlegenen und einen unterlegenen Kandidaten

	Durchschnittswerte für Anziehung (je höher der Wert, um so größer die Sympathie)	
	Fehler	kein Fehler
sehr fähiger Kandidat	30.1	20.8
durchschnittlich fähiger Kandidat	−2.5	17.8

(Nach Aronson, Willermann und Floyd 1966)

Selbstwertgefühl und Anziehung

Ein enger Zusammenhang besteht auch zwischen Anziehung und Selbstwertgefühl. Von anderen gemocht zu werden, ist eine der wichtigsten Quellen positiver Selbstbewertung, und positive Beziehungen zu anderen schätzen wir besonders zu Zeiten, wo es mit unserem Selbstwertgefühl nicht zum besten bestellt ist und Selbstzweifel uns quälen. Walster (1965) demonstrierte diesen Zusammenhang in einem sehr sinnreichen Experiment. Während ihre Probandinnen auf das Experiment warteten, gesellte sich ein Komplize des Versuchsleiters zu ihnen, ließ durchblicken, daß er sich von ihnen angezogen fühle, und bat sie um eine Verabredung. Im eigentlichen Experiment wurde das, was die Frauen über ihre Testleistungen erfuhren, so manipuliert, daß es ihrem Selbstbewußtsein zuträglich oder abträglich war. Gegen Ende des Experiments fragte man sie unter anderem, wie ihnen der junge Mann vorhin im Wartezimmer gefallen habe. Probandinnen, die durch das negative Feedback verunsichert waren, brachten ihm sehr viel mehr Sympathie entgegen als die in ihrem Selbstwert bestätigten Frauen.

Unser momentanes Selbstwertgefühl nimmt auch Einfluß darauf, was für Menschen wir uns als Partner aussuchen. Fühlen wir uns niedergeschlagen und unsicher, kann eine Abfuhr ganz besonders verheerend sein, und so ist es eine durchaus kluge Strategie, auf Nummer sicher zu gehen und den vermutlich positiv reagierenden Partner zu wählen. In einer anderen Untersuchung hob man das Selbstbewußtsein männlicher Probanden, die daraufhin eine unattraktive Frau links liegen ließen und einer sehr attraktiven Avancen machten. In ihrem Selbstwert erschütterte Probanden gaben dagegen der unattraktiven Frau den Vorzug; offenbar rechneten sie sich hier die besseren Chancen aus (Kiesler und Baral 1970). Sympathien seitens anderer scheinen uns am meisten zu bedeuten und am ehesten erwidert zu werden, wenn unser Selbstwertgefühl gering ist, und wahrscheinlich werden wir uns unsere Partner danach aussuchen.

Positive Persönlichkeitsmerkmale und Anziehung

Neben Persönlichkeitsmerkmalen wie Kompetenz oder Selbstwertgefühl haben noch sehr viele andere persönliche Eigenschaften Einfluß darauf, wie sehr wir einen anderen Menschen mögen. Im allgemeinen vergelten wir ,,gute" Eigenschaften mit Sympathie und ,,schlechte" Eigenschaften mit Ablehnung. Um herauszubekommen, welche Eigenschaften als liebenswert oder abstoßend gelten, braucht man nur eine Menge Leute um ihre Urteile über die ,,Liebenswertheit" verschiedener Persönlichkeitsmerkmale zu bitten. Norman Anderson (vgl. Kapitel 4) hat genau das getan und für 555 Eigenschaften einen Mittelwert für Liebenswertheit errechnet (vgl. auch Kapitel 5 zur Eindrucksbildung). Solche Einschätzungen fallen individuell sehr verschieden aus. Besonders hoch geschätzt werden im allgemeinen Rechtschaffenheit und Ehrlichkeit, aber manchen Menschen können auch ganz andere Eigenschaften wichtig sein (vgl. Aktivität 12.1).

Aktivität 12.1: Was ist liebenswert?

Schreiben Sie jeweils fünf Eigenschaften auf, die Sie bei anderen am liebenswertesten bzw. abstoßendsten finden. Vielleicht interessiert es Sie, wie Ihre Liste im Vergleich zu der von Anderson ausgefallen ist (einen Ausschnitt davon zeigt Tabelle 4.3 in Kapitel 4), der für 555 verschiedene persönliche Eigenschaften Durchschnittswerte ihrer Liebenswertheit zusammengetragen hat.

Gegenseitigkeit und Anziehung

Einen großen Einfluß auf Anziehung hat auch die nahezu universale Tendenz, balancierten Beziehungen den Vorzug vor unbalancierten zu geben. Wenn wir das Gefühl haben, daß jemand uns mag, bringen auch wir ihm automatisch positive Gefühle entgegen. Und umgekehrt tun wir gut daran, dem anderen unsere Sympathie zu signalisieren, wenn wir uns der seinen versichern wollen. In einer Untersuchung ließ man Teilnehmer an einer Diskussionsrunde wissen, daß sie bestimmten anderen Teilnehmern sympathisch seien. Als man dann später Kleingruppen bildete, drückte sich die Wechselseitigkeit der Sympathie im Wunsch nach Zusammenarbeit mit eben diesen anderen aus (Secord und Backman 1964). Natürlich funktioniert diese Gegenseitigkeit oder Reziprozität auch im umgekehrten Fall: Wir mögen die, die uns mögen, und finden den unsympathisch, der uns nicht mag. Die Tendenz zu wechselseitiger Anziehung ist so stark, daß man versucht, sie sich auch kommerziell zunutze zu machen. Man schult Angestellte darin, Kunden oder Klienten gegenüber (mit Lächeln, Blicken, Worten, etc.) oberflächliche Sympathiebekundungen an den Tag zu legen; das soll jene veranlassen, diese Sympathie zu erwidern und so die Organisation, für die der liebenswerte Vertreter steht, in positiverem Licht zu sehen.

Gewinn- und Verlusteffekte in Beziehungen

Solch automatische Wechselseitigkeit ist insbesondere kennzeichnend für die recht oberflächlichen Beziehungen der Ebene 1 (einseitige Wahrnehmung) und Ebene 2 (oberflächlicher Kontakt). Hat sich eine Beziehung etwas gefestigt, hängen die Bewertungen seitens unserer Partner und deren Anziehung für uns zunehmend von anderen Faktoren als der Reziprozität ab, die sich überdies innerhalb kurzer Zeit ändern können. Mögen wir jemanden, der uns immer eine positive Einstellung entgegengebracht hat und das auch weiterhin tut, mehr als jemanden, der uns erst nach anfänglicher negativer Reaktion schätzen gelernt hat? Folgen wir der Verstärkungstheorie, müßte uns der erste Partner mehr am Herzen liegen, da wir von ihm/ihr insgesamt mehr positive Verstärkung erfahren haben. Aber so einfach liegen die Dinge nicht. Häufig legen wir mehr Wert auf die positive emotionale Reaktion von jemandem, der uns zunächst nicht mochte, oder können umgekehrt einem Menschen, der einmal unser Freund war, mehr Antipathie entgegenbringen als jemandem, zu dem wir nie eine gute Beziehung hatten.

Solche Veränderungen im Attraktionsniveau einer Beziehung hat Aronson Gewinn-Verlust-Effekte genannt. Man kann die Gewinn-Verlust-Hypothese experimentell prüfen, indem man Probanden Bewertungen ihrer Person in unterschiedlicher Reihenfolge präsentiert. In einem sehr geschickt ersonnenen Experiment ließen Aronson und Linder (1965) ihre Probanden angeblich eine Lernaufgabe lösen. Dabei hörten diese „zufällig", wie ihr Partner – in Wirklichkeit ein Komplize des Versuchsleiters – sie einschätzte. Diese Bewertungen waren entweder immer positiv oder immer negativ, oder erst positiv und dann negativ (Verlust-Bedingung) oder erst negativ und dann positiv (Gewinn-Bedingung). Anschließend fragte man die Probanden, wie sympathisch ihnen ihre Partner gewesen seien. Anziehender war für sie, wie sich zeigte, nicht der Partner, der sie konsistent positiv einschätzte, sondern derjenige, der erst später zu positiver Bewertung fand (Gewinn-Bedingung), und auch unter der Verlust-Bedingung (erst positive, dann negative Bewertung) war er ihnen unsympathischer, als wenn er bei seiner negativen Berwertung blieb (vgl. Tabelle 12.6).

Tabelle 12.6: Die Auswirkung von Gewinn und Verlust auf Anziehung

Beziehungsgeschichte	Sympathie*
negative Reaktionen gefolgt von positiven	7.67
positive Reaktionen gefolgt von positiven	6.42
negative Reaktionen gefolgt von negativen	2.52
positive Reaktionen gefolgt von negativen	.87

* Je höher die Zahl, um so größer die Sympathie

(Nach Aronson und Linder 1965, S. 163)

Solche Gewinn-Verlust-Effekte sind im Alltag nicht selten. Zuweilen genügen schon Veränderungen im nonverbalen Ausdruck, um solche paradoxen Reaktionen auszulösen. Clore, Wiggins und Itkin (1975) zeigten ihren Probanden ein Videoband, auf dem nonverbal Anziehung signalisiert wurde. Diese befanden, daß eine kalt-warm-Abfolge der nonverbalen Reaktionen mehr Anziehung ausdrücke als ein Verhalten, das durchgängig Wärme signalisierte. Allerdings verfolgten beide Studien die Gewinn-Verlust-Effekte nur für die kurzlebigen Beziehungen der Ebene 1 oder 2. Wie steht es mit diesen Effekten in längerfristigen Beziehungen, wie etwa in Ehen oder Freundschaften? In typischen Ehen, so spekulierte Aronson (1976), ist die Anziehung im frühen romantischen Stadium der Beziehung am größten und nimmt oft in späteren Stadien ab. Diesem allgemeinen „Verlust"-Muster folgend kann das Abnehmen der Anziehung so stark sein, daß die Ehe daran zerbricht.

Selbstenthüllung

Hat es eine Beziehung zum Stadium oberflächlichen Kontaktes oder gar der Gegenseitigkeit gebracht, wird die weitere Entwicklung unter anderem davon bestimmt, in welchem Umfang die Partner sich einander offenbaren. Dem Partner von sich selbst zu erzählen und ihm zuzuhören, wenn er von sich spricht, trägt viel zur Vertiefung einer Beziehung bei. Aber der Prozeß der Selbstoffenbarung ist komplizierter, als man zunächst meinen möchte. Was man wem in welchem Stadium der Beziehung offenbaren kann, unterliegt sehr subtilen Regeln und Erwartungen. Pionierarbeit auf diesem Gebiet leistete Jourard mit seinem Fragebogen zur Selbstenthüllung (Jourard Self-Disclosure Questionnaire). Dieser Fragebogen besteht aus 60 persönlichen Gesprächsthemen, und die Probanden sollen sie danach ordnen, in welcher Reihenfolge sie diese Themen mit bestimmten Partnern ohne peinliche oder unangenehme Gefühle besprechen könnten.

Mit dieser Methode konnte Jourard nachweisen, daß es für die meisten Menschen eine eindeutige Hierarchie des ,,Enthüllbaren" gibt. Bestimmte Themen wie Wetter, öffentliche Angelegenheiten, Geschmacksfragen, Interessen, Einstellungen, Arbeit, etc. werden recht frühzeitig und bereitwillig angeschnitten. Über andere, etwa über Geld, unseren Körper, unsere Persönlichkeit oder Sexualität, sprechen wir erst, wenn die Beziehung ein sehr vertrautes Stadium erreicht hat. Wer sich wem öffnet, hängt auch vom Geschlecht des Partners ab. Frauen offenbaren sich in erster Linie ihren Müttern, dann ihren Freundinnen, Freunden und dem Vater. Auch für Männer ist die erste Vertrauensperson die Mutter, dann folgen männliche Freunde und der Vater, Freundinnen stehen in der Selbstoffenbarungshierarchie an letzter Stelle. Wieviel enthüllt wird, hängt auch davon ab, wie sympathisch sich die Beteiligten sind.

Jourard zufolge ist die Fähigkeit zur Selbstenthüllung eine wichtige Voraussetzung normaler Anpassung. Erst durch Selbstenthüllung schaffen wir uns die hilfreichen, vertrauten, sozialen Kontakte, ohne die das Leben unerträglich wäre. Wie sich gezeigt hat, offenbaren Männer sich im allgemeinen sehr viel weniger als Frauen, und vielleicht ist das eine der Hauptursachen ihrer größeren Streß- und Krankheitsanfälligkeit. ,,Die Zeit ist nicht fern, wo wir mit hinreichend kontrollierten Experimenten Art und Höhe der Korrelation zwischen Niveau und Ausmaß von Selbstenthüllung, Krankheitsanfälligkeit und/oder frühem Tod demonstrieren werden können", spekulierte Jourard (1964, S. 48).

Wie Jourard vermutet, spielt Selbstenthüllung auch bei der Beziehungsentwicklung eine herausragende Rolle: ,,Ist der Kontakt zwischen zwei Menschen erst einmal hergestellt, ,,enthüllen" sie sich einander – wechselseitig Tempo und Abfolge regulierend – immer weiter" (Jourard 1971, S. 17). Es ist nicht ausgeschlossen, daß Selbstenthüllung das vornehmlichste Mittel wird, um oberflächlichen Kontakt in Gegenseitigkeit zu transformieren, ,,der direkteste Weg, auf dem Fremde ihr Rollenspiel in eine ,,persönlichere" Beziehung wandeln, in der größere Nähe geduldet, wenn nicht begrüßt wird" (a. a. O., S. 140). In der Tat scheint es für jede gegebene Beziehung ein toleriertes und erwartetes ,,optimales" Niveau der Selbstenthüllung zu geben. Dieses Niveau beidseitig schrittweise und langsam zu steigern, kann dazu beitragen, die Beziehung zu vertiefen und ihr weitere Entwicklungsmöglichkeiten zu öffnen.

Schreitet die Selbstenthüllung allerdings zu schnell voran und bleibt sie einseitig, kann das die gegenteilige Wirkung haben. Rubin (1973) hat untersucht, wie sich ein geringes, mittleres und hohes Niveau der Selbstoffenbarung bei oberflächlichem Kontakt der Partner auf die Anziehung auswirkt. Seine Probanden waren wartende Flugpassagiere. Man zeigte ihnen einen handgeschriebenen Text und bat sie um ein Urteil über dessen Verfasser. Die Handschrift war in allen Fällen dieselbe, doch die Texte unterschieden sich. Sie enthielten Selbstenthüllungs-Information auf niedrigem, mittlerem oder sehr intimem Niveau. Wie sich zeigte, galten die enthüllungsfreudigsten Schreiber nicht unbedingt auch als die anziehendsten. Tatsächlich erwarben sich die größten Sympathien diejenigen Schreiber, die sich auf einem mittleren Niveau der Selbstenthüllung bewegten.

Wir haben dieses Experiment vor einigen Jahren repliziert, dabei als Stimuli aber keine handschriftlichen Botschaften, sondern Tonbandaufnahmen eingesetzt. Die Probanden sollten den Sprecher oder die Sprecherin anhand der Stimmqualität beurteilen. Die Stimme war immer dieselbe, aber der Inhalt des Gesagten variierte wieder von geringer Selbstenthüllung (die Stimme sprach etwa über das Wetter) bis hin zu sehr intimer Selbstoffenbarung (über persönliche sexuelle Probleme). Unsere Ergebnisse entsprachen im wesentlichen denen von Rubin. Zielpersonen, deren Selbstenthüllung sich auf einem mittleren Niveau bewegte, erhielten mehr Gunstbeweise als sich zu sehr oder zu wenig offenbarende Sprecher. Es scheint so, als würden wir in einem fast automatischen Bewertungsprozeß festlegen, was im Rahmen einer bestimmten Beziehung als annehmbare Selbstenthüllung gelten kann. Zu wenig wird ebenso negativ bewertet wie zu viel. Jemandem, der zu schnell sehr Intimes über sich enthüllt, gehen wir gerne aus dem Weg, wohl, weil wir ihn entweder für schlecht angepaßt halten oder befürchten, daß er einen ähnlichen Grad an Intimität auch von uns erwartet, ohne daß wir dazu schon bereit wären. Die Bedeutung ist in beiden Fällen die gleiche: Jemanden, der zu schnell zu viel von sich preisgibt, empfinden wir als bedrohlich und schon aus diesem Grunde wenig anziehend.

Da eine regelgemäße, allmähliche Steigerung der Selbstenthüllung für eine normale Beziehung sehr wichtig ist, stellt sich die Frage: Wie werden wir mit der komplexen Aufgabe fertig, unsere Selbstenthüllungsstrategien mit unserem Partner auszuhandeln und zu koordinieren? Davis (1976) schlägt drei alternative Möglichkeiten vor: (a) Die Partner rivalisieren um die Kontrolle der Selbstenthüllung, eine Situation, zu der es leicht kommt, wenn viel in die Beziehung investiert wird; (b) sie kooperieren und legen das gewünschte Intimitätsniveau nach explizitem Gespräch darüber gemeinsam fest; (c) einer der Partner übernimmt die Rolle des Führenden in der Beziehung und ergreift die Initiative, wenn ihm eine Steigerung des Enthüllungsniveaus angemessen erscheint. Davis (1976) hat alle drei Alternativen untersucht und festgestellt, daß die Probanden beim Fehlen anderslautender Instruktionen zur dritten Strategie neigten. Einer der Partner übernahm dann die Verantwortung und führte das jeweils intimere Thema ein. Der andere Partner schloß sich diesem Arrangement stillschweigend an. Ermutigte man die Partner explizit, die Frage der Vertraulichkeit anzusprechen, wurde am häufigsten die zweite – demokratische – Strategie gewählt.

Die Selbstenthüllung ist somit eine der wichtigsten Determinanten der Beziehungsentwicklung, und sie ist das ganz besonders dann, wenn eine höhere Ebene der Gegenseitigkeit erreicht werden soll. Bei der Regulierung von Niveau und Ausmaß der Selbstoffenbarung zwischen verschiedenen Partnern spielen kulturelle Normen eine wesentliche Rolle. Auch sexuelle und demographische Unterschiede und das Bedürfnis nach Reziprozität haben einen bedeutsamen Einfluß darauf, wer wem was über sich enthüllen darf. Der Selbstenthüllungsprozeß muß – wenn auch nicht explizit – von einem Partner oder von beiden gemeinsam gesteuert werden. Die Fähigkeit, intime Information über uns selbst preiszugeben, scheint – und das ist vielleicht ihr wichtigster Aspekt – eine psychologische Notwendigkeit zu sein, eine unumgängliche Voraussetzung gesunder, geistig-seelischer Anpassung.

Zuviel des Guten

Selbstenthüllung erzeugt Selbstenthüllung und kann die Entwicklung einer Beziehung entscheidend vorantreiben. Zuviel oder unangemessen intime Selbstenthüllung bewirkt allerdings das Gegenteil: Der Partner ist auf der Hut und verhält sich defensiv.

Zusammenfassung und Schlußfolgerungen

In diesem Kapitel haben wir einige der wichtigsten Stadien und Einflüsse kennengelernt, die für die Entwicklung einer Beziehung eine Rolle spielen. Dem Modell von Levinger und Snoek (1972) zufolge zeichnet sich jede Beziehung durch ein bestimmtes Niveau von Engagement und Vertrautheit aus, das irgendwo zwischen den beiden hypothetischen Extremen nicht vorhandenen Kontaktes und vollkommener Gegenseitigkeit angesiedelt ist. Nicht nur die Beziehung entwickelt sich allmählich von einseitiger Wahrnehmung über oberflächlichen Kontakt bis hin zu unterschiedlichen Graden der Gegenseitigkeit, es ändern sich auch die Variablen, die dieses Fortschreiten beeinflussen (vgl. Abb. 12.1). Die meisten der hier besprochenen Faktoren haben nur in bestimmten Stadien der Beziehungsentwicklung einen entscheidenden Einfluß, was natürlich nicht heißen muß, daß ihre Rolle damit für alle anderen Stadien ausgespielt wäre.

So machen soziale und demographische Ähnlichkeit unter Umständen einseitige Wahrnehmung und oberflächlichen Kontakt erst möglich – aber auch wenn die Beziehung in ein sehr engagiertes Stadium eingetreten ist, kann ein ähnlicher Hintergrund der Partner vieles erleichtern. Körperliche Attraktivität ist am wichtigsten, wenn es gilt, einseitige Wahrnehmung in oberflächlichen Kontakt zu verwandeln. Aber auch in langjährigen Ehen spielt körperliche Attraktivität oft noch eine wichtige Rolle für die Aufrechterhaltung der Beziehung. Wie Sigall und Landy (1973) gezeigt haben, wird ein Mann in Begleitung einer sehr attraktiven Frau positiver bewertet als derselbe Mann ohne attraktive Begleitung. Einstellungsähnlichkeit, Komplementarität der Bedürfnisse, Kompetenz, positive persönliche Eigenschaften und Selbstenthüllung werden in dem Maße wichtig, wie eine Beziehung vom Stadium oberflächlichen Kontaktes zu vermehrter Gegenseitigkeit fortschreitet.

Beziehungsentwicklung, so haben wir gesehen, bedeutet eine Abfolge komplexer Interaktionen, in deren Verlauf die Partner einander kennenlernen und näher kommen. Kerckhoff und Davis (1962) vergleichen diesen Prozeß mit dem einer mehrfachen Filterung. Jedes Stadium hat seine Hürde, an der die Beziehung scheitern oder in ihrer Entwicklung stehenbleiben kann. Und kaum ist die eine Hürde genommen, stehen die Beteiligten vor der nächsten, die noch schwerer zu überwinden sein wird. Schließlich ist ein Beziehungsniveau erreicht, auf dem der Kontakt den Charakter einer dauerhaften Verpflichtung bekommt. Solche vertrauten Beziehungen, sei es mit einem Liebespartner, Ehepartner oder besten Freund, haben einen ganz besonderen Stellenwert in unserem Leben. Einige Eigenschaften solcher intimer und vertrauter Beziehungen wollen wir uns im nächsten Kapitel ansehen.

Kapitel 13

Intime Beziehungen

Intime Beziehungen zu anderen Menschen sind die vielleicht intensivsten und kompliziertesten Erfahrungen, die wir in unserem Leben machen. Sich zu verlieben, gute Freunde zu haben, gut mit Eltern, Kindern und Geschwistern auszukommen, ist für uns alle außerordentlich wichtig. Für die meisten Menschen entscheiden gute Beziehungen zu anderen mehr als alles andere über Glück und Unglück. Das bestätigt auch die empirische Forschung. Eine Umfrage von Campbell, Converse und Rodgers (1976) ergab, daß die meisten der Befragten gute Freunde und ein glückliches Ehe- und Familienleben für wichtiger befanden als finanziellen Erfolg und berufliche Karriere.

Fehlen solche unterstützenden, vertrauten Beziehungen, kann das schwerwiegende Folgen für die Betroffenen haben. Einer eindrucksvollen statistischen Erhebung des American Council of Life Insurance (1978) ist zu entnehmen, daß einsame oder ungebundene Menschen sehr viel häufiger von Schlaganfällen, Tuberkulose, Krebs, Alkoholismus und Unfällen betroffen sind und eine höhere Sterblichkeits- und Suizidrate aufweisen als verheiratete, die eingebettet sind in ein Netz vertrauter Beziehungen. Einen vertrauten Menschen durch Trennung, Scheidung oder Tod zu verlieren, ist eine der schmerzlichsten Erfahrungen in unserem Leben. In diesem Kapitel wollen wir uns einigen typischen Eigenschaften intimer Beziehungen zuwenden. Den Anfang soll die Beziehungsform machen, die die meisten von uns sicher ganz besonders interessiert: die romantische Liebe.

Romantische Liebe

Als wir uns in den beiden vorangegangenen Kapiteln mit interpersonaler Anziehung und der Entwicklung von Beziehungen auseinandergesetzt haben, geschah das sehr allgemein und ohne zwischen den zahlreichen Arten von Beziehungen, die Menschen miteinander eingehen, zu unterscheiden. Die Beziehungen, die uns am meisten bedeuten, so hatten wir gesagt, zeichnen sich durch positive Einstellung, Zuneigung, Respekt oder Hochachtung dem Partner gegenüber aus. Doch manche Beziehungen gehen sehr viel weiter, denn mit ihnen sind weitaus intensivere Emotionen verbunden. Es ist an der Zeit, uns mit einem Beziehungstyp ganz besonderer Art zu beschäftigen, der sich in vielerlei Hinsicht von allen anderen unterscheidet: der romantischen Liebe. Romantische Liebesbeziehungen gehören zu den prägendsten, intensivsten und unvergeßlichsten menschlichen Erfahrungen. Nun ist aber die subjektive Erfahrung von Liebe außerordentlich schwer zu

Aktivität 13.1: Lieben und Gernhaben

Bitte vermerken Sie auf einer 7-Punkte-Skala (1 = trifft überhaupt nicht zu, 7 = trifft voll und ganz zu), wie gut die folgenden Aussagen Ihre Gefühle gegenüber (a) Ihrem jetzigen oder letzten Liebespartner und (b) Ihrem besten Freund/Ihrer besten Freundin wiedergeben.

	Mein bester Freund/ meine beste Freundin Name:	Mein Liebespartner Name: ....
1. Wenn er/sie unglücklich wäre, wäre es meine Pflicht, ihn/sie aufzuheitern.	...	...
2. Ich glaube, er/sie ist ein sehr ausgeglichener Mensch.	...	...
3. Ich habe das Gefühl, daß ich mit ihm/ihr über alles reden kann.	...	...
4. Ich kann mir ihn/sie sehr gut in einer verantwortlichen Position vorstellen.	...	...
5. Es gibt fast nichts, was ich nicht für ihn/sie tun würde.	...	...
6. Ich halte ihn/sie für einen ungewöhnlich reifen Menschen.	...	...
7. Ich hege ihm/ihr gegenüber häufig besitzergreifende Gefühle.	...	...
8. Auf seine/ihre Urteile kann man sich meistens verlassen.	...	...
9. Ich wäre sehr traurig, wenn ich nicht mit ihm/ihr zusammen sein könnte.	...	...
10. Ich glaube, daß ich ihm/ihr ziemlich ähnlich bin.	...	...
11. Ich kann ihm/ihr fast alles verzeihen.	...	...
12. Er/sie ist sehr intelligent.	...	...

Analysieren Sie jetzt Ihre Werte, indem Sie die Aussagen mit den geraden und ungeraden Zahlen – jede Gruppe für sich – einmal für Ihren besten Freund/Ihre beste Freundin und einmal für Ihren romantischen Partner addieren und die Ergebnisse aufschreiben:

Gesamtergebnis für die Aussagen mit ungeraden Zahlen (1,3,5,7,9,11)	...	...
Gesamtergebnis für die Aussagen mit geraden Zahlen (2,4,6,8,10,12)	...	...

Die Aussagen mit ungeraden Zahlen entsprechen in etwa denen von Rubins (1973) Liebes-Skala, die mit den geraden Zahlen denen seiner Sympathie-Skala. Beide Skalen wurden entworfen, um zwischen beiden Beziehungsformen zu unterscheiden. Auf der Liebes-Skala (ungerade Aussagen) sollten Sie also für Ihren romantischen Partner den höheren Wert erhalten, und auf der Sympathie-Skala für Ihren besten Freund/Ihre beste Freundin. Zumindest war das das Ergebnis von Rubins großangelegter Untersuchung. Wenn Sie sich nach der weiteren Lektüre dieses Abschnittes die einzelnen Aussagen noch einmal anschauen, haben Sie vielleicht eine konkretere Vorstellung davon, wie sich am besten zwischen Lieben und Gernhaben unterscheiden läßt. (Nach Rubin 1973)

messen. Also haben sich Sozialpsychologen weit mehr für die sozialen und psychologischen Faktoren interessiert, die den Beginn einer Liebe und ihre Entwicklung beeinflussen, als für die Erfahrung selbst.

Zuneigung und Liebe

Wie wir in Kapitel 11 gesehen haben, gibt es verschiedene Möglichkeiten, interpersonale Sympathie zu messen. Aber kann man mit diesen Techniken auch Liebe erfassen? Rubin (1973) vermutete, daß Liebe und Zuneigung zwar ,,mäßig miteinander korrelieren, aber gleichwohl unabhängige Einstellungsdimensionen einem anderen Menschen gegenüber" sind (S. 215). Rubin entwickelte eine Einstellungsskala, die Liebe als etwas Unterschiedliches von Sympathie messen sollte. Er sammelte eine große Anzahl von Items, die für eine romantische Beziehung von Bedeutung sind, und ordnete sie zu einer ,,Liebesskala". Liebe, so vermutete er, besitzt drei typische Eigenschaften, die sie von bloßer Sympathie oder Zuneigung unterscheidet: (a) *Fürsorge* oder die Sorge um Glück und Wohlergehen des anderen, (b) *Bindung* oder das Bedürfnis, dem anderen nahe zu sein und von ihm umsorgt zu werden, und (c) *Intimität*. Sympathie oder Zuneigung ist dagegen häufiger gekennzeichnet durch (a) positive *Wertschätzung* und Achtung und Respekt für den Partner und (b) die Annahme, daß der Partner uns *ähnlich* ist.

Rubin (1973) legte sowohl die ,,Liebes-Skala" als auch die ,,Sympathie-Skala" zahlreichen unverheirateten Paaren vor und bat sie, ihre Gefühle ihrem romantischen Partner und ihrem besten Freund gegenüber auf beiden Skalen zu vermerken. Wie erwartet, rangierten die romantischen Partner höher auf der Liebesskala, die besten Freunde dagegen auf der Sympathie-Skala, was vermuten läßt, daß Rubins Skalen tatsächlich zwischen beiden Beziehungsarten unterscheiden. Andere Untersuchungen zeigen, daß sich die Erwartung einer Heirat zweier Partner anhand der Liebesskala besser vorhersagen läßt als mit der Sympathie-Skala. Den auf der Liebesskala erreichten Werte entsprechen beobachtbare Verhaltensunterschiede. Rubin beobachtete Paare, die angeblich auf ein Experiment warteten, hinter einem Einwegspiegel. Paare mit hohen Werten auf der Liebesskala zeigten größeres nonverbales Interesse aneinander und sahen sich häufiger an als Paare, die auf dieser Skala nur relativ niedrige Werte erreichten.

Romantische Liebe, und das ist ein weiteres Unterscheidungsmerkmal, zeichnet sich durch eine sexuelle Komponente aus, die bloßen Sympathie-Beziehungen fehlt. Dermer und Pyszczynski (1978) wollten herausbekommen, ob sich sexuelle Erregung auf der Liebes-Skala stärker niederschlagen würde als auf der Sympathie-Skala. Sie legten männlichen Probanden beide Skalen vor und baten sie, ihre Freundinnen darauf einzuschätzen, hatten aber zuvor für sexuelle Erregung ihrer Kandidaten gesorgt, indem sie ihnen eine Beschreibung der sexuellen Phantasien und des sexuellen Verhaltens einer Studentin zu lesen gaben. Sexuelle Erregung verstärkte in der Tat die romantischen Gefühle für die Partnerin, wie sie die Liebes-Skala mißt, nicht aber die von der Sympathie-Skala erfaßten emotionalen Reaktionen.

Ausschließlichkeit oder Exklusivität ist eine weitere, wichtige Komponente der romantischen Liebe, die in einer reinen Sympathie-Beziehung gewöhnlich fehlt. Das kann zuweilen soweit gehen, daß eine intensive romantische Beziehung das soziale Leben eines Menschen auf Kosten anderer voll in Anspruch nimmt. Milardo et al. (1983) stellten kürzlich fest, daß Paare in den späteren, engagierteren Stadien des einander Umwerbens ,,mit weniger Menschen weniger häufig und kürzer" interagieren (S. 964) als weniger engagierte Paare. Interessanterweise scheint die Stabilität vieler romantischer Beziehungen weniger vom Prinzip der distributiven Gerechtigkeit abzuhängen als andere Beziehungen. Die relativen Gewinne und Verluste, die beide Partner aus ihrer romantischen Liaison beziehen, können für lange Zeit unausgeglichen bleiben (Lujansky und Mikula 1983).

Romantische Anziehung scheint also tatsächlich eine andere Art von Anziehung zu sein als Sympathie. Aber natürlich ist auch das Gefühl der romantischen Liebe Veränderungen unterworfen. Wir alle wissen aus Erfahrung, daß sich unsere Gefühle einem romantischen Partner gegenüber verändern können und daß die anfänglich große emotionale Intensität mit der Zeit einem ausgeglicheneren, vielleicht auch tieferen Gefühl gegenseitiger Bindung Platz macht. Walster und Walster (1978) haben denn auch zwischen zwei Arten von Liebe unterschieden: der leidenschaftlichen Liebe und der kameradschaftlichen Liebe. Leidenschaftliche Liebe ist intensiv und läßt alles andere in den Hintergrund treten, während die kameradschaftliche Liebe, wie sie häufig in länger andauernden romantischen Beziehungen zu finden ist, mit einer ausgeglicheneren, zärtlichen Gefühlslage einhergeht. Emotionale Reaktionen spielen aber in beiden Spielarten der Liebe eine sehr bedeutsame Rolle und verlangen nach einer Erklärung, die über unsere Definition von Sympathie oder Zuneigung als einfacher Einstellung hinausgeht.

Theorien romantischer Liebe

Romantische Liebe scheint eine Emotion zu sein, die von anderen Formen interpersonaler Anziehung verschieden ist. Wenn es sich dabei um eine Emotion handelt, wird die romantische Liebe vermutlich von denselben Prozessen beeinflußt wie andere Emotionen auch. In Kapitel 6 über Selbstattribution haben wir die Zwei-Faktoren-Theorie der Emotion von Schachter und Singer diskutiert. Diesem Modell zufolge bestehen Emotionen aus zwei Komponenten: der physiologischen Erregung und einem kognitiven Aspekt, den wir für die Erregung finden und der diese im Lichte der derzeitig verfügbaren Information als spezifische Emotion interpretiert. Betrachten wir die romantische Liebe aus dieser Perspektive, würden wir beide Komponenten – Erregung und kognitive Etikettierung – auch hier erwarten.

Mit anderen Worten, ,,Verliebtsein`` ist keine Grundform menschlicher Erfahrung. Vielmehr müssen wir ,,lernen``, die Reize zu identifizieren, die uns dazu berechtigen, unsere emotionale Erregung als ,,Liebe`` zu etikettieren. In unserer Kultur gehören dazu zum Beispiel Vorhandensein und Verfügbarkeit eines heterosexuellen Partners, der für andere nicht verfügbar ist (Exklusivität). Was sich als Liebe etikettieren läßt, hängt auch von der uns umgebenden Kultur ab. An anderen Orten und zu anderen Zeiten kann die Definition dessen, was Liebe ausmacht, eine ganz andere gewesen sein. Vielleicht fällt es zunächst schwer, sich mit einer solchen Etikettierungs-Theorie anzufreunden, denn die meisten von uns werden Liebe für ein einmaliges und unverkennbares Gefühl halten wollen. Wir ,,wissen`` einfach, wann wir verliebt sind, geeigneter Hinweisreize zur Interpretation unserer Erregung, wie Schachter und Singer (Kapitel 6) sie annehmen, bedürfen wir nicht.

Ausgehend von Schachter und Singer und ebenfalls innerhalb des theoretischen Rahmens der Selbstattribution entwarfen Berscheid und Walster (1974) eine Theorie der romantischen Liebe. Liebe, so definierten auch sie, bestehe aus zwei Komponenten, (a) Erregung und (b) geeigneten Hinweisreizen, die dem Betroffenen anzeigen, daß er seine Erregung als ,,Liebe`` etikettieren kann. Je stärker die physiologische Erregung ganz gleich welchen Ursprungs, so impliziert das Modell, um so intensiver wird sich der oder die Betroffene ,,verliebt`` fühlen, vorausgesetzt, die Umgebungsreize stimmen. Mit anderen Worten, es kann jeder beliebige Erregungszustand zu romantischen Gefühlen führen, solange wir nur die Erregung einer romantischen Quelle attribuieren können. Nachfolgend haben Experimentatoren mehrfach versucht, Situationen zu schaffen, in denen die durch irgendeinen äußeren Faktor herbeigeführte Erregung mit Situationsreizen koordiniert wurde, die das Etikett ,,Liebe`` angemessen erscheinen ließen.

Eines solchen Verfahrens bedienten sich auch Dutton und Aron (1974). Sie ließen männliche Probanden entweder in einer erregenden Situation (nach einem Gang über eine schwankende Hängebrücke) oder in einer nicht-erregenden Situation (die Brücke war in diesem Fall stabil) von einer attraktiven Frau (Etikett ,,Liebe`` angemessen) oder von einem Mann (Etikett ,,Liebe`` unangemessen) interviewen. Die Ergebnisse folgten der Theorie von Berscheid und Walster (1974): Die Probanden fühlten sich von der Frau mehr angezogen, wenn sie ihr in einer erregungszuträglichen Situation begegneten, wohingegen die Gefühle für den männlichen Gesprächspartner von der Erregung unbeeinflußt blieben. In einer zweiten Studie von Dutton und Aron (1974) zeigten sich männliche Probanden, die durch die Aussicht auf einen Elektroschock aufgerüttelt waren, von einer weiblichen Komplizin des Versuchsleiters mehr angezogen als Probanden ohne diese Manipulation. Allerdings sind beide Studien nicht ganz schlüssig. Da die Erregung in beiden Situationen auf Furcht oder Angst zurückging, genoß die Partnerin vielleicht darum mehr Sympathien, weil ihre Anwesenheit belohnend wirkte und Angst reduzierte, ohne daß man wirklich von Anziehung sprechen konnte.

Dagegen lassen zwei neuere Experimente von White, Fishbein und Rutstein (1981) darauf schließen, daß eine Fehlattribution von Erregung romantischen Erfahrungen tatsächlich Vorschub leisten kann. In der ersten Untersuchung manipulierte man Erregung gefühlsneutral durch körperliche Übung. Anschließend sahen solchermaßen erregte wie unerregte männliche Probanden auf einem Videoband eine Studentin, die sie später auch persönlich treffen sollten und die in Aussehen und Verhalten entweder sehr attraktiv oder wenig attraktiv war. Im Falle von Attraktivität ließ sie verlauten, daß sie generell gerne neue Leute treffe, sich aber ganz besonders auf das Treffen mit dem Probanden freue und daß sie zur Zeit keinen Liebhaber habe. Im übrigen war sie figurbetont und attraktiv gekleidet und sorgfältig geschminkt und frisiert. Die unattraktive Studentin trug schlabbrige, unattraktive Kleidung, hatte Schnupfen, einen Schal um den Kopf und machte insgesamt einen wenig aufgeschlossenen Eindruck. Anschließend beurteilten die Probanden die Studentin nach (a) allgemeinen Persönlichkeitsmerkmalen, (b) der Sympathie und (c) der romantischen Anziehung, die sie bei ihnen ausgelöst hatte. Erregte Probanden fühlten sich mehr von der attraktiven und weniger von der unattraktiven Frau angezogen als nicht-erregte Probanden (vgl. Tabelle 13.1).

Tabelle 13.1: Die Auswirkung von Erregung auf romantische Anziehung einer attraktiven oder einer unattraktiven Frau gegenüber

Bedingung	Reaktionen auf die Frau*		
	Beurteilung von Persönlichkeitsmerkmalen	Sympathiewerte	Werte für romantische Anziehung
Sehr attraktive Frau			
– erregte Probanden	98.15	28.54	32.38
– nicht-erregte Probanden	86.63	25.13	26.06
Unattraktive Frau			
– erregte Probanden	58.69	12.62	9.38
– nicht-erregte Probanden	68.50	17.42	15.08

* Je höher der Wert, um so positiver die Reaktion

(Nach White, Fishbein und Rutstein 1981, S. 59)

Diese Studie zeigt nicht nur, daß Erregung zu romantischer Anziehung führen kann, wenn die Zielperson angemessen ist, sondern auch umgekehrt, daß unattraktive Zielpersonen von erregten Personen viel negativer beurteilt werden als von nicht erregten! Erregte Probanden, so scheint es, etikettierten ihre Erregung bei attraktiver Zielperson fälschlicherweise als romantisches Angezogensein, bei unattraktiver Zielperson dagegen als Abneigung oder Antipathie. In einer zweiten Untersuchung manipulierten White et al. (1981) die Erregung mittels positiver (lustiger) oder negativer (blutrünstiger) Videobänder. Die Ergebnisse waren dieselben. Natürlich haben diese Experimente mit dem Gefühlsleben und der Komplexität wirklicher romantischer Beziehungen wenig gemeinsam. Die Plausibilität der Zwei-Faktoren-Theorie romantischer Liebe steht und fällt mit der Spezifizierung der für die Erregungs-Fehlattribution notwendigen Bedingungen. Man wird kaum darum herumkommen, zu diesem Zweck wirkliche Beziehungen zu untersuchen. Gleichwohl gestatten solche Experimente den Schluß, daß Fehlinterpretationen von Erregung tatsächlich Wegbereiter romantischer Liebe sein können, wie wir im nächsten Abschnitt sehen werden.

Frustration und Anziehung: Der Romeo-und-Julia-Effekt

Eine der alltäglichsten Erregungsquellen ist Frustration. Wenn Liebende auf Hindernisse stoßen, auf finanziellen, religiösen oder elterlichen Druck, werden Liebe und Bindung aneinander oft um so stärker. Literatur und Kunst legen auf klassische Weise Zeugnis davon ab. Bekanntestes Beispiel ist wohl die Geschichte von Romeo und Julia. Folgt man Berscheid und Walster (1974), kann die Erregung, die mit derartigen Frustrationen einhergeht, zur Ursache wachsenden romantischen Engagements der Partner werden.

Driscoll, Davis und Lipetz (1972) haben die Auswirkungen äußerer Hindernisse auf eine romantische Beziehung näher untersucht. Sie ließen 91 Ehepaare und 49 Liebespaare eine Anzahl von Skalen ausfüllen, die neben romantischer Liebe, Vertrauen und Kameradschaft auch das Ausmaß erfaßten, in dem sich die Eltern in die Beziehung einmischten. Bei verheirateten Paaren fand sich keine Beziehung zwischen elterlicher Interferenz und Liebe. Aber unverheiratete Paare, die über elterliche Einmischung zu klagen hatten, drückten auch eine stärkere romantische Bindung aneinander aus. In einer Nachfolgeuntersuchung stellten Driscoll und seine Mitarbeiter überdies fest, daß verändertes elterliches Verhalten mit Veränderungen innerhalb der Paarbindung korrelierte, was eindeutig für die Existenz eines *„Romeo-und-Julia-Effektes"* spricht.

Vielleicht sollten wir noch anmerken, daß die von Driscoll et al. untersuchten Paare den negativen Reaktionen ihrer Eltern zum Zeitpunkt der Studie bereits einige Monate lang widerstanden hatten. Zweifellos bekommen viele, an sich vielversprechende Beziehungen gar nicht erst die Chance, sich zu solcher Tiefe zu entwickeln, daß ein Romeo-und-Julia-Effekt sich einstellen könnte: Die romantische Beziehung zerbricht an äußeren Einflüssen, bevor die gegenseitige Bindung wirklich stark ist – eine Konsequenz, die man vielleicht gut als *„Montague-und-Capulet-Effekt"* beschreiben könnte. Ist diese Hürde erst einmal überwunden, scheinen von außen in die Beziehung hereingetragene Frustrationen das romantische Engagement eher zu stärken als zu schwächen.

Ein allgemeines Modell intimer Beziehungen

Romantische Liebe ist nur eine, wenn auch vielleicht die intensivste Form einer engen Beziehung zwischen Menschen. Aber in unserem Leben spielen noch viele andere enge Beziehungen eine dominierende Rolle: Freundschaften, die Liebe zu Mutter und Vater, etc. Wie lassen sich die typischen Unterschiede zwischen diesen engen Beziehungsformen beschreiben? Das Modell der Beziehungsentwicklung von Levinger und Snoek (Kapitel 12) wußte darüber, wie die Entwicklung im Beziehungsstadium der Gegenseitigkeit weitergeht, relativ wenig zu sagen. In einem jüngeren Aufsatz fragt sich denn auch Levinger (1980): „Wie können wir die Abstufungen gegenseitiger Interdependenz messen? Welches sind die geeigneten Indikatoren für einen hohen versus niedrigen P-A(Person-Anderer)-Schnittpunkt?" (S. 514) Er vermutet, daß sich enge Beziehungen im wesentlichen durch drei distinkte Qualitäten auszeichnen: durch „Augenblicke intensiver Zuneigung, breite Bereiche von Verhaltensinterdependenz und lange Dauer" (S. 512).

Empirische Untersuchungen scheinen das in der Tat zu bestätigen. Rands und Levinger (1979) ließen ihre Probanden einschätzen, mit welcher Wahrscheinlichkeit gleich- und verschiedengeschlechtliche Partner, die sich unterschiedlich nahe standen, verschiedene Verhaltensweisen an den Tag legen würden. Die Urteile lassen darauf schließen, daß die Probanden zwischen verschiedenen Arten von Beziehungen entlang zweier Eigenschaften unterschieden: der affektiven Interdependenz und der Verhaltensinterdependenz. Mit anderen Worten, je enger die Beziehung, um so größer Anzahl und Ausmaß gemeinsamer Verhaltensaktivitäten und um so größer die emotionale Beteiligung und Interdependenz zwischen den Partnern. Auch das Geschlecht beider Partner spielte eine Rolle: Waren beide Partner männlich, schrieb man ihnen weniger affektive Interdependenz zu als weiblichen oder gemischten Paaren. Bei wachsender Gegenseitigkeit verstärken sich aber nicht nur die positiven Gefühle: Auch gegenseitige Kritik und zeitweise Feindseligkeit können sich einstellen, wenn die Beziehung intimer wird. Wenn Paare ihre gegenseitigen Bedürfnisse und Aktivitäten aushandeln und definieren, sind Konflikte zuweilen unvermeidlich (Huston und Burgess 1979). Das Geben und Nehmen innerhalb vertrauter Beziehungen wird häufig im Lichte der Austausch-Theorie betrachtet (vgl. Kapitel 11), einem Modell, das Kosten und Nutzen mit den taktischen Zügen in Verbindung bringt, die den Fortgang einer Beziehung entscheidend beeinflussen (Kelley 1979).

Unter Berücksichtigung einiger dieser Prozesse hat Levinger (1980) ein Fünf-

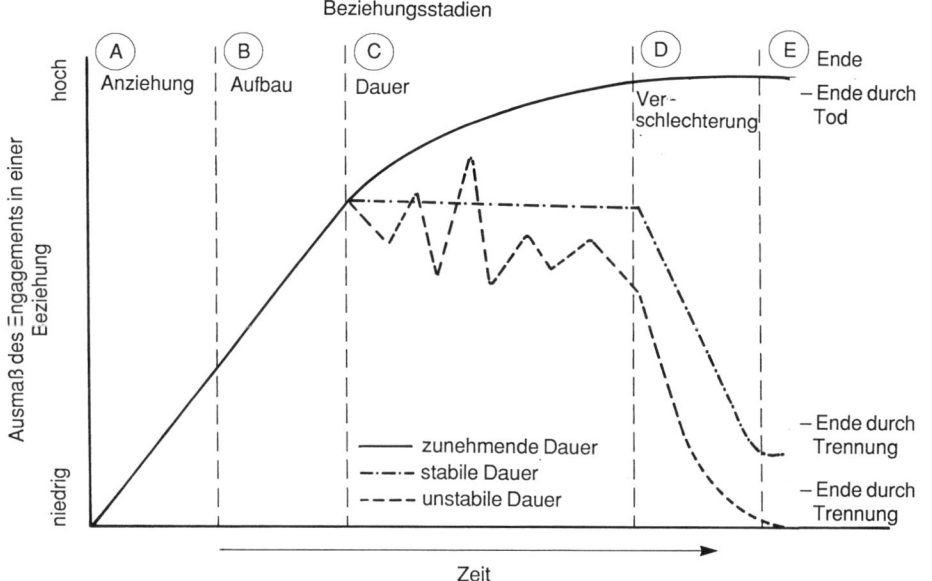

Abb. 13.1: Die Entwicklung intimer Beziehungen
Die Graphik veranschaulicht einige mögliche Stadien in der Entwicklung intimer Beziehungen: A = Anziehung, B = Aufbau, C = Dauer, D = Verschlechterung, E = Ende. (Nach Levinger 1980, S. 522)

Stadien-Modell längerfristiger Beziehungen vorgeschlagen. Erste Phase ist die der *Anziehung* in einem sehr frühen Stadium der Beziehung; dann folgt der *Aufbau*, seinerseits gefolgt von einer Phase der *Weiterführung* als dem mittleren Stadium einer entwickelten Beziehung. Dieses mittlere Stadium kann unterschiedliche Formen annehmen: Die Beziehung kann sich (a) durch wachsende und befriedigende Interdependenz auszeichnen oder (b) durch unabhängige, aber liebevolle Koexistenz oder auch (c) durch Instabilität und wechselnde Intensität. Nach dieser Phase kommt es möglicherweise zu einer *Verschlechterung* der Beziehung und schließlich durch Tod oder eine andere Form der Trennung zu deren *Ende* (S. 521).

Abb. 13.1 ist eine hypothetische Illustration möglicher Entwicklungswege, die eine längerfristige Beziehung nehmen kann. Anzumerken ist, daß das „Engagement" auf der vertikalen Achse per definitionem nur die Perspektive eines der beiden Partner wiedergibt. Hier können sich – insbesondere in der Aufbau- und Verschlechterungsphase einer Beziehung – die Sichtweisen beider Partner erheblich unterscheiden. Folgt man diesem Modell, haben sich die im vorangegangenen Kapitel vorgestellten Forschungsarbeiten vornehmlich mit den ersten beiden Stadien, der Anziehungs- und Aufbauphase von Beziehungen, beschäftigt. Über Weiterführung, Verschlechterung und Ende von Beziehungen wissen wir sehr viel weniger. In jeder Phase einer Beziehung machen auch Eigenarten und Definitionen unserer Kultur ihren Einfluß geltend und finden Eingang in unsere „Beziehungsskripte".

Kulturelle Einflüsse auf „Beziehungsskripte"

Romantische Beziehungen lassen sich, wie andere intime Beziehungen auch, in unterschiedliche Kategorien fassen. Wir haben den Unterschieden zwischen einzelnen Beziehungstypen bisher noch wenig Aufmerksamkeit geschenkt. Aber natürlich stehen Beziehungskategorien wie „flüchtiges Abenteuer", „langjährige Beziehung", „platonische Beziehung mit einem älteren Partner" oder „20jährige Ehe" für ganz unterschiedliche Erwartungen und Szenarios. Jede Kultur kennt eine endliche Anzahl allgemein anerkannter Beziehungs-Szenarios. Schon beim ersten Zusammentreffen mit einem fremden Menschen haben wir den wahrscheinlichen Verlauf der Beziehung im Handumdrehen für uns definiert. Wir tun das auf der Grundlage unseres Beziehungsrepertoires, d. h. der Beziehungstypen, mit denen wir vertraut sind. Solche Beziehungsdefinitionen werden gewöhnlich von den Angehörigen einer Kultur geteilt. Es gehört zu den interessantesten Aufgaben der Beziehungsforschung, Klassifikationen von Beziehungstypen zu entwickeln und zu untersuchen, wie solche Erwartungen den wirklichen Verlauf einer Beziehung beeinflussen.

Huston und Levinger (1978) konstatieren in ihrem Überblick über die einschlägige Literatur, daß es „eine umfassende Klassifikation von Beziehungen" nicht gibt, „ein Problem, dessen Wichtigkeit man aber zunehmend erkennt" (S. 116). Während sich die frühe Forschung auf diesem Gebiet – Morenos soziometrische Untersuchungen, Newcombs Arbeiten über den Prozeß des Bekanntschaftschließens oder auch Festingers Nachbarschaftsuntersuchung – an wirklichen und alltäglichen Beziehungen orientierte, hat sich die experimentelle Forschung der letzten Jahrzehnte überwiegend einseitigen Eindrücken oder oberflächlichen Begegnungen zwischen Fremden im Labor gewidmet. Mehr als zwei Drittel der zwischen 1972–1976 veröffentlichten Studien zur Anziehung beschäftigen sich nach Huston und Levinger (1978) ausschließlich mit Beziehungen der Ebene 1 oder 2. Die Untersuchungen des verbleibenden Drittels analysieren mehrheitlich die Freundschaft zwischen Partnern gleichen Geschlechts oder junge Liebe und Ehe. Andere Beziehungsformen, etwa platonische Liebe, außereheliche Affären, Eltern-Kind-Beziehungen oder Freundschaften zwischen Männern und Frauen sind nur relativ selten Gegenstand der Untersuchung.

Wir müssen also verstehen lernen, worin sich die verschiedenen Beziehungstypen unterscheiden. Wir selber haben letzthin (Forgas und Dobosz 1980) eine große Zahl von Probanden gebeten, alle heterosexuellen Beziehungsformen aufzuzählen, die sie kennen. Die 25 am häufigsten erwähnten Beziehungstypen haben wir ausgewählt (vgl. Tabelle 13.2) und unserer Untersuchung zugrunde gelegt.

Uns interessierte, anhand welcher Merkmale zwischen diesen Beziehungskategorien unterschieden wird. Wir bereiteten also Kärtchen mit jeweils einem der 25 Beziehungstypen vor und baten weitere 129 Probanden, diese Beziehungstypen nach dem Kriterium der Ähnlichkeit zu Gruppen zu ordnen. Zum Schluß hatte jeder Proband eine Anzahl von Kartenhäufchen mit jeweils den Beziehungstypen vor sich, die er für ähnlich hielt. Bei der Analyse dieser Urteile bedienten wir uns der multidimensionalen Skalierung, einer Technik, die die zugrundliegenden Repräsentationen aufdeckt, anhand derer solche Ähnlichkeitsentscheidungen getroffen werden. Am besten, so stellten wir fest, ließ sich diese Stichprobe von 25 heterosexuellen Beziehungen (vgl. Tabelle 13.2) mit folgenden drei Hauptmerkmalen beschreiben: (a) wie sozial erwünscht und balanciert eine Beziehung war, (b) wie groß Liebe und gegenseitige Verpflichtung zwischen den Partnern waren und (c) ob die Beziehung sexueller Natur war oder nicht (vgl. Abb. 13.2).

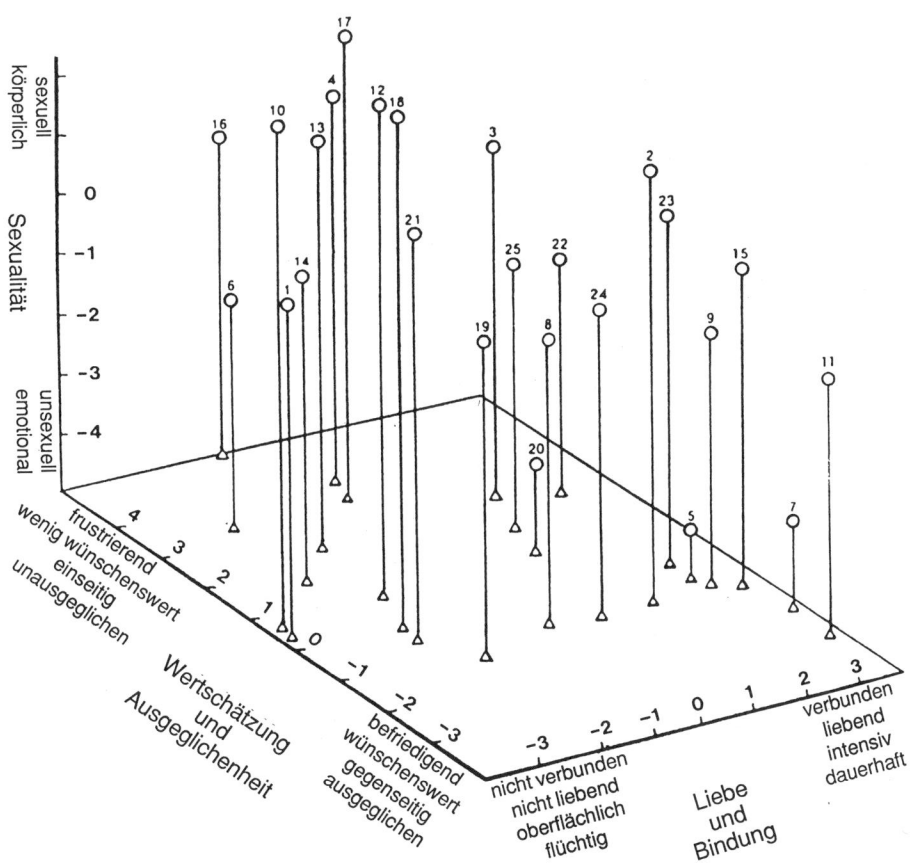

Abb. 13.2: Die Wahrnehmung heterosexueller Beziehungen
So differenzierte eine Gruppe von Studenten zwischen den 25 Beziehungstypen aus Tabelle 13.2. Grundlegende Merkmale heterosexueller Beziehungen sind die drei Dimensionen von Wertschätzung und Ausgeglichenheit, Liebe und Bindung und Sexualität. (Nach Forgas und Dobosz 1980, S. 295)

Tabelle 13.2: 25 sehr häufige Beziehungsskripte

1. Verbaler und „körperlicher" Flirt auf einer Party ohne weitere Folgen.

2. Freund und Freundin, die sich einige Monate regelmäßig getroffen haben und dann eine Zeitlang zusammenleben.

3. Eine De-facto-Beziehung zwischen früher Verheirateten.

4. Ein junges Paar, das nach einer ungeplanten Schwangerschaft geheiratet hat.

5. Eine dauerhafte, aber nicht sexuelle Beziehung zwischen zwei jungen religiösen Menschen.

6. Eine „feste" Beziehung, die hauptsächlich dazu dient, die Peer-Gruppe zu beeindrukken.

7. Eine dauerhafte, enge platonische Beziehung.

8. Eine feste Beziehung, in der beide Partner auch mit anderen Angehörigen des anderen Geschlechts ausgehen.

9. Verwitwete mittleren Alters, die nach einigen Jahren des Alleinlebens wiedergeheiratet haben.

10. Ein einmaliges sexuelles Beisammensein.

11. Ein 25 Jahre verheiratetes Paar.

12. Eine in erster Linie sexuelle Beziehung zu einem älteren, erfahreneren Partner.

13. Eine Affäre zwischen Lehrer(in) und Schüler(in).

14. Kurze, flüchtige Beziehungen zwischen Mitgliedern einer beständigen sozialen Gruppe.

15. Eine junge Ehe nach langer Zeit intensiver Werbung.

16. Eine Beziehung, in der nur der eine Partner sehr engagiert ist.

17. Eine Affäre mit einem verheirateten Partner.

18. Eine kurze, in erster Linie sexuelle Affäre zwischen zwei Studenten.

19. Eine gelegentliche Rendezvous-Beziehung ausschließlich zu Vergnügungszwecken zwischen zwei jungen Menschen.

20. Die Fortsetzung einer ehemals persönlichen Beziehung durch Briefe und Telefongespräche aus dem Ausland.

21. Eine kurze, gefühlsbetonte Urlaubsbeziehung.

22. Eine lange, intensive „feste" Beziehung zu Schulzeiten.

23. „Liebe auf den ersten Blick", die nach kurzer, intensiver Beziehung zur Verlobung führt.

24. Eine kurze, erste Liebe, die erwidert wird.

23. Das Wiederaufflammen einer alten Liebe, die zuvor nicht recht geklappt hatte.

(Nach Forgas und Dobosz 1980, S. 293)

Mit solchen Untersuchungen kann man genau messen, wo die Unterschiede zwischen Beziehungs-Szenarios wie Ehe, platonischer Liebe, oberflächlicher Rendezvous-Bekanntschaft oder außerehelicher Affäre gesehen werden. Und genau das müssen wir wissen, wenn wir untersuchen wollen, was solche Wahrnehmungen für die Entwicklung von Beziehungen bedeuten. Es spricht zum Beispiel einiges dafür, daß in Beziehungen, die – wie etwa eine Verlobung – sehr auf Anpassung und Übergang angelegt sind, die früheren Wahrnehmungen und Erwartungen der Partner eine erhebliche Rolle für Fortentwicklung oder Scheitern der Beziehung spielen (Morris 1983). Auch unsere Interaktionen wählen wir danach aus, wie wir die verschiedenen Beziehungstypen wahrnehmen. Argyle und Furnham (1982) haben festgestellt, daß die bevorzugten Situationen und Aktivitäten signifikant davon beeinflußt wurden, welchen Typs die Beziehung zwischen den Partnern war.

Kulturspezifische „Skripten" und individuelle Wahrnehmungen sind, so haben wir gesagt, besonders bedeutsam für Beziehungen, die zu einem großen Ausmaß auf Anpassung und Übergang angelegt sind. Die Verlobungsbeziehung gilt allgemein als eine Zeit strahlenden Glücks, in der die Partner sehr ineinander verliebt sind, überwiegend positive Erfahrungen miteinander machen und nur das Beste vom künftigen Zusammenleben erwarten. Die Wirklichkeit kann ganz anders aussehen. Für die meisten Paare bedeutet Verlobung eine Zeit großer Veränderung, sie sind – vielleicht zum ersten Mal in ihrem Leben – mit all den großen und kleinen Problemen konfrontiert, die das Zusammenleben mit einem anderen wahrscheinlich mit sich bringt. Es ist eine Zeit, in der sie mit der Realität konfrontiert werden, sich der schwierigen, aber auch der angenehmen Seiten des Partners bewußt werden und sich auf die Übernahme gemeinsamer Verantwortung vorbereiten. Untersuchungen zeigen, daß die anfänglichen Wahrnehmungen und Erwartungen der Verlobten großen Einfluß auf den späteren Erfolg der Beziehung haben. Paare, die ihre Verlobungszeit für eine ausschließlich glückliche und unbeschwerte halten, haben später sehr viel größere Schwierigkeiten als Paare mit realistischeren Erwartungen. Zu wissen, wie Beziehungen wahrgenommen werden, ist ein erster notwendiger Schritt zum Verständnis der Rolle, die solche Wahrnehmungen und Erwartungen für den späteren Erfolg einer Beziehung spielen (Morris 1983).

Konflikte in engen Beziehungen

Wir haben gesehen, daß „intime Beziehung" nicht unbedingt gleichzusetzen ist mit beseligtem Engagement in Gefühl und Verhalten. Intimität wird oft erst dadurch erreicht, daß die Partner Konflikte zur beiderseitigen Zufriedenheit lösen. Wie Paare mit Konflikten umgehen, hat großen Einfluß auf die Beziehungsqualität. Eine Umfrage bei Ehepaaren ergab drei Konfliktlösungsstrategien: einfaches

Vermeiden des Konflikts, Lösung durch Angriff oder Lösung auf dem Wege des Kompromisses. Nur die letzte Strategie korrelierte positiv, die beiden anderen negativ mit ehelicher Zufriedenheit (Levinger 1980). In einer verwandten Studie zum selben Problem identifizierten Falbo und Peplau (1980) dreizehn in intimen Beziehungen übliche Durchsetzungsstrategien wie fragen, handeln, positiven oder negativen Affekt zeigen, Überredung, Rückzug, etc. Diese 13 Strategien lassen sich entlang zweier Merkmale klassifizieren: nach Direktheit (direkt/indirekt) und danach, ob einer oder beide Partner beteiligt sind (unilateral/bilateral) (vgl. Aktivität 13.2).

Aktivität 13.2: Was ist Ihre Strategie?

Wie setzen *Sie* sich mit anderen auseinander? Welches sind Ihre bevorzugten Durchsetzungsstrategien, wenn Sie Konflikte in vertrauten Beziehungen zu bestehen haben? Versuchen Sie, folgende drei Fragen zu beantworten:

1. Erinnern Sie sich an Ihre letzte Meinungsverschiedenheit mit Ihrem jetzigen/letzten Liebespartner. Welche Strategie haben Sie gewählt, um Ihr Anliegen durchzusetzen?
2. Erinnern Sie sich an Ihre letzte Meinungsverschiedenheit mit einer Autoritätsperson (Chef, Eltern, usw.). Welches war hier die Strategie, mit der Sie der Situation Herr zu werden versuchten?
3. Und jetzt erinnern Sie sich bitte an Ihren letzten Konflikt mit einem jüngeren Menschen oder einem Untergebenen. Wie haben Sie sich in diesem Fall verhalten?

Vermutlich werden Sie feststellen, daß Sie – wie die meisten von uns – aus einem recht vielfältigen Repertoire an Durchsetzungsstrategien schöpfen. Gewählt wird die Strategie, die der Situation am angemessensten erscheint. Versuchen Sie, Ihre Strategien gemäß den beiden Dimensionen Direktheit und Lateralität von Falbo und Peplau zu klassifizieren. Wann war Ihre Strategie direkt, wann indirekt? Wann unilateral, wann bilateral? Sie können sich bei dieser Gelegenheit auch Gedanken über den Erfolg Ihrer Strategien machen. Hätten Sie mit einer anderen Strategie mehr Erfolg gehabt?

Umgang mit Unzufriedenheit

Nur wenige intime Beziehungen folgen der „Idealkurve" aus Abb. 13.1. In der Durchschnittsehe zum Beispiel erleidet die eheliche Zufriedenheit im Laufe der Zeit mit ziemlicher Sicherheit größere oder geringere Einbußen (Blood und Blood 1978). Austauschtheoretisch läßt sich das damit erklären, daß der wahrgenommene Gewinn, den einer oder beide Partner aus ihrer Gemeinsamkeit beziehen, nicht Schritt hält mit den wahrgenommenen Kosten. Nach Levinger (1980) sind die Partner besonders in den Aufbau- und Verschlechterungsphasen einer Beziehung mit deren Kosten und Nutzen beschäftigt. Die durch aufgegebene Alternativen entstandenen Kosten sind ein bedeutsamer Teil der ,,Beziehungsgleichung". Das stete Bemühen um einen ,,fairen" Austausch, die Basis jeglicher Beziehung, kann auch ein Gefahrensignal sein.

Ob eine sich verschlechternde Beziehung tatsächlich ihr Ende finden wird, hängt zum großen Teil davon ab, ob es Partner-Alternativen gibt. Fehlen diese, werden oft häufig unbefriedigende Beziehungen aufrechterhalten. Wenn eine Ehe endgültig scheitert, gab es meist für einen oder beide Partner zuvor Gelegenheit zu alternativen sexuellen Beziehungen (Jaffe und Kanter 1976). Nur selten ziehen Menschen das Alleinleben einer unbefriedigenden Ehe vor. Wird das Zusammenleben zunehmend unbefriedigender, kommt es im allgemeinen zu einer von vier möglichen Reaktionen: 1. *Rückzug* – man zieht sich formell aus der Beziehung zurück; 2. *Aussprache* – man spricht über die Probleme, sucht Hilfe außerhalb der Beziehung, versucht, etwas zu ändern; 3. *Loyalität* – man wartet und hofft auf Besserung; 4. *Übergehen* – man ignoriert den Partner und die Probleme, kritisiert den Partner, läßt die Dinge laufen (Rusbult, Zambrodt und Gunn 1982). Auch diese vier Reaktionen lassen sich wieder entlang zweier Dimensionen klassifizieren: Konstruktivität (Aussprache und Loyalität sind konstruktiv, Rückzug und Übergehen destruktiv) und Aktivität (Rückzug und Aussprache sind aktiv, Loyalität und Übergehen passiv).

Die Wahl der Reaktion hängt von drei Faktoren ab: (a) davon, wie groß die Unzufriedenheit mit der Beziehung vor dem Auftauchen von Problemen war, (b) davon, wieviel Ressourcen der einzelne in die Beziehung investiert hat (z.B. gemeinsam verbrachte Zeit, Besitz, etc.) und (c) von der Qualität der verfügbarsten Alternative (Rusbult et al. 1982, S. 1230). Daß zwischen diesen Variablen und der bevorzugten Reaktion auf Unzufriedenheit mit einer Beziehung tatsächlich ein Zusammenhang besteht, haben Rusbult et al. (1982) empirisch nachgewiesen. Sie baten Probanden um eine Schilderung eigener Reaktionen auf sich verschlechternde Liebesbeziehungen. Die Ergebnisse zeigen, daß große anfängliche Zufriedenheit und große Investitionen die Beteiligten dazu disponierten, mit Aussprache und Loyalität zu reagieren, während Rückzug oder Übergehen der Konflikte mit der Verfügbarkeit alternativer Beziehungen korrelierte (vgl. Tabelle 13.3).

Tabelle 13.3: Unzufriedenheit in romantischen Beziehungen: Korrelationen zwischen Prädiktor-Variablen und Reaktionen auf Unzufriedenheit

Prädiktor-Variable	Reaktion auf Unzufriedenheit mit			
	Rückzug	Aussprache	Loyalität	Übergehen
Zufriedenheit in früherer Zeit	− .48**	.56**	.49**	− .45**
Ausmaß der Investition	− .27**	.59**	.38**	− .38**
Beziehungsalternative	.54**	− .14	− .48**	.19

* p < .001

(Nach Rusbult et al. 1982, S. 1239)

Das Beenden intimer Beziehungen

Manche Beziehungen sind, unabhängig davon, wie die Partner mit ihrer Unzufriedenheit umgehen, nicht zu kitten. In unserer heutigen Gesellschaft hat das Ende
tiefer und engagierter Beziehungen immer häufiger andere Ursachen als den Tod
eines der beiden Partner. „Bis daß der Tod uns scheidet" ist nicht länger ein
valider Leitspruch moderner Ehen: In den USA, so schätzt man, werden etwa
40% aller geschlossenen Ehen mit der Scheidung enden. Vielleicht ist es eine
unvermeidliche Folge unserer wachsenden individuellen Freiheit, daß unsere engen Beziehungen immer seltener ein Leben lang dauern. Von den sozialen und
kulturellen Veränderungen und der individualistischen, rationalen Philosophie,
die mit der Französischen Revolution Einzug in unsere westliche Welt gehalten
haben, war im ersten Kapitel bereits die Rede. Freiheit, Individualismus und
Mobilität sind mit engen Beziehungen nicht immer vereinbar, denn diese sind per
definitionem restriktiv, implizieren Dauer und Verpflichtung.

Natürlich ermutigen moderne Gesellschaften zu Freiheit und Mobilität und stellen überdies ein umfängliches Angebot unterschiedlichster alternativer Beziehungstypen bereit. Nicht nur die Ehe, sondern auch enge Freundschaften und
traditionelle Familienbeziehungen sind betroffen. Intensive, ergebene Freundschaften, die von der Schule bis zum Grabe dauern, oder Eltern-Kind-Beziehungen, die sich auf Jahrzehnte gemeinsamen Familienlebens stützen, werden zunehmend seltener. Immer häufiger werden enge Beziehungen durch eigene Entscheidung beendet. Bezüglich romantischer Beziehungen haben Hill, Rubin und Peplau
(1976) festgestellt, daß sich von 231 untersuchten Studentenpaaren zwei Jahre
später 103 (45%) getrennt hatten. Die Trennung war in den meisten Fällen zu
einem Zeitpunkt erfolgt, als sich die Lebensroutine der Partner entscheidend
änderte. „Beliebte" Zeitpunkte waren – besonders wenn die Trennung vom weniger engagierten Partner ausging – Aufnahme und Beendigung des Universitätsstu-
diums. Die Trennung geschah überwiegend nicht in gegenseitigem Einvernehmen,
sondern ging von einem der Partner aus, und meistens war es die Frau, die die
Beziehung beendete. Ging die Trennung vom Mann aus, blieben die Partner
einander interessanterweise häufiger oberflächlich-freundschaftlich verbunden,
als wenn die Frau den Anstoß zur Trennung gegeben hatte.

Ein ernsthafteres soziales Problem sind Ehescheidungen, da hier im allgemeinen
nicht nur Einzelpersonen, sondern Familien betroffen sind. Besonders auf Kinder
kann sich die Trennung der Eltern sehr ungünstig auswirken, obwohl genaue
Daten hier schwer zu erheben sind. Nicht immer sind die negativen Folgen ohne
weiteres sichtbar, und ein seelischer Schaden ist sehr viel schwerer zu erfassen als
ein körperlicher oder materieller. Offensichtlich wissen wir über die Entwicklung
von Beziehungen erheblich mehr als über ihr Scheitern. Angesichts der Tatsache,
daß das Auseinanderbrechen intimer Beziehungen ein immer häufigeres Phänomen wird, wäre hier ganz sicher ein intensiveres Forschen angemessen.

Wenn die Frau geht . . .

Eine Möglichkeit, mit einer wenig befriedigenden Beziehung umzugehen, ist der Rückzug aus ihr. Diese Entscheidung wird besonders dann getroffen, wenn sich Zufriedenheit und Investition auch vorher schon in Grenzen hielten und eine neue Beziehung in Sicht ist. Eine durch die Frau beendete romantische Beziehung wird weniger wahrscheinlich in Form einer beiläufigen Freundschaft fortgesetzt.

Zusammenfassung und Schlußfolgerungen

Wir haben uns in diesem Kapitel mit engen Beziehungen beschäftigt, die in größerem oder geringerem Umfang auf der Gegenseitigkeit zwischen den Partnern beruhen. Wesentliche Merkmale intimer Beziehungen, so haben wir gesehen, sind Interdependenz von Verhalten und Affekt und eine gewisse Dauer. Romantische Liebe und insbesondere heterosexuelle Beziehungen gehören zu den intensivsten und vielleicht auch üblichsten intimen Beziehungen. Aus diesem Grund haben solche heterosexuellen Beziehungen in unserer Betrachtung auch den meisten Raum eingenommen. Besonders provozierend sind jene wissenschaftlichen Erklärungen der romantischen Liebe, die sich auf die Zwei-Faktoren-Theorie der Emotionen von Schachter und Singer stützen. Nicht alle Forscher sind damit einverstanden. Wir haben gesehen, daß auch in sehr erfolgreichen Beziehungen Konflikte und Konfliktlösung wesentliche Komponenten sind: Weiterentwicklung ist nur möglich, wenn beide Partner sich beständig dem Prozeß der Akkommodation, der Anpassung und des Aushandelns stellen.

Von ganz besonderer Qualität ist die soziale Interaktion innerhalb intimer Beziehungen. Austauschtheoretiker haben versucht, diese Prozesse als Austausch von Kosten und Nutzen zum größtmöglichen Vorteil beider Partner zu analysieren. Mit einer spezifischen Interaktionssituation ganz anderer Art konfrontiert uns die Zugehörigkeit zu größeren Gruppen. In den folgenden beiden Kapiteln wollen wir uns mit den Merkmalen von interpersonalem Einfluß und Prozessen der Gruppeninteraktion beschäftigen.

Kapitel 14

Soziale Beeinflussung:
Konformität, Gehorsam und Führung

Jede Interaktion zwischen Menschen bedeutet zugleich auch ein gewisses Maß an sozialer Beeinflussung. Allein die oberflächlichste Begegnung hinterläßt bei den Teilnehmern Spuren, so geringfügig sie auch sein mögen. Strenggenommen üben wir mit jeder Meinung, die wir äußern, mit jeder Bitte, die wir an jemanden richten, und mit jedem Verhalten, das wir einem Menschen gegenüber an den Tag legen, auf die ein oder andere Weise auf eben jenen Menschen Einfluß aus. Natürlich gibt es – besonders in größeren Gruppen – sehr viel wirksamere Formen sozialer Beeinflussung. Bisher haben wir uns auf Interaktionen zwischen zwei Menschen oder dyadische Interaktionen konzentriert. Wir interagieren aber nicht nur paarweise, sondern häufig mit mehreren Personen gleichzeitig. ,,Time budget"-Studien, wie z.B. die in Kapitel 11 erwähnte Untersuchung von Deaux, zeigen, daß wir während unserer nicht allein verbrachten Zeit sehr häufig mit mehreren Menschen gleichzeitig zusammen sind. In solchen Zeiten fungieren wir als Mitglieder mehr oder weniger beständiger sozialer *Gruppen*.

Die Interaktionen mit nur einem Menschen und die innerhalb einer Gruppe unterscheiden sich in mancherlei Hinsicht ganz erheblich. Gruppen beeinflussen uns, und sei es nur aufgrund ihrer Quantität, zuweilen weit mehr, als ein einzelner Partner das je könnte. Entsprechend schwieriger und anspruchsvoller gestaltet sich somit die Interaktion in einer Gruppe. Natürlich sind nicht alle Formen sozialer Beeinflussung auf Gruppen beschränkt. Während Konformität, soziale Erleichterung oder Führung Beispiele für Prozesse sind, die ausschließlich von Gruppen in Gang gesetzt werden, sind andere Formen von sozialer Beeinflussung, etwa Gehorsam, nicht gruppenspezifisch. In diesem Kapitel wollen wir uns vornehmlich mit der sozialen Beeinflussung von Gruppen beschäftigen. Den besonderen Merkmalen von Gruppeninteraktionen werden wir uns dann im nächsten Kapitel zuwenden.

Wie wirkt sich die Anwesenheit anderer auf das Verhalten aus?

Um wirklich zu verstehen, wie sehr andere unser Verhalten beeinflussen können, müssen wir vom einfachst möglichen Fall ausgehen: Welchen Einfluß hat, ohne daß überhaupt soziale Interaktion stattfindet, die bloße Anwesenheit anderer auf uns? Bereits gegen Ende des vorigen Jahrhunderts haben Psychologen festgestellt, daß Menschen viele Aufgaben in Anwesenheit anderer besser bewältigen als allein. Dieser Effekt stellt sich unabhängig davon ein, ob die anderen den Akteur beobachten (Publikums-Effekt) oder selbst mit einer ähnlichen Aktivität beschäftigt sind (Koaktions-Effekt). Bei Triplett (1897) zum Beispiel wickelten Probanden eine Angelschnur in Gegenwart anderer schneller auf als allein. Travis (1925) berichtete, daß sich seine Probanden in Anwesenheit von Zuschauern bei einer ,,Pursuit Rotor''-Aufgabe (bei der man auf einer sich drehenden Scheibe mit einem Stift Kontakt mit dem Zielpunkt halten muß) besser schlugen als im besten Falle allein.

Allport (1924) hat sich dem Phänomen systematischer genähert und stellte seinen Probanden eine Reihe unterschiedlich schwieriger Aufgaben, vom einfachen Buchstabenankreuzen in einem Text bis hin zur schriftlichen Widerlegung logischer Argumente. Die Probanden waren beim Lösen dieser Aufgaben entweder allein im Raum oder zusammen mit fünf anderen. In fast allen Fällen war das Ergebnis besser, wenn andere anwesend waren. Psychologen haben diesen Effekt ,,soziale Erleichterung'' genannt. Allerdings gab es eine Ausnahme: Bei der letzten und schwierigsten Aufgabe nahm die Qualität der Argumente in Anwesenheit anderer ab. Wir werden auf dieses Paradox noch zurückkommen.

Wie universal ist also dieser sogenannte Effekt der ,,sozialen Erleichterung''? Einige Forscher wollten wissen, ob es auch in Tiergruppen zu diesem Effekt kommt. Chen (1937) setzte Ameisen allein, paarweise oder in Dreiergruppen in mit Sand gefüllte Milchflaschen und maß sehr sorgfältig, wieviel Sand die Insekten jeweils zu Zwecken des Nestbaus ausgruben. In Gruppen begannen die Tiere nicht nur schneller mit dem Nestbau, sondern transportierten auch, relativ gesehen, sehr viel mehr Material als die alleine arbeitenden Ameisen. Bei anderen Tierarten ließ sich soziale Erleichterung ebenfalls nachweisen, so bei Goldfischen, die in Gesellschaft schneller ein Labyrinth zu durchschwimmen lernten (Welty 1934), oder bei Ratten, die in Anwesenheit zweier anderer Paare häufiger kopulierten (Larsson 1956).

Doch dieser Effekt stellte sich nicht immer ein. Wir haben bereits gesehen, daß in Allports (1924) Studie die Leistungsqualität in Anwesenheit anderer abnahm, wenn es galt, eine neue, komplexe Aufgabe zu lösen. Bei Dashiell (1930) machten die Probanden in einer komplexen Multiplikationsaufgabe vor Publikum mehr Fehler, und Pessin (1932) berichtete, daß die Anwesenheit anderer mit der Leistung in einer Gedächtnisaufgabe interferierte. Ähnliche Muster von ,,sozialer Hemmung'' hat man auch bei Tieren gefunden: Finken und Sittichen gelangen bestimmte Aufgaben besser alleine als in Gesellschaft.

Was hat es mit diesen widersprüchlichen Ergebnissen auf sich? Wann ist eine Gruppe der Leistung förderlich, wann abträglich? Robert Zajonc (1965) trug alles, was man bis dahin wußte, sorgfältig zusammen und kam zu einem überraschenden Ergebnis: Zur Leistungsverbesserung in Gegenwart anderer kam es dann, wenn die Aufgabe einfach oder gut eingeübt war. War die Aufgabe dagegen neu und komplex, ließ die Leistung nach. Solche Ergebnisse verwundern nicht mehr, so Zajonc weiter, wenn wir annehmen, daß die Anwesenheit anderer in jedem Fall eine Quelle von Erregung, gesteigerter Antriebsstärke und Motivation ist.

Ist die Aufgabe bekannt (und steht sie in der Response-Hierarchie des Organismus ganz oben), wird die Motivationssteigerung unweigerlich auch zu verbesserter Leistung führen. Ist die Aufgabe neu und wenig bekannt (steht sie an unterer Stelle in der Response-Hierarchie), begünstigt das erhöhte Antriebsniveau Lernen und Leistung nicht mehr, sondern erschwert beides. Diese Theorie läßt sich durch direkte Manipulation der Aufgabenschwierigkeit leicht überprüfen und Hunt und Hillery (1973) haben das auch getan. Sie ließen Versuchspersonen allein oder in Gesellschaft anderer ein leichtes oder schwieriges Labyrinth lösen. War das Labyrinth leicht, waren die Fehlversuche vor Zuschauern weniger zahlreich, während das schwierige Labyrinth schneller durchschaut wurde, wenn die Probanden allein waren (Tabelle 14.1).

Tabelle 14.1: Soziale Erleichterung und soziale Hemmung: Fehleranzahl bei einer leichten oder einer schwierigen Aufgabe allein oder vor Publikum

	allein	vor Publikum
leichte Aufgabe	44.67	36.19
schwierige Aufgabe	184.91	220.33

(Nach Hunt und Hillery 1973, S. 566)

Zajoncs (1963) Erregungstheorie ist – besonders wenn es um Menschen geht – nicht die einzige Erklärung, die man für den Effekt der sozialen Erleichterung gefunden hat. Seine Theorie scheint außer acht zu lassen, daß Menschen in Gegenwart anderer nicht nur unbewußt, d.h. mit autonomer Erregung reagieren, sondern auch ganz bewußt, indem sie ihre Fähigkeit einsetzen, interpretierend zwischen verschiedenen Situationen zu unterscheiden. Cottrell (1972) nahm an, daß die bloße Anwesenheit von Publikum uns unter anderem darum erregt, weil wir gelernt haben, von Beobachtern in irgendeiner Form bewertet und anschließend belohnt oder bestraft zu werden. ,,Es sind diese durch die Anwesenheit anderer ausgelösten Erwartungen, die das Antriebsniveau des Individuums in die Höhe treiben" (S. 227). Wenn die anderen zwar physisch anwesend sind, unsere Leistung aber nicht bewerten können (weil sie z.B. gar nicht auf uns achten oder weil man ihnen die Augen verbunden hat), ist der Effekt der sozialen Erleichterung gewöhnlich weniger ausgeprägt (Innes und Young 1975).

Markus (1978) hat ein interessantes, kleines Experiment entworfen, das sehr schön den jeweiligen Einfluß von Erregung und Bewertungsangst demonstriert. Seine Probanden hatten – allein oder in Gesellschaft von anderen, die ihr Tun entweder beobachten konnten oder nicht – eine leichte, oft geübte oder eine schwierige, neue Aufgabe zu lösen (sie mußten entweder ihre eigenen Kleider anziehen oder neue und unvertraute). Am meisten kam die Anwesenheit anderer, die die Akteure „bewerten" mußten, beim Lösen der vertrauten Aufgabe zugute, und sie war am störendsten, wenn die Probanden die unbekannte Aufgabe lösen mußten. Konnten die anderen den Akteur nicht bewerten, wirkte sich ihre Anwesenheit ähnlich, aber weniger gravierend aus.

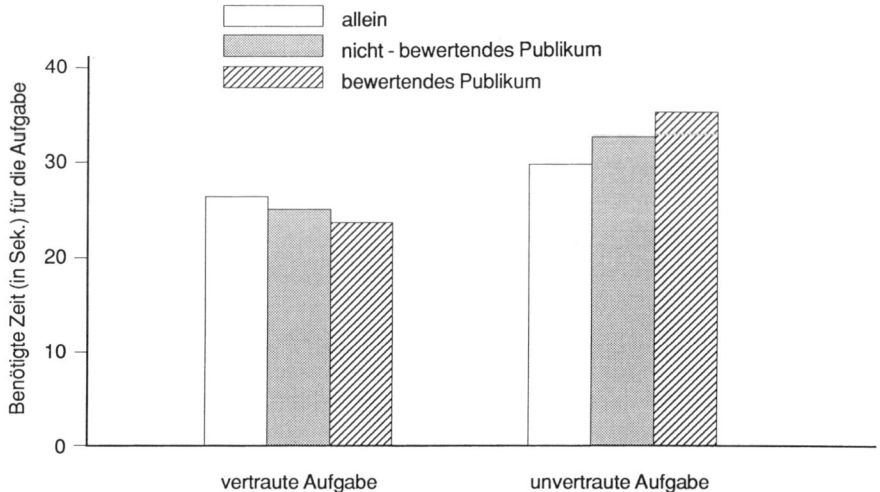

Abb. 14.1: Soziale Erleichterung und soziale Hemmung
In Gegenwart anderer – besonders, wenn diese die Leistung bewerten können – geht eine vertraute Aufgabe schneller von der Hand, eine neue, unvertraute dagegen langsamer.

Die bloße Anwesenheit anderer beeinflußt somit unser Verhalten in starkem und vielleicht ungeahntem Maße, was im Alltag sehr wichtig werden kann. Jeder, der vor anderen oder mit anderen zusammen Aufgaben zu lösen hat, bekommt es mit Prozessen sozialer Erleichterung und Hemmung zu tun. Schauspieler, Sänger oder Sportler sind dem besonders ausgesetzt. In realistischen Situationen ist Erregung allerdings wahrscheinlich keine automatische, unkontrollierbare Reaktion auf die Anwesenheit anderer. Das Ausmaß der Erregung hängt unter anderem auch davon ab, wie bedrohlich oder neu die Situation ist, und wie gut die Akteure die anderen überwachen oder „im Auge behalten" können. Viele Untersuchungen zeigen, daß „die Bedingungen, die ein soziales Überwachen unmöglich machen, genau die Bedingungen sind, unter denen die bloße Anwesenheit anderer die Aufgabenlösung beeinflußt" (Guerin und Innes 1982, S. 7).

Wir selbst haben kürzlich untersucht (Forgas et al. 1980), welchen Einfluß Publikum auf Leute hatte, die ein Wettkampfspiel – in diesem Falle Squash – spielten. Unsere Probanden waren ahnungslose Squashspieler auf einer universitätseigenen Anlage. Wir zählten die korrekten und unkorrekten Schläge der Spieler und klassifizierten diese danach in „Könner" oder „Anfänger". Mit ähnlich objektiven Meßverfahren ermittelten wir den überlegenen und unterlegenen Spie-

Aktivität 14.1: Soziale Erleichterung

Soziale Erleichterung und Hemmung sind sehr alltägliche Phänomene. Wenn Sie ein paar willige Probanden finden, können Sie diese Effekte selbst einmal demonstrieren. Zunächst denken Sie sich für ihre Versuchspersonen eine einfache, bekannte und eine schwierige, neue Aufgabe aus. Die soziale Beeinflussung können Sie dadurch manipulieren, indem Sie Ihre Probanden mit der Aufgabe allein lassen oder Sie als Publikum agieren und ihnen zuschauen. Und schließlich können Sie noch das Bewertungspotential des Publikums manipulieren, indem Sie den Akteuren entweder ganz offen zuschauen und sie bewerten oder indem Sie deren Tun keinerlei Beachtung schenken. Sie können mit ähnlichen Ergebnis-Mustern rechnen wie im Experiment von Markus: die größte Erleichterung/Hemmung wird bei ,,zuschauendem" Publikum zu vermerken sein, und ein ähnlicher, aber weniger ausgeprägter Effekt bei ,,nicht zuschauendem" Publikum.

Sie können es sich auch einfacher machen und die Leistungen von beobachteten bzw. sich unbeobachtet glaubenden Squash- oder Tennisspielern protokollieren. Wie die Untersuchung von Forgas et al. (1980) zeigt, können sich bei solchen kooperativen Spielen recht komplexe Muster von sozialer Erleichterung und Hemmung einstellen.

ler eines jeden Spielpaares. Unsere Zuschauer-Manipulation war simpel: Für eine bestimmte Zeit erschienen ostentativ einige Beobachter auf der Zuschauergallerie und protokollierten die Leistung der Spieler. Wir verglichen die Leistung dieser ,,beobachteten" Spieler mit der von ,,unbeobachteten" Paaren, deren Spiel wir heimlich protokolliert hatten.

Die Ergebnisse waren recht interessant und fielen etwas anders aus, als wir erwartet hatten. Der Zuschauer-Effekt bestand im wesentlichen darin, daß beide Spieler ihre Schläge besser miteinander koordinierten als zuvor. Die überlegenen Spieler wurden etwas schlechter, die unterlegenen etwas besser. Das Spiel wurde insgesamt ,,fließender", es gab weniger Unterbrechungen, als ob das Paar gemeinsam darauf bedacht war, sich dem Publikum von seiner besten Seite zu präsentieren. Das läßt darauf schließen, daß Publikumseffekte tatsächlich von so komplexen Faktoren abhängen können wie unserer Fähigkeit, ein Auge auf die Beobachter zu haben (Guerin und Innes 1982), als auch von unseren subtilen, situationsabhängigen Selbstdarstellungs-Strategien (Bond 1982).

„Social loafing" und die Apathie des Augenzeugen

Wenn die anderen nicht einfach passive Beobachter sind, sondern kooperativ mit derselben Aktivität befaßt sind wie wir, kann sich ihr Einfluß auf unsere Leistung noch sehr viel komplizierter gestalten. Bei gemeinsamem Handeln ist es oft nicht möglich, auch die individuelle Leistung objektiv zu messen. Unter solchen Bedingungen stellt sich häufig das ein, was Latané et al. (1979) *„social loafing"* (*„soziale Nachlässigkeit"*) genannt haben: Der einzelne strengt sich weniger an, wenn er weiß, daß der individuelle Beitrag zur Gruppenleistung nicht genau feststellbar ist. Man erklärt diese Reaktion damit, daß sich die Verantwortung für die kollektive Leistung auf viele einzelne verteilt. Da die Gruppenmitglieder für das Ergebnis gemeinsam verantwortlich sind, leiden persönliche Motivation und Verantwortlichkeit.

Etwas Ähnliches geschieht in Situationen, in denen jemand der freiwilligen Hilfe eines anderen bedarf. Latané und Darley (1970) untersuchten die Wahrscheinlichkeit, mit der Augenzeugen von Unfällen oder sonstigen Notfällen in der Öffentlichkeit (auf der Straße, in der Metro, usw.) intervenierten. Das Ergebnis war immer dasselbe: Je mehr Augenzeugen es gab, die hätten helfen können, um so geringer war die Wahrscheinlichkeit, daß sich ein einzelner zur Hilfe bereitfand. Natürlich hat niemand bewußt versucht, sozialen Einfluß zu nehmen. Jeder dieser Augenzeugen sah, daß Hilfe notwendig war, und verließ sich zugleich darauf, daß irgendjemand schon das Nötige veranlassen würde. Je größer die Gruppe, um so leichter fällt eine solche Reaktion, und um so größer sind die Kosten, wenn man durch seine Hilfsbereitschaft in eine etwas zweifelhafte und möglicherweise sogar peinliche Situation gerät. Wir haben es hier mit einer sehr subtilen Form von Gruppeneinfluß zu tun, die ihre Ursache in der automatischen Verteilung von Verantwortung innerhalb einer größeren sozialen Einheit hat.

Wenn schon die einfache Anwesenheit anderer unser Verhalten so grundlegend beeinflussen kann, wird wirkliche Interaktion vermutlich noch wirkungsvoller sein. In „wirklichen" Gruppen ist man nicht nur zur gleichen Zeit am gleichen Ort, sondern interagiert und beeinflußt einander ganz unmittelbar. Soziale Erleichterung und Hemmung, soziale Nachlässigkeit und Apathie des Augenzeugen gehören zu den grundlegendsten sozialen Einflußprozessen. Als nächstes wollen wir uns einer stärkeren und direkteren Form von Gruppeneinfluß zuwenden: der Konformität.

Konformität

Es gehört zu den rätselhaftesten Phänomenen unseres sozialen Lebens, daß es uns, die wir doch als Individuen ganz verschieden sind, gelingt, erfolgreich in Gruppen, Gemeinschaften und Gesellschaften zusammenzuleben. Wie ist das möglich? Was zwingt uns, um der Teilhabe an größeren sozialen Einheiten oder Gruppierungen willen auf einen Teil unserer einmaligen, individuellen Wünsche und Gewohnheiten zu verzichten? Es scheint, als sei die Fähigkeit, die oft fast willkürlichen Konventionen unserer sozialen Gruppen zu befolgen und zu akzeptieren, der eigentliche Ursprung und Grund unseres Interagierens mit anderen. Jede Gruppe von Menschen, sei es eine Nachbarschaft, ein Arbeitsteam, eine Universität oder eine ganze Gesellschaft, kann nur bestehen, weil ihre Mitglieder bestimmten Normen folgen. Fast alle Gruppen entwickeln – geschriebene und ungeschriebene – Verhaltensregeln, deren Befolgung von jedem einzelnen Mitglied erwartet wird. Wie ist eine derartige Konformität möglich? Welche Prozesse zwingen uns, uns so zu verhalten wie andere? Das sind die Fragen, auf die die Konformitätsforschung eine Antwort sucht.

Gruppen neigen dazu – und das ist das vielleicht Grundlegendste, was sich über Konformität sagen läßt –, fast automatisch und ohne ersichtlichen objektiven Grund gemeinsame Verhaltensweisen und eine gemeinsame Weltsicht zu entwikkeln. Sherif (1935) demonstrierte diese Neigung mit einem sehr klug ausgedachten Verfahren. Er nutzte die Wahrnehmungsillusion, daß sich eine feststehende Lichtquelle in einem vollständig abgedunkelten Raum sprunghaft zu bewegen scheint (der sogenannte autokinetische Effekt). Wenn Probanden den Bewegungsradius einer solchen Lichtquelle schätzen sollen, reichen ihre Urteile gewöhnlich von wenigen Zentimetern bis zu einem halben Meter und mehr.

Dieser inhärent uneindeutigen Situation fügte Sherif eine soziale Komponente hinzu. Er ließ die Schätzungen in Gegenwart anderer vornehmen, und natürlich gerieten sie ganz unterschiedlich. Doch nach etlichen Versuchen glichen die Probanden ihre Schätzungen denen der anderen immer mehr an, bis schließlich eine einzige gemeinsame „Gruppennorm" erreicht war. Dieses Experiment demonstriert Konformität in ihrer nahezu reinsten Form. Ist verläßliche Information nicht verfügbar, scheinen wir uns nach anderen auszurichten, als würden wir ganz automatisch dazu neigen, uns der Meinung anderer anzuschließen.

War eine Gruppennorm etabliert, wurde sie bereitwillig von den Probanden übernommen. Spätere, allein vorgenommene Schätzungen bewegten sich weiterhin im Rahmen des früheren Gruppenkonsens. Würde auch eine vollkommen künstliche Gruppennorm beibehalten werden? Jacobs und Campbell (1961) führten eine solche künstliche Norm herbei. Sie schmuggelten einen „Komplizen" in die Gruppe, dessen Schätzungen immer ungewöhnlich hoch ausfielen (13–18 cm anstelle der normalen 7–8 cm). In der Folge wurde jeweils ein Gruppenmitglied durch ein anderes ersetzt, bis sich die Gruppe auf jeder Position einige Male erneuert hatte. Die künstliche Norm blieb bis zu sechs Generationen neuer Gruppenmitglieder von Bestand! Gruppen scheinen also sehr konservativ zu sein und ihre Normen und Routinen auch dann beizubehalten, wenn die ursprünglichen Gründe dafür längst hinfällig geworden sind.

Was geschieht, wenn es keinen ambigen Reiz, sondern ein deutlich sichtbares Ziel zu beurteilen gibt? Gehen wir auch dann mit anderen konform, wenn deren Urteile ganz offensichtlich falsch sind? Die meisten würden das wohl für undenkbar halten. Asch (1951) hat diese Möglichkeit untersucht und kam zu sehr überraschenden Ergebnissen. Er bat seine Probanden ganz einfach, die Länge deutlich sichtbarer Linien zu schätzen, etwa zu entscheiden, ob von drei Linien eine genauso lang war wie eine vierte Ziellinie. Die Aufgabe war ausgesprochen leicht, und jeder konnte sie – allein befragt – richtig lösen.

Aber Asch interessierte der Einfluß der Gruppe und er organisierte die Situation so, daß mehrere Leute (ausnahmslos Komplizen des Versuchsleiters) ihr Urteil abgaben, bevor sich als letzter der eigentliche Proband äußerte. In den ersten paar Versuchsdurchgängen antworteten Komplizen wie Proband richtig, aber bald gingen dann die Komplizen einmütig zu falschen Antworten über. Was würden Sie als Proband in einer solchen Situation tun? Sie hätten nur zwei Möglichkeiten: der Gruppe zu trotzen und die Ihrer Meinung nach richtige Antwort zu geben oder sich der Gruppe anzuschließen und falsch zu antworten. Überraschenderweise wählten 35% von Aschs Probanden die zweite Möglichkeit. Sie fügten sich, so falsch sie auch sein mochte, der etablierten Gruppennorm.

Asch hat sich auch einige der spezifischen Variablen, die Konformität beeinflussen, näher angesehen. Stimmt es zum Beispiel, daß Konformität mit der Größe der Gruppe zunimmt? Interessanterweise ist das nicht der Fall: In einer drei- oder vierköpfigen Gruppe war die Konformität fast ebenso stark wie in einer sehr viel größeren Gruppe. Doch in einigen realen Situationen fielen die Ergebnisse anders aus. Milgram untersuchte Konformität in einem Alltagssetting und begab sich zu diesem Zweck auf eine belebte New Yorker Straße. Seine Komplizen waren instruiert, ganz gespannt zu einem Fenster im sechsten Stock eines Bürohauses emporzusehen. Stellte sich nur einer hin und starrte hinauf, war die Konformität gering. Taten es fünf, stieg die Konformität auf 16%, bei zehn Leuten wurden 22% gemessen, und standen fünfzehn Leute da, erreichte die Konformität 40%. Mit anderen Worten, wurde die Gruppe größer, stieg auch die Konformität. Allerdings war der Konformitätsdruck in den Experimenten von Asch und Milgram sehr unterschiedlicher Art, wie wir gleich sehen werden.

Ein weiterer Faktor, der die Konformität beeinflußt, ist Asch zufolge Vorhandensein oder Fehlen von Rückenstärkung: Schloß sich auch nur einer dem falschen Gruppenurteil nicht an, nahm die Konformität drastisch ab. Sobald die Probanden mit ihrer Meinung nicht mehr alleine waren, fühlten sie sich offensichtlich sehr viel weniger genötigt, mit der Gruppe übereinzustimmen.

Nach Aschs überraschenden Ergebnissen wuchs das psychologische Interesse am Phänomen der Konformität. Bei Crutchfield (1955) saßen die Probanden allein in einer Zelle, wo sie eine elektronische Anzeigetafel über die angeblichen Antworten der anderen Gruppenmitglieder informierte. Selbst in dieser reduzierten „Gruppensituation" (die in Wirklichkeit nun per Schaltpult vom Versuchsleiter manipuliert wurde) hatte die Meinung anderer immer noch erhebliches Gewicht. Wenn man die Probanden glauben ließ, es entspreche der allgemeinen Gruppenmeinung, pflichteten sie fast absurden Aussagen bei (z.B. „die durchschnittliche Lebenserwartung männlicher Amerikaner beträgt 25 Jahre" oder „Männer sind durchschnittlich 16–18 cm größer als Frauen").

Wie weit Konformität gehen kann, hängt auch davon ab, welcher Kultur die Probanden entstammen. Milgram (1961) ließ französische und norwegische Probanden die Dauer von Tönen schätzen und verglich die Konformitätsbereitschaft beider Gruppen. Die Franzosen, geprägt durch eine heterogene und individualistische Kultur, zeigten weit weniger Konformität als die Norweger, in deren homogener Kultur Gemeinschaftsgeist und Uniformität geschätzte Werte sind. Noch interessanter ist die Untersuchung von Shouval et al. über kulturelle Differenzen (1975). In Israel lebende, aber in der Sowjetunion aufgewachsene Kinder zeigten weit mehr Konformität als in Israel geborene Altersgenossen. Die Gründe dafür liegen auf der Hand. Während Kinder in der Sowjetunion zu jener Disziplin und jenem Gehorsam erzogen werden, den eine totalitäre Gesellschaft braucht, ist die Kindheit in Israel eher eine Zeit der Unbeschwertheit, des Abenteuers und der Behauptung von Individualität. Offensichtlich bleibt auch der erwachsene Israeli kompromißloser Individualist. Mann (1977) untersuchte das Konformitätsverhalten beim Schlangestehen an Jerusalemer Bushaltestellen. Erst wenn die Schlange aus sechs bis acht Personen bestand, so stellte er fest, bequemte sich die Mehrzahl der neu Hinzukommenden an deren Ende. Offenbar ist es in Jerusalem „keineswegs gängig, an der Bushaltestelle Schlange zu stehen" (Mann 1977, S. 44).

Spielarten von Konformität

Was passiert nun wirklich in diesen unterschiedlichen Konformitätssituationen? Warum geben offensichtlich ganz normale Menschen, die – allein befragt – sehr wohl richtig zu antworten wissen, eine offenkundig falsche Antwort, wenn andere vor ihnen dasselbe getan haben? Diese Untersuchungen demonstrieren sehr eindrucksvoll die starken Konformitätseffekte, denen wir alle ausgesetzt sind. Das Bedürfnis, wie andere zu sein, wie andere zu denken und von anderen akzeptiert zu werden, scheint tief in uns verankert zu sein. Allerdings unterscheiden sich diese Experimente in der Art der Konformität, zu der sie Anstoß geben, ganz beträchtlich.

In der Untersuchung von Sherif glaubten die Probanden vermutlich tatsächlich, daß die Urteile der anderen zutreffender waren als ihre eigenen. Sie behielten nicht einfach ihre wahre Meinung für sich und gingen nur konform, um akzeptiert zu werden – die Information, die sie erhielten, veranlaßte sie fast mit Sicherheit zu einer Meinungsänderung. Bei Asch war die Situation eine völlig andere. Hier schlossen sich die Probanden der Mehrheitsmeinung an, ohne die eigene zu ändern. Allein befragt, würden sie wieder dazu übergehen, richtig zu antworten. Wir können also zwischen wirklicher Konformität und Willfährigkeit („compliance") einer Öffentlichkeit gegenüber als den zwei Grundformen des Umgangs mit Gruppendruck unterscheiden.

Über welche Mittel verfügt eine Gruppe, um derartigen Druck auf den einzelnen auszuüben? Nach Deutsch und Gerard (1955) gibt es zwei Typen von Konformitätsdruck: *Informations*einfluß und *normativen* Einfluß. Informationseinfluß macht sich geltend, wenn die Gruppe den einzelnen mit neuem Wissen, neuen Argumenten oder neuer Information versorgt, die ihn veranlassen, seine Ansichten oder sein Verhalten zu ändern. Milgrams „starrende Menge" ist ein gutes Beispiel für Informationseinfluß in fast reinster Form. Mit dem normativen Einfluß verhält es sich ganz anders: Hier wird dem einzelnen kein neues Wissen geboten, sondern er geht, wie im Experiment von Asch, mit der Gruppe konform, weil er von ihr akzeptiert werden möchte. Aber wie wir gleich sehen werden, ist es gar nicht so einfach für Gruppen, einen Konsens zwischen ihren Mitgliedern zu erreichen.

In einer wirklichkeitsgetreueren Untersuchung von Gruppenprozessen bildete Schachter (1951) Diskussionsgruppen, die sich zu etlichen Fragen und Problemen ihre Gedanken machen sollten. In jede Gruppe schmuggelte er zwei seiner Assistenten, von denen der eine einen durchgängig abweichenden, nonkonformistischen Standpunkt vertrat, während der andere als Nonkonformist begann, allmählich aber zur Gruppenmeinung überging. Die Gruppe verwendete viel Zeit und Mühe darauf, ihre beiden abtrünnigen Mitglieder auf die Gruppenposition einzuschwören. Dieses Bemühen wurde noch intensiver, wenn einer von beiden einen möglichen Meinungswandel erkennen ließ (worauf er „programmiert" war). Als man erkannte, daß man den zweiten Abweichler nicht würde überzeugen können, stellte man die Kommunikation mit ihm ein: Die Gruppe hörte auf, ihn als zugehörig zu betrachten und gestand ihm keinerlei Rolle innerhalb der Gruppe mehr zu. Dieser Prozeß dient auf effektive Weise der Selbsterhaltung einer Gruppe. Um als soziale Einheit funktionsfähig zu sein, braucht die Gruppe ein gewisses Maß an Konsens, und sie ist bereit, einiges dafür zu tun. Ist alle Mühe vergeblich, muß die Gruppe, will sie als solche überleben, das nicht konforme Mitglied zurückweisen und ignorieren.

Soziale Ansteckung

Es scheint eine ganz grundlegende Tendenz des Menschen zu sein, wie andere zu denken und zu handeln. Wir unterliegen zwar nicht einfach nur dem Druck von Information und Gruppennorm, doch genügt zuweilen schon die bloße Teilhabe an einer Gruppe, um unser Verhalten zu ändern. Dieses gleichsam automatische Wirken von Gruppeneinflüssen hat als erster der französische Soziologe und Arzt LeBon beschrieben, der annahm, daß Emotion, Aggression und Gewalt ähnlich schnell wie eine ansteckende Krankheit von einer Menge Besitz ergreifen können. *Soziale Ansteckung* ist nicht auf Massenversammlungen oder aggressives Verhalten beschränkt. Es gibt viele gut belegte Beispiele mysteriöser Krankheiten, die sich auf dem Wege sozialer Ansteckung verbreiten. Die Leidenden imitieren unwissentlich die Symptome anderer. Vor kurzem wurden Schülerinnen einer palästinensischen Schule auf der von Israel besetzten West Bank Opfer einer geheimnisvollen Krankheit, die angeblich von den Israelis verursacht worden war. Eine internationale Untersuchungskommission fand aber keinerlei Beweis für irgendwelche Krankheitserreger, und die Mädchen erholten sich rasch. Solcherart hysterische Ansteckungsreaktionen sind auch in anderen Ländern keine Seltenheit.

Nicht immer ist der Ansteckungseffekt so harmlos. So kann zum Beispiel der bekannt gewordene Suizid einer berühmten Persönlichkeit etliche andere nach sich ziehen (Phillips 1974). Soziale Ansteckung ist auch bei vielen anderen Gruppenphänomenen im Spiel, man erinnere sich nur, wie schnell sich neue Moden, neue politische Denkweisen oder neue Verhaltensstile verbreiten können. Immer, wenn etwas über die Vorlieben meinungsrelevanter Gruppen und Individuen an die Öffentlichkeit dringt, kommt es zu einer Welle freiwilliger Konformität. Die oben geschilderten Versuche sind Beispiele ,,unbeabsichtigter" sozialer Einflußprozesse, die Menschen folgten ohne unmittelbaren Druck einer inneren Neigung. Sowohl Konformität als auch soziale Ansteckung gehören zu den Voraussetzungen kooperativen sozialen Lebens.

Gehorsam

Konformität ist die wohl häufigste Form, in der Gruppen indirekten sozialen Einfluß auf einzelne ausüben. Aber es gibt andere, direktere Formen der sozialen Beeinflussung, die in ihren Implikationen nicht weniger interessant sind. Als nächste wichtige Einflußkategorie wollen wir uns dem Gehorsam auf direkte Befehle oder Instruktionen zuwenden. Zu gehorchen oder das tun, was andere sagen, scheint auf den ersten Blick etwas Zweifelhaftes zu sein, impliziert es doch, daß wir unsere individuelle Handlungsfreiheit aufgeben und fremde Instruktionen als kontrollierende Kraft unseres Verhaltens akzeptieren. Wir alle sehen uns gern als autonom Handelnde und nicht als simple Befolger fremder Befehle. Welch große Rolle spielt Gehorsam in unserem Leben?

Die meisten westlichen Kulturen haben individuelle Handlungsfreiheit und Verantwortlichkeit zu Grundwerten erkoren, und folglich betrachten sie Gehorsam als etwas, das nicht immer wünschenswert ist (vgl. Kapitel 1). Doch letztlich greifen – um ihrer Effizienz willen – fast alle sozialen Organisationen und Gruppierungen auf explizite Gehorsamsbeziehungen zurück. Die Armee, die Polizei und die Feuerwehr sind nur einige wenige Beispiele dafür. Auch fast alle sozialen Organisationen wie Krankenhäuser, Sozialdienste, Verwaltungen, ja sogar Universitäten sind explizit autoritär strukturiert, wo Gehorsam von den Vorgesetzten erwartet und von den Untergebenen freiwillig (zuweilen auch widerstrebend) geleistet wird. Im britischen Universitätssystem sind die Institutsleiter formal für die gesamte Forschung und Lehre an ihren Hochschulen verantwortlich und dem akademischen Personal gegenüber entsprechend weisungsberechtigt. Vom Gehorsam gegenüber Führern in Armee oder Industrie unterscheidet sich das nicht allzusehr.

Gehorsam im Labor

Psychologische Experimente gehören zu den am häufigsten untersuchten Beispielen nahezu blinden Gehorsams. Versuchspersonen akzeptieren fast jeden Befehl oder jede Instruktion des Versuchsleiters und kommen dem nach, so gut sie können. Dieser blinde Gehorsam scheint kaum Grenzen zu kennen. Einige Forscher stellten ihren Probanden so absurde und sinnlose Aufgaben, daß sich, so glaubten sie, kaum jemand damit abgeben würde. In einer denkwürdigen Untersuchung überreichte der Versuchsleiter den Probanden einen Stoß Papier mit mathematischen Aufgaben und bat sie (a) diese Aufgaben zu lösen und (b) jede erledigte Seite in den Papierkorb zu werfen und erst dann mit der nächsten zu beginnen. Statt sich zu weigern, widmeten sich die Probanden diesem nutzlosen Geschäft stundenlang und hörten erst auf, als der Experimentator die Anweisung dazu gab. Solcherart extreme Willfährigkeit von Versuchspersonen ist auch eine Quelle ernsthafter methodologischer Probleme. Da Probanden fast alles tun, um dem Versuchsleiter eine ,,Freude'' zu machen, muß man den wirklichen Zweck eines Experiments vor ihnen geheimhalten, damit sie nicht in Versuchung kommen, die Ergebnisse im Sinne des Versuchsleiters zu ,,fälschen'' (vgl. auch Kapitel 16).

In den meisten Fällen beschränkt sich der Gehorsam aber auf wohldefinierte Autoritätsbeziehungen und es wird nichts Illegitimes oder Unmoralisches von den Probanden verlangt. Was geschähe, wenn wir Versuchspersonen anweisen würden, sich einem Unschuldigen gegenüber aggressiv zu verhalten, ihm Schmerz und Leid zuzufügen, ja sogar sein Leben zu gefährden? Sie würden sich weigern, meinen Sie? Leider weit gefehlt, wie sich in einem berühmten Experiment von Milgram (1963) zeigte.

In diesem angeblichen ,,Lern''-Experiment sollten die Versuchspersonen einem anderen Kandidaten (in Wirklichkeit ein Komplize des Versuchsleiters) beibringen, einige Wortpaare zu lernen. Der ,,Schüler'' saß in einem benachbarten Raum – mit Elektroden versehen. Jedesmal, so sagte man den ,,Lehrern'', wenn der ,,Schüler'' einen Fehler mache, sei er mit einem Elektroschock wachsender Stärke zu bestrafen. Ein eindrucksvoller Elektroschock-Generator mit Knöpfen für Stromstärken von 15 bis 450 Volt stand bereit. Die höheren Stromstärken waren mit ,,gefährlich'' und ,,äußerst gefährlich'' markiert. Um ihnen eine Vorstellung von der Strafe zu vermitteln, die sie verabreichen sollten, mußten sie sich zu Beginn selbst einem recht schmerzhaften Elektroschock unterziehen, den der Versuchsleiter als ,,sehr gelinde'' bezeichnete.

Natürlich machte der ,,Schüler'' im Laufe des Experiments etliche Fehler, und der Proband wurde aufgefordert, ihn zunehmend schmerzhafter und gefährlicher zu bestrafen. Bald hörte man den Schüler im Nachbarraum vor Schmerz schreien, an die Wand schlagen und darum betteln, die Prozedur doch zu beenden. Nach einem letzten, extrem starken Stromstoß herrschte Schweigen. Was hätten Sie als Proband in diesem Experiment getan? Zu seiner Überraschung mußte Milgram feststellen, daß nur 12,5% der Probanden den letzten tödlichen Stromschlag verweigerten und über 65% bis zum letzten, d.h. bis zu einer Stromstärke von 450 Volt gingen! (Vgl. Abb. 14.2) Das hatte wirklich niemand erwartet. Die Versuchspersonen waren normale, wohlangepaßte Amerikaner, die keinerlei Anzeichen unsozialen Verhaltens erkennen ließen. Und doch gingen sie in ihrem Gehorsam so weit, einem anderen Menschen Schmerz bis hin zur Körperverletzung zuzufügen. Wie läßt sich das erklären?

Variablen, die Gehorsam beeinflussen

Gehorsam wird von mehreren Faktoren beeinflußt. Vorrangig ist vielleicht, daß sich die Probanden für ihr Tun möglicherweise gar nicht persönlich verantwortlich fühlten, da sie sich der Autorität des Versuchsleiters – immerhin ein qualifizierter Lehrer an einer angesehenen Universität – unterstellten. Milgram ging dieser Möglichkeit nach und wiederholte sein Experiment außerhalb der Universität in einem schäbigen Vorstadtbüro ohne jeglichen akademischen Anstrich. Die Ergebnisse änderten sich kaum. Ein zweiter Faktor mochte die Nähe zwischen Proband und ,,Schüler" gewesen sein. Da ersterer mit dem Leiden des ,,Schülers" nur indirekt konfrontiert war, fiel ihm das Gehorchen möglicherweise leichter.

Milgram variierte also die Nähe zwischen Schüler und Proband. Im einen Fall setzte er sie in denselben Raum, im anderen verlangte er von den Probanden, die Hand des Schülers auf die Elektroden zu drücken. Mit zunehmender Nähe zwischen Proband und Opfer sank der Gehorsam vorhersagbar von 65% auf 49%. Das hat gewichtige Implikationen für das wirkliche Leben. Leid zu verursachen fällt offensichtlich leichter, wenn das Opfer weit entfernt ist. Im Krieg sind Bomber-Piloten mit den Folgen ihres Tuns wahrscheinlich weit weniger konfrontiert als Soldaten unmittelbar an der Front. Noch weiter entfernt von den menschlichen Folgen ihrer Entscheidungen sind Politiker und andere Entscheidungsträger, was vielleicht zur Erklärung ihrer gelegentlichen Ignoranz den Folgen gegenüber beiträgt.

Auch die Nähe des Versuchsleiters spielte eine signifikante Rolle. Befand er sich nicht in unmittelbarer Nähe des Probanden und gab seine Anweisungen über eine Gegensprechanlage oder per Tonband, wurde ihm nur zu etwa 45% gehorcht. Aber einer der unter allen Versuchsbedingungen ausschlaggebendsten Faktoren war der Glaube an die letztendliche Verantwortlichkeit des Versuchsleiters. Da er kein Zeichen von Beunruhigung zeigte, als der ,,Schüler" vor Schmerz brüllte, konnten sich die verwirrten Probanden geradezu in den Gehorsam flüchten (Mixon 1972).

Nach dem Zweiten Weltkrieg rechtfertigten sich die Naziverbrecher für ihre Greueltaten ähnlich: sie hatten nur Befehle ausgeführt. Die Verantwortung lag einzig bei jenen, die die Befehle gaben. Doch hält diese Rechtfertigung stand? Milgrams Probanden hätten ohne weiteres aufstehen und gehen können. Es spricht einiges dafür, daß Ähnliches auch den deutschen Soldaten der Nazizeit

Ich bin dir nah, also gehorchst du mir!

Menschen sind besonders dann gehorsam, wenn der Befehlende in unmittelbarer Nähe ist.

möglich gewesen wäre. Über Verfolgungen einzelner, die sich den Grausamkeiten gegenüber der Zivilbevölkerung verweigert haben, ist wenig bekannt. Doch wir scheinen unsere tatsächliche Handlungsfreiheit meistens zu unterschätzen, gehen den Weg des geringsten Widerstandes und schieben anderen die Verantwortung zu. Die Neigung, sich der Autorität zu beugen, hat in der Tat großen Einfluß auf menschliches Verhalten.

Wie weit würden Probanden ohne explizite Befehle gehen? Milgram (1964) hat auch das untersucht. Das Verfahren blieb im wesentlichen das gleiche, nur durften die Probanden die jeweils angemessene Stromstärke selbst bestimmen. Unter diesen Umständen kam es nur noch zu 5% zu wirklich gefährlichen Strafen. Können wir daraus schließen, daß die unmittelbare, akzeptierte Autorität der handlungsbestimmende Faktor ist? Nicht unbedingt. Einfacher Gruppendruck von Mitprobanden veranlaßte die Strafenden fast genauso effektiv, tödliche Stromstöße zu verabreichen.

In einer weiteren Modifikation des Experiments forderte Milgram Gruppen von drei Probanden auf, die jeweils angemessene Stromstärke selbst vorzuschlagen. Die niedrigste Strafe würde dann automatisch verabreicht. Zwei der ,,Probanden" waren allerdings Komplizen des Versuchsleiters und sie empfahlen von Versuch zu Versuch größere Stromstärken. Der einzige ,,richtige" Proband hätte also dafür sorgen können, daß es immer bei einem Minimum von 15 Volt blieb, allerdings auf Kosten der Gemeinsamkeit mit den anderen. Fast 70% der Probanden fügten sich jedoch dem Gruppendruck und verabreichten Stromstöße von 150 Volt, nur 20% zogen mit bis 450 Volt. Offensichtlich reichte einfacher Gruppendruck seitens zweier anderer – auch ohne direktes Eingreifen des Versuchsleiters – aus, um bei vielen Beteiligten Konformität zu induzieren.

Das Verhalten anderer muß sich aber nicht unbedingt zum Schlechten auswirken. Weigerten sich zwei Mitglieder dreiköpfiger Probandengruppen (wieder handelte es sich um Komplizen des Versuchsleiters), gefährliche Stromstärken zu verabreichen, kündigten über 90% der „wirklichen" Probanden ab einem gewissen Punkt ebenfalls den Gehorsam auf (vgl. Abb. 14.2) und verweigerten die Applizierung des stärksten Schocks (Milgram 1965). Zusammengenommen illustrieren diese Ergebnisse auf dramatische Weise, was Gehorsam bewirken kann. Wir brauchen uns aber gar nicht an solche Extremfälle zu halten. Oft genug und wenn die Kosten nicht allzu hoch sind, scheinen Menschen sich ganz gerne darauf zu beschränken, das zu tun, was man ihnen sagt. In einer Untersuchung ließ man einen ganz offensichtlich gesunden jungen Mann Fremde auffordern, ihm ihren Sitzplatz zu räumen. Es weigerten sich nur wenige. Solche mehr oder weniger direkten Strategien sozialer Beeinflussung kennzeichnen – sei es als Gehorsam, sei es als Konformitätsdruck – häufig die Interaktion in Gruppen.

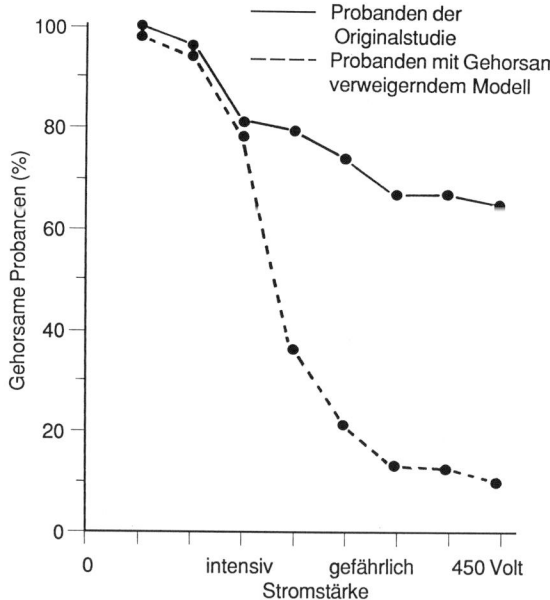

Abb. 14.2: Autorität und Gehorsam
Ungefähr 65% der Probanden gehorchten einem Versuchsleiter und verabreichten einem unschuldigen Opfer Stromstöße von 450 Volt (obere Kurve). Wenn zwei Teilnehmer sich weigerten, über die mit „intensiv" markierte Voltzahl hinauszugehen, nahm der Gehorsam merklich ab (untere Kurve). (Nach Milgram 1974)

Führung

Jemandem gehorchen bedeutet, seine Autorität oder *Führerschaft* zu akzeptieren. Was meinen wir genau damit, wenn wir sagen, jemand sei ein guter Führer? Meinen wir seine besonderen persönlichen Qualitäten, die Macht, die ihm seine berufliche Position verleiht oder seine Fähigkeit, Menschen zu beeinflussen? Führung ist ein sehr wichtiger Aspekt sozialen Lebens, und die Interaktion innerhalb eines Führungskontextes stellt Führer wie Geführte vor Probleme ganz eigener Art. Besonders in der Wirtschaft ist Führung von großer Bedeutung. Die meisten Organisationen erwarten von Führern, daß sie die Arbeitenden in Übereinstimmung mit den Zielen der jeweiligen Organisation motivieren und die Produktionsprozesse organisieren. Einige typische Führungseigenschaften wollen wir im folgenden kurz betrachten.

Aktivität 14.2: Führungseigenschaften

Schreiben Sie die Namen von fünf Bekannten auf, die Sie für gute „Führer" halten. Welches sind die drei wichtigsten persönlichen Eigenschaften, die diese fünf Menschen Ihrer Meinung nach besonders zum Führertum befähigen? Schreiben Sie auch diese Eigenschaften auf. Sehen Sie sich beim Weiterlesen Ihre Beschreibungen gelegentlich an und vergleichen Sie, wieweit Ihre persönliche Führungstheorie den Ergebnissen sozialpsychologischer Forschung entspricht.

Die vielleicht frühesten und bis auf den heutigen Tag immer noch gängigsten Führungstheorien stellen die besonderen persönlichen Eigenschaften von Führern in den Vordergrund. Immer hat es in der Geschichte Führer gegeben, die mit ihrer einmaligen Persönlichkeit die Loyalität und den Gehorsam anderer zu gewinnen wußten. Nun ist es leider so, daß Führerschaft, abhängig von den Umständen, von sehr vielen verschiedenen Persönlichkeitsmerkmalen begünstigt wird. Was braucht ein Führer am meisten – Einfühlungsvermögen oder Skrupellosigkeit, Intelligenz oder Demagogie, Offenheit oder Verschlossenheit, Selbstsucht oder Großzügigkeit?

Für fast jede Kombination gibt es ein berühmtes historisches Beispiel. Churchill und Stalin, De Gaulle und Hitler, Gandhi und Mao – sie alle waren höchst unterschiedliche Führerpersönlichkeiten. Eine ganz bestimmte Eigenschaft, die sie alle ausgezeichnet hätte, scheint es nicht zu geben, und noch unwahrscheinlicher ist es, daß Historiker gemeinsame Führungseigenschaften aller „großen Männer" der Geschichte entdecken werden. Psychologen, die nach notwendigen Eigenschaften von Führern suchen, ergeht es nicht besser. Trotz aller Forschungsanstrengungen ist es bisher nicht gelungen, die besonderen Merkmale zu identifizieren, die Führer von Nicht-Führern unterscheiden.

Man ist daher wohl oder übel zu dem Schluß gekommen, daß optimale Führungseigenschaften in erster Linie situationsabhängig sind. Als politischer Führer in Friedenszeiten war Churchill kaum erfolgreich zu nennen, aber nach Ausbruch des Krieges waren seine Talente genau die richtigen. Ähnlich eng war die Karriere Hitlers an die Auswirkungen der Weltwirtschaftskrise gekoppelt. So betrachtet ist der soziale Einfluß zwischen Führer und Geführten kein Prozeß in eine Richtung. Ein Führer beeinflußt zwar die Gruppe, aber auch die Gruppe sucht sich – angesichts der besonderen Probleme, vor der sie steht – den geeigneten Führer, den sie ihrerseits dann formt und beeinflußt. Besonders in unstrukturierten Gruppen muß sich ein potentieller Führer – häufig dadurch, daß er Konformität zeigt – ein gewisses Maß an Respekt und Ansehen erwerben, bevor er/sie glaubhaft versuchen kann, andere zu beeinflussen. Hollander hat diesen Prozeß die Akkumulation von *Idiosynkrasie-Kredit* genannt, womit der Erwerb von Respekt und Ansehen durch Konformität gemeint ist, der es dem Betreffenden späterhin erlaubt, auch kreativ und nonkonformistisch zu handeln.

Führer können sich in ihren Führungsstilen erheblich unterscheiden. In einer frühen Untersuchung zu diesem Thema verglichen Lewin, Lippitt und White (1939) die Auswirkungen von demokratischer, autokratischer und Laisser-faire-Führung auf Leistung und Zufriedenheit von Gruppen. Dieser Studie zufolge erreichten demokratische Führer, die einen kollegialen Stil pflegten, höhere Produktivität und auch größere Zufriedenheit. Das heißt aber keineswegs, daß demokratische Führer auch in anderen Kulturen und unter allen Umständen die besten sein müssen.

Sehr viel hängt davon ab, woher der Führer seine Macht bezieht. French und Raven (1959) haben eine – in der Folgezeit höchst einflußreiche – Liste sozialer Einflußmöglichkeiten (social power) von Führern (und anderen Menschen) erstellt. Der einzelne kann Macht haben, weil er die Fähigkeit besitzt zu bestrafen (*coercive* power) oder zu belohnen (*reward* power), weil er über Autorität verfügt oder eine Position, die ihm legitime Befugnisse verleiht (*legitimate* power), weil er aufgrund von Sachkunde Einfluß geltend machen kann (*expert* power) und schließlich aufgrund der Attraktivität seiner Ideen und seiner Persönlichkeit, die andere veranlassen, ihm zu folgen und sich mit ihm zu identifizieren (*referent* power). Die Effektivität eines Führers ist ganz offensichtlich abhängig davon, über welche Form der Macht er verfügt. Welcherart war die Macht Ihrer Führer in Aktivität 14.2?

Andere Sozialpsychologen sind einen Schritt weiter gegangen und haben untersucht, in welchen spezifischen Situationen welche Führer am erfolgreichsten sind. Von Fred Fiedler (1967) stammt das sogenannte Kontingenzmodell von Führung. Dieses Modell besagt, daß effektive Führung das Ergebnis einer Kombination bestimmter Führermerkmale und bestimmter situativer Eigenschaften ist. Nach Fiedler unterscheiden sich Führer in erster Linie entlang Dimensionen von Aufgabenorientiertheit versus Personenorientiertheit. Manchen Führern geht es – sogar auf Kosten guter persönlicher Beziehungen – in erster Linie um die Leistung, während anderen an Wärme und Zusammengehörigkeitsgefühl gelegen ist. Diese

Führereigenschaften lassen sich mit Hilfe eines einfachen Fragebogens messen. Dabei werden die Führer gebeten, den von ihnen am wenigsten bevorzugten Mitarbeiter zu beschreiben (LPC-Skala: „least-preferred-coworker scale"). Bei aufgabenorientierten Führern fällt die Bewertung der ineffizienten Mitarbeiter negativer aus als bei beziehungsorientierten Führern.

Fiedler analysierte, wie günstig eine bestimmte Situation für einen bestimmten Führertyp ist. Die Situationsgunst hängt (in der Reihenfolge ihrer Wichtigkeit) ab von (a) dem Bestehen guter oder schlechter Beziehungen zwischen Führer und Gruppe, (b) der Strukturiertheit und Eindeutigkeit der Aufgabenstellung und (c) der Macht des Führers über die Gruppe. Direktive, aufgabenorientierte Führer sind am effektivsten in sehr günstigen oder sehr ungünstigen Situationen; nicht-direktive, beziehungsorientierte Führer sind in Situationen von mittlerer Schwierigkeit am effektivsten. Abb. 14.3 faßt Fiedlers Modell anschaulich zusammen.

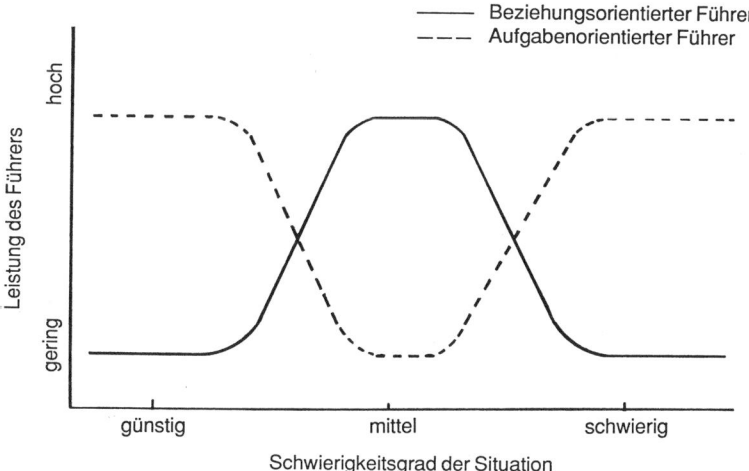

Abb. 14.3: Ein Situationsmodell von Führung
Aufgabenorientierte Führer bewähren sich am besten, wenn die Situation sehr günstig oder sehr schwierig ist; in Situationen mittlerer Schwierigkeit sind beziehungsorientierte Führer besser am Platz. (Nach Fiedler 1967)

Fiedler selbst und nach ihm andere haben diese Theorie vielfach empirisch überprüft (mit Soldatengruppen, Produktionseinheiten, usw.). Kritisiert wurde jedoch, daß die LPC-Skala kein reliables Maß für den Führungsstil sei und daß der optimale Führungsstil noch durch sehr viel mehr Situationsmerkmale determiniert werde (z. B. dadurch, ob die Macht eines Führers als legitim anerkannt wird oder nicht). Ernannte Führer besitzen zum Beispiel oft weniger Macht und Legitimität als gewählte und von der Gruppe anerkannte (French und Raven 1959).

Effektive Führung, so stellten Fiedler und andere fest, bedeutet häufig, zwei unvereinbaren Funktionen gerecht zu werden: dafür zu sorgen, daß die Gruppe glücklich, zufrieden und freundlich im Umgang miteinander ist, und sicherzustellen, daß die Aufgaben so effektiv wie möglich erledigt werden. Führer, die vornehmlich um ersteres bemüht sind, nennt man sozio-emotionale Führer, Führer der zweiten Gruppe Aufgabenführer. Häufig verteilt man beide Funktionen auf zwei Führer. Während der eine die Aufgabenerfüllung koordiniert und vorantreibt, ist der andere zur Stelle, wenn es darum geht, persönliche Konflikte zu lösen, Spannungen abzubauen und für Zufriedenheit zu sorgen. Gibt es unter Ihren fünf Führern aus der letzten Aktivität ausgesprochene Aufgabenführer und ausgesprochene sozio-emotionale Führer oder ist auch jemand dabei, der beiden Funktionen gleichermaßen gut gerecht wird?

Schlußfolgerungen

Interpersonaler Einfluß ist ein wesentlicher Teil des sozialen Interaktionsprozesses und macht sich auch in der oberflächlichsten Interaktion geltend. Wir haben in diesem Kapitel einige der allgemeinsten Formen sozialer Beeinflussung zwischen einzelnen und Gruppen im Verlaufe sozialer Interaktion kennengelernt. Auf unterster Ebene kann bereits die bloße Anwesenheit anderer Erregung hervorrufen und entweder zu Leistungsanstieg oder Leistungsabfall führen. Konformität und Willfährigkeit (compliance) sind Prozesse, die dann in Gang kommen, wenn die Gruppe ihre Mitglieder zu beeinflussen versucht, sich im Sinne der Gruppe zu verhalten. Die meisten von uns haben ein sehr feines Gespür für solche Gruppenforderungen und -erwartungen und werden sich in den meisten Situationen bereitwillig danach richten. Diese nahezu universale Tendenz des Menschen ist der Grundpfeiler jeder höheren sozialen Organisation.

Aber Prozesse sozialer Beeinflussung sind nicht allein auf Gruppen beschränkt. Auch Personen, die direkte Forderungen stellen oder Befehle geben, können andere beeinflussen, und zwar aufgrund einer ähnlich starken Tendenz, solchen Anordnungen nachzukommen. Wie Milgram gezeigt hat, werden auch unmoralische oder unangenehme Anordnungen befolgt, solange die Handelnden eine persönliche Verantwortung für die Folgen ihres Tuns leugnen können. Und schließlich ging es noch um eine ganz spezielle Frage interpersonaler Einflußprozesse: Welche Faktoren sind ausschlaggebend für effektive Führung? Alle diese Formen sozialer Beeinflussung sind uns aus dem täglichen Leben vertraut. Im nächsten Kapitel wollen wir uns mit einigen gruppenspezifischen Interaktionsprozessen näher auseinandersetzen.

Kapitel 15

Interaktion in Gruppen

Im letzten Kapitel haben wir einige grundlegende Prozesse interpersonaler Beeinflussung kennengelernt. In diesem Kapitel wollen wir einen Schritt weitergehen und uns einige allgemeine Merkmale sozialer Interaktion in Gruppen ansehen. Wir alle sind Mitglieder zahlreicher sozialer Gruppen, seien sie groß oder klein, intimen oder beiläufigen Charakters, mit oder ohne unmittelbaren Kontakt der Gruppenmitglieder untereinander. Ihre Familie, Ihre Arbeitskollegen, Ihre Nachbarschaft, Ihr Verein oder Ihre Schule sind in gewissem Sinne alles Gruppen, deren Mitglied Sie sind. Da es uns in diesem Buch vornehmlich um Interaktionsprozesse geht, interessieren uns im Moment vor allem solche Gruppen, die auf unmittelbarem persönlichen Kontakt gründen. Im großen und ganzen können wir zwei Arten von Gruppen unterscheiden: kleine, intime Gruppen mit häufiger Interaktion und persönlichem Engagement der Mitglieder und größere, formelle Gruppen, in denen die Mitglieder über formelle, unpersönliche Regelapparate oder vertragliche Prozesse miteinander in Beziehung stehen.

Der deutsche Soziologe Tönnies hat gegen Ende des letzten Jahrhunderts zwischen ,,Gemeinschaft`` und ,,Gesellschaft`` unterschieden. Gemeinschaften sind herzliche, engagierte ,,face-to-face``-Gruppen, gekennzeichnet durch Zusammenhalt, Konformität und Kontrolle, während Gesellschaften formeller und unpersönlicher sind und auf weniger persönlichem Engagement gründen. Natürlich ist das Interaktionsumfeld für die Mitglieder in beiden Gruppen ganz verschieden. Charles Cooley (1902) nannte diese beiden grundlegenden sozialen Einheiten ,,Primärgruppen`` bzw. ,,Sekundärgruppen``.

Ich habe in der Einleitung davon gesprochen, daß der Zusammenbruch und das Verschwinden von Primärgruppen-Beziehungen und die wachsende Bedeutung unpersönlicher Sekundärgruppen-Beziehungen wohl einer der wesentlichen Gründe dafür sind, daß soziale Interaktion für den einzelnen zunehmend zum Problem wird. Die Entwicklung der modernen Industriegesellschaften hat die Menschen von der Bindung an die dörfliche Lebensgemeinschaft befreit und soziale und geographische Mobilität ermöglicht. Infolge dieser Entwicklung haben die Primärgruppen-Beziehungen an Bedeutung eingebüßt. Das Entstehen unpersönlicher Sekundärgruppen als Haupttummelplatz für unsere sozialen Interaktionen ist also eine ziemlich junge Entwicklung. Die meisten Menschen, zu denen wir eine vertraute Beziehung unterhalten, gehören nicht zu einer einzelnen Gruppe, sondern sind geographisch und sozial weit gestreut. Sozialwissenschaftler bezeichnen das als ein ,,Beziehungsnetzwerk``. Doch ungeachtet der offensichtlich schwindenden Bedeutung der Primärgruppe gehört die Interaktion in ,,face-to-face``-Gruppen zu unseren komplexesten und intensivsten sozialen Erfahrungen. Wir wollen uns im folgenden einigen der wichtigsten Merkmale von Gruppeninteraktionen zuwenden.

Das Messen von Gruppeninteraktionen

Wenn wir die direkte Interaktion innerhalb einer Primärgruppe beobachten, fällt uns als erstes deren ungeheure Komplexität auf. Schon bei einer Gruppengröße von nur drei oder vier Mitgliedern hat ein Beobachter große Schwierigkeiten, auch wirklich alles mitzubekommen, was an Interaktionsprozessen abläuft, und noch viel weniger ist er in der Lage, diese Prozesse angemessen zu analysieren und zu interpretieren (vgl. Aktivität 15.1).

Aktivität 15.1: Beobachtung von Gruppeninteraktion

Um einen Eindruck davon zu bekommen, wie komplex Gruppeninteraktions-prozesse sind, versuchen Sie sich einmal selber an einem kleinen Beobach-tungsprojekt. Suchen Sie sich eine kleine Gruppe von drei oder vier Leuten (auf der Straße, in einem Lokal, usw.) und versuchen Sie, zehn Minuten lang alles zu beobachten, was zwischen diesen Menschen geschieht. Vergessen Sie nicht, Ihr Augenmerk auf verbale und nonverbale Botschaften (vgl. Kapitel 9 und 10) gleichermaßen zu richten. Versuchen Sie, Ihre Beobachtungen zum Zwecke einer weiteren Analyse schriftlich festzuhalten. Greifen Sie bei der weiteren Lektüre dieses Kapitels gelegentlich auf diese Notizen zurück.

Die Frage, wie Gruppeninteraktionen genau zu beobachten und zu beschreiben sind, hat Sozialpsychologen lange beschäftigt. Auf der untersten Beschreibungs-ebene können wir z.B. den Zeitanteil vermerken, den jedes Gruppenmitglied einer bestimmten Aktivität widmet, wie z.B. sprechen, zuhören, Anzeichen von Nervosität zeigen, wegschauen, usw. Schon dieses einfache Beobachtungssystem kann uns viel über eine Gruppe erzählen. Wieviel jemand spricht, kann zum Beispiel ein guter Indikator für seine relative Dominanz und Führungsposition innerhalb der Gruppe sein. Können Sie in den von Ihnen beobachteten Gruppen ein solcherart dominantes Mitglied ausmachen? Natürlich ist das sprechfreudigste Gruppenmitglied nicht unbedingt auch das beliebteste. Das, so zeigte sich in einigen Untersuchungen, ist zumeist das zweitgesprächigste Mitglied!

Natürlich ist die so gemessene Information über eine solch elementare Interaktion nicht sehr detailliert. Neben der reinen Sprechzeit können wir uns auch dafür interessieren, was gesagt wird, ob das Gesagte hilfreich ist oder eher negative Impulse gibt, usw. Das größte Problem dabei ist die Entwicklung eines geeigneten Erhebungsschemas, denn wir müssen schließlich wissen, wonach wir Ausschau halten. Bales (1950) entwickelte eine – sehr häufig angewandte – Methode zur kontinuierlichen Beobachtung von Interaktionen, die sogenannte „Interaktions-Prozeß-Analyse". Der Erfolg einer Gruppe, so nahm er an, hänge von zwei Faktoren ab: Wie gut löst sie die anstehenden Aufgaben (Aufgabenfunktion) und wie gut gelingt es ihr, eine zufriedene Gruppenatmosphäre zu schaffen (integrative oder sozio-emotionale Funktion).

Sein Bewertungssystem umfaßt zwölf Interaktionsteile, die in vier Grundkategorien klassifizierbar sind: sozio-emotional – positiv (zeigt Solidarität oder Zustimmung), aufgabenorientiert – bietet Lösungsversuche an (macht z. B. Vorschläge oder äußert eine Meinung), aufgabenorientiert – stellt Fragen (bittet um Meinung oder Orientierung) und sozio-emotional – negativ (widerspricht und zeigt Antagonismus) (vgl. Tabelle 15.1). Üblicherweise wird jedem Gruppenmitglied mindestens ein Beurteiler zugewiesen. Diese Methode hat sich in einer Vielfalt von „Settings" als reliabler und hilfreicher Weg erwiesen, um Gruppenprozesse zu analysieren.

Tabelle 15.1: Die Interaktionsprozeß-Analyse von Bales: Ein Analyse-System für Gruppeninteraktionen

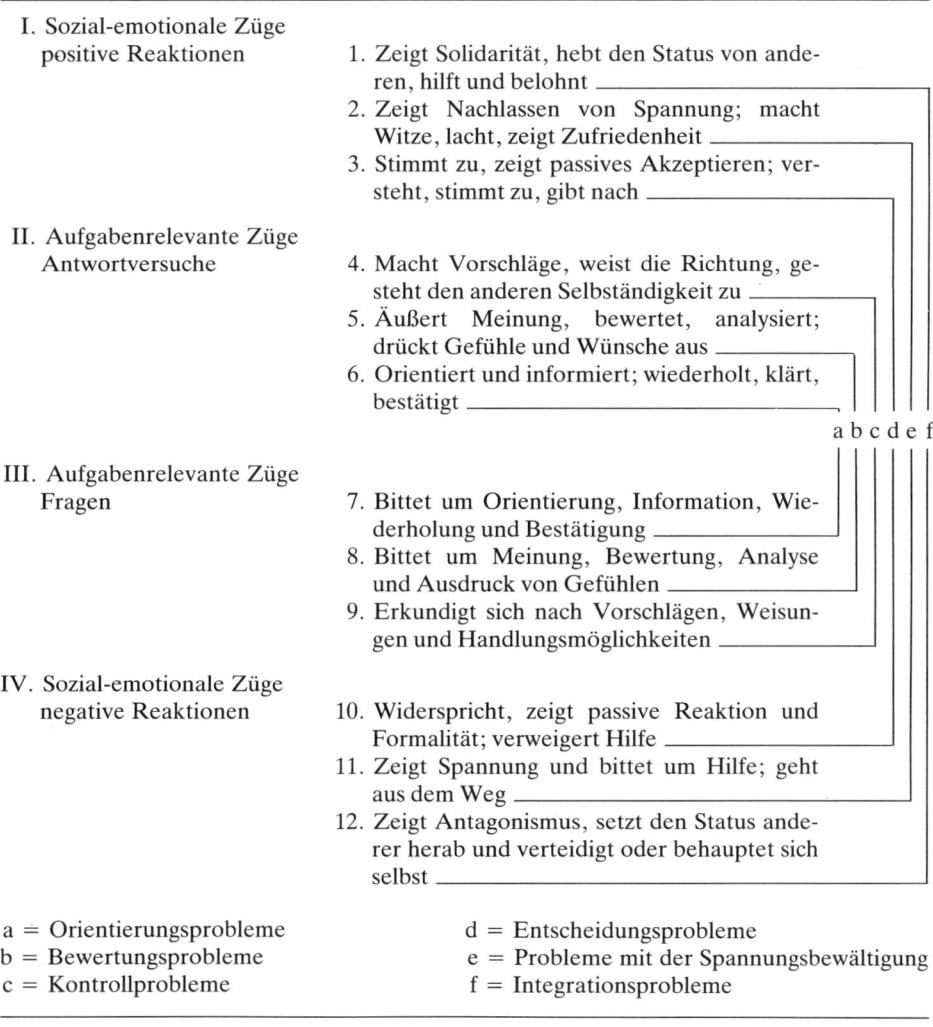

I. Sozial-emotionale Züge positive Reaktionen	1. Zeigt Solidarität, hebt den Status von anderen, hilft und belohnt
	2. Zeigt Nachlassen von Spannung; macht Witze, lacht, zeigt Zufriedenheit
	3. Stimmt zu, zeigt passives Akzeptieren; versteht, stimmt zu, gibt nach
II. Aufgabenrelevante Züge Antwortversuche	4. Macht Vorschläge, weist die Richtung, gesteht den anderen Selbständigkeit zu
	5. Äußert Meinung, bewertet, analysiert; drückt Gefühle und Wünsche aus
	6. Orientiert und informiert; wiederholt, klärt, bestätigt
III. Aufgabenrelevante Züge Fragen	7. Bittet um Orientierung, Information, Wiederholung und Bestätigung
	8. Bittet um Meinung, Bewertung, Analyse und Ausdruck von Gefühlen
	9. Erkundigt sich nach Vorschlägen, Weisungen und Handlungsmöglichkeiten
IV. Sozial-emotionale Züge negative Reaktionen	10. Widerspricht, zeigt passive Reaktion und Formalität; verweigert Hilfe
	11. Zeigt Spannung und bittet um Hilfe; geht aus dem Weg
	12. Zeigt Antagonismus, setzt den Status anderer herab und verteidigt oder behauptet sich selbst

a b c d e f

a = Orientierungsprobleme
b = Bewertungsprobleme
c = Kontrollprobleme

d = Entscheidungsprobleme
e = Probleme mit der Spannungsbewältigung
f = Integrationsprobleme

(Nach Bales 1950)

Stadien der Gruppenbildung

Wie wird aus isolierten Individuen eine ,,Gruppe"? Untersuchungen zeigen, daß normale Gruppen eine Art Standardabfolge von Interaktionsmustern durchlaufen. Der Prozeß, in dessen Verlauf Fremde miteinander bekannt werden und sich zu einer neuen sozialen Einheit – einer Gruppe – zusammenschließen, stellt an die Interaktionskompetenzen der meisten Menschen ganz besondere Anforderungen. Tuckman (1965) und andere glauben, daß Gruppen vor ihrer endgültigen Konsolidierung normalerweise vier Phasen zu durchlaufen haben: Formierung (forming), Sturm und Drang (storming), Normierung (norming) und Funktionieren (performing).

In der *Formierungsphase* macht man sich miteinander bekannt und erhält Einblick in die Aufgabe, die gemeinsam zu lösen ist. In der *Sturmphase* werden Konflikte und individuelle Differenzen offenbar und es beginnt der Kampf um Status und Rollen. Während der *Normierungsphase* werden diese Konflikte dann dadurch gelöst, daß man sich allseits akzeptierte Gruppennormen, Einstellungen und Rollendefinitionen schafft, bis sich schließlich in der Phase des *Funktionierens* ein stabiles Muster persönlicher Beziehungen und aufgabenorientierter Funktionen etabliert hat, das es der Gruppe erlaubt, ihre normalen Funktionen wahrzunehmen. Kommen Ihnen diese vier Phasen bekannt vor, wenn Sie an das letzte Mal zurückdenken, wo Sie an einer Gruppenneubildung beteiligt waren? Vor ein paar Jahren, als ich in England an einer Sommeruniversität unterrichtete, mußten Studenten, die anläßlich einer Simulationsübung als Ministerkabinette unterschiedlicher Länder zu fungieren hatten, solche Gruppen bilden. Ich habe mehr als 60 dieser Gruppen beobachtet und in jedem Fall waren die obigen vier Stadien der Gruppenbildung eindeutig zu identifizieren.

Während dieses Prozesses zeigt sich auch, daß sogar negative Verhaltensweisen – etwa Feindseligkeit und Rivalität in der Sturmphase – durchaus ihren Sinn haben. Werden solche Konflikte unterdrückt und nicht rechtzeitig gelöst, wird die Gruppe die weiteren Entwicklungsstadien und damit ihre volle Funktionsfähigkeit

Alle Menschen sind gleich, aber einige sind gleicher als die anderen!

Jede Gruppe entwickelt eine eigene Hierarchie und Struktur, die dann auch die Interaktionsmuster und Kommunikationskanäle innerhalb der Gruppe bestimmen. Mitglieder mit hohem Status interagieren mehr und stehen mehr im Zentrum der Kommunikationsstruktur. Status und Position eines Mitglieds kann in vielerlei Signalen – Kleidung, nonverbalem Verhalten und anderen Insignien – zum Ausdruck kommen.

vermutlich nie erreichen. Ergebnis dieses Gruppenbildungsprozesses ist eine soziale Einheit, deren Mitglieder sich gemeinsamen Normen unterwerfen. Wie Newcomb meint, zeichnet sich eine Gruppe, sozialpsychologisch betrachtet, in erster Linie dadurch aus, daß ihre Mitglieder in irgendeiner Hinsicht über gemeinsame Normen verfügen. Über den zukünftigen Erfolg einer Gruppe entscheiden unter anderem die Etablierung bestimmter Rollen (wer ist „Führer", wer „Spaßvogel", wer „Organisator", usw.) und eine stabile Gruppenstruktur.

Gruppenstruktur

Der Gruppenbildungsprozeß hat unvermeidlich zur Folge, daß die Mitglieder leidlich stabile und vorhersagbare Positionen innerhalb der Gruppe und im Verhältnis zu den einzelnen Mitgliedern einnehmen. Diese verschiedenen Positionen lassen sich durch Status, Rolle, hierarchische Position oder durch die Cliquen und Untergruppen, zu denen ein Mitglied gehört, beschreiben. Hat sich eine Gruppe einmal etabliert, ist ein großer Teil ihrer normalen Interaktionen allein auf der Grundlage der bestehenden Gruppenstruktur vorhersagbar. In Kapitel 11 haben wir eine von Moreno entwickelte Methode zur Analyse von Gruppenstrukturen kennengelernt, die sogenannte Soziometrie. Bei dieser Methode machen alle Gruppenmitglieder über alle anderen Präferenzaussagen, die dann zu einem Diagramm zusammengestellt werden (ein Beispiel dafür findet sich in Kapitel 11). Das resultierende Soziogramm (vgl. Abb. 11.1) gibt uns einen Überblick über das Netzwerk sozialer Beziehungen innerhalb der Gruppe.

Abgesehen von dieser informellen Gruppenstruktur auf der Basis von Freundschaftswahlen kann die Struktur in stärker formalisierten Gruppen (Arbeitsteams, Seminargruppen an der Universität, etc.) auch von anderen Kriterien – Fertigkeit, Kompetenz, Sachkunde, usw. – bestimmt werden. In Organisationen wie z.B. Fabriken oder Ämtern kann die formale Struktur sogar explizit geplant und generalstabsmäßig graphisch festgelegt sein. In einer Produktionseinheit zum Beispiel wird die Gruppenstruktur möglicherweise von den jeweiligen Erfordernissen des Produktionsprozesses oder den vorgeschriebenen Dienstverhältnissen beeinflußt. In einer Seminargruppe können intellektuelles Vermögen, bereits absolvierte Seminare oder verbale Geschicklichkeit über die Position eines Teilnehmers innerhalb der Gruppenstruktur entscheiden.

In einer von Jones und Young (vgl. Kapitel 11) untersuchten Gruppe amerikanischer Hochschulangehöriger, die aus Lehrpersonal, Angestellten und promovierten Studenten bestand, hing die Position eines Mitglieds innerhalb der Gruppenstruktur von drei Merkmalen ab: seiner intellektuellen Fähigkeit, seiner Soziabilität und seiner politischen Orientierung (links – rechts). Wir haben eine ähnliche Untersuchung in England durchgeführt und ein sehr ähnliches Muster gefunden (vgl. Abb. 11.2). Die Position einer Person innerhalb einer Gruppenstruktur wird, so zeigten diese Untersuchungen, von einer Kombination formeller und informeller Faktoren bestimmt: Extravertiertheit, Freundlichkeit und Geselligkeit können dabei eine ebenso große Rolle spielen wie so aufgabenrelevante Eigenschaften wie Intelligenz und Kompetenz. Können Sie für Ihre in Aktivität 15.1 beobachtete Gruppe Aussagen über die Gesamtstruktur und die Position der einzelnen Mitglieder machen? Wovon hing die Struktur ab und wie kamen Status und Position zum Ausdruck?

Kommunikationskanäle

Die Festigung der Gruppenstruktur führt zur Kanalisierung von Kommunikationen. Information ist in jeder Gruppe ungleich verteilt: nicht alle Mitglieder erfahren alles zur gleichen Zeit. Je näher Mitglieder einander innerhalb der formellen oder informellen Gruppenstruktur stehen, um so problemloser und häufiger kommunizieren sie miteinander. Kommunikation ist in den meisten Gruppen eine reale Machtquelle. Die Mitgliedschaft in einer Gruppe wird nur dann zufriedenstellend sein, wenn man weiß, was vorgeht, und wenn man zu den Gruppenaktionen beitragen und sie beeinflussen kann. Sozialpsychologen haben die Folgen mehr oder weniger offener Gruppensysteme auf Gruppenleistung und -zufriedenheit ausführlich untersucht. Einer der Pioniere auf diesem Gebiet ist Leavitt (1951).

Leavitt (1951) übertrug einer fünfköpfigen Gruppe die Aufgabe, herauszufinden, welches der vorgegebenen Symbole allen Gruppenmitgliedern gemeinsam war. Das Problem ließ sich nur lösen, wenn jeder mit jedem kommunizierte. Leavitt steuerte, wer Botschaften an wen senden konnte, indem er mehr oder weniger offene oder geschlossene Kommunikationsnetzwerke schuf (vgl. Abb. 15.1).

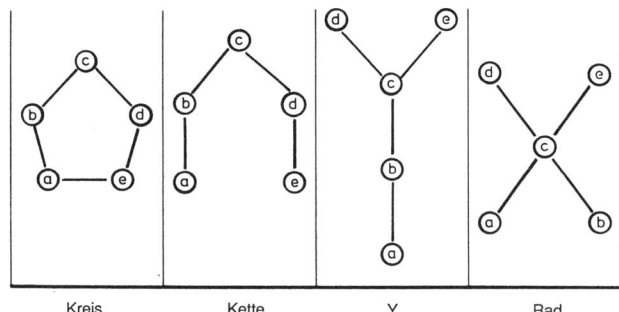

| Kreis | Kette | Y | Rad |

Abb. 15.1: Kommunikations-Netzwerke
Diese Kommunikations-Netzwerke innerhalb fünfköpfiger Gruppen unterscheiden sich im Grad ihrer Zentralisierung: Am meisten zentralisiert ist das Rad, am wenigsten der Kreis. (Nach Leavitt 1951)

Den Ergebnissen ist zu entnehmen, daß stark zentralisierte Netzwerke – wie das Rad in Abb. 15.1 –, in denen die ganze Information über einen „Führer" lief, der

Problemlösung zwar zugute kamen, aber zu größerer Unzufriedenheit in der Gruppe führten. Offenere und diffusere, wenn auch weniger effiziente Kommunikationssysteme befriedigten die Gruppenmitglieder mehr. Die individuelle Zufriedenheit mit der Gruppe hing also unmittelbar mit dem Zugang ihrer Mitglieder zu Kommunikationskanälen zusammen. In einer ähnlichen Studie manipulierte Shaw (1954) auch die Informationsmenge, d.h., er ließ einigen Gruppenmitgliedern viel, anderen sehr wenig Information zukommen.

Unter diesen Bedingungen war der Informations*kreis* am effizientesten und befriedigendsten, denn hier ging die Informationsstreuung relativ unproblematisch vonstatten. Je mehr Information sich jemand entweder in direktem Zugriff oder über den Zugang zu Kommunikationskanälen verschaffen konnte, um so positiver stand er der Gruppe gegenüber. Gruppenmitglieder, die im Besitz von Information sind, übernehmen mit größerer Wahrscheinlichkeit Führungsrollen und werden auch von anderen als Führer anerkannt. Information spielt also innerhalb der Gruppeninteraktion eine bedeutsame Rolle, und der Zugang zu ihr hängt unter anderem von der jeweiligen Gruppenstruktur ab.

Der Einfluß der Gruppenstruktur geht aber noch weiter. Häufig geben Gruppen den strukturellen Unterschieden ihrer Mitglieder ganz augenfälligen Ausdruck, als wollten sie ihrer Hierarchie vor aller Welt Nachdruck verleihen. Die Anordnung der Schreibtische in einem Büro, die Größe der Dienstzimmer, die man Dozenten, Assistenten oder Professoren zuweist, die bevorzugte Sitzordnung beim Essen (vgl. Abb. 9.2), das alles sind Ausdrucksformen für Gruppenstruktur und -hierarchie. Sommer (vgl. Kapitel 9) stellte fest, daß Gruppenführer an einem rechteckigen Tisch die dominante Kopfposition bevorzugen (vgl. Aktivität 15.2).

Aktivität 15.2: Status- und Positionssymbole in Gruppen

Wählen Sie aus den Gruppen, zu denen Sie gehören, fünf mit unterschiedlichem Formalitätsgrad aus. Als formelle Gruppen können etwa Ihre Arbeitskollegen, Ihre Seminargruppe an der Universität oder Ihre Schulklasse gelten, während Freunde, Bekannte oder Ihre Familie zu den informellen Gruppen zählen. Vermerken Sie in jedem Fall, wie sich Gruppenstruktur und Status oder Position einzelner Mitglieder in sichtbaren Symbolen ausdrückt (wie z.B. in Kleidung, Sitzposition, Kommunikationsmustern oder Zugang zu Information). Wir sind uns solcher Unterschiede gewöhnlich nicht bewußt. Wenn Sie Ihre Gruppen aber eine Zeitlang genau beobachten, werden sich Ihnen erstaunliche Dinge über Statusstruktur, Interaktionsrituale und die Art und Weise offenbaren, wie Macht geteilt und zugeschrieben wird.

Gruppenkohäsion und Referenzgruppen

Nicht alle Mitglieder fühlen sich ihrer Gruppe in gleichem Maße verpflichtet, und nicht jede Gruppe kann allen Wünschen und Bedürfnissen ihrer Mitglieder in gleichem Umfang gerecht werden. Gruppenkohäsion läßt sich allgemein definieren als das Ausmaß, in dem sich die Mitglieder einer Gruppe gemeinsamen Normen und Zielen verpflichtet fühlen und sowohl einander als auch der Gruppe als ganzer positive Gefühle entgegenbringen. Solche positiven Gefühle haben einen ganz wesentlichen Einfluß auf die Leistung einer Gruppe. In einem Kriegsgefecht, so haben Untersuchungen wiederholt gezeigt, setzen Soldaten ihr Leben nicht um der nationalen Sache willen aufs Spiel, sondern aus Verpflichtung und Solidarität ihrer unmittelbaren Kampfeinheit gegenüber (Stouffer et al. 1949). Unter extrem belastenden und gefährlichen Bedingungen führt die Zugehörigkeit zu einer Gruppe zu einem Gefühl der emotionalen Geborgenheit und des einander Verpflichtetseins.

Ganz besonders scheinen wir uns an Gruppen gebunden zu fühlen, für die wir Opfer gebracht und zu denen wir schwer Zugang gefunden haben. Probanden, deren Aufnahme in die Gruppe an schwer zu erfüllende Bedingungen geknüpft war, brachten der Gruppe mehr Sympathie entgegen als Probanden, die von der Gruppe ohne weiteres akzeptiert worden waren (Aronson und Mills 1959). Ähnliche Prozesse spielen sich vermutlich auch in eingeschworenen militärischen Gruppen ab: eine gemeinsame, mühevolle Ausbildung, eine gemeinsam durchgestandene Schlacht bewirken, daß die Soldaten ihre Gruppe sehr viel höher halten, als das im Zivilleben üblich ist. In manchen Fällen bedient man sich dieses Prozesses ganz bewußt, um Gruppengeist und Zusammengehörigkeitsgefühl zu stärken. Gestaltet man, wie das in der US-Marine geschieht, die Ausbildung von Elitetruppen besonders hart, wird die Gruppe später um so attraktiver (auch wenn man das Gegenteil erwarten würde).

Der Zusammenhalt einer Gruppe beeinflußt auch die in ihr ablaufenden Interaktionsprozesse. In eng verbundenen Gruppen findet abweichendes Verhalten weniger Toleranz, und entsprechend stärker ist der Konformitätsdruck (Festinger 1950). Zusammenhalt und Konformität sind zwei Seiten derselben Medaille: Zufriedenheit und ein positives Identitätsgefühl beziehen wir aus unserer Gruppenmitgliedschaft nur, wenn wir bereit sind, unsere individuellen Wünsche den Gruppennormen unterzuordnen. Dieses Opfer hält sich aber durchaus in Grenzen. Hat sich eine Gruppe einmal etabliert und ihre Normen geklärt, können sich die Mitglieder mit solchen Erwartungen relativ problemlos, und ohne sie als besonders einschränkend zu empfinden, identifizieren. Auf diese Weise machen wir die Werte und Normen der Gruppe zu unseren eigenen, verinnerlichen sie als Teil unseres positiven Selbst- und Identitätsgefühls. Der Anschluß an eine Gruppe, so haben Untersuchungen gezeigt, führt sehr schnell dazu, daß sich persönliche Werte und Einstellungen im Sinne des Gruppenstandards wandeln (vgl. Aktivität 15.2).

Eine klassische Untersuchung dazu stammt von Newcomb (1943). Ihn interessierte der Gesinnungswandel von Studenten, die aus ihren konservativen Mittelschicht-Elternhäusern an eine Institution (Bennington College) kamen, die bekannt war für ihre liberale Grundhaltung. Wie erwartet kam es zum Einstellungswandel, und innerhalb kurzer Zeit war das liberale College für diese Studenten zur neuen Bezugsgruppe geworden. ,,Bezugsgruppe'' bedeutet, daß wir unsere Werte, und letztlich auch unsere Identität, oft von den Gruppen, zu denen wir gehören, beziehen. Nach 25 Jahren untersuchte Newcomb die Bennington-Studenten noch einmal und stellte fest, daß sich viele von ihnen auch nach so langer Zeit noch zu den liberalen Werthaltungen ihres College bekannten. Sie hatten sich nach ihrer College-Zeit mit Freunden umgeben und Gruppen angeschlossen, die diesen Werthaltungen entsprachen. Wie Sie ja wissen, ist Einstellungsähnlichkeit auf jeden Fall eine der wichtigsten Voraussetzungen dafür, daß zwei Menschen sich anfreunden (vgl. Kapitel 12)!

Aktivität 15.3: Wer sind Sie?

Ihre Aufgabe in dieser Aktivität ist von trügerischer Einfachheit: Nehmen Sie ein weißes Blatt Papier und geben Sie 20 verschiedene Antworten auf die Frage „Wer bin ich?". Erst wenn Sie das getan haben, lesen Sie weiter!

Dieser sogenannte Zwanzig-Aussagen-Test war ein Lieblingsinstrument der Symbolischen Interaktionisten. Wir interessieren uns allerdings aus einem anderen Grund für Ihre Antworten. Wenn man Menschen, etwa in Form des obigen Testes, bittet, ihre soziale Identität zu definieren, tun sie das überraschend ausgiebig über ihre verschiedenen Gruppenmitgliedschaften. Es scheint, als definierten wir uns alle zu einem großen Teil über die verschiedenen Gruppen, zu denen wir gehören.

Wenn Sie sich als weiß, Deutscher, männlich, Universitätsabsolvent, im öffentlichen Dienst, wohnhaft in München, usw. beschreiben, sind das im Grunde Gruppendefinitionen. Sie definieren sich als verschieden von nicht-weiß, weiblich, nicht-promoviert, etc. Es gibt tausend andere Kategorien der Selbstbeschreibung, warum wählen wir gerade diese? Selbstdefinitionen enthalten in erster Linie solche Gruppenmitgliedschaften, die wir als positiv und schätzenswert empfinden und die uns von anderen Gruppen unterscheiden. Wie viele Ihrer 20 Antworten beschreiben Ihre Gruppenzugehörigkeiten? Wie wichtig Gruppenmitgliedschaften für die Aufrechterhaltung unserer sozialen Identität sind, soll im Laufe dieses Kapitels noch deutlicher werden.

Die Mitgliedschaft in eng verbundenen Gruppen hat auch einige praktische Konsequenzen. Je stärker die Identifikation mit einer Gruppe, um so größer die Wahrscheinlichkeit, daß sich individuelles Verhalten durch Gruppenprozesse ändern läßt. Der erste, der sich Gedanken zur Gruppendynamik machte, um so einen Wandel herbeizuführen, war Kurt Lewin (1947), und er tat das in einer Zeit, als Kriegs- und Nachkriegsverhältnisse Verhaltensänderungen besonders dringlich machten. Auch bei der Planung von Werbe- oder Propagandakampagnen, etwa wenn es gilt, Ernährungsgewohnheiten zu verändern, folgt man Prinzipien der Gruppenidentifikation. Kampagnen für den Verzehr von Fleischersatz und Orangensaft während des Krieges in den USA sind Beispiele dafür. Lewin legte den Grundstein für die spätere Anwendung gruppendynamischer Prinzipien, und im Grunde bedient sich die Werbung seiner Techniken vielfach noch heute.

Gruppenentscheidungen und „Gruppendenken"

Ein enger Gruppenzusammenhalt ist jedoch nicht immer von Vorteil. Steht die Gruppe vor der Aufgabe, anhand komplexer und häufig widersprüchlicher Information Entscheidungen zu fällen, sollten die Mitglieder sich frei genug fühlen, um kontrovers zu diskutieren. Bei starker Gruppenkohäsion wird das gewöhnlich nicht gerne gesehen. Mit „*Gruppendenken*" beschreibt Janis (1972) eine Situation, in der sich eine sehr kohäsive Gruppe – gewöhnlich unter dem Einfluß eines starken und dynamischen Führers – von der Realität entfernt und ein komplexes Problem von nur einer Seite betrachtet. Die Gruppe ist überzeugt von der eigenen Kompetenz und voll Selbstvertrauen, und es festigt sich die Überzeugung, daß nichts – auch nicht der Zweifel am eigenen Tun – wichtiger ist als der Zusammenhalt der Gruppe.

Gruppendenken kann zu katastrophalen Entscheidungen führen. Ein häufig zitiertes Beispiel ist die Entscheidung von Präsident Kennedy und seinen engsten Ratgebern, sich trotz der offensichtlichen Problematik auf das „Unternehmen Schweinebucht" in Kuba einzulassen. Gruppendenken kann sich auch in vielen geschäftlichen oder informellen Gruppen breitmachen. Wann immer Gruppenkohäsion dem Ausdruck relevanter widersprüchlicher Meinungen entgegensteht, besteht die Gefahr unrealistischer Entscheidungen.

Gruppendenken ist natürlich nur ein Extremfall nicht-optimaler Gruppenleistung. Da Kohäsion, Konformität und sogar emotionale Bindung wesentliche Aspekte nahezu jeder Gruppe sind, ist die Gefahr falscher Entscheidungen aufgrund normativen Drucks immer gegeben. Janis und Mann (1977) haben sich in einer wegweisenden Arbeit alles, was wir über Gruppenentscheidungsprozesse wissen, angesehen und schlagen vor, die diesbezügliche Gruppenleistung mit Hilfe „rationaler" Problemlösungsstrategien zu verbessern.

Dazu gehören Techniken zur rationalen Analyse von Entscheidungsalternativen, zum Beispiel die Erstellung einer „Bilanz", die positive wie negative Aspekte aller relevanten Alternativen gegeneinander abwägt. In lange bestehenden Gruppen, so Janis und Mann (1977), sollte man Entscheidungen von Zeit zu Zeit überprüfen. Eine andere Technik besteht darin, die Entscheidungsfolgen im Rollenspiel vorwegzunehmen, d.h. die Mitglieder anzuhalten, sich ganz konkret vorzustellen, wie sie sich *nach* einer bestimmten Entscheidung verhalten würden. Das trägt dazu bei, sich möglicher Konsequenzen einer Entscheidung bewußt zu werden. Außenstehende, die den Entscheidungsprozeß beobachten und kommentieren, können unter Umständen viel zur richtigen Entscheidungsfindung beitragen.

Gruppenansteckung und Entindividualisierung

Die Mitgliedschaft in einer Gruppe bringt es häufig mit sich, daß sich der einzelne weniger unmittelbar für sein Handeln verantwortlich fühlt. In gewissem Sinne „verstecken" wir uns als einzelne hinter der Gruppe. Folglich tun wir als Gruppenmitglied gelegentlich Dinge, zu denen wir uns alleine nie bereit gefunden hätten (vgl. auch Kapitel 14). Diesem handlungserleichternden Effekt von Gruppen haben seit dem Ende des vorigen Jahrhunderts viele Autoren nachgespürt. Französische Soziologen wie LeBon und Tarde beschrieben das Verhalten des Mobs und der Masse als normaler menschlicher Rationalität und Ethik zuwiderlaufend. Der einzelne verschmilzt jenseits aller Vernunft mit dem Emotionalismus der Menge. Und tatsächlich kann die Zugehörigkeit zu einer Gruppe dem einzelnen ein Gefühl nie gekannten Selbstbewußtseins und persönlicher Stärke vermitteln.

Aber abgesehen von solchen emotionalen Einflüssen bedeutet die Zugehörigkeit zu einer Gruppe auch, daß wir als Individuen weniger in Erscheinung treten. Unser normales Identitätsgefühl kann zeitweise einer Gruppenidentität Platz machen, und unsere Handlungen stehen vorübergehend nicht mehr unter individueller Kontrolle. Je weniger Menschen als Individuen identifizierbar sind, um so wahrscheinlicher wird die Erfahrung der „Entindividualisierung". Die Uniformen der Polizei, die Hüte der Ku Klux Klan-Leute, die Uniformjacken und Insignien von Rockergruppen oder Fußballanhängern leisten diesem Gefühl der Entindividualisierung und Gruppenidentität Vorschub.

Macht man die einzelnen als Individuen weniger kenntlich, steigt auch die Wahrscheinlichkeit aggressiven Verhaltens. In einem Experiment von Zimbardo (1970) bekamen die Probandinnen Gelegenheit, einem anderen Mädchen einen elektrischen Schlag zu versetzen. Einige der Probandinnen hatten lange, weite Laborkittel an und trugen eine Haube, waren also als Personen nicht zu identifizieren. Die andere Gruppe trug Namensschilder, die ihre Identität offenbarten.

Aktivität 15.4: Beobachtung von Massenverhalten

Verhalten sich Menschen in einer Masse anders als allein? Und wenn ja, ist ihr Verhalten dann wirklich emotionaler und weniger rational? Machen Sie sich – vielleicht anläßlich einer Demonstration oder einer Sportveranstaltung – einmal zum Beobachter einer Menge. Vermerken Sie die Häufigkeit bestimmter Verhaltensweisen innerhalb solcher Menschenmengen und achten Sie darauf, wie oft es sich dabei um kollektives Tun (singen, koordinierte Bewegungen, usw.) handelt. Ihr besonderes Augenmerk richten Sie dabei bitte auf Verhaltensweisen, die ein einzelner normalerweise kaum an den Tag legen würde. Es wird Ihnen nicht schwerfallen, Beispiele sozial unerwünschten Verhaltens zu finden, zu dem es ohne den begünstigenden Einfluß der Entindividualisierung innerhalb einer Masse vermutlich nicht gekommen wäre.

Die „entindividualisierte" Gruppe verabreichte doppelt soviele Elektroschocks wie die namentlich gekennzeichnete. Anonymität scheint somit übliche individuelle Verhaltensschranken aufzuheben. Gruppenmitgliedschaft kann oft zu solcher Anonymität verhelfen.

„Entindividualisierung" kann zu ganz bizarrem Verhalten führen. Wir wissen aus zahlreichen Berichten, wie Gruppen einen potentiellen Selbstmörder zum Sprung in die Tiefe geradezu ermutigt haben. Leon Mann (1981) hat etliche derartige Vorfälle untersucht. Fast immer wurde die Entindividualisierung begünstigt durch eine größere Menschenansammlung, Dunkelheit und eine gewisse Dauer der Situation. Und das sind genau die Bedingungen, unter denen Menschen sich von einer Gruppenatmosphäre beeinflussen lassen, ihr Gefühl für Identität und Selbstverantwortung verlieren und etwas tun, wovor sie als einzelne vermutlich zurückgeschreckt hätten: einen anderen Menschen dazu zu drängen, sich umzubringen.

Konflikt und Kooperation zwischen Gruppen

Gruppenmitgliedschaft kann zu unserem Selbstwert- und Identitätsgefühl nur in dem Maße beitragen, wie wir unsere Gruppe als verschieden von anderen ähnlichen Gruppen und diesen überlegen sehen können. Das zu verdeutlichen, war unter anderem das Ziel von Aktivität 15.3. Folglich neigen wir zur Überschätzung der eigenen Gruppe und zur Unterschätzung anderer Gruppen. Wann immer zwei Gruppen miteinander rivalisieren, wird die Folge eine übertriebene Wahrnehmung ihrer Unterschiedlichkeit sein. In einer inzwischen klassischen Feldstudie haben Sherif et al. (1961) einige Aspekte von Wettstreit und Konflikt zwischen Gruppen näher untersucht. Ihre Probanden waren Kinder, die an einem Ferienlager teilnahmen. Machte man die Belohnung für eine Gruppenleistung abhängig von einem Wettstreit, war intensive Rivalität zwischen den Kindergruppen das Ergebnis. Dann versuchten die Forscher auf unterschiedliche Weise, den Wettbewerbsaspekt auszuschalten. Am erfolgreichsten erwies sich dabei die Methode der kollektiven Belohnung (etwa eine Filmvorführung) für eine Leistung, die nur durch Kooperation zwischen den Gruppen erzielt werden konnte.

Die Tendenz, die eigene Gruppe zu überschätzen und andere zu unterschätzen, kann sich auch in Vorurteil und Diskriminierung niederschlagen. In einer Reihe höchst interessanter Experimente haben Henri Tajfel und seine Mitarbeiter (Tajfel 1978, Tajfel und Forgas 1981, Turner 1975) gezeigt, daß schon die Zugehörigkeit zu einer extrem oberflächlichen und kurzlebigen Gruppe zur Diskriminierung von Außenstehenden führen kann.

Im typischen Experiment wurden einander unbekannte Probanden nach völlig willkürlichen Kriterien (z. B. einer Würfelzahl) einer Gruppe zugewiesen. Später hatten sie dann eine Belohnung (z. B. Geld) zwischen zwei Leuten aufzuteilen, von denen sie nicht mehr wußten, als daß der eine zu ihrer eigenen, der andere zur zweiten „Gruppe" gehörte. Schon diese nahezu bedeutungslose „Gruppenzugehörigkeit" genügte den meisten, um den Außenstehenden zu diskriminieren. Oft wird auch eine Strategie gewählt, die – unter Umständen auf Kosten des maximalen Nutzens für die eigene Gruppe – die Unterschiede zwischen den Gruppen maximiert. Haben Menschen zum Beispiel die Wahl, entweder der eigenen Gruppe acht und der fremden sieben Dollar zukommen zu lassen, oder aber der eigenen Gruppe sechs und der anderen zwei Dollar, entscheiden sie sich häufig für die zweite Möglichkeit.

Tajfel vermutet, daß die Diskriminierung fremder Gruppen ein fast automatischer Prozeß ist, dem unsere ganze Spezies unterliegt – als sei uns die Überzeugung „einprogrammiert", unsere Gruppe sei besser als andere. Solche unwillkürlichen Verzerrungen zugunsten „unserer" Gruppe sind die Erklärung für viele Vorurteile und Diskriminierungen. Ich brauche nur zu wissen, daß ich zur Gruppe „a" gehöre und du zur Gruppe „b", und schon halte ich Gruppe „a" für die überlegene und verhalte mich entsprechend, denn die Zugehörigkeit zu einer „überlegenen" Gruppe verleiht uns ein positives Identitätsgefühl. Also haben Menschen ein ganz natürliches Interesse daran, die Unterschiede zwischen ihrer Gruppe und anderen möglichst groß erscheinen zu lassen.

Die polarisierende Wirkung von Gruppen

Wir haben bereits gesehen, daß Gruppenentscheidungen unter bestimmten Umständen keineswegs optimal ausfallen. In sehr kohäsiven Gruppen kann das „Gruppendenken" Oberhand gewinnen und folglich steht die Gruppe der verfügbaren Information voreingenommen gegenüber. Und doch läßt man Entscheidungen in unserer Gesellschaft häufig von Gruppen treffen. Je wichtiger eine Entscheidung ist, um so eher überläßt man sie nicht einem einzelnen, sondern vertraut sie einer Gruppe an. Geschworene, Regierungskabinette, Ausschüsse, Aufsichtsräte – sie alle arbeiten unter der Voraussetzung, daß Gruppen bessere Entscheidungen treffen als einzelne. Daß bei uns so viele Entscheidungen Gruppen übertragen werden, hängt vermutlich eng mit der demokratischen Ideologie unserer westlichen Gesellschaften zusammen. Gruppen sind nicht nur repräsentativer, wir verlassen uns auch darauf, daß sie weniger zu extremen und unvernünftigen Entscheidungen neigen. Die Konformitätsprozesse, die innerhalb von Gruppen unvermeidlich wirksam werden, schalten stark abweichende oder extreme Einzelmeinungen aus (vgl. die in Kapitel 14 vorgestellten Arbeiten von Sherif, Asch, Schachter, usw.).

Daß Gruppen weniger extrem sind als Individuen, stimmt allerdings keineswegs immer. Zumindest unter bestimmten Umständen können Gruppen extremer sein und größere Risiken eingehen, als es jedem einzelnen je in den Sinn käme. Wenn es darum geht, eine Entscheidung zu fällen, aber das Risiko in annehmbaren Grenzen zu halten, tendieren Gruppen zur Wahl riskanterer Alternativen: sie erzeugen einen sogenannten *,,risky shift"*. Im typischen Experiment konfrontiert man die Probanden mit einem ganz alltäglichen Dilemma und fragt sie, auf welchem Risikoniveau sie die riskantere Wahl treffen würden. Da ist zum Beispiel der Ingenieur in fester, wenn auch schlecht bezahlter Stellung, dem ein besser bezahlter Job in einer risikoreicheren, neugegründeten Gesellschaft winkt. Soll er den Sprung wagen, wenn seine Erfolgschancen bei 1 zu 10, 2 zu 10, usw. liegen? Anschließend teilte man die Probanden in Gruppen ein, legte ihnen dieselben Probleme noch einmal vor und verlangte eine einstimmig gefaßte Gruppenentscheidung. Überraschenderweise entschieden sich die Gruppen in den meisten Fällen für ein höheres Risikoniveau als zuvor im Durchschnitt die einzelnen Personen (Kogan und Wallach 1965).

Wie läßt sich dieser seltsame Effekt erklären? Hatten wir nicht gesagt, daß Gruppen extreme Meinungen und Verhaltensweisen ,,unterdrücken" und Vorsicht und Konformität walten lassen? Hier können mehrere Faktoren eine Rolle spielen. Eine mögliche Erklärung wäre die innerhalb einer Gruppe auftretende *Diffusion von Verantwortung*. Da niemand die Alleinverantwortung für die riskante Entscheidung trägt, ist vielleicht jeder geneigt, ein bißchen mehr zu wagen. Eine andere mögliche Erklärung hat mit *Führung* zu tun. Vielleicht sind die risikofreudigsten und individualistischsten Gruppenmitglieder zugleich auch die überzeugendsten Führer, so daß die Gruppen deren extreme Positionen übernehmen. Wir finden in der Forschung durchaus Anhaltspunkte dafür, daß Menschen, die extremere Positionen vertreten, auch mehr Vertrauen in ihre Urteile haben.

In einer Gesellschaft wie der unsrigen gilt Risikobereitschaft im allgemeinen als positiver *Wert*. Vielleicht sind Gruppenmitglieder also auch bemüht, einander an Risikobereitschaft zu übertreffen – eine Verhaltensmöglichkeit, wie sie bei allein getroffenen Entscheidungen nicht gegeben ist (Brown 1965). Moscovici und Zavalloni (1969) bieten folgende Erklärung an: Im Laufe einer Gruppendiskussion wächst das persönliche Engagement des einzelnen für das Problem. Folglich wächst auch sein Vertrauen in die Richtigkeit seiner Position und er kann sich zunehmend damit identifizieren. Das wiederum führt dazu, daß er sich schließlich eine extremere Haltung zu eigen macht, als er sie ursprünglich vertreten hat.

Nachdem man das Phänomen des sogenannten ,,risky shift" einige Jahre lang ausführlich studiert hatte, stellten sich einige Forscher die Frage, ob Gruppen auch bei Entscheidungsaufgaben, die kein Risiko beinhalten, zu den extremeren Lösungen neigen würden (Moscovici und Zavalloni 1969). Inzwischen ist der allgemeine Trend zum extremeren Urteil empirisch gut belegt: Gruppenentscheidungen über Einstellungen, Werthaltungen, Urteile der Personenwahrnehmung und Beurteilungen von Gruppenstereotypen fallen häufig extremer aus als Entscheidungen von Einzelpersonen. In einer eigenen Untersuchung (Forgas 1977) führten wir den Probanden per Video Interviews mit neun verschiedenen Leuten vor und baten sie, sich von diesen Menschen zunächst allein und später als Gruppe einen Eindruck zu bilden. Wieder fielen die Gruppenurteile extremer aus. In einer späteren Studie (Forgas 1981) sollten die Probanden darüber befinden, ob ein Student, der beim Examen betrogen hatte, für sein Tun verantwortlich sei, und sollten ihm gegebenenfalls eine Strafe zumessen. Gruppen waren extremer in ihrer Verantwortlichkeitsattribution und verhängten schwerere Strafen als Einzelpersonen. Diese Verschiebungen sind gewöhnlich nicht sehr groß, aber immerhin statistisch signifikant.

Welche Schlüsse gestatten solche Ergebnisse angesichts des Gewichts, welches Gruppen als Entscheidungsträgern bei uns zukommt? Könnte es sein, daß solche Gruppen – denken wir etwa an Geschworene – tatsächlich zu unverhältnismäßig extremen Urteilen neigen? Glücklicherweise ist die Lage ganz so ernst nicht. Voraussetzung dafür, daß sich diese Tendenz durchsetzen kann, ist eine vollkommen freie, uneingeschränkte und informelle Diskussion innerhalb der Gruppe, die dem einzelnen ein hohes Maß an persönlichem Engagement gestattet (Moscovici und Zavalloni 1969). Das ist in formellen, entscheidungstragenden Gruppen normalerweise nicht der Fall. Formelle Gruppen pflegen innerhalb eines bestimmten Zeitrahmens strengen Verfahrensregeln zu folgen und der Autorität eines formellen Führers oder Vorsitzenden zu unterstehen. Unter solchen Bedingungen ist die Risikoverschiebung weniger wahrscheinlich, es kann sogar dahin kommen, daß die Entscheidungen ganz im Gegenteil vorsichtiger ausfallen.

In Untersuchungen, die explizit den formellen Charakter der Gruppendiskussion manipulierten (vgl. Moscovici und Zavalloni 1969, Forgas 1977, 1983), zeigte sich, daß Gruppenmeinungen nur in informellen Gruppen extremer ausfallen als die Meinungen einzelner. In Freundes-, Nachbarschafts- oder Kollegengruppen, in denen frei und uneingeschränkt diskutiert wird, scheint es also weit eher zu Meinungs- und Einstellungspolarisierungen zu kommen als in offiziellen Entscheidungsgremien. Das scheint auch unserer allgemeinen Alltagserfahrung zu entsprechen. Wenn wir wissen, daß in einer informellen Gruppe von Bekannten oder Nachbarn über uns gesprochen wird, scheint uns das sehr viel mehr auszumachen, als wenn wir den Gesprächsgegenstand einer formellen Gruppe wären. Zur Meinungspolarisierung und den damit verbundenen Voreingenommenheiten kommt es also eher im privaten als im formellen, öffentlichen Bereich. Oder anders gesagt, in Primärgruppen sind extreme Meinungsverschiebungen wahrscheinlicher als in Sekundärgruppen.

Trainings- und Encountergruppen

Interaktion in Gruppen kann eine befriedigende, wenn auch anstrengende Erfahrung sein. Der vielleicht wichtigste Aspekt von Gruppenverhalten ist vielleicht die ungewöhnliche Intensität der Interaktion. In einer Zweierbeziehung kann es Jahre dauern, bis das Stadium der Gegenseitigkeit und des starken emotionalen Engagements erreicht wird (vgl. Kapitel 12 und 13). Dagegen kann sich emotionale Intensität und Engagement selbst in kurzlebigen und oberflächlichen Gruppen schon nach ganz kurzer Zeit einstellen. Man denke nur daran, wie sich Zuschauer auf dem Fußballplatz aufführen, wenn ihre Mannschaft ein Tor schießt, oder was sich zwischen einander fast Unbekannten in der Kneipe abspielen kann. In eine Gruppe aufgenommen zu werden und Teil einer Gruppe zu sein, gehört zu den intensivsten Interaktionserfahrungen, die wir machen können. Kein Wunder also, daß man sich zu therapeutischen oder manipulativen Zwecken häufig der Gruppenerfahrung bedient. Als einer der ersten versuchte Lewin, mit Hilfe von *,,Trainingsgruppen"* (T-Gruppen) persönlichen und sozialen Wandel zu bewirken. In seiner ursprünglichen Form sollte das Gruppengespräch den Teilnehmern einfach nur zu neuen Wahrnehmungen und Einstellungen verhelfen.

In jüngster Zeit nehmen Gruppen zum Zwecke persönlicher Veränderung schon fast überhand. Kommerzielle und auf den eigenen Vorteil bedachte Organisationen bieten Wochenend-Seminare an, in denen die Teilnehmer durch extremen Gruppendruck dazu gebracht werden, sich – in der Hoffnung auf Besserung – zu ihren individuellen und zwischenmenschlichen Unzulänglichkeiten zu ,,bekennen". Über die Nachhaltigkeit solcherart erzielter Veränderungen ist kaum Verläßliches bekannt, wenn auch die meisten Teilnehmer Besserung vermelden. Ob die Gruppenerfahrung wirklichen Wandel oder nur eine positivere Selbstbeschreibung bewirkt hat, ist schwer zu entscheiden. Solche intensiven Gruppensitzungen bergen auch Gefahren, da der Sog von Konformität und Gehorsam schwer gestörte Menschen, die zudem ihre gewohnte soziale Unterstützung entbehren, schwer belasten kann. Immer wieder hört man von seelischen Zusammenbrüchen, denen ein gewissenloses Gruppentrainingsprogramm vorausging.

Wenn wir über solche Encountergruppen sprechen, darf die finanzielle Seite der Angelegenheit nicht unerwähnt bleiben. Jemand, der einige hundert Mark dafür ausgibt, sich ein Wochenende lang anschreien und schlecht behandeln zu lassen, wird vermutlich kaum zugeben, daß er Zeit und Geld verschwendet hat. Je höher der Eintrittspreis und je zweifelhafter die Erfahrung, das hat die Untersuchung von Aronson und Mills (1959) eindeutig ergeben, um so größer ist die Motivation, die Teilnahme zu rechtfertigen und mit großer Anhänglichkeit an die Gruppe zu reagieren. Vielleicht ist das der Grund dafür, daß die Kosten solcher Gruppenprogramme oft in keinem Verhältnis zu den ,,Service"-Aufwendungen stehen.

Doch trotz aller Vorbehalte können Trainingsgruppen wesentlich zur Veränderung beitragen. Im Rahmen einer Psychotherapie können Gruppentreffen angepaßte Verhaltensweisen aufbauen und verstärken helfen. Im Geschäftsleben setzt man Gruppen häufig ein, um die Moral der Mitarbeiter zu heben, neue Kompetenzen zu vermitteln oder etwas für die Loyalität und den Zusammenhalt innerhalb des Betriebes zu tun. Viele andere Encountergruppen können durchaus in dieser Form sonst nicht mögliche aufregende, erkenntnisreiche und unterhaltsame Erfahrungen vermitteln. Ich habe fast den Eindruck, als sei der Wert solcher Gruppenerfahrungen umgekehrt proportional zu deren – finanziellen – Kosten. Je teurer die Gruppenerfahrung, um so größer ist die Wahrscheinlichkeit, daß Sie auf ein zu rein kommerziellen Zwecken veranstaltetes Programm hereingefallen sind, das sich psychologischen Prinzipien erst in zweiter Linie verpflichtet fühlt.

Schlußfolgerung

Viele unserer täglichen Interaktionen vollziehen sich innerhalb von Gruppen. Gruppen können sich in Größe, Formalitätsgrad, Kohäsion oder Struktur unterscheiden. Gruppen funktionieren nur so lange als soziale Einheiten, wie ihre Mitglieder die Mitgliedschaft für wünschenswert und wertvoll halten. Kohäsiv-integrative und aufgabenorientierte Funktionen einer Gruppe, die im Alltag funktionieren muß, im Gleichgewicht zu halten, kann eine schwierige Aufgabe sein, die oft von Führungspersonen gemeistert wird, die auf beide Aspekte des Gruppenlebens spezialisiert sind. Gruppenmitgliedschaft ist eine wichtige Quelle unseres Identitätgefühls: häufig definieren wir uns durch die Gruppen, zu denen wir gehören. Da zwischen positivem Identitätsgefühl und Mitgliedschaft in einer Gruppe ein enger Zusammenhang besteht, neigen Menschen dazu, die eigene Gruppe zu überschätzen und andere Gruppen zu unterschätzen.

Die meisten Gruppen, zu denen wir gehören, üben einen ganz erheblichen Einfluß auf uns aus. Das geschieht nicht nur auf dem Wege der totalen Konformität, sondern auch mit subtileren Mitteln. Soziale Ansteckung oder die automatische Übernahme von Verhaltensweisen in der Gruppe kann uns zu Handlungen verleiten, die uns sonst im Traum nicht einfielen. Die von Mann beschriebene Aufforderung zum Suizid ist nur ein Beispiel dafür. Unter bestimmten Bedingungen führt Gruppeninteraktion zu extremeren Meinungen und Urteilen. Bei starker Gruppenkohäsion kommt es zum Phänomen des ,,Gruppendenkens'', der wunschgerechten kollektiven Wahrnehmung der Realität.

Gruppen sind ganz besonders dazu angetan, intensives emotionales Engagement hervorzurufen. Wir alle machen vermutlich in Gruppen einige der schönsten und schlimmsten Erfahrungen unseres Lebens. Innerhalb einer Gruppe akzeptiert und geschätzt zu werden, kann ungeheuer aufregend und erfreulich sein, aber ebenso niederschmetternd ist es, wenn die ganze Gruppe einen ablehnt und kritisiert. Totalitäre Gesellschaften wie die Sowjetunion haben sich dieses Prinzips ausführlich zu bedienen gelernt, um Konformität und Gehorsam in die Seelen zu träufeln. Vom ersten Schuljahr an werden die Kinder dazu angehalten, einander vor der Klasse öffentlich zu loben, zu denunzieren und zu kritisieren, so daß der einzelne, noch bevor er unfügsam ist, das Gewicht der ganzen Gruppe spürt. Encountergruppen sind ein weiteres Beispiel für das emotionale Potential von Gruppeninteraktionen. Vielleicht werden nirgends sonst an unser Interaktionsvermögen so komplexe und anspruchsvolle Anforderungen gestellt wie in Gruppen. Und an dieser Stelle ist es nun an der Zeit, uns mit einigen allgemeinen Fragen sozialer Interaktion zu beschäftigen: mit der Rolle der Umwelt, den Prinzipien und Einsatzmöglichkeiten sozialer Trainingsprogramme und mit einigen methodologischen Problemen der Interaktionsforschung. Das alles werden Themen des nächsten und letzten Kapitels sein.

Kapitel 16

Ökologische, methodologische und angewandte Aspekte sozialer Interaktion

Wir haben bisher einiges über die Psychologie interpersonalen Verhaltens erfahren, von der Personenwahrnehmung über die Kommunikation und den Aufbau von Beziehungen bis hin zu sozialem Einfluß und Interaktionsprozessen in Gruppen. In diesem letzten Kapitel wollen wir uns mit einigen Fragen beschäftigen, die zwar nicht im strengen Sinne zur Psychologie der sozialen Interaktion gehören, aber doch viel damit zu tun haben. Als erstes ist da die Ökologie der sozialen Interaktion zu nennen. Jede Begegnung findet notwendigerweise in irgendeiner physikalischen Umwelt statt, die häufig bestimmenden Einfluß auf das interpersonale Verhalten nimmt. Der erste Teil des Kapitels wird also der Verbindung von Umwelt und Sozialverhalten gewidmet sein.

Zweitens wird es um einige methodologische Fragen und Probleme gehen, vor die uns die Erforschung von Interaktionsprozessen stellt. Sie haben im Laufe dieses Buches viele Untersuchungen kennengelernt und hatten Gelegenheit, bestimmte Forschungstechniken in eigenen kleinen Experimenten zu erproben. Es ist also auch an der Zeit, ein paar Worte zu den sozialpsychologischen Forschungsmethoden zu sagen, mit deren Hilfe wir uns unser Wissen über zwischenmenschliches Verhalten aneignen. Abschließend wollen wir noch einige Anmerkungen zur Anwendung dieser Erkenntnisse im Rahmen klinischer Diagnose und Therapie von Interaktionsproblemen machen, die wir unter der Bezeichnung *„Soziales Training"* (Social Skills Training – SST) kennen, und einige der Annahmen und Verfahrensweisen dieser Therapiemethode skizzieren.

Die Ökologie der sozialen Interaktion

Bis hierher haben wir uns im wesentlichen mit den psychologischen und kulturellen Determinanten von Interaktionsprozessen beschäftigt. Aber noch ein anderer, häufig vernachlässigter Faktor kann unsere Interaktionen erheblich beeinflussen: die physikalische Umgebung, in der sie stattfindet. Jede menschliche Interaktion ist per definitionem eine situationsspezifische Interaktion, d. h. sie wird bestimmt durch die jeweilige Beschaffenheit des Ortes. Allerdings wird uns der Einfluß der physikalischen Umgebung auf unsere Begegnungen häufig gar nicht bewußt. Und doch bestimmt, wie wir gesehen haben, der physikalische Hintergrund einer Interaktion ganz wesentlich mit, wie soziales Verhalten wahrgenommen und interpretiert wird (vgl. Forgas und Brown in Kapitel 4), und physikalische Variablen wie die Anordnung von Möbeln in einem Büro erweitern die nonverbale Kommunikation von Personen, die sich in solchen Räumen aufhalten (vgl. Kapitel 9).

Auf die Umgebung im allgemeinen und den Raum im besonderen reagieren wir häufig ganz unbewußt und automatisch (vgl. Kapitel 9 über die Raumnutzung). Zum Beispiel unterscheiden Männer und Frauen sich darin, wie sie sich räumlich zu einem Partner verhalten. Frauen sitzen lieber neben einem Freund oder einer Freundin, Männer ziehen es vor, dem Partner gegenüber zu sitzen. Beide Geschlechter reagieren unwillig, wenn die jeweils bevorzugte Partnerposition, etwa in einem Bus oder in einer Bibliothek von einem Fremden besetzt wird (Fisher und Byrne 1975). Man beobachtete Studenten und Studentinnen in einer Bibliothek und fand bestätigt, daß sie ihre physikalische Umgebung entsprechend solchen Präferenzen unterschiedlich „strukturieren". Beide Geschlechter errichteten Barrieren aus Büchern, Kleidungsstücken und anderen Dingen, um vorzubeugen, daß ein anderer ihre bevorzugte Position einnehmen könne, allerdings bauten die Männer diese Barriere vor sich, die Frauen neben sich auf. Das sind nur einige Beispiele für die Interdependenz von Umgebung und Sozialverhalten, die wir jetzt etwas genauer betrachten wollen (vgl. Aktivität 16.1).

Aktivität 16.1: Umgebungseffekte

Diese Aktivität hat ein ganz einfaches Ziel: sie möchte Ihr Umgebungsbewußtsein schärfen. Wo immer Sie gerade sitzen und dieses Buch lesen, halten Sie einen Moment inne und konzentrieren Sie sich auf die verschiedenen Aspekte ihrer physikalischen Umgebung. Schauen Sie sich in dem Raum um, in dem Sie sich befinden, und nehmen Sie ganz bewußt Form, Größe, Farben, Beleuchtung, Möbel, Fußbodenbelag, usw. wahr. Wenn Sie irgendwo unter freiem Himmel sitzen, konzentrieren Sie sich auf Licht, Geräusche und Gerüche. Was empfinden Sie dabei? Ist Ihre Umgebung dem, was Sie gerade tun (lesen), eher förderlich oder hinderlich? Fühlen Sie sich in dieser Umgebung angespannt oder entspannt, glücklich oder unglücklich, wach oder müde? Was könnten Sie an dieser Umgebung ändern und was nicht? Da wir die meiste Zeit in Umgebungen verbringen, die sozusagen „vorgegeben" sind, nehmen wir sie hin und machen uns selten Gedanken über ihre Besonderheiten und Möglichkeiten. Soziale Interaktion ist – vielleicht mehr als anderes menschliches Tun – von der Umgebung abhängig: Wo wir sind und was um uns herum vorgeht, hat einen sehr tiefgehenden Einfluß auf unser Sozialverhalten.

Statische Aspekte der Umgebung

Einer der Pioniere des ökologischen Aspektes sozialer Interaktion war Roger Barker (vgl. Kapitel 10). Zwischen bestimmten Verhaltenssettings (Restaurant, Straßenecke, Aufzug, Schlafzimmer, Geschäft, usw.) und bestimmten Interaktionen (essen, sich unterhalten, einkaufen, usw.), so stellte er fest, besteht auch ein ganz bestimmter, typischer Zusammenhang, der fast vermuten läßt, daß das Verhaltenssetting definiert, was innerhalb seiner Grenzen an Interaktion möglich ist. Wenn wir beispielsweise eine ausführliche Liste der Verhaltenssettings einer Kleinstadt aufstellen, wissen wir einiges über die Verhaltensmöglichkeiten ihrer Einwohner.

Architekten müssen sich der physikalischen Determinanten sozialen Verhaltens ganz besonders bewußt sein. Wieviele Wohnungen münden auf denselben Flur oder in dasselbe Treppenhaus, wieviel Möglichkeiten gibt es zu informellem Zusammentreffen der Hausbewohner, wie gut können sie sich voneinander abgrenzen? All das sind Umgebungsfaktoren, die entscheidenden Anteil an unserem Wohlbefinden und der allgemeinen Zufriedenheit mit unserem Lebensraum haben. Die Untersuchung von Festinger, Schachter und Back (Kapitel 11) veranschaulicht sehr schön, wie die physikalischen Gegebenheiten einer Wohnanlage das Entstehen von Freundeskreisen beeinflussen können.

Vielzitiertes Beispiel einer architektonisch erfolgreichen, aber sozial katastrophalen Wohnungsbauentwicklung war die Pruitt-Igoe-Anlage im amerikanischen Pittsburgh. Die Anlage war zwar von großem baulichen Reiz, bot ihren Bewohnern aber keinerlei Gelegenheit zu informellen sozialen Kontakten, und so konnten sich weder Gemeinschaftssinn noch Verantwortungsgefühl entwickeln (Yancey 1972). Es gab nichts, wo sich die Bewohner hätten treffen können, und daß sie zumeist aus unterprivilegierten sozialen Schichten kamen, machte die Sache auch nicht besser. Die sozialen Probleme wurden schließlich so groß, daß man sich entschließen mußte, die ganze Anlage, mehr als vierzig elfgeschoßige Hochhäuser, abzureißen.

Jeder von Menschen gestaltete Raum kann ähnlich schwerwiegende, wenn auch nicht immer so extreme soziale Folgen haben. Die Gestaltung einer Wohnung, einer Krankenhausstation, eines Studentenheimes, eines Büros oder einer Fabrik beeinflussen immer und per definitionem das soziale Leben derer, die diese Räume nutzen (Canter und Stringer 1976). Manche Räume und Einrichtungen sind sozialer Interaktion förderlich, manche abträglich. Räume der ersten Art hat man auch „soziopetal" genannt, denn sie führen die Menschen zusammen, während „soziofugale" Räume sie auseinandertreiben. Viele öffentliche Räume, Wartezimmer und -hallen und Foyers sollten eigentlich zur Interaktion einladen, machen aber durch ihre Gestaltung häufig sogar beiläufige Konversation unmöglich.

Umgebungen können unsere Stimmungen, Wahrnehmungen und Gefühle aber auch auf subtilere Weise beeinflussen. Wie Schwarz (1984, Schwarz und Clore 1983) feststellte, hat sogar die Qualität des Raumes, in dem jemand sich nur ganz kurze Zeit aufhält (z. B. ein kleines, kahles, deprimierendes Labor mit flackernder Beleuchtung oder ein behaglicher, gut beleuchteter Raum), einen deutlichen Einfluß darauf, wie zufrieden jemand mit seinem Leben ist. In einem unschönen Raum äußerten die Probanden sehr viel weniger Zufriedenheit mit ihrem Leben als in angenehmer Umgebung! Ähnlich unterscheiden sich Wahrnehmung, Zugang und Einstellung einem Beamten gegenüber, wenn er seine Klienten an einem

Kaffeetisch sitzend, hinter einem Pult oder in einem geschlossenen Raum hinter einem Schreibtisch empfängt. In Deutschland ist letzteres üblich. Ein Klient wird nach höflichem Anklopfen zum Eintreten aufgefordert und so vom räumlichen Arrangement gezwungen, sich symbolisch als unbefugter Eindringling wahrzunehmen. Natürlich wird die Interaktion zwischen den beiden Menschen davon nicht unbeeinflußt bleiben.

Ähnliche Umgebungseinflüsse auf das Verhalten haben Baum und Valins (1977) in Studentenwohnheimen beobachtet. Lagen die Zimmer entlang einem langen Flur, waren die Rückzugsmöglichkeiten beschränkter und die Interaktionen notgedrungen häufiger als bei kurzen Fluren oder Appartements. Interessanterweise beeinflußte die jeweilige Raumbeschaffenheit das Verhalten der Studenten auch außerhalb des Wohnheims. Baum und Valins (1977) beobachteten diese Studenten, als sie auf den Beginn eines Experiments warteten. Studenten von „langen Korridoren" verhielten sich weniger sozial und waren mehr um Wahrung ihrer Privatsphäre bemüht als andere. Es ist schon erstaunlich, wie tiefgreifend bestimmte Aspekte unserer physikalischen Umgebung unser Sozialverhalten beeinflussen können, ohne daß wir es meistens überhaupt bemerken!

Allerdings ist der Zusammenhang zwischen Umgebung und sozialer Interaktion kein unmittelbarer. Entscheidend ist letztlich, wie wir unsere Umgebung wahrnehmen und kognitiv repräsentieren. Ein Büroraum, den ein amerikanischer oder europäischer Beamter oder Akademiker als unadäquat, deprimierend und für ernsthafte Arbeit unzumutbar ablehnen würde, wäre in einem Land der Dritten Welt vielleicht der Inbegriff von Luxus. Unsere Zufriedenheit mit unserer Umgebung ist also das Ergebnis subtiler sozialer Vergleichsprozesse: Wie schneidet unsere Umgebung verglichen mit der vergleichbarer anderer ab? Glücklich oder

Dein Wohlbefinden hängt von der richtigen Umgebung ab!

unglücklich, zufrieden oder unzufrieden sind wir mit einer Umgebung immer vor dem Hintergrund dessen, was möglich wäre, was wir vorher hatten und was andere Leute unter vergleichbaren Umständen (unsere Bezugsgruppe) heute haben. Unsere Reaktionen auf Räume unterliegen auch kulturellen Einflüssen. Ein chinesischer Gast, der zum erstenmal im Ausland war, konnte kaum fassen, daß die geräumige und lichte Doppelgarage eines meiner Kollegen in Sydney wirklich und wahrhaftig nicht von Menschen bewohnt wurde.

Selbstverständlich sehen wir unsere Umwelt auch nicht objektiv. Bei der Erforschung sogenannter ,,*kognitiver Landkarten*" *(cognitive maps)* (Lynch 1960) hat sich gezeigt, daß das, was Menschen über ihre physikalischen Umgebungen wissen und wie sie sie innerlich repräsentieren, eher Spiegel ihrer eigenen, ganz besonderen Verhaltensmuster, Gewohnheiten und Nutzungsarten waren als das Korrelat wirklicher Eigenschaften und Merkmale der Umgebungen. Mit Aktivität 16.2 bekommen Sie vielleicht einen kleinen Eindruck von den unterschiedlichen Faktoren, die auf die kognitiven Landkarten unserer Lebenswelt Einfluß nehmen.

Aktivität 16.2: Kognitive Landkarten

Die Sache ist eigentlich ganz einfach. Bitten Sie ein paar Leute – alle vertraut mit einer bestimmten Stadt oder einer bestimmten Nachbarschaftsumgebung –, eine Karte zu skizzieren, die alle wichtigen Merkmale und Punkte jener Umgebung verzeichnet. Sie werden feststellen, daß diese Karten sich abhängig davon, wer sie anfertigt, was der Zeichner innerhalb des Kartenraumes vornehmlich tut und wo er sich selber aufhält, erheblich unterscheiden. Natürlich werden die Zeichnungen in den wesentlichen Kernpunkten übereinstimmen, aber es wird auch große weiße Flecken geben, die für das stehen, was dem Zeichner unbekannt oder unwichtig ist. Philip Pearce (1982) hat die kognitiven Landkarten von Touristen untersucht und festgestellt, daß sie weniger die wirklichen Merkmale der besuchten Städte wiedergaben als die Interessen und Aktivitäten der Reisenden. Zum Beispiel hatten Englandreisende, die während ihres Besuchs in Oxford in einer Jugendherberge wohnten und einen ganz bestimmten Weg nehmen mußten, um ins Stadtinnere zu gelangen, eine völlig andere kognitive Landkarte von der Stadt als Touristen, die in anderen Unterkünften oder Hotels wohnten.

Dynamische Umweltfaktoren: Lärm, Licht und Temperatur

Unsere Interaktionsumwelt besteht nicht nur aus Ziegelsteinen und Mörtel. Lärm, Licht, Temperatur und andere mehr oder weniger flüchtige ,,dynamische" Umweltfaktoren spielen ebenfalls eine bedeutsame Rolle. Lärm wirkt sich subtil, aber immer beeinträchtigend auf viele Aspekte menschlicher Leistung aus, und das eben auch auf Interaktionsprozesse (Glass und Singer 1972). In einer interessanten Untersuchung von Mathews und Canon (1975) genügte bereits ein lärmender Rasenmäher, um die meisten Passanten davon abzuhalten, einem Studenten zu helfen, dem ein Stapel Bücher aus der Hand gefallen war. Ohne Lärm hatten 80% Hand angelegt, bei Lärm taten das nur noch 10–15%.

  Doch nicht alles, was man hört, ist Lärm. Angenehme Klänge, etwa Musik, können unsere Interaktionen positiv beeinflussen. Untersuchungen haben gezeigt, daß die Qualität der Hintergrundmusik signifikanten Einfluß darauf nehmen konnte, wieviel Sympathie ein Mensch genoß. Bei gerngehörter Musik (in diesem Fall Rockmusik) war diese erheblich größer als ohne Musik oder bei wenig beliebten Klängen (es handelte sich um zeitgenössische atonale Musik!) (vgl. Abb. 16.1).

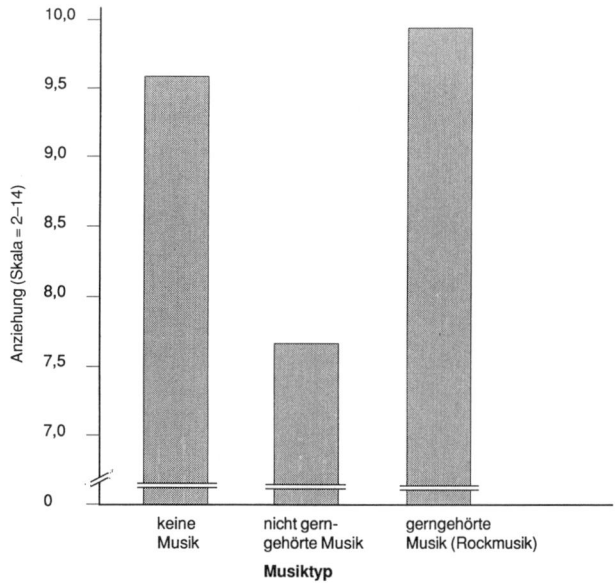

Abb. 16.1: Die Auswirkung von Musik auf Anziehung
Bei gerngehörter Musik (in diesem Fall Rockmusik) fühlten sich Probanden mehr zu einem Partner hingezogen als ohne Musik oder bei Musik, die ihnen nicht gefiel (zeitgenössische atonale Musik). (Nach May und Hamilton 1977)

Licht (oder fehlendes Licht) kann sich ähnlich stark auswirken. Im allgemeinen findet unser soziales Leben in wohlbeleuchteten Umgebungen statt und die meisten unserer Normen, Regeln und Rollen sind für das „Tageslicht" bestimmt. Was geschieht, wenn die Lichter ausgehen? Gergen, Gergen und Barton (1973) sind dieser Frage mit einem erstaunlich einfachen Verfahren nachgegangen: Sie baten ihre Probanden ganz einfach, einige Zeit mit ihnen unbekannten Menschen in einem vollständig abgedunkelten Raum zu verbringen. Das Sozialverhalten dieser Probanden unterschied sich erheblich von dem, das andere Probanden unter sonst identischen Bedingungen in einem gut beleuchteten Raum an den Tag legten. Im dunklen Raum wurde relativ schnell ein hohes Intimitätsniveau erreicht. Die Probanden waren schnell bereit, mit ihren unsichtbaren Partnern über ernsthafte Themen zu sprechen, und bis zu 90% von ihnen suchten in irgendeiner Form Körperkontakt, der häufig ausgesprochen sexueller Natur war.

Warum kann bloße Dunkelheit einen so tiefgehenden Einfluß auf soziale Interaktionen haben? Anonymität und Unsichtbarkeit scheinen es uns leichter zu machen, Hemmungen abzulegen, und machen uns aufgeschlossener für intensive menschliche Kontakte. Auch wenn wir hier an die Situationsbedingungen der verschiedenen Entindividualisierungs-Experimente erinnert werden (vgl. Kapitel 15), waren die Reaktionen ganz andere: Die Beteiligten reagierten nicht mit zunehmender Aggression, sondern mit Liebe und Intimität. Es ist schon bemerkenswert, daß sich unsere scheinbar so unüberwindlichen sozialen Normen und Erwartungen allein dadurch außer Kraft setzen lassen, daß man das Licht ausdreht!

Auch das Wetter hat Einfluß auf unser Sozialverhalten. Ist es zu kalt oder zu naß, werden mehr negative Empfindungen ausgedrückt und genießt ein Fremder weniger Sympathien als unter normalen Umständen (Griffitt 1970). Es gibt Anhaltspunkte dafür, daß unangenehme Wetterlagen, wie z.B. extreme Hitze, Aggression und Gewalt begünstigen (vgl. Anderson und Anderson 1984). Zu Lynchverbrechen und anderen Gewalttaten kommt es häufig in den heißen Sommermonaten, und Baron und Ramsberger (1978) haben, zumindest für die Vereinigten Staaten, einen gewissen Zusammenhang zwischen Wetter und Straßentumulten gefunden. Am höchsten war die Wahrscheinlichkeit für Gewalttaten bei mäßig heißen Temperaturen (27 bis 32 Grad) und sie sank, je extremer die Hitze wurde. Extrem hohe Temperaturen, so vermuten die Autoren, zwingen die Menschen zu Ruhe und Flucht vor der Hitze – sie fühlen sich sogar für Gewalttaten zu unwohl!

Dichte und Enge versus Privatheit und Rückzug

Einer der Umgebungsfaktoren mit dem größten Einfluß auf soziale Interaktion ist die bloße Anzahl von Menschen, die auf begrenztem Raum zur Kontaktaufnahme verfügbar sind. Wie wir in Kapitel 12 gesehen haben, ist räumliche Nähe eine wesentliche Determinante unserer künftigen Beziehungen. Finden sich aber zu viele Menschen auf zu kleinem Raum zusammen, kann es zur psychologischen Wahrnehmung der Überfülltheit kommen. Was als solche gilt, hängt von der Vergleichsgrundlage ab. Der Bewohner einer 500-Seelen-Gemeinde mag den Betrieb in Berlin unmöglich finden, einem Berliner sind in New York zu viele Menschen, und ein New Yorker sagt möglicherweise dasselbe von Hongkong.

Solche Menschenfülle kann uns freudig erregen, aber auch „pathologisch" reagieren lassen. Da Menschen, die zahlreich und auf engem Raum miteinander leben müssen, gewöhnlich auch mit etlichen anderen Benachteiligungen zu kämpfen haben – geringem Einkommen, mangelnder Schulbildung, schlechten Wohnverhältnissen –, sind negative Reaktionen wohl kaum allein auf die Nähe allzu vieler Menschen zurückzuführen. Kontrolliert man diese anderen Faktoren, scheinen Dichte und Enge (crowding) allein keine negativen Folgen zu haben. Bei Tieren sind extreme Reaktionen in diesem Falle leichter herbeizuführen. Calhoun (1962) ließ 48 Ratten auf gleichbleibendem Raum nach Belieben vermehren und beobachtete, wie die Tiere auf die steigende Populationsdichte reagierten. Kindermord, vermehrte Kämpfe, Homosexualität, gestörtes Pflegeverhalten der Muttertiere und sogar physische Abnormalitäten waren einige der Folgen.

Menschen reagieren auf zu viel oder zu wenig sozialen Kontakt flexibler. Sehr viel hängt dabei von den subjektiven Erwartungen ab. Altman (1975) vermutete, daß das gewünschte Ausmaß an sozialen Kontakten von Mensch zu Mensch, von Situation zu Situation, ja sogar von Tageszeit zu Tageszeit verschieden ist. Menschen verfügen über sogenannte „Rückzugs-Regulations-Mechanismen" (privacy regulation mechanisms), wozu auch gehört, daß wir unsere physikalische Umgebung manipulieren, um unsere sozialen Kontakte auf dem gewünschten Niveau zu halten. Einer meiner früheren Kollegen hängte einmal ein Schild an seine Tür, auf dem zu lesen stand: „Bitte nicht stören, ich glaube, ich bin gerade Großem auf der Spur", dies mag vielleicht ein wenig größenwahnsinnig sein, kann aber als Regulativ seiner Einsamkeit sehr wirksam sein.

„Privatheit" ist in der Tat eine recht komplexe Angelegenheit. Das Wort selbst wird in viererlei Sinn verwendet: Zum einen meint es die freigewählte äußere *Einsamkeit*, dann die Freiheit zu ungestörter *Intimität* mit ausgewählten anderen (innerhalb der Familie oder zwischen Liebenden), die Freiheit, unter anderen Menschen *anonym* zu bleiben, und die Freiheit, *zurückhaltend* mit Information über sich selbst zu sein (Westin 1970). Kontrolle des physikalischen Raumes ist nur mit den ersten beiden Formen der Privatheit verbunden, und nur sie werden durch ein Zuviel an menschlicher Gegenwart beeinflußt. Auch die Wahrnehmung von Privatheit ist in höchstem Maße variabel. Vor nur hundert Jahren war das eigene Zimmer, ja sogar das eigene Bett für die meisten Menschen ein unerhörter Luxus. In vielen ländlichen Kulturen lebten ganze Großfamilien nicht nur unter einem Dach, sondern in nur einem einzigen Raum. Unsere heutigen Vorstellungen von notwendigem Lebensraum sind also relativ jungen Datums und haben weniger mit inhärent menschlichen Bedürfnissen als mit den Wertvorstellungen unserer westlichen Kultur zu tun.

Statische wie dynamische Aspekte unserer Umwelt beeinflussen also wesentlich die soziale Interaktion. Wir alle – ganz besonders aber diejenigen, die für die Gestaltung unserer physikalischen Umwelten verantwortlich sind wie z. B. Architekten und Städteplaner – sollten uns dieser wechselseitigen Abhängigkeit von Mensch und Umgebung bewußt sein. Dem Zusammenhang von Umwelt und Interaktion mehr Aufmerksamkeit zu schenken, kann nicht zuletzt auch bedeuten, etwas für unsere Interaktionsfähigkeit zu tun. Im folgenden wollen wir uns mit einigen methodologischen Aspekten der sozialen Interaktionsforschung beschäftigen, bevor wir uns dann der Frage des Trainings und der Therapie sozialer Kompetenzen zuwenden.

Methoden zur Erforschung sozialer Interaktion

Sie haben in diesem Buch empirische Untersuchungen zu unterschiedlichen Fragen sozialer Interaktion kennengelernt. Über die einzelnen Forschungstechniken haben Sie dabei allerdings kaum etwas erfahren. Doch ohne einen Überblick über die Vielfalt sozialpsychologischer Forschung würde Ihnen die Relevanz methodischer Unterschiede vermutlich nicht so ohne weiteres einleuchten.

Die Sozialpsychologie ist – vielleicht mehr noch als die anderen Zweige der Psychologie – eine Multi-Methoden-Wissenschaft. Die Vielfalt der untersuchten Fragen findet ihr Echo in der Vielfalt der verwendeten Forschungstechniken. Innerhalb der physiologischen Psychologie oder der Lernforschung bietet sich die experimentelle Methodologie mehr oder weniger automatisch an, während die vielleicht wichtigste Entscheidung des sozialpsychologischen Forschers darin besteht, die dem jeweiligen Problem angemessenste Methode zu wählen. Sie werden bei der Lektüre des Buches bemerkt haben, daß Forscher sich ähnlichen Fragen zuweilen mit sehr verschiedenen Methoden genähert haben. Beobachtung, Interviews, Umfragen, Feldexperimente, Laborexperimente, Fragebogen – all das waren Methoden, mit denen man z.B. Fragen der interpersonalen Anziehung zu beantworten suchte. Was zeichnet nun solche Methoden im einzelnen aus, was sind ihre Vor-, was ihre Nachteile? Die nächsten Abschnitte sollen Ihnen hier einen kleinen Einblick verschaffen.

Der Forschungsprozeß: die kreativen und die kritischen Phasen

Ziel jeder wissenschaftlichen Forschung ist es, empirische Gesetze und Gesetzmäßigkeiten der Form ,,Wenn a,b,c, dann x,y,z" aufzustellen. Empirische Gesetze gelten weder absolut, noch sind sie ewig wahr: Es sind zusammenfassende Beschreibungen unseres gegenwärtigen, auf Beobachtung basierenden Wissensstandes über ein bestimmtes Gebiet. Aufgabe des Forschers ist die systematische und wiederholte Beobachtung, die schließlich zum empirischen Gesetz führt. Theoretiker wie Louis Guttmann haben ganze methodologische Systeme, die sogenannte Facetten-Theorie, entwickelt, um den Forschern zu helfen, bei ihrer Suche logisch und systematisch zu bleiben. Um zu einem empirischen Gesetz zu gelangen, muß der Forscher zunächst einmal eine ungefähre Vorstellung davon haben, wonach er sucht (eine Hypothese oder eine Erwartung), um dann die nötigen Fakten zusammenzutragen, anhand derer er die Gültigkeit seiner Erwartungen überprüfen kann.

Diese beiden Phasen eines Forschungsunternehmens, die Hypothesenbildung und das Hypothesentesten, werden die kreative und die kritische Phase genannt (vgl. McGuire 1973). Über die kreative Phase wissen wir noch recht wenig. Warum stellen Forscher die Fragen, die sie stellen? Wie kommen sie zu den Erwartungen und Intuitionen, die dann ihre Beobachtungen leiten? Manchmal ist die Antwort einfach. Bereits vorliegende empirische Untersuchungen und Theorien sind eine reiche Quelle für weiterführende Ideen und Hypothesen. Gelegentlich lassen Alltagsbeobachtungen zugrundeliegende wissenschaftliche Gesetzmäßigkeiten ahnen, die sich als Hypothesen eignen. Und manchmal mutet der Prozeß fast geheimnisvoll an. Wie stieß Einstein auf die Relativitätstheorie? Warum dachte erst der badende Archimedes an einen regelhaften Zusammenhang zwischen Körpern und Wasser, und nicht die Millionen von Badenden, die vor ihm doch dasselbe empfunden haben mußten? In der Sozialpsychologie bauen die meisten Hypothesen auf früherer Forschung auf, sehr viele entspringen aber auch der einfachen Beobachtung alltäglichen Sozialverhaltens.

Ist eine Hypothese oder Erwartung formuliert, muß der Forscher sie an der beobachtbaren Evidenz evaluieren. Das ist die zweite, die kritische Forschungsphase. Für diese Phase stehen uns weitaus entwickeltere Methoden zur Verfügung als für die kreative Phase. Doch die empirische Bestätigung einer Hypothese ist niemals eine endgültige, noch ist das Ergebnis ein universales Gesetz. Es wird nie auszuschließen sein, daß neue, bis dahin unbekannte Beziehungen entdeckt werden, die alles bisher Beobachtete hinfällig machen. So oft eine Hypothese auch bestätigt wird, ihre endgültige Verifizierung bleibt eine logische Unmöglichkeit – das hat uns Karl Popper überzeugend gelehrt. Millionenfache Verifizierung schützt nicht vor der Möglichkeit einer einzigen Falsifizierung. (Wenn Sie die philosophische und logische Untermauerung wissenschaftlicher Methodologie interessiert, bietet Ihnen Magees Buch über Popper (1979) eine sehr gut lesbare und äußerst anregende Einführung.) Welches sind die wichtigsten Methoden der kritischen Forschungsphase? Diese Frage soll der nächste Abschnitt beantworten.

Einige Forschungstechniken

Um zu empirischen Gesetzen oder Aussagen über beobachtete Zusammenhänge zwischen vorangegangenen Bedingungen und beobachteten Folgen zu kommen, hat man eine große Vielfalt von Techniken entwickelt, von denen wir aus Platzgründen nur ein paar vorstellen können. Eine Möglichkeit ist die Analyse *historischen Datenmaterials*. Wenn Sie wissen möchten, ob es in den Jahren von 1900 bis 1970 tatsächlich einen Zusammenhang zwischen sommerlichen Hitzewellen und Gewalttaten in den Südstaaten gegeben hat, finden Sie alle notwendige Information in den Berichten der Wetterämter, in Polizeiakten oder Zeitungen. Sie brauchen dieses Material nur zusammenzutragen und sich davon zu überzeugen, ob Ihre Vermutung (oder Ihre Hypothese) richtig war. Genau das haben auch etliche Sozialpsychologen getan (Anderson und Anderson 1984).

Sind noch keine Daten verfügbar, müssen Sie sie erheben. Das geschieht am einfachsten durch *Beobachtung*, ein Verfahren, mit dem Sie sich in etlichen Aktivitäten (z. B. Aktivität 1.3) bereits vertraut gemacht haben. Sie können ihre Beobachtungen auch reliabler und genauer machen, indem Sie im voraus festlegen, nach was Sie suchen, und sich etwa eine Liste von Beobachtungskategorien anlegen. Das nennt man eine *strukturierte Beobachtung*. Ein ausgezeichnetes Beispiel dafür ist die von Bales (vgl. Tabelle 15.1) entwickelte Methode zur Analyse von Gruppeninteraktionen. Gelegentlich wissen Sie im voraus, daß irgendetwas Bedeutsames geschieht, und Sie wollen die Reaktionen von Menschen auf dieses Ereignis erfassen. Ein solches Unternehmen nennt man ein *natürliches Experiment*: Die Natur sorgt für die ,,Manipulation'', während Sie sich darauf beschränken können, die Reaktionen Ihrer ,,Probanden'' aufzuzeichnen!

Vielleicht interessiert Sie aber auch, wie Menschen etwas erklären oder wie sie verbal auf etwas reagieren, das sich unter natürlichen Bedingungen nur schwer beobachten läßt (z. B. wie oft jemand mit seiner Frau streitet oder was er vom amtierenden Bundeskanzler hält). Um verbale Reaktionen zu untersuchen, gibt es zahlreiche und hochspezialisierte Instrumente. Dazu gehören *Interviews*, die Sie offen und unstrukturiert gestalten, aber auch mit Hilfe vorbereiteter Fragen und Antwortalternativen strukturieren können. Es gibt eine große Anzahl standardisierter Fragebögen, Schätzskalen, Listen, etc., die der Proband alleine ausfüllen kann. Diese Techniken heißen naheliegenderweise auch *Papier-und-Bleistift-Methoden*.

Der Forscher kann auch eine Situation herbeiführen oder gezielt in eine Situation eingreifen, um eine bestimmte andere Situation hervorzurufen. Bleiben Manipulation und Beobachtung von den Probanden unbemerkt, führt man ein *nicht reaktives Experiment* durch. Beispiel dafür ist die Untersuchung von Ellsworth und seinen Mitarbeitern (Kapitel 9), die an der Ampel wartende Autofahrer anstarrten und dann maßen, wie schnell die Fahrer bei Grün die Kreuzung überquerten. Dieses Verfahren hat den großen Vorteil, daß sich die Probanden, die gar nicht wissen, daß sie als Versuchspersonen fungieren, ganz natürlich verhalten.

Das Laborexperiment

Kommt es dem Forscher auf ein Höchstmaß an Kontrolle und möglichst verläßliche Beobachtungen an, bedient er sich des *Laborexperiments*. Die Probanden werden ins Labor gebeten, wo der Versuchsleiter eine sorgsam geplante Manipulation in Szene setzt und dann beobachtet, wie seine Versuchspersonen unter kontrollierten Bedingungen reagieren. Ein Beispiel für ein solches Vorgehen ist Valins' Untersuchung zur Selbstattribution (Kapitel 6): Männliche Probanden erhielten beim Anschauen weiblicher Aktphotos über Kopfhörer falsche Information über ihre Herzschlagfrequenz, was noch einige Zeit später ihre Präferenz für bestimmte Bilder beeinflußte. Diese Form der Manipulation war natürlich nur unter höchst kontrollierten Bedingungen möglich. Die Untersuchungen von Asch und Milgram zu Konformität und Gehorsam (Kapitel 14) sind weitere Beispiele für diese Methode. Im Labor hat der Forscher die Möglichkeit, unkontrollierte Einflüsse auszuschalten und eine möglichst eindeutige Verbindung zwischen zwei Ereignissen herzustellen.

Laborexperimente maximieren die interne Validität: Man kann sicher sein, daß innerhalb der Grenzen einer bestimmten Menge von Manipulationen ein vorhergesagter Zusammenhang besteht oder nicht. Zuweilen wird behauptet, daß sich so – und nur so – kausale Zusammenhänge nachweisen ließen. Aber Kausalität heißt, wie schon Philosophen wie Hume und Berkeley vor langer Zeit erkannten, nichts anderes, als wiederholt beobachteten Ereignisfolgen eine zugrundeliegende Regularität zuzuschreiben. In diesem Sinne unterscheiden sich Experimente nicht grundsätzlich von anderen Formen empirischer Beobachtung. Überdies haben sozialpsychologische Laborexperimente etliche, ganz wesentliche Nachteile. Haben die Probanden – und das ist wohl das größte Problem dabei – Sinn und Zweck des Experiments durchschaut, kann dieses Wissen ihr Verhalten ganz dramatisch verändern. Wären Sie, wenn Sie an einem Konformitätsexperiment nach der Art von Asch (Kapitel 14) teilgenommen hätten, immer noch konform gegangen, wenn Sie gewußt hätten, daß genau das untersucht wurde? Hätten Sie Milgram gehorcht, wenn Sie gewußt hätten, daß es ihm um Gehorsam und nicht um „Lernen" ging?

Versuchsleiter müssen sich viel Mühe geben und Plausibles erfinden, damit ihnen ihre Versuchspersonen nicht auf die Schliche kommen. Das Ergebnis ist häufig eine Art Wettstreit. Der Versuchsleiter inszeniert die Situation möglichst so, daß dem Probanden der wahre Zweck der Untersuchung verborgen bleibt, und der Proband bemüht sich nach Kräften, den Erwartungen des Versuchsleiters bzw. dem, was er dafür hält, nachzukommen.

Dabei stellen sich viele methodologische Probleme ein: Wenn die vorgetäuschte Geschichte ihren Zweck erfüllt, konzentriert sich der Proband nicht auf den wirklichen Zweck des Experiments, sondern auf etwas ganz anderes und verhält sich möglicherweise nicht mehr natürlich. Errät er den Sinn des ganzen, ist er stark motiviert, sich als „guter" Proband zu zeigen und so zu verhalten, wie es der Versuchsleiter erwartet. Mit anderen Worten, er kommt den impliziten Anforderungen der Situation und des Versuchsleiters nach, was zu Verzerrungen führt, die man *Anforderungs-Charakteristika* nennt. Trotz solcher Schwierigkeiten bleibt das Laborexperiment eines der wichtigsten Forschungsinstrumente der Sozialpsychologie. Allerdings entstehen etliche neue Techniken, die möglicherweise geeignet sind, die Laborforschung in bestimmten Fällen zu ersetzen (vgl. Ginsburg 1979).

Forschungsethik

Sozialpsychologische Forschung wirft – auch unabhängig vom Laborexperiment – eine Fülle *ethischer Fragen* auf. Unter welchen Bedingungen darf man in die

Privatsphäre von Menschen eindringen, um sie zu beobachten, zu interviewen oder mit Fragebögen zu traktieren? Wann darf man Probanden Unbehagen bereiten? Die angestarrten Autofahrer in der Untersuchung von Ellsworth et al. haben sich sicher etwas unbehaglich gefühlt. Ist das zu rechtfertigen? In vielen Experimenten muß man die Probanden über deren wahren Zweck hinwegtäuschen, d. h. man muß sie belügen, da sonst der ganze Versuch sinnlos wird. Sind solche Lügen ethisch vertretbar? Das zum Wohle der Forschung verursachte Unbehagen kann ganz erhebliche Ausmaße annehmen. Milgrams Probanden waren unübersehbar bestürzt, als man von ihnen verlangte, einem anderen Menschen den scheinbar tödlichen Stromstoß zu versetzen, und noch bestürzter waren sie darüber, daß sie gehorcht hatten!

Doch auf ethische Fragen gibt es nur selten schnelle und eindeutige Antworten. Ethische Maßstäbe sind oft Ansichtssache. Wissenschaftliche Verbände wie die American Psychological Association oder die Australian Psychological Society haben ihre eigenen ethischen Richtlinien aufgestellt, und in den meisten Universitäten wachen Ausschüsse über die ethische Vertretbarkeit von Forschungsprojekten. Für den Umgang mit den Probanden ist im allgemeinen der Versuchsleiter verantwortlich, und man erwartet von ihm, daß er sie vor körperlichem und seelischem Schaden bewahrt, ihre Intimsphäre achtet, so aufrichtig ist, wie es die Ziele seiner Untersuchung erlauben und die Probanden nach Abschluß der Untersuchung so weit wie möglich aufklärt und gegebenenfalls berät.

Wir konnten hier nur weniges über die Methoden sagen, mit denen Sozialpsychologen Interaktionsprozesse untersuchen. Vielleicht hätten Sie gerne mehr über die Vor- und Nachteile der einzelnen Techniken erfahren (vgl. hierzu auch Ginsburg 1979). Die immer wieder eingestreuten Aktivitäten müßten Ihnen eigentlich einen gewissen Eindruck von einigen Forschungsmethoden vermittelt haben. Wir werden uns nunmehr einem letzten Aspekt der Erforschung von Interaktionsprozessen zuwenden: Wie können wir unser Wissen einsetzen, um Menschen zu helfen?

Interaktion als Kompetenz

Jeder, der mit anderen interagieren möchte, steht vor einer Fülle komplexer Aufgaben: Personenwahrnehmung, Eindrucksbildung, Attribuierung, verbale und nonverbale Kommunikation, Eindruckssteuerung, Aufbau von Beziehungen und Interaktion in Gruppen. Was haben all diese Prozesse gemeinsam? Ich glaube, am besten stellt man sich soziale Interaktion als eine Vielfalt miteinander verbundener *Kompetenzen* vor, die wir als Kinder und Jugendliche, aber auch noch als Erwachsene zu lernen haben. Die genannten Aufgaben kompetent lösen zu können ist die Voraussetzung jeglichen sozialen Lebens.

Natürlich unterscheiden sich Menschen erheblich darin, wie gut sie mit den einzelnen Aufgaben zurechtkommen. Ist soziale Interaktion Teil des Berufes, sind zusätzliche Kompetenzen erforderlich. Lehrer, Ärzte, Rechtsanwälte, Krankenschwestern und Verkäufer(innen) müssen allgemeine, aber auch berufsspezifische Interaktionskompetenzen besitzen. Der professionelle „Helfer" etwa muß dafür sorgen können, daß sein Gesprächspartner sich wohl fühlt und zu intimen Enthüllungen bereit ist (Miller et al. 1983).

Interaktion als Kompetenz zu verstehen, hat mehrere Vorteile. Erstens trägt es dazu bei, die beteiligten Prozesse zu entmystifizieren. Das Wort „Kompetenz" impliziert, daß wir diese verschiedenen Kompetenzen alle irgendwann einmal erworben haben müssen, und daß sich Mängel durch weitere Lernerfahrung beheben lassen. In Trainingsprogrammen (Social Skills Therapy) können solche interaktiven Kompetenzen eingeübt werden (Trower, Bryant und Argyle 1978).

Unzulängliche soziale Kompetenzen

Daß jemand nicht über soziale Kompetenzen verfügt, erleben wir im Alltag häufig. Wir alle kennen Menschen, die Mühe haben, andere korrekt wahrzunehmen oder mit ihnen zu kommunizieren, und die es schwierig finden, lohnende soziale Beziehungen aufzubauen oder in großen Gruppen erfolgreich zu interagieren. Wie kann man den Mangel an sozialen Kompetenzen definieren und diagnostizieren? Objektive Kriterien dafür, was befähigtes soziales Handeln ausmacht, gibt es nicht. Kulturen, Gruppen und sogar einzelne Menschen haben ganz unterschiedliche Vorstellungen von kompetentem Sozialverhalten. Auf dieser Betrachtungsebene ist soziale Kompetenz ein vorwiegend subjektives Phänomen. Eigentlich können wir von unzureichenden sozialen Kompetenzen erst dann sprechen, wenn jemand mit seinen sozialen Interaktionen und Beziehungen selbst unzufrieden ist.

Natürlich gibt es Extremfälle sozialen Unvermögens, die sich empirischer diagnostizieren lassen. Auch viele psychische Störungen gehen mit einem Mangel an sozialen Kompetenzen einher. Bei neurotisch oder psychotisch erkrankten und hospitalisierten Personen lassen sich ebenfalls solche Defizite beobachten. Immer häufiger läßt man solchen Menschen, bevor sie wieder in den Alltag entlassen werden, irgendeine Form sozialer Therapie angedeihen, die vornehmlich „Lebenskompetenzen" ganz alltäglicher Art vermitteln soll (Goldstein, Sprafkin und Gershaw 1976).

Soziale Kompetenzdefizite, darüber ist man sich einig, haben eine verhaltensspezifische, eine kognitive und eine affektive Komponente. Nicht zu wissen, wie man die verschiedenen Verhaltensweisen ausführt, die zu einem kompetenten sozialen Akt, etwa dem Senden oder Empfangen nonverbaler Signale, gehören, kann ein Aspekt des Defizits sein. Häufig mangelt es nicht an den erforderlichen Verhaltenskompetenzen, sondern es fehlt an kognitivem oder wahrnehmungsspezifischem Vermögen. Der Betroffene erkennt nicht, in welchem Kontext und in welcher Situation welches Verhalten am Platz wäre. Über die Strategien der Episodenwahrnehmung haben wir in Kapitel 10 gesprochen und wir haben gesehen, daß Menschen mit geringen sozialen Kompetenzen gerade hier Mängel aufweisen. Der dritte Aspekt ist affektiver Natur. Viele Menschen sind häufig in an sich harmlosen sozialen Situationen so ängstlich oder erregt, daß ihr interaktives Verhalten ernsthaften Schaden nimmt.

Zur Diagnose solcher Defizite stehen verschiedene Methoden bereit. Es gibt etliche standardisierte Skalen zur Erfassung von sozialer Angst und anderen Formen sozialer Unzulänglichkeit (Hersen und Bellack 1977). Problematisch dabei ist, daß die auf diesen Skalen erreichten Werte nicht unbedingt auch dem tatsächlichen Sozialverhalten der Getesteten entsprechen. Das zweite diagnostische Instrument ist die direkte Verhaltensbeobachtung. Man kann Klienten z. B. an verschiedenen streßreichen oder sonstigen fordernden Interaktionen teilnehmen lassen und ihr Sozialverhalten aufzeichnen und analysieren (vgl. Trower et al. 1978). Eine dritte Technik liegt irgendwo dazwischen: Man fordert die Klienten auf, anhand eines Fragebogens ihre Verhaltensprobleme selbst zu schildern. Und schließlich kann man Erregung und Angst auch physiologisch messen.

Was als unangemessenes Verhalten gilt, ist weitgehend kulturabhängig. In dem mobilen, extravertierten, verbal expressiven und individualistischen Interaktionsmilieu, wie es für viele ,,Verhaltenssettings" in den Vereinigten Staaten typisch ist, gehört Selbstbehauptung zu den wichtigsten Kompetenzen. Im Selbstbehauptungstraining, einer Spielart des sozialen Trainings, lernen schüchterne, zurückgezogene oder unterwürfige Menschen, für sich selbst einzustehen (Bower und Bower 1979). Im ganz anderen kulturellen Milieu Englands sollen mit solchen Trainingsprogrammen vornehmlich soziale Sensibilität, d. h. die Fähigkeit, ein belohnender Partner zu sein, und der angemessene Einsatz von nonverbalen Signalen vermittelt werden (Trower et al. 1978).

Schulung und Therapie sozialer Kompetenzen

Das im Moment wohl anerkannteste Modell sozialer Kompetenzen stützt sich in erster Linie auf Prinzipien sozialen Lernens (Goldstein et al. 1976, Eisler und Frederiksen 1980). Mit anderen Worten, der Klient erwirbt neue Kompetenzen mit Hilfe von Modellernen, Nachahmung, sozialer Verstärkung und Transfer. Dazu vielleicht ein paar erläuternde Worte. *Lernen am Modell* und *Nachahmung* bedeutet ganz einfach, daß der Lehrer oder jemand anderes (,,live" oder auf dem Videoband) das jeweilige Zielverhalten vormacht. Dann wird der Klient gebeten, das gerade beobachtete Verhalten im Rollenspiel nachzuahmen. Soziale *Verstärkung* in Form von Lob oder Ermunterung soll das richtige Verhalten belohnen; wenn es sich um ein Gruppentraining handelt, kann auch sozialer Druck dazu dienen, das Verhalten des Klienten zu formen. *Transfer-Lernen* ist jener Prozeß, in dessen Verlauf der Klient lernt, die in der Trainingsgruppe erworbene neue Kompetenz auf die ,,normale" Interaktionsroutine zu übertragen. Um diesen Prozeß zu unterstützen, bekommt der Klient häufig „Hausaufgaben", d. h. die Anweisung, die neu gelernten Kompetenzen in seine alltäglichen Interaktionen – zu Hause, bei der Arbeit oder in der Kneipe – einzubringen.

Welche Kompetenzen lassen sich innerhalb einer solchen Therapie erlernen? Im großen und ganzen zielen die einzelnen Spielarten sozialer Trainingsprogramme darauf ab, (a) allgemeine Interaktionskompetenzen (z. B. Trower et al. 1978), (b) Kompetenzen des Gemeinschaftslebens (wenn es sich etwa um psychiatrische Patienten vor der Entlassung handelt; vgl. Goldstein et al. 1976) oder (c) spezielle berufsbezogene Interaktionskompetenzen für Lehrer, Krankenschwestern, etc. zu vermitteln. Das Trainingsprogramm von Trower et al. (1978) lehrt zum Beispiel Kompetenzen wie Zuhören, Sprechen, Kommunizieren und Wahrnehmen von Gefühlen, Einsatz und Wahrnehmung nonverbaler Signale wie Blickkontakt, Körpersprache und Umgang mit dem Raum.

Es klingt vielleicht merkwürdig, aber auch so grundlegende Kompetenzen wie das Zuhören erfordern unter Umständen sorgfältiges Training. Miller et al. (1983) haben kürzlich festgestellt, daß Menschen sich erheblich darin unterscheiden, wie gut sie zuhören und anderen helfen können, sich zu „öffnen". Interesse zeigen, den Sprecher verstärken, die richtigen Fragen stellen, das richtige Maß an Blickkontakt – all das kann Teil „kompetenten Zuhörens" sein. Solche Trainingsprogramme basieren überwiegend auf der empirischen Forschung zu Interaktionsprozessen, die wir in diesem Buch kennengelernt haben. Will der Therapeut zum Beispiel jemandem beibringen, wie er es beim Sprechen oder Zuhören am besten mit dem Blickkontakt hält, muß er die Forschung zum nonverbalen Verhalten, die wir in Kapitel 9 diskutiert haben, zu Rate ziehen.

Der Erwerb sozialer Kompetenzen läßt sich mit vielen weiteren Techniken unterstützen, die häufig dem Theaterbereich entlehnt sind. Will man zwischenmenschliche Sensibilität fördern, bittet man Klienten etwa, eine Zeitlang in die Rolle des Partners zu schlüpfen und dessen Rolle zu spielen, damit sie ein Gespür dafür bekommen, wie ihr Verhalten auf andere wirkt (Argyle 1980). Häufig konfrontiert man die Klienten auch per Videoschirm mit ihrem früheren unangemessenen Verhalten, um ihr Gespür für Selbstbeobachtung und objektive Selbstaufmerksamkeit (vgl. Kapitel 10) zu schärfen. Diese Technik sensibilisiert den Klienten auch für andere Mängel, etwa dafür, daß seine Selbstdarstellungs-Strategien wenig angemessen sind oder dafür, daß er kein sehr belohnender Interaktionspartner ist.

Genaueres über das Training sozialer Kompetenzen finden Sie in den zitierten Arbeiten von Trower et al. (1978), Goldstein et al. (1976) oder Eisler und Frederiksen (1980). Soziale Trainingsprogramme werden von vielen Gesundheitszentren wie auch von praktizierenden Psychologen, Psychiatern und in Kliniken angeboten und sind häufig für Menschen gedacht, die in bestimmten Lebensbereichen mit kleineren Schwierigkeiten zu kämpfen haben. In unserem Zusammenhang ist wichtig, daß soziale Interaktionsforschung nicht nur ein wissenschaftliches Unterfangen ist. In ihrer praktischen Nutzanwendung hilft sie Menschen, das eigene Sozialverhalten und das anderer besser zu verstehen.

Einige abschließende Bemerkungen

Werfen wir einen Blick zurück auf das, worum sich dieses Buch zu vermitteln bemüht hat. In Kapitel 1 haben wir uns Gedanken über die Gründe für das wachsende Interesse an Interaktionsprozessen gemacht. Die historische Entwicklung seit der Französischen Revolution und das Entstehen industrialisierter Massengesellschaften sind zum großen Teil mitverantwortlich dafür, daß soziale Interaktion und unsere Beziehungen zu anderen Menschen immer komplexer und problematischer geworden sind. Wir leben nicht mehr in der beständigen Gemeinschaft einer Primärgruppe, sondern in einer Gesellschaft von einander Fremden. Unsere Freunde und Bekannten leben gewöhnlich weit verstreut und spielen häufig nur hoch spezialisierte und begrenzte Rollen in unserem Leben. Die Fähigkeit zu gefälliger Interaktion mit anderen wird für viele Menschen auch als berufliche Kompetenz immer wichtiger, da in den meisten westlichen Ländern die ,,Dienstleistungsindustrien'' zunehmend an Bedeutung gewinnen und immer mehr Menschen in diesem Bereich Arbeit finden. Entsprechend wird auch die sozialpsychologische Erforschung ,,zwischenmenschlicher Kompetenzen'' an Bedeutung zunehmen.

Wir haben uns in diesem Buch mit verschiedenen Aspekten sozialer Interaktionsprozesse beschäftigt. Im ersten Teil des Buches standen die Genauigkeit sozialer Wahrnehmung, die Eindrucksbildung und die Art und Weise, wie wir zu Attributionen über uns und andere gelangen, im Mittelpunkt (Kapitel 2 bis 6). Solche Aspekte der Personenwahrnehmung sind es, die unser alltägliches Interaktionsverhalten bestimmen. Als nächstes haben wir den Prozeß der interpersonalen Kommunikation eingehender betrachtet: den Gebrauch von Sprache, die Merkmale und die Vielfalt nonverbaler Botschaften und den Einsatz von Strategien der Eindruckssteuerung (Kapitel 7 bis 10). Da soziale Interaktion vornehmlich aus dem regelgeleiteten Austausch von Botschaften besteht, steht die Kommunikation im Mittelpunkt der Erforschung interpersonalen Verhaltens.

Eine unvermeidbare Folge sozialer Interaktion ist die Entwicklung persönlicher Beziehungen. Wir haben über das Wesen menschlicher Geselligkeit oder Soziabilität gesprochen, über die Faktoren, die die Entwicklung und die Verschlechterung persönlicher Beziehungen beeinflussen, und über die besonderen Merkmale vertraut-intimer Beziehungen (Kapitel 11 bis 13). Im nächsten Abschnitt ging es um Wesen und Merkmale sozialer Einflußprozesse und darum, wie Menschen in Gruppen miteinander interagieren (Kapitel 14 und 15). In diesem letzten Kapitel haben wir versucht, all diese Themen miteinander in Beziehung zu bringen, und uns die universale Rolle der physikalischen Umgebung bei sozialer Interaktion verdeutlicht. Ein letzter Blick galt den Methoden der sozialpsychologischen Forschung und dem Konzept der sozialen Kompetenzen.

Immer wieder war die enge, wechselseitige Abhängigkeit zwischen kulturellen Einflüssen und individuellem Verhalten zu betonen. Interaktive Kompetenzen spiegeln definitionsgemäß die besonderen Erfordernisse der jeweiligen Kultur wider. Um wirksam sozial interagieren zu können, müssen uns die gemeinsamen Personenprototypen, die Interaktions,,skripte" oder Beziehungsszenarios unserer unmittelbaren kulturellen Umgebung vertraut sein. Solche Repräsentationen entstehen im alltäglichen Umgang miteinander und werden in Alltagsbegegnungen bestätigt oder modifiziert. Erst die Erforschung sozialer Interaktionsprozesse läßt uns verstehen, wie unser Selbstkonzept und unser Selbstwertgefühl widerspiegeln, wie andere Menschen in unseren alltäglichen Interaktionen auf uns reagieren. Mit vielen dieser Fragen beschäftigt sich, wie wir immer wieder gesehen haben, der noch junge Forschungsbereich der sozialen Kognition.

Natürlich mußten wir bei der Darstellung des Materials eine Auswahl treffen. Das Fachgebiet ist ständigen Veränderungen unterworfen, neue Ergebnisse tauchen auf, andere veralten. Zu erforschen, wie Menschen miteinander interagieren, gehört mit zum Spannendsten, was die Psychologie zu bieten hat. Attraktion wie Schwierigkeit des Unterfangens sind darin begründet, daß der Forschungsgegenstand uns alle so unmittelbar angeht. Ich hoffe, daß dieses Buch Ihnen zusätzliche Einsichten in die Psychologie der sozialen Interaktionsprozesse vermitteln konnte und Ihr Interesse an weiterer Lektüre zu diesem Thema geweckt hat.

Literatur

Aiello, J. R. & Jones, S. E. Field study of the proxemic behaviour of joung children in three subcultural groups. Journal of Personality and Social Psychology, 1971, 19, 351–356.

Allport, F. H. Social Psychology. Cambridge, Mass.: Riverside Press, 1924./Boston: Houghton-Mifflin, 1924.

Allport, G. W. The historical background of modern social psychology. In: G. Lindzey & E. Aronson (Eds) The Handbook of Social Psychology. (Vol. 1), Reading, Mass.: Addison-Wesley, 1968.

Altman, I. & Taylor, D. A.: Social penetration. New York: Holt 1973.

Altman, I. The Environment and Social Behaviour. Monterey, Calif.: Brooks-Cole, 1975

American Council of Life Assurance. The Family Economist. 5 February, 1978.

Anderson, N. H. Averaging vs. addings as a stimulus-combination rule in impression formation. Journal of Experimental Psychology, 1965, 70, 394–400.

Anderson, N. H. Averaging model analysis of set size effects in impression formation. Journal of Experimental Psychology, 1967, 75, 158–165.

Anderson, N. H. Likeableness ratings of 555 personality trait words. Journal of Personality and Social Psychology, 1968, 9, 272–279.

Anderson, N. H. Cognitive algebra: integration theory applied to social attribution. Advances in Experimental Social Psychology, 1974, 7, 1–101.

Anderson, C. A. & Anderson, D. C. Ambient temperature and violent crime. Journal of Personality and Social Psychology, 1984, 46, 91–98.

Antaki, C. The Psychology of Ordinary Explanations of Social Behaviour. London: Academic Press, 1981.

Argyle, M. Interaction skills and social competence. In: P. Feldman & J. Orford (Eds) The Social Psychology of Psychological Problems. Chichester: Wiley, 1980.

Argyle, M. Social Interaction. London: Methuen, 1969. (dt.: Soziale Interaktion. Köln: Kiepenheuer & Witsch, 1972.)

Argyle, M. The Psychology of Interpersonal Behaviour. Harmondsworth: Penguin, 1972.

Argyle, M. & Dean, J. Eye-contact, distance and affiliation. Sociometry, 1965, 28, 289–304.

Argyle, M. & Furnham, A. The ecology of relationships: choice of situations as a function of relationship, British Journal of Social Psychology, 1982, 259–262.

Argyle, M. & Ingham, R. Gaze, mutual gaze and proximity. Semiotica, 1972, 6, 32–49.

Argyle, M. Alkema, F. & Gilmour, R. The communication of friendly and hostile attitudes by verbal and nonverbal signals. European Journal of Social Psychology, 1971, 1, 385–402.

Argyle, M. Salter, V. Nicholson, H. Williams, M. & Burgess, P. The communication of inferior and superior attitudes by verbal and non-verbal signals. British Journal of Social and Clinical Psychology, 1970, 9, 222–231.

Aristoteles. The Rhetoric. New York: Appleton, 1932. (dt.: Rhetorik. München: Fink, 1980.)

Aronson, E. Some antecedents of interpersonal attraction. In: W. J. Arnold & D. Levine (Eds) Nebraska Symposium of Motivation. Lincoln: University of Nebraska Press, 1969.

Aronson, E. The Social Animal. San Francisco: Freeman, 1976.

Aronson, E. & Linder, D. Gain and loss of self-esteem as determinants of interpersonal attractiveness. Journal of Experimental Social Psychology, 1965, 1, 156–171.

Aronson, E. & Cope, V. My enemy's enemy is my friend. Journal of Personality and Social psychology, 1968, 8, 8–12.

Aronson, E. & Mills, J. The effect of severity of initiation on liking for a group. Journal of Abnormal and Social Psychology, 1959, 59, 177–181.

Aronson, E. Willerman, B. & Floyd, J. The effects of a pratfall on increasing interpersonal attractiveness. Psychonomic Science, 1966, 4, 157–158.

Asch, S. E. The effect of group pressure upon modification and distortion of judgments. In: H. Guetzkow (Ed.) Groups, Leadership and Men. Pittsburgh: Carnegie press, 1951.

Asch, S. Forming impressions of personality. Journal of Abnormal and Social Psychology, 1946, 41, 258–290.

Bales, R. F. Interaction Process Analysis: A Method for the Study of Small Groups. Reading, Mass.: Addison-Wesley, 1950.

Barker, R. G. Ecological Psychology. Stanford: University Press, 1968.

Bandura, A. Sozial-kognitive Lerntheorie. Stuttgart: Klett 1979.

Bartlett, F. C. Remembering. Cambridge: Cambridge University Press, 1932.

Baron, R. A. & Ransberger, V. M. Ambient temperature and the occurrence of collective violence: the ,long hot summer' revisited. Journal of Personality and Social Psychology, 1978, 36, 351–360.

Bassili, J. N. Temporal and spatial contingencies in the perception of social events. Journal of Personality and Social Psychology, 1976, 33, 680–685.

Battistich, V. A. & Thompson, E. G. Students' perceptions of the college milieu. Personality and Social Psychology Bulletin, 1980, 6, 74–82.

Baum, A. & Valins, S. Architecture and Social Behaviour: Psychological Studies of Social Density. Hillsdale: Erlbaum, 1977.

Bavelas, J. B. A situational theory of disqualification: using language to ,leave the field'. In: J. P. Forgas (Ed.) Language and Social Situations. New York: Springer, 1985.

Bellezza, F. S. & Bower, G. H. Person stereotypes and memory for people. Journal of Personality and Social Psychology, 1982, 11, 1–23.

Bem, D. J. Self perception theory. In: L. Berkowitz (Ed.) Advances in Experimental Social Psychology, New York: Academic Press, 1972.

Berglas, S. & Jones, E. E. Drug choice as a self-handicapping strategy in response to noncontingent success. Journal of Personality and Social Psychology, 1978, 36, 405–417.

Bergmann, G. & Forgas, J. P. Situational influences on speech dysfluency. In: J. P. Forgas (Ed.) Language and Social Situations. New York: Springer, 1985.

Bernstein, B. B. A socio-linguistic approach to social learning. In: F. Williams (Ed.) Language and Poverty. London: Markham, 1970.

Berscheid, E. & Walster, E. A little bit about love. In: T. L. Huston (Ed.) Foundations of Interpersonal Attraction. New York: Academic Press, 1974.

Berscheid, E. & Walster, E. H. Interpersonal Attraction. Reading: Mass.: Addison-Wesley, 1969.

Birdwhistell, R. Introduction to Kinesics. Louisville: University of Louisville Press, 1952.

Birdwhistell, R. Kinesics and Context. Harmondsworth: Penguin, 1970.

Blood, R. O. & Blood, M. Marriage. (3rd edn) New York: Free Press, 1978.

Bochner, S. (Ed.) Cultures in Contact. Oxford: Pergamon Press, 1981.

Bogardus, E. S. Measuring social distance. Journal of Applied Sociology, 1925, 9, 299–308.

Bond, C. F. Social facilitation: a self-presentational view. Journal of Personality and Social Psychology, 1982, 42, 1042–1050.

Bond, M. & Forgas, J. P. Linking person perception to behaviour intention across cultures. Journal of Cross-Cultural Psychology, 1984.

Borgida, E. & Nisbett, E. E. The differential impact of abstract vs. concrete information on decisions. Journal of Applied Social Psychology, 1977, 7, 258–271.

Bower, G. H. Affect and cognition. Philosophical Transactions of the Royal Society, London, 1983.

Bower, C. & Bower, G. H. Assert Yourself. Englewood Cliffs, N. J.: Prentice-Hall, 1979.

Braginsky, D. Machiavellianism and manipulative interpersonal behaviour in children. Journal of Experimental Social Psychology, 1970, 6, 77–99.

Brehm, J. W. Responses to Loss of Freedom: a Theory of Psychological Reactance. Morristown, N. J.: General Learning Press, 1972.

Brigham, J. C. & Barkowitz, P. Do they all look alike? Journal of Applied Social Psychology, 1978, 8, 306–318.

Brown, R. Social Psychology. New York: Free Press, 1965.

Brown, R. & Gilman, A. The pronouns of power and solidarity. In: T. Sebeok (Ed.) Style in Language. Cambridge: Technology Press, 1960.

Brown, R. & Lenneberg, E. H. A study in language and cognition. Journal of Abnormal and Social Psychology, 1954, 49, 454–462.

Bruner, J. S. Children's Talk. New York: W. W. Norton, 1983.

Bruner, J. S. The role of interaction formats in language acquisition. In: J. P. Forgas (Ed.) Language and Social Situations. New York: Springer, 1985.

Bruner, J. S. Social psychology and perception. In: E. E. Maccoby, T. M. Newcomb & E. L. Hartley (Eds) Readings in Social Psychology. New York: Holt, Rinehart & Winston, 1958.

Bruner, J. S. & Sherwood, V. Thought, language and interaction in infancy. In: J. P. Forgas (Ed.) Social Cognition: Perspectives on Everyday Understanding. London: Academic Press, 1981.

Bruner, J. S. & Tagiuri, R. Person perception. In: Lindzey, G. (Ed.) Handbook of Social Psychology. Vol. 2. Reading, Mass.: Addison-Wesley, 1954.

Buckhout, R. Figueroa, D. & Hoff, E. Eyewitness identification. Report No. CR-11, Center for Responsive Psychology, Brooklyn College, Brooklyn, 1974.

Buss, A. R. Causes and reasons in attribution theory: a conceptual critique. Journal of Personality and Social Psychology, 1978, 36, 1311–1321.

Byrne, D. The Attraction Paradigm. New York: Academic Press, 1971.

Byrne, D. & Blaylock, B. Similarity and assumed similarity between husbands and wives. Journal of Abnormal and Social Psychology, 1963, 67, 636–640.

Byrne, D. & Clore, G. L. A reinforcement model of evaluative responses. Personality: An International Journal, 1970, 1, 103–128.

Byrne, D. & Nelson, D. Attraction as a linear proportion of positive reinforcement. Journal of Personality and Social Psychology, 1965, 1, 659–663.

Calhoun, J. B. Population density and social pathology. Scientific American, 1962, 206, 139–148.

Campbell, A. Converse, P. E. & Rodgers, W. L. The Quality of American Life. New York: Russell Sage Foundation, 1976.

Canter, D. & Stringer, P. Environmental Interaction. New York: International Universities Press, 1976.

Cantor, N. & Mischel, W. Prototypicality and personality: effects on free recall and personality impressions. Journal of Research in Personality, 1979, 13, 187–205.

Chen, S. C. Social modification of the activity of ants in nestbuilding. Physiological Zoology, 1937, 10, 420–436.

Christie, R. & Geis, F. L. (Eds) Studies in Machiavellianism. New York: Academic Press, 1970.

Cialdini, R. B. Braver, S. L. & Lewis, S. K. Attributional bias and the easily persuaded other. Journal of Personality and Social Psychology, 1974, 30, 631–637.

Cialdini, R. B. Cacciopo, J. T. Bassett, R. & Miller, J. A. Low-ball procedure for producing compliance: commitment then cost. Journal of Personality and Social Psychology, 1978, 36, 463–476.

Cialdini, R. B. Vincent, J. E. Lewis, S. K. Catalan, J. Wheeler, D. & Darby, B. L. A reciprocal concession procedure for inducing compliance: the door-in-the-face technique. Journal of Personality and Social Psychology, 1975, 21, 206–215.

Cooper, J. & Jones, E. E. Opinion divergence as a strategy to avoid being miscast. Journal of Personality and Social Psychology, 1969, 13, 13–40.

Crowne, D. P. & Marlowe, D. The Approval Motive. New York: Wiley, 1964.

Clark, M. & Isen, A. Toward understanding the relationship between feeling states and social behaviour. In: A. Hastorf & A. Isen (Eds) Cognitive Social Psychology. New York: Elsevier, 1981.

Clark, M. Milberg, S. & Erber, R. Effects of arousal on judgments of others' emotions. Journal of Personality and Social Psychology, 1984, 46, 551–560.

Cline, V. B. Interpersonal perception. In: B. A. Maher (Ed.) Progress in experimental personality research. Vol. 1. New York: Academic Press, 1964.

Cline, V. B. & Richards, J. M. Jr. Accuracy of interpersonal perception – a general trait? Journal of Abnormal and Social Psychology, 1960, 60, 1–7.

Clore, G. L. Wiggins, N. & Itkin, S. Gain and loss in attraction: attributions from nonverbal behaviour. Journal of Personality and Social Psychology, 1975, 312, 706–712.

Condon, W. S. & Ogston, W. D. A segmentation of behaviour. Journal of Psychiatric Research. 1967, 5, 221–235.

Cooley, C. H. Human Nature and the Social Order. New York: Scribner, 1902.

Cotton, J. A review of research on Schachter's theory of emotion and the misattribution of arousal. European Journal of Social Psychology, 1981, 11, 365–397.

Cottrell, N. B. Social facilitation. In: C. G. McClintock (Ed.) Experimental Social Psychology. New York: Holt, Rinehart & Winston, 1972.

Cronbach, L. J. Processes affecting scores on ,understanding others' and ,assumed similarity'. Psychological Bulletin, 1955, 52, 177–193.

Crow, W. J. The effect of training upon accuracy and variability in interpersonal perception. Journal of Abnormal and Social Psychology, 1957, 55, 355–359.

Crutchfield, R. S. Conformity and character. American Psychologist, 1955, 10, 191–198.

Darwin, C. The Expression of Emotions in Man and Animals. New York: Appleton, 1890.

Darwin, C. The Expression of Emotions in Man and Animals. London: John Murray, 1872 (reproduced by the University of Chicago Press, 1965). (dt.: Der Ausdruck der Gefühle bei Mensch und Tier. Düsseldorf: Rau, 1964.)

Dashiell, J. F. An experimental analysis of some group effects. Journal of Abnormal and Social Psychology, 1930, 25, 190–199.

Davis, J. D. Self disclosure in an acquaintance exercise. Journal of Personality and Social Psychology, 1976, 33, 787–792.

Davitz, J. R. The Communication of Emotional Meaning. New York: McGraw-Hill, 1964.

Davitz, J. R. & Davitz, L. J. The communication of feelings by content-free speech. Journal of Communication, 1959, 9, 6–13.

Dawkins, R. The Selfish Gene. New York: Oxford University Press, 1976. (dt.: Das egoistische Gen. Berlin: Springer, 1978.)

Deaux, K. Looking at behaviour. Personality and Social Psychology Bulletin, 1978, 4, 207–211.

Deci, E. L. Intrinsic Motivation. New York: Plenum Press, 1975.

Dermer, M. & Pyszczynski, T. A. Effects of erotica upon upon men's loving and liking responses for women they love, Journal of Personality and Social Psychology, 1978, 36, 1302–1309.

Deutsch, M. & Gerard, H. A study of normative and informational influence upon individual judgment. Journal of Abnormal and Social Psychology, 1955, 51, 629–636.

Dienstbier, R. & Munter, P. Cheating as a function of labelling of natural arousal. Journal of Personality and Social Psychology, 1971, 17, 208–213.

Dion, K. K. Physical attractiveness and evaluations of children's transgressions. Journal of Personality and Social Psychology, 1972, 24, 1311–1322.

Dion, K. K. Berscheid, E. & Walster, E. What is beautiful is good. Journal of Personality and Social Psychology, 1972, 24, 285–290.

Dornbusch, S. M. Hastorf, A. H. Richardson, S. A. Muzzy, R. E. & Vreeland, R. S. The perceiver and the perceived: their relative influence on the categories of interpersonal cognition. Journal of Personality and Social Psychology, 1965, 1, 434–440.

Driscoll, R. Davis, K. E. & Lipitz, M. E. Parental interference and romantic love: the Romeo and Juliet effect. Journal of Personality and Social Psychology, 1972, 24, 1–10.

Dutton, D. G. & Aron, A. P. Some evidence for heightened sexual attraction under conditions of high anxiety. Journal of Personality and Social Psychology, 1974, 30, 510–517.

Duval, S. & Wicklund, R. A. A Theory of Objective Self Awareness. New York: Academic Press, 1972.

Duval, S. & Wicklund, R. A. Effects of objective self awareness on attribution of causality. Journal of Experimental Social Psychology, 1973, 9, 17–31.

Dweck, C. S. The role of expectations and attributions in the alleviation of learned helplessness. Journal of Personality and Social Psychology, 1975, 31, 674–685.

Eiser, R. Cognitive Social Psychology. New York: McGraw-Hill, 1980.

Eisler, R. M. Behavioural assessment of social skills. In: M. Hersen & A. Bellack (Eds) Behavioural Assessment. Oxford: Pergamon Press, 1976.

Eisler, M. & Frederiksen, L. W. Perfecting Social Skills. New York: Plenum, 1980.

Efran, M. G. The effects of physical appearance on the judgment in a simulated jury task. Journal of Research in Personality, 1974, 8, 45–54.

Ekman, P. (Ed.) Darwin and Facial Expression: A Century of Research in Review. New York: Academic Press, 1973.

Ekman, P. & Friesen, W. V. Nonverbal leakage and cues to deception. Psychiatry, 1969, 32, 88–106.

Ekman, P. & Friesen, W. V. Detecting deception from the body or face. Journal of Personality and Social Psychology, 1974, 29, 288–298.

Ekman, P. & Friesen, W. V. Unmasking the Face. Englewood Cliffs, N. J.: Prentice-Hall, 1975.

Ekman, P. Friesen, W. V. & Ellsworth, P. C. Emotion in the Human Face. New York: Pergamon Press, 1972. (dt.: Gesichtssprache. Wien: Böhlau, 1974.)

Ekman, P. Levenson, R. W. & Friesen, W. V. Autonomic nervous system activity distinguishes among emotions. Science, 1983, 221, 1208–1210.

Ekman, P., Sorenson, E. R. & Friesen, W. V. Pan-cultural elements in facial displays of emotions. Science, 1969, 164, 86–88.

Ellsworth, P. C. Carlsmith, J. M. & Henson, A. Staring as a stimulus to flight in animals: a series of field studies. Journal of Personality and Social Psychology, 1972, 21, 302–311.

Exline, R. Visual interaction: the glances of power and preference. In: S. Weitz (Ed.) Nonverbal Communication. New York: Oxford University Press, 1974.

Exline, R. & Yellin, A. Eye contact as a sign between man and monkey. 19th International Congress of Psychology, London, 1965.

Eysenck, H. J. & Eysenck, S. B. G. Personality Structure and Measurement. London: Routledge and Kegan Paul, 1969.

Falbo, T. & Beck, R. C. Naive psychology and the attributional model of achievement. Journal of Personality, 1979, 47, 185–195.

Falbo, T. & Peplau, L. A. Power strategies in intimate relationships. Journal of Personality and Social Psychology, 1980, 38, 618–628.

Farr, R. The social origins of the human mind. In: J. P. Forgas (Ed.) Social Cognition: Perspectives on Everyday Understanding. London: Academic Press, 1981.

Fazio, R. H. Effrein, E. A. & Falender, V. J. Self-perceptions following social interaction. Journal of Personality and Social Psychology, 1981, 41, 232–242.

Feather, N. T. A structural balance model of communication effects. Psychological Review, 1964, 71, 291–313.

Feather, N. T. Organization and discrepance in cognitive structures, Psychological Review, 1971, 78, 355–379.

Feather, N. Positive and negative reactions to male and female success and failure in relation to the perceived status and sex-typed appropriateness of occupation. Journal of Personality and Sicial Psychology, 1975, 31, 536–548.

Feather, N. T. & Simon, J. G. Reactions to male and female success and failure in sex-linked occupations. Journal of Personality and Social Psychology, 1975, 31, 20–31.

Feldman, N. S. Higgins, E. T. Karlovac, M. & Ruble, D. N. Use of consensus information in causal attributions as a function of temporal presentation and availability of direct information. Journal of Personality and Social Psychology, 1976, 34, 694–698.

Festinger, L. Informal social communication. Psychological Review, 1950, 57, 271–292.

Festinger, L. A theory of social comparison processes. Human Relations, 1954, 7, 117–140.

Festinger, L. & Carlsmith, J. M. Cognitive consequences of forced compliance. Journal of Abnormal and Social Psychology, 1959, 58, 201–211.

Festinger, L. Schachter, S. & Back, K. Social Pressures in Informal Groups: A Study of Human Factors in Housing. New York: Harper, 1950.

Fiedler, F. E. A Theory of Leadership Effectiveness. New York: McGraw-Hill, 1967.

Fiedler, F. E. The contribution of cognitive ressources and behavior to leadership performance. In C. F. Graumann & S. Moscovici (Eds.) Changing conceptions of leadership. New York: Springer 1986.

Fisch, H. U. Frey, S. & Hirsbrunner, H. P. Analysing nonverbal behaviour in depression. Journal of Abnormal Psychology, 1983, 92, 307–318.

Fishbein, M. & Hunter, R. Summation versus balance in attitude organisation and change. Journal of Abnormal and Social Psychology, 1964, 69, 505–510.

Fisher, J. D. & Byrne, D. Too close for comfort: sex differences in response to invasions of personal space. Journal of Personality and Social Psychology, 1975, 32, 15–21.

Fisher, J. D. Rytting, M. & Heslin, R. Hands touching hands: affective and evaluative effects of an interpersonal touch. Sociometry, 1976, 39, 416–421.

Fishman, J. (Ed.) Advances in the Sociology of Language. The Hague: Mouton, 1971.

Forgas, J. P. The perception of social episodes: Categorical and dimensional representations in two different social milieus. Journal of Personality and Social Psychology, 1976, 33, 199–209.

Forgas, J. P. Polarization and moderation of person perception judgments as a function of group interaction style. European Journal of Social Psychology, 1977, 7, 175–187.

Forgas, J. P. Social episodes and social structure in an academic setting: the social environment of an intact group. Journal of Experimental Social Psychology, 1978, 14, 434–448.

Forgas, J. P. Social Episodes: The Study of Interaction Routines. London: Academic Press, 1979.

Forgas, J. P. (Ed.) Social Cognition: Perspectives on Everyday Understanding. London: Academic Press, 1981.

Forgas, J. P. Responsibility attribution by groups and individuals: the effects of the interaction episode. European Journal of Social Psychology, 1981, 11, 87–99.

Forgas, J. P. Episode cognition: internal representations of interaction routines. In: L. Berkowitz (Ed.) Advances in Experimental Social Psychology, New York: Academic Press, 1982.

Forgas, J. P. The effects of prototypicality and cultural salience on perceptions of people. Journal of Research in Personality, 1983, 17, 153–173.

Forgas, J. P. Social skills and episode perception. British Journal of Clinical Psychology, 1983, 22, 195–207.

Forgas, J. P. (Ed.) Language and Social Situations. New York: Springer, 1985.

Forgas, J. P. & Bond, M. Cultural differences in episode perception between Australian and Chinese students. Personality and Social Psychology Bulletin, 1985.

Forgas, J. P. & Brown, L. B. Environmental and behavioural cues in the perception of social encounters. American Journal of Psychology, 1977, 90, 635–644.

Forgas, J. P. & Dobosz, B. Dimensions of romantic involvement: towards a taxonomy of heterosexual relationships. Social Psychology Quarterly, 1980, 43, 290–300.

Forgas, J. P. Argyle, M. A. & Ginsburg, G. P. Social episodes and person perception: the fluctuating structure of an academic group. Journal of Social Psychology, 1979, 109, 207– 222.

Forgas, J. P. Bower, G. H. & Krantz, S. The effects of mood on perceptions of interactive behaviours. Journal of Experimental Social Psychology, 1984.

Forgas, J. P. Morris, S. & Furnham, A. Lay explanations of wealth: attributions for economic success. Journal of Applied Social Psychology, 1982, 12, 381–397.

Forgas, J. P. Brennan, G. Howe, S. Kane, J. F. & Sweet, S. Audience effects on squash players' performance. Journal of Social Psychology, 1980, 111, 41–47.

303

Forgas, J. P. O'Connor, K. & Morris, S. Smile and punishment: the effects of facial expression on responsibility attribution by groups and individuals. Personality and Social Psychology Bulletin, 1983, 9, 587–596.

Freedman, J. L. & Fraser, S. C. Compliance without pressure: the foot-in-the-door technique. Journal of Personality and Social Psychology, 1966, 4, 195–202.

French, J. R. P. & Raven, B. H. The bases of social power. In: D. Cartwright (Ed.) Studies in Social Power. Ann Arbor: University of Michigan Press, 1959.

Friendly, M. L. & Glucksberg, S. On the description of sub-cultural lexicons. Journal of Personality and Social Psychology, 1970, 14, 550–565.

Furnham, A. Attributions for affluence. Journal of Personality and Individual Differences, 1983, 4, 31–40.

Gage, N. L. Judging interests from expressive behaviour. Psychological Monographs, 1952, 66, 18 (whole No. 350).

Gallois, C. & Callan, V. J. Situational influences on perceptions of accented speech. In: J. Forgas (Ed.) Language and Social Situations. New York: Springer, 1985.

Gardner, R. A. & Gardner, B. T. Teaching sign language to a chimpanzee. Science, 1969, 165, 664–672.

Garton, A. Children's language in collaborative and cooperative interactions. In: Proceedings, 2nd International Conference on Social Psychology and Language, University of Bristol, 1983.

Gergen, K. J. & Wishnow, B. Others' self-evaluations and interaction anticipation as determinants of self-presentation. Journal of Personality and Social Psychology, 1965, 2, 348–358.

Gergen, K. J. Gergan, M. M. & Barton, W. Deviance in the dark. Psychology Today, 1973, 7, 129–130.

Gibbs, R. Situational conventions and requests. In: J. P. Forgas (Ed.) Language and Social Situations. New York: Springer, 1984.

Giles, H. Evaluative reactions to accents. Education Review, 1970, 22, 211–227.

Goffman, E. Behaviour in Public Places. Glencoe: The Free Press, 1963.

Ginsburg, G. P. (Ed.) Emerging Strategies in Social Psychology. Chichester: Wiley, 1979.

Glass, D. C. & Singer, J. E. Urban Stress. New York: Academic Press, 1972.

Goffman, E. The Presentation of Self in Everyday Life. New York: Doubleday, 1959. (dt.: Wir alle spielen Theater. München: Piper, 1969.)

Goffman, E. Behaviour in Public Places. Glencoe: The Free Press, 1963. (dt.: Verhalten in sozialen Situationen. Gütersloh: Bertelsmann, 1971.)

Goldman, W. & Lewis, P. Beautiful is good: evidence that the physically attractive are more socially skilful. Journal of Experimental Social Psychology, 1977, 13, 125–130.

Goldstein, A. Sprafkin, R. P. & Gershaw, N. J. Skill Training for Community Living. New York: Pergamon Press, 1976.

Greene, D. Sternberg, B. & Lepper, M. R. Overjustification in a token economy. Journal of Personality and Social Psychology, 1976, 34, 1219–1234.

Grice, H. P. Logic and conversation. In: P. Cole & J. L. Morgan (Eds) Syntax and Semantics, Vol. 3. New York: Seminar Press, 1975.

Griffitt, W. Environmental effects on interpersonal affective behaviour. Journal of Personality and Social Psychology, 1970, 15, 240–244.

Griffitt, W. & Veitch, R. Pre-acquaintance attitude similarity and attraction revisited: ten days in a fall-out shelter. Sociometry, 1974, 37, 163–173.

Guerin, B. & Innes, J. M. Social facilitation and social monitoring: A new look at Zajonc's mere presence hypothesis. British Journal of Social Psychology, 1982, 21, 7–18.

Gumperz, J. J. & Hymes. D. (Eds) The Ethnography of Communication. New York: Holt, Rinehart & Winston, 1972.

Gurwitz, S. B. & Panciera, L. Attributions of freedom by actors and observers. Journal of Personality and Social Psychology, 1975, 32, 531–539.

Haig, A. Memoirs excerpted in Time, 2 April 1984.

Hall, E. T. The Hidden Dimension. New York: Doubleday, 1966. (dt.: Die Sprache des Raumes. Düsseldorf: Schwann, 1976.)

Hamilton, D. L. & Zanna, M. P. Context effects in impression formation processes for evaluation changes and connotative meaning. Journal of Personality and Social Psychology, 1974, 29, 694–654.

Harari, H. & McDavid, J. W. Name stereotypes and teachers' expectations. Journal of Educational Psychology, 1973, 65, 222–225.

Harre, R. Situational rhetoric and self-presentation. In: J. P. Forgas (Ed.) Language and Social Situations. New York: Springer, 1985.

Harre, R. Social psychology as rhetoric. In: J. P. Forgas (Ed.) Social Cognition. London: Academic Press, 1981.

Hastie, R. Causes and effects in causal attributions. Journal of Personality and Social Psychology, 1984, 46, 44–56.

Hastie, R. & Kumar, P. A. Person memory: personality traits as organising principles in memory for behaviours. Journal of Personality and Social Psychology, 1979, 37, 25–38.

Hastie, R. Ostrom, T. M. Ebbesen, E. B. Wyer, R. S. Jr. Hamilton, D. L. & Carlston, D. E. (Eds) Person Memory: The Cognitive Basis of Social Perception, Hillsdale, N. J.: Erlbaum, 1980.

Hebb, D. O. Drives and the CNS. Psychological Review, 1955, 62, 243–254.

Hedrick-Smith, J. The Russians. Harmondsworth: Penguin, 1977.

Heider, F. The Psychology of Interpersonal Relations. New York: Wiley, 1958. (dt.: Psychologie der interpersonalen Beziehungen. Stuttgart: Klett, 1977.)

Heider, F. & Simmel, M. An experimental study of apparent behaviour. American Journal of Psychology, 1944, 57, 243–249.

Hendrick, C. & Constantini, A. F. Effects of varying trait inconsistency and response requirements on the primacy effect in impression formation. Journal of Personality and Social Psychology, 1970, 15, 158–164.

Henley, N. M. Body Politics: Power, Sex and Nonverbal Communication. Englewood Cliffs: Prentice-Hall, 1977.

Herrmann, T.: Speech and situation. New York: Springer, 1983. (dt.: Sprechen und Situation. Heidelberg: Springer, 1982.)

Hersen, M. & Bellack, A. S. Assessment of social skills. In: A. Ciminero, K. Calhoun & H. Adams (Eds) Handbook of Behavioural Assessment. New York: Wiley, 1977.

Heslin, R. & Boss, D. Nonverbal intimacy in airport arrival and departure. Personality and Social Psychology Bulletin, 1980, 6, 248–252.

Hess, E. H. Attitude and pupil size. Scientific American, 1965, 212, 46–54.

Hess, E. H. The Tell-tale Eye. New York: Van Nostrand, 1975. (dt.: Das sprechende Auge. München: Kindler, 1977.)

Hill, C. T. Rubin, Z. & Peplau, L. A. Breakups before marriage: the end of 103 affairs. The Journal of Social Affairs, 1976, 32, 147–167.

Hockett, C. F. The problem of universals in language. In: J. H. Greenberg (Ed.) Universals of Language. Cambridge: MIT Press, 1963.

Hollingshead, A. B. & Redlich, F. C. Social Class and Mental Illness. New York: Wiley, 1958. (dt.: Der Sozialcharakter psychischer Störungen. Frankfurt/M.: Fischer, 1975.)

Hunt, P. J. & Hillery, J. M. Social facilitation in a coaction setting. Journal of Experimental Social Psychology, 1973, 9. 563–571.

Huston, T. L. & Burgess, R. L. Social exchange in developing relationships: an overview. In: R. L. Burgess & T. L. Huston (Eds) Social Exchange in Developing Relationships. New York: Academic Press, 1979.

Huston, T. L. & Levinger, G. Interpersonal attraction and relationships. Annual Review of Psychology, 1978, 29, 115–156.

Innes, J. M. & Young, R. F. The effects of presence of audience, evaluation apprehension and objective self-awareness on learning. Journal of Experimental Social Psychology, 1975, 11, 35–42.

Izard, C. E. The Face of Emotion. New York: Appleton-Century-Crofts, 1971.

Jacobs, R. C. & Campbell, D. T. The perpetuation of an arbitrary tradition through several generations of laboratory microculture. Journal of Abnormal and Social Psychology, 1961, 62, 649–658.

Jaffe, D. T. & Kanter, R. M. Couple strains in communal households: a four-factor model of the separation process. Journal of Social Issues, 1976, 32, 169–191.

James, W. What is emotion? Mind, 1884, 9, 188–205.

Janis, I. Victims of Groupthink. Boston: Houghton-Mifflin, 1972.

Janis, I. & Mann, L. Decision Making: A Psychological Analysis of Conflict, Choice and Commitment. New York: Free Press, 1977.

Jones, E. E. Ingratiation. New York: Appleton-Crofts, 1964.

Jones, S. E. & Aiello, J. R. Proxemic behaviour of black and white first third and fifth grade children. Journal of Personality and Social Psychology, 1973, 25, 21–27.

Jones, E. E. & Berglas, S. Control of attributions about the self through self-handicapping strategies: the appeal of alcohol and the role of underachievement. Personality and Social Psychology Bulletin, 1978, 4, 200–206.

Jones, E. E. & Davis, K. E. From acts to dispositions. In: L. Berkowitz (Ed.) Advances in Experimental Social Psychology, New York: Academic Press, 1965.

Jones, E. E. & Harris, V. A. The attribution of attitudes. Journal of Experimental Social Psychology, 1967, 3, 1–24.

Jones, E. E. & Nisbett, R. E. The actor and the observer: divergent perceptions of the causes of behaviour. In: E. E. Jones et al. (Eds) Attribution: Perceiving the Causes of Behaviour. Morristown, N. J.: General Learning Press, 1971.

Jones, L. E. & Young, F. W. Structure of a social environment: longitudinal individual differences scaling of an intact group. Journal of Personality and Social Psychology, 1972, 24, 108–121.

Jones, E. E. Davis, K. E. & Gergen, K. J. Role playing variations and their informational value for person perception. Journal of Abnormal and Social Psychology, 1961, 63, 302–310.

Jones, E. E. Gergen, K. J. & Davis, K. Some reactions to being approved and disapproved of as a person. Psychological Monographs, 1962, whole of issue 76.

Jones, E. E. Rock, L. Shaver, K. G. Goethals, G. R. & Ward, L. M. Patterns of performance and ability attribution: an unexpected primacy effect. Journal of Personality and Social Psychology, 1968, 10, 317–341.

Jourard, S. M. Self-disclosure: An Experimental Analysis of Transparent Self. New York: Wiley, 1971.

Jourard, S. M. An exploratory study of body accessibility. British Journal of Social and Clinical Psychology. 1966, 5, 221–231.

Jourard, S. M. The Transparent Self. New York: van Nostrand, 1964.

Kahneman, D. & Tversky, A. On the psychology of prediction. Psychological Review, 1973, 80, 237–251.

Kandel, D. B. Similarity in real-life adolescent friendship pairs. Journal of Personality and Social Psychology, 1978, 36, 306–312.

Kassin, S. M. Deposition testimony and the surrogate witness. Personality and Social Psychology Bulletin, 1983, 9, 281–288.

Katz, D. & Braly, K. W. Racial stereotypes of one hundred college students. Journal of Abnormal and Social Psychology, 1933, 28, 280–290.

Kelley, H. H. The warm-cold variable in first impressions of persons. Journal of Personality, 1950, 18. 431–439.

Kelley, H. H. Attribution theory in social psychology. In: D. Levine (Ed.) Nebraska Symposium on Motivation, Lincoln: University of Nebraska Press, 1967.

Kelley, H. H. Attribution in Social Interaction. Morristown: General Learning Press, 1971.

Kelley, H. H. Personal Relationships: Their Structures and Processes. Hillsdale, N. J.: Erlbaum, 1979.

Kelly, G. A. The Psychology of Personal Constructs. New York: Norton, 1955.

Kendon, A. Movement coordination in social interaction: some examples considered. Acta Psychologica, 1970, 32, 1–25.

Kendon, A. Some functions of gaze direction in social interaction. Acta Psychologica, 1967, 26, 22–63.

Kenrick, D. T. & Gutierres, S. E. Contrast effects and judgments of physical attractiveness. Journal of Personality and Social Psychology, 1980, 38, 131–140.

Kerckhoff, A. C. & Davis, K. E. Value consensus and need complementarity in mate selection. American Sociological Review, 1962, 27, 295–303.

Kiesler, S. & Baral, R. The search for a romantic partner. In: K. J. Gergen & D. Marlowe (Eds) Personality and Social Behaviour. Reading: Addison-Wesley, 1970.

Kogan, N. & Wallach, M. A. Risk-taking: A Study in Cognition and Personality. New York: Holt, Rinehart & Winston, 1964.

Kolditz, T. A. & Arkin, R. M. An impression management interpretation of self handicapping strategies. Journal of Personality and Social Psychology, 1982, 43, 492–450.

La France, M. & Mayo, C. Racial differences in gaze behaviour during conversations. Journal of Personality and Social Psychology, 1976, 33, 547–552.

Lalljee, M. A knowledge structure approach to explanations. Paper presented at the General Meeting of the European Association of Experimental Social Psychologists, Tilburg, Holland, 1984.

Landis, C. Studies of emotional reactions 2. General behaviour and facial expression. Journal of Comparative Psychology, 1924, 4, 447–509.

Landy, D. & Sigall, H. Beauty is talent: task evaluation as a function of the performer's physical attractiveness. Journal of Personality and Social Psychology, 1974, 29, 299–304.

Langman, B. & Cockburn, A. Sirhan's gun. Harper's, January 1975, 250, 16–27.

Larsson, K. Conditioning and Behaviour in the Male Albino Rat. Stockholm: Almquist & Wiksells, 1956.

Latane, B. & Bidwell, L. D. Sex and affiliation in college cafeterias. Personality and Social Psychology Bulletin, 1977, 3, 571–574.

Latane. B. & Darley, J. M. The Unresponsive Bystander: Why Doesn't He Help? New York: Appleton-Century-Crofts, 1970.

Latane, B. Williams, K. & Harkins, S. Many hands make light the work: the causes and consequences of social loafing. Journal of Personality and Social Psychology, 1979, 37, 822–832.

Leavitt, H. J. Some effects of certain communication patterns on group performance. Journal of Abnormal and Social Psychology, 1951, 46, 38–50.

Lenneberg, E. H. Biological Foundations of Language. London: Wiley, 1967. (dt.: Biologische Grundlagen der Sprache. Frankfurt/M.: Suhrkamp, 1972.)

Lepper, M. R. Greene, D. & Nisbett, R. E. Undermining children's intrinsic interest with extrinsic reward. Journal of Personality and Social Psychology, 1973, 28, 129–137.

Lerner, M. J. Evaluation of performance as a function of performer's reward and attractiveness. Journal of Personality and Social Psychology, 1965, 3, 355–360.

Levinger, G. Toward the analysis of closer relationships. Journal of Experimental Social Psychology, 1980, 16, 510–544.

Levinger, G. & Snoek, J. D. Attraction in Relationships. Morristown: General Learning Press, 1972.

Levinger, G. Senn, D. J. & Jorgensen, B. W. Progress towards permanence in courtship: a test of the Kerckhoff-Davis hypothesis. Sociometry, 1970, 33, 427–443.

Lewin, K. Frontiers in group dynamics. Human Relations, 1947, 1, 5–41.

Lewin, K. Lippitt, R. & White, R. K. Patterns of aggressive behaviour in experimentally created social climates. Journal of Social Psychology, 1939, 10, 271–299.

Loftus, E. Eyewitness Testimony. Cambridge: Harvard University Press, 1979.

Luchins, A. S. Experimental attempts to minimize the impact of first impressions. In: C. Hovland (Ed.) The Order of Presentation in Persuasion. New Haven: Yale University Press, 1957.

Lujansky, H. & Mikula, G. Can equity theory explain the quality and the stability of romantic relationships? British Journal of Social Psychology, 1983, 22, 101–112.

Lynch, K. The Image of the City. Cambridge: M. I. T. Press, 1960. (dt.: Das Bild der Stadt. Berlin: Ullstein, 1965.)

Mann, L. The baiting crowd in episodes of threatened suicide. Journal of Personality and Social Psychology, 1981, 41, 703–709.

Mann, L. The effect of stimulus queues on queue-joining behaviour. Journal of Personality and Social Psychology, 1977, 35, 437–442.

Markus, H. The effect of mere presence on social facilitation: an unobtrusive test. Journal of Experimental Social Psychology, 1978, 14, 389–397.

Marsh, P. Rosser, E. & Harre, R. The Rules of Disorder. London: Routledge and Kegan Paul, 1978.

Marshall, G. D. & Zimbardo, P. G. Affective consequences of inadequately explained emotional arousal. Journal of Personality and Social Psychology, 1979, 37, 970–988.

Maslach, C. Negative emotional biasing of unexpected arousal. Journal of Personality and Social Psychology, 1979, 37, 953–969.

Mathews, K. E. & Cannon, L. K. Environmental noise level as a determinant of helping behaviour. Journal of Personality and Social Psychology, 1975, 32, 571–577.

May, J. L. & Hamilton, P. A. Females' evaluations of males as a function of affect arousing music. Paper presented at the Midwestern Psychological Association Meeting, Chicago, 1977.

McArthur, L. The how and the what of why: some determinants and consequences of causal attribution. Journal of Personality and Social Psychology, 1972, 22, 171–193.

McArthur, L. & Post, D. L. Figural emphasis and person perception. Journal of Experimental Social Psychology, 1977, 13, 520–536.

McDougall, W. Introduction to Social Psychology. London: Methuen, 1908. (dt.: Grundlagen einer Sozialpsychologie, Jena, 1928.)

McGuire, W. J. The yin and the yang of progress in social Psychology: seven koan. Journal of Personality and Social Psychology, 1973, 3, 124–134.

Mead, G. H. Mind, Self and Society, Chicago: University of Chicago Press, 1934. (dt.: Geist, Identität und Gesellschaft aus der Sicht des Sozialbehaviorismus. Frankfurt/M.: Suhrkamp, 1968.)

Mehrabian, A. Some referents and measures of nonverbal behaviour. Behavioural Research and Instrumentation, 1969, 1, 201–207.

Mehrabian, A. & Ferries, S. R. Inference of attitudes from nonverbal communication in two channels. Journal of Consulting Psychology, 1967, 31, 248–252.

Mehrabian, A. & Weiner, M. Decoding inconsistent communications. Journal of Personality and Social Psychology, 1967, 6, 109–114.

Milardo, R. M. Johnson, M. P. & Huston, T. Developing close relationships: changing patterns of interaction between pair members and social networks. Journal of Personality and Social Psychology, 1983, 44, 964–976.

Milgram, S. Nationality and conformity. Scientific American, 1961, 205, 45–51.

Milgram, S. Behavioural study of obedience. Journal of Abnormal and Social Psychology, 1963, 67, 376.

Milgram, S. Group pressure and action against the person. Journal of Abnormal and Social Psychology, 1964, 69, 137–143.

Milgram, S. Some conditions of obedience and disobedience to authority. Human Relations, 1965, 18, 57–76.

Milgram, S. Obedience to Authority. New York: Harper & Row, 1974. (dt.: Das Milgram-Experiment. Reinbek: Rowohlt, 1974.)

Miller, L. C. Berg, J. H. & Archer, R. L. Openers: individuals who elicit selfdisclosure. Journal of Personality and Social Psychology, 1983, 44, 1234–1244.

Milmoe, S. Rosenthal, R. Blane, M. T. Chafetz, M. & Wolf, I. The doctor's voice: postdictor of successful referral of alcoholic patients. Journal of Abnormal Psychology, 1967, 72, 78–84.

Mixon, D. Instead of deception. Journal for the Theory of Social Behaviour, 1972, 2, 145–177.

Moreno, A. Who Shall Survive? A New Approach to the Problems of Human Interrelations. Washington, D. C.: Nervous and Mental Diseases Publishing Co. 1934.

Morris, S. L. Conflict and conflict resolution in engagement. Unpublished Master's Thesis, Macquarie University, Sydney, 1983.

Morris, C. Signs, Language and Behaviour. London: Prentice-Hall, 1946. (dt.: Zeichen, Sprache und Verhalten. Düsseldorf: Schwann, 1973.)

Morris, D. Marsh, P. Collett, P. O'Shaugnessy, M. Gestures; Their Origins and Distribution. London: Cape, 1979.

Morse, S. J. & Gergen, K. J. Social comparison, self-consistency and the concept of self. Journal of Personality and Social Psychology, 1970, 16, 149–156.

Moscovici, S. & Zavalloni, M. The group as a polariser of attitudes. Journal of Personality and Social Psychology, 1969, 12, 125–135.

Mueser, K. T. Grau, B. W. Sussmann, S. & Rosen, A. You are only as pretty as you feel: facial expression as a determinant of physical attractiveness. Journal of Personality and Social Psychology, 1984, 46, 469–478.

Nesdale, A. Effects of person and situation expectations on explanation seeking and causal attribution. British Journal of Social Psychology, 1983, 22, 93–99.

Newcomb, T. M. Interpersonal balance. In: R. P. Abelson (Ed.) Theories of Cognitive Consistency: A Sourcebook. Chicago: Rand, McNally, 1968.

Newcomb, T. M. The Acquaintance Process. New York: Holt, Rinehart & Winston, 1961.

Newcomb, T. Personality and Social Change. New York: Dryden, 1943.

Newtson, D. & Czerlinsky, T. Adjustment of attitude communications for contrast by extreme audiences. Journal of Personality and Social Psychology, 1974, 30, 829–837.

Nisbett, R. E. & Schachter, S. Cognitive manipulation of pain. Journal of Experimental Social Psychology, 1966, 2, 227–236.

Nisbett, R. E. & Wilson, T. D. Telling more than we can know: verbal reports on mental processes. Psychological Review, 1977, 84, 231–159.

Norman, W. T. Toward an adequate taxonomy of personality attributes. Journal of Abnormal and Social Psychology, 1963, 66, 574–583.

Osgood, C. E. Suci, G. J. & Tannebaum, P. H. The Measurement of Meaning. Urbana: University of Illionois Press, 1957.

Ostwald, P. F. Soundmaking. Springfield, III.: Charles T. Thomas, 1963.

Owen, J. Bower, G. H. & Black, J. B. The soap opera effect in story recall. Memory and Cognition, 1979, 3, 185–191.

Passini, F. T. & Norman, W. T. A universal conception of personality structure? Journal of Personality and Social Psychology, 1966, 4, 44–49.

Pearce, P. The Social Psychology of Tourist Behaviour. Oxford: Pergamon Press, 1982.

Pervin, L. A. A free response description approach to the study of personsituation interaction. Journal of Personality and Social Psychology, 1976, 34, 465–474.

Pessin, J. The comparative effects of social and mechanical stimulation on memorizing. American Journal of Psychology, 1932, 45, 263–270.

Phillips, D. P. The influence of suggestion on suicide. American Sociological Review, 1974, 39, 340–354.

Piaget, J. The Moral Judgement of the Child. Glencoe: The Free Press, 1965. (dt.: Das moralische Urteil beim Kinde. Zürich: Rasch, 1954.)

Pratt, C. Children's performance on a referential communication task: playing according to the rules of the game. In: Proceedings, 2nd International Conference on Social Psychology and Language, University of Bristol, 1983.

Premack, D. Language in chimpanzees. Science, 1971, 172, 808–822.

Rands, M. & Levinger, G. Implicit theories of relationship: an intergenerational study. Journal of Personality and Social Psychology, 1979, 37, 645–661.

Rayfield, J. R. The Languages of a Bilingual Community. The Hague: Mouton, 1970.

Razran, G. Ethnic dislikes and stereotypes: a laboratory study. Journal of Abnormal and Social Psychology, 1950, 45, 7–27.

Riskey, D. R. & Birnbaum, M. H. Compensatory effects in moral judgment: two rights don't make up for a wrong. Journal of Experimental Psychology, 1974, 103, 171–173.

Robinson, J. & McArthur, L. Z. Impact of salient vocal qualities on causal attributions for speakers behaviour. Journal of Personality and Social Psychology, 1982, 43, 236–247.

Rosenberg, S. & Jones, R. A. A method for investigating a person's implicit theory of personality: Theodore Dreiser's view of people. Journal of Personality and Social Psychology, 1972, 22, 372–386.

Rosenberg, S. & Sedlak, A. Structural representations of implicit personality theory. In: L. Berkowitz (Ed.) Advances in Experimental Social Psychology, Vol. 6. New York: Academic Press, 1972.

Rosenberg, S. Nelson, C. & Vivekenanthan, P. S. A multidimensional approach to the study of personality impressions. Journal of Personality and Social Psychology, 1968, 9, 283–294.

Rosenthal, R. & Jakobson, L. Pygmalion in the Classroom. New York: Holt, 1968. (dt.: Pygmalion im Unterricht. Weinheim: Beltz, 1971.)

Ross, L. The intuitive psychologist and his shortcomings: distortions in the attribution process. In: L. Berkowitz (Ed.) Advances in Experimental Social Psychology, New York: Academic Press, 1977.

Ross, E. A. Social Psychology. New York: Macmillan, 1908.

Rubin, Z. Liking and Loving: An Invitation to Social Psychology, New York: Holt, Rinehart & Winston, 1973.

Rubinstein, C. M. Shaver, P. & Peplau, L. A. Loneliness. Human Nature, 1979, 1, 59–65.

Rusbult, C. E., Zembrodt, I. M. & Gunn, L. K. Exit, voice, loyalty and neglect: responses to dissatisfaction in romantic involvements. Journal of Personality and Social Psychology, 1982, 43, 1230–1242.

Sarnoff, I. & Zimbardo, P. G. Anxiety, fear and social affiliation. Journal of Abnormal and Social Psychology, 1961, 62, 356–363.

Schachter, S. The Psychology of Affiliation. Stanford: University Press, 1959.

Schachter, S. Deviation, rejection and communication. Journal of Abnormal and Social Psychology, Stanford: University Press, 1951.

Schachter, S. & Singer, S. E. Cognitive and social psychological determinants of emotional state. Psychological Review, 1962, 69, 379–399.

Scheflen, A. E. Quasi-courtship behaviour in psychotherapy. In: S. Weitz (Ed.) Nonverbal Communication. New York: Oxford University Press, 1974.

Scherer, K. Acoustic concomitants of emotional dimensions: judging affect from synthesised tone sequences. In: S. Weitz (Ed.) Nonverbal Communication. New York: Oxford University Press, 1974.

Scherer, K. Project on vocal communication. Unpublished, University of Giessen, 1985.

Schiffenbauer, A. Effect of observers emotional state on judgments of the emotional state of others. Journal of Personality and Social Psychology, 1974, 30, 31–35.

Schlenker, B. Impression Management. Monterey: Brooks-Cole, 1980.

Schlossberg, H. The three dimensions of emotion. Psychological Review, 1954, 61, 81–88.

Schneider, D. S. & Miller, R. S. The effects of enthusiasm and quality of arguments on attitude attributions. Journal of Personality, 1975, 43, 693–708.

Schultz, N. R. & Moore, P. W. Loneliness: correlates, attributions and coping among older adults. Personality and Social Psychology Bulletin, 1984, 10, 67–77.

Schwarz, N. Mood and information processing. Paper given at the Congress of the European Association of Social Psychologists, Tilburg, Holland, 1984.

Schwarz, N. Mood and information processing. Paper given at the Tilburg Meeting of the European Association of Social Psychologists, 1984.

Schwarz, N. & Clore, G. Mood, misattribution and judgments of well-being. Journal of Personality and Social Psychology, 1983, 45, 513–523.

Secord, P. & Backman, C. Social Psychology. New York: McGraw-Hill, 1964. (dt.: Sozial-psychologie. Frankfurt/M.: Fachbuchhandlung für Psychologie, 1976.)

Segal, M. W. Alphabet and attraction: an unobtrusive measure of the effect of propinquity in a field setting. Journal of Personality and Social Psychology, 1974, 30, 654–657.

Seligman, M. Helplessnes. San Francisco: Freeman, 1975. (dt.: Erlernte Hilflosigkeit. München, Weinheim: Psychologie Verlags Union, 1986, 3. Auflage.)

Semin, G. A gloss on attribution theory. British Journal of Social and Clinical Psychology, 1980, 19, 291–300.

Shaver, K. G. Defensive attribution: effects of severity and relevance on the responsibilities assigned for an accident. Journal of Personality and Social Psychology, 1970, 14, 101–113.

Shaver, K. G. An Introduction to Attributional Processes. Cambridge, Mass.: Winthrop, 1975.

Shaw, M. E. Some effects of unequal distribution of information upon group performance in various communication nets. Journal of Abnormal and Social Psychology, 1954, 49, 547–553.

Sherif, M. A study of some social factors in perception. Archives of Psychology, 1935, 187.

Sherif, M. Harvey, O. J. White, B. J. Hood, W. R. & Sherif, C. W. Intergroup Cooperation and Competition: the Robbers Cave Experiment. Norman, Okla.: University Book Exchange, 1961.

Sherman, M. The differentiation of emotional responses in infants. Journal of Comparative Psychology, 1927, 7, 265–284.

Shipler, D. Russia: Broken Idols, Solemn Dreams. London: Macdonald, 1983.

Shouval, R. Venaki, S. K. Bronfenbrenner, U. Devereaux, E. C. & Kiely, E. Anomalous reactions to social pressure of Israeli and Soviet children raised in family versus collective settings. Journal of Personality and Social Psychology, 1975, 32, 477–489.

Sigall, H. & Landy, D. Radiating beauty: the effects of having a physically attractive partner on person perception. Journal of Personality and Social Psychology, 1973, 28, 218–224.

Sigall, H. & Ostrove, N. Beautiful but dangerous: effects of offender attractiveness and nature of crime on juridic judgments. Journal of Personality and Social Psychology, 1975, 31, 410–414.

Sisson, M. Social class and nonverbal behaviour. D 101 Course Notes, The Open University, 1978.

Snyder, M. Self-monitoring of expressive behaviour. Journal of Personality and Social Psychology, 1974, 30, 526–537.

Snyder, M. & Campbell, B. Testing hypotheses about other people: the role of the hypothesis. Personality and Social Bulletin, 1980, 6, 421–426.

Snyder, M. & Monson, T. C. Persons, situations and the control of social behaviour. Journal of Personality and Social Psychology, 1975, 32, 637–644.

Snyder, M. & Uranowitz, S. Reconstructing the past: some cognitive Consequences of person perception. Journal of Personality and Social Psychology, 1978, 36, 941–950.

Snyder, M. & White, P. Testing hypotheses about other people: strategies of verification and falsification. Personality and Social Psychology Bulletin, 1981, 7, 39–43.

Sommer, R. Studies in personal space. Sociometry, 1959, 22, 247–260.

Sommer, R. Personal Space: the Behavioural Basis of Design, Englewood Cliffs, N. J.: Prentice-Hall, 1969.

Staats, A. W. & Staats, C. K. Attitudes established by classical conditioning. Journal of Abnormal and Social Psychology, 1958, 57, 37–40.

Stone, G. P. & Farberman, H. E. Social Psychology Through Symbolic Interaction. Waltham, Mass.: Ginn-Blaisdell, 1970.

Stone, J. A. & Neale, J. M. Effects of severe daily events on mood. Journal of Personality and Social Psychology, 1984, 46, 137–144.

Storms, M. D. Videotape and the attribution process. Journal of Personality and Social Psychology, 1973, 27, 165–175.

311

Storms, M. D. & Nisbett, R. E. Insomnia and the attribution process. Journal of Personality and Social Psychology, 1970, 16, 319–328.

Stouffer, S. A. et al. Studies in Social Psychology in World War II: The American Soldier, Combat and its Aftermath. Princeton: University Press, 1949.

Strickland, L. H. Surveillance and trust. Journal of Personality, 1958, 26, 200–215.

Suedfeld, P. Social isolation: a case for interdisciplinary research. Canadian Psychologist, 1974, 15, 1–15.

Suedfeld, P. Bochner, S. & Matas, C. Petitioners attire and petition signing by peace demonstrators: a field experiment. Journal of Applied Social Psychology, 1971, 21, 23–31.

Swap, W. C. & Rubin, J. Z. Measurement of interpersonal orientation. Journal of Personality and Social Psychology, 1983, 44, 208–219.

Taft, R. The ability to judge people. Psychological Bulletin, 1955, 52, 1–23.

Taft, R. Ethnic stereotypes, attitudes and familiarity: Australia. Journal of Social Psychology, 1959, 49, 177–186.

Tajfel, H. (Ed.) Differentiation Between Social Groups. London: Academic Press, 1978.

Tajfel, H. & Forgas, J. P. Social categorisations: cognitions, values and groups. In: J. P. Forgas (Ed.) Social Cognition: Perspectives on Everyday Understanding. London: Academic Press, 1981.

Taylor, S. E. On Inferring one's attitude from one's behaviour: some determining conditions. Journal of Personality and Social Psychology, 1975, 31, 126–131.

Taylor, S. & Fiske, S. T. Point of view and perceptions of causality. Journal of Personality and Social Psychology, 1975, 32, 439–445.

Tedeschi, J. T. (Ed.) Impression Management Theory and Social Research. New York: Academic Press, 1981.

Thibaut, J. W. & Riecken, H. W. Some determinants and consequences of the perception of social causality. Journal of Personality, 1955, 24, 113–133.

Touhey, J. C. Comparison of two dimensions of attitude similarity on heterosexual attraction. Journal of Personality and Social Psychology, 1972, 23, 8–10.

Travis, L. E. The effect of a small audience upon eye-hand coordination. Journal of Abnormal and Social Psychology, 1925, 20, 142–146.

Triandis, H. C. The Analysis of Subjective Culture. New York: Wiley, 1972.

Triplett, N. The dynamogenic factors in pacemaking and competition. American Journal of Psychology, 1987, 9, 507–533.

Trower, P. Bryant, B. & Argyle, M. Social Skills and Mental Health. London: Methuen, 1978.

Tuckman, B. Developmental sequence in small groups. Psychological Bulletin, 1965, 63, 384–399.

Turner, J. Social comparison and ethnic identity. European Journal of Social Psychology, 1975, 5, 5–34.

Valins, S. Cognitive effects of false heart-rate feedback, Journal of Personality and Social Psychology, 1966, 4, 400–408.

Valins, S. Persistent effects of information about internal reactions. In: H. London & R. A. Nisbett (Eds) The Cognitive Alteration of Feeling States. Chicago: Aldine, 1972.

Vernon, P. E. Some characteristics of the good judge of personality. Journal of Social Psychology, 1933, 4, 42–58.

Verplanck, W. S. The control of the contenent of reinforcement of statements of opinion. Journal of Abnormal and Social Psychology, 1955, 51, 668–676.

Vygotsky, L. S. Thought and Language. Cambridge: MIT Press, 1962. (dt.: Denken und Sprechen. Berlin: Akademischer Verlag, 1964 und Frankfurt/M.: Fischer 1969 u. 1977.)

Walker, M. The role of nonverbal signals in coordinating speaking turns. Proceedings, 2nd International Congress on Language and Social Psychology, Bristol, 1983.

Waller, W. On the Family, Education and War. (Ed. by Goode, W. Furstenberg, F. & Mitchell, L. R.). Chicago: University Press, 1970.

Walser, E. The assignment of responsibility for an accident. Journal of Personality and Social Psychology, 1966, 5, 508–516.

Walster, E. The effect of self-esteem on romantic liking. Journal of Experimental Social Psychology, 1965, 1, 184–197.

Walster, E. & Walster, G. W. A New Look at Love. Reading, Mass.: Addison-Wesley, 1978. (dt.: Liebe ist mehr. München: Moderne Verlags-Gesellschaft, 1979.)

Walster, E. Aronson, E. & Abrahams, D. On increasing the persuasiveness of a low-prestige communicator. Journal of Experimental Social Psychology, 1966, 2, 325–342.

Walster, E., Aronson, E. Abrahams, D. & Rothman, L. Importance of physical attractiveness on dating behaviour. Journal of Personality and Social Psychology, 1966, 4, 508–516.

Weiner, B. Achievement Motivation and Attribution Theory. Morristown, N. J.: General Learning Press, 1974.

Welty, J. C. Experiments in group behaviour of fishes. Physiological Zoology, 1934, 7, 85–128.

West, S. G. Gunn, S. P. & Czernicky, P. Ubiquitous Watergate: an attributional analysis. Journal of Personality and Social Psychology, 1975, 32, 55–65.

Westin, A. Privacy and Freedom. New York: Athenaeum, 1970.

Wetzel, P. Ingroup-outgroup deixis: situational variation in the verbs of giving and receiving in Japanese. In J. P. Forgas (Ed.) Language and Social Situations. New York: Springer, 1985.

Whitcher, S. J. & Fisher, J. D. Multidimensional reaction to therapeutic touch in a hospital setting. Journal of Personality and Social Psychology, 1979, 37, 87–96.

White, P. A model of the layperson as pragmatist. Personality and Social Psychology Bulletin, 1984, 10, 333–349.

White, G. L. Fishbein, S. & Rutstein, J. Passionate love and the misattribution of arousal. Journal of Personality and Social Psychology, 1981, 41, 56–62.

Whorf, B. L. Language Thought and Reality. Cambridge: MIT Press, 1956. (dt.: Sprache, Denken, Wirklichkeit. Reinbek: Rowohlt, 1963.)

Wicklund, R. & Frey, D. Cognitive consistency: motivational vs nonmotivational perspectives. In: J. P. Forgas (Ed.) Social Cognition. London: Academic Press, 1981.

Wilson, P. R. The perceptual distortion of height as a function of ascribed academic status. Journal of Social Psychology, 1968, 74, 97–102.

Winch, R. F. Mate Selection: A Study of Complementary Needs. New York: Harper Bros. 1958.

Yancey, W. L. Architecture, interaction and social control: the case of a largescale housing project. In: J. F. Wohlwill & D. H. Carson (Eds) Environment and the Social Sciences. Washington: A. P. A., 1972.

Zanna, M. P. & Pack, S. S. On the self-fulfilling nature of apparent sex differences in behaviour. Journal of Experimental Social Psychology, 1975, 11, 583–591.

Zajonc, R. B. Social facilitation. Science, 1965, 149, 269–274.

Zajonc, R. B. Brainswash: familiarity breeds comfort. Psychology Today, 1970, February, 32–35 & 60–64.

Zajonc, R. B. Feeling and thinking: Preferences need no inferences. American Psychologist, 1980, 2, 151–176.

Zillman, D. Hostility and Aggression. Hillsdale, N. J.: Erlbaum, 1978.

Zillman, D. Katcher, A. H. & Milarsky, B. Excitation transfer from physical exercise to subsequent aggressive behaviour. Journal of Experimental Social Psychology, 1972, 8, 247–259.

Zimbardo, P. G. The human choice: individuation, reason and order versus deindividuation, impulse and chaos. In: W. J. Arnold & D. Levine (Eds) Nebraska Symposium on Motivation 1969, Lincoln: University of Nebraska Press, 1970.

Zimbardo, P. G. Shyness. New York: Jove, 1977. (dt.: Nicht so schüchtern. München: Moderne Verlags-Gesellschaft, 1978.)

Zimbardo, P. G. Shyness and the stresses of the human connection. In: L. Goldberger & S. Breznitz Handbook of Stress: Theoretical and Clinical Aspects. New York: Free Press, 1982.

Zuckerman, M. Attribution of success and failure revisited. Journal of Personality, 1979, 47, 288–305.

Zuckerman, M. Miserandino, M. & Bernieri, F. Civil inattention exists: in elevators. Personality and Social Psychology Bulletin, 1983, 9, 578–587.

Zuckerman, M. Amidon, M. D. Bishop, S. E. & Pomerantz, S. D. Face and voice in the communication of deception. Journal of Personality and Social Psychology, 1982, 43, 347–357.

Personenregister

Sachregister

Sozialpsychologie für die Praxis

A. E. Auhagen • H.-W. Bierhoff
(Hrsg.)
Angewandte Sozialpsychologie
Das Praxishandbuch
Gebunden. XII, 642 S.
ISBN 3-621-27522-3

**Wie kann ein Betrieb freiwilliges Arbeits-
engagement fördern? Sind Zeugenaussagen
vor Gericht immer glaubwürdig? Welche
Fertigkeiten braucht ein guter Moderator?
Bergen die neuen Medien mehr Chancen oder
Gefahren? Diese Fragen zeigen nur einen
kleinen Ausschnitt aus dem breiten Anwen-
dungsspektrum der Sozialpsychologie.**

Psychologen, Fachleute aus der Wirtschaft,
Personalentwickler, Politiker, Juristen – sie alle
werden im beruflichen Alltag oft mit Fragen
konfrontiert, die in den Bereich der
Angewandten Sozialpsychologie fallen und
die im vorliegenden Handbuch praxisnah
angegangen werden.
Gegliedert ist es in die Bereiche »Kommunikation und Interaktion« und »Praxisfelder«,
und geschildert werden Themen wie etwa
Rhetorik, Coaching, Wissensmanagement
und Globalisierung oder Personalauswahl,
Teamarbeit, Werbung und Internet – um nur
einige zu nennen. Zu jedem Anwendungs-
bereich beschreiben Experten
• die theoretischen Grundlagen,
• die konkrete Umsetzung in die Praxis,
• die Verbesserungsmöglichkeiten.
Das Handbuch ermöglicht vertiefendes Verständnis eines jeden Themas und ist dennoch
zum schnellen Nachschlagen geeignet. Für
Fachleute und Studierende aus Psychologie,
Wirtschaft und Pädagogik das Standardwerk
zur Sozialpsychologie in Anwendung und
Praxis.

Verlagsgruppe Beltz • Postfach 100154 • 69441 Weinheim • www.beltz.de

Das neue unverzichtbare Standardlehrbuch für Juristen und Psychologen

Mediation aus dem Blickwinkel der Psychologie: Ein Lehrbuch für Psychologen und Juristen und ein Markstein auf dem Weg zu einer standardisierten und professionellen Mediation.

Die Psychologie liefert wichtige Einsichten für eine erfolgreiche Mediation.
Die Autoren weisen auf Mängel der gängigen Verfahren hin und räumen mit etlichen »Mythen« auf. Ausführlich erklären sie anhand psychologischer Theorien – etwa zu Motivation, Emotion, Kreativität und (subjektiver) Wahrnehmung von Recht und Gerechtigkeit –, wie die Mediation zu verbessern ist.
Den Anwendungsbezug verlieren sie dabei nicht aus dem Auge: Anschauliche Beispiele und Checklisten erleichtern die Umsetzung in die Praxis. Ein Glossar schließlich hilft Juristen und Psychologen bei der »Übersetzung« der jeweiligen Fachtermini.

Leo Montada/Elisabeth Kals
Mediation
Lehrbuch für Psychologen und Juristen
2001. 302 Seiten. Gebunden.
ISBN 3-621-27492-8

Verlagsgruppe Beltz · Postfach 100154 · 69441 Weinheim · www.beltz.de

Der Schlüssel zur kompetenten Gruppenentwicklung und Gruppenführung

Eberhard Stahl
Dynamik in Gruppen
Handbuch der Gruppenleitung
Mit einem Geleitwort
von Friedemann Schulz von Thun
1. Auflage 2002
Gebunden. 400 S.
ISBN 3-621-27515-0

Das Leben in Gruppen gehört zu unserer menschlichen Existenz selbstverständlich und unausweichlich dazu. Wir brauchen andere, um uns sicher zu fühlen, um produktiv arbeiten zu können und um zu wissen, wer wir selbst sind.

Unsere Fähigkeit und Bereitschaft, uns in immer neue Gruppenzusammenhänge einzufügen und sie ertragreich zu gestalten, wird heute stärker gefordert denn je. Wo es immer weniger einengende und verlässliche Schablonen für das Miteinander gibt, müssen Gruppen sich weitgehend selbst erfinden.

Vor dem Hintergrund dieser Entwicklungen hat die Frage nach dem Wesen und Funktionieren von Gruppen an Aktualität gewonnen - vor allem für jene von uns, die als Vorgesetzte, Lehrer oder in der Rolle des Supervisors und Coaches Leitungsfunktionen in Gruppen wahrnehmen.

Ihnen bietet das Buch eine schlüssige theoretische Grundlage und ein darauf abgestimmtes Repertoire an Interventionen zur Entstörung und Entwicklung von Gruppen. Eine verständliche, lebendige Sprache erleichtert den Zugang zu den Grundgedanken, die konkret und praxisnah, auch anhand vieler Praxisbeispiele dargestellt werden.

Verlagsgruppe Beltz • Postfach 100154 • 69441 Weinheim • www.beltz.de